Panoramafreiheit und Eigentumsrecht

SCHRIFTENREIHE ZUM
URHEBER- UND KUNSTRECHT

Herausgegeben von Thomas Hoeren

BAND 17

PL ACADEMIC RESEARCH

Theresa Uhlenhut

Panoramafreiheit und Eigentumsrecht

PL ACADEMIC RESEARCH

Bibliografische Information der Deutschen Nationalbibliothek
Die Deutsche Nationalbibliothek verzeichnet diese Publikation in der Deutschen Nationalbibliografie; detaillierte bibliografische Daten sind im Internet über http://dnb.d-nb.de abrufbar.

Zugl.: Berlin, Humboldt-Univ., Diss., 2015

Gedruckt auf alterungsbeständigem,
säurefreiem Papier.

11
ISSN 1860-076X
ISBN 978-3-631-66395-0 (Print)
E-ISBN 978-3-653-05912-0 (E-Book)
DOI 10.3726/978-3-653-05912-0

PL Academic Research ist ein Imprint der Peter Lang GmbH.

Peter Lang – Frankfurt am Main · Bern · Bruxelles ·
New York · Oxford · Warszawa · Wien

Diese Publikation wurde begutachtet.

www.peterlang.com

Meinen Eltern

Vorwort

Die vorliegende Arbeit wurde im Wintersemester 2014/2015 von der Juristischen Fakultät der Humboldt-Universität zu Berlin als Dissertation angenommen. Literatur und Rechtsprechung konnten bis einschließlich Dezember 2014 berücksichtigt werden.

Mein großer Dank gebührt zu allererst meinem Doktorvater Herrn Professor Dr. Artur-Axel Wandtke, der mir mit seinem guten Rat stets hilfreich und voller Unterstützung zur Seite stand und mir zugleich die größtmögliche Freiheit bei der Anfertigung dieser Arbeit gewährt hat. Ich verdanke ihm eine wunderbare Promotionszeit im Kreise unserer „Doktorandenrunde", die stets von einem wissenschaftlichen Austausch in offener und freundschaftlicher Atmosphäre geprägt war.

Herrn Professor Dr. Hans-Peter Schwintowski danke ich sehr für sein Interesse an meiner Arbeit und die zügige Erstellung des Zweitgutachtens. Außerdem danke ich Herrn Professor Dr. Thomas Hoeren für die Aufnahme meiner Arbeit in diese Schriftenreihe, worüber ich mich sehr freue.

Meinen Eltern Doris Uhlenhut und Friedrich W. Uhlenhut danke ich von Herzen für ihre tolle Unterstützung, ihren Zuspruch und ihr uneingeschränktes Vertrauen, auf das ich mich nicht nur im Rahmen meiner Ausbildung stets verlassen konnte. Ihnen ist diese Arbeit in Liebe und Dankbarkeit gewidmet. Meiner Mutter danke ich außerdem ganz besonders für die Durchsicht des Manuskripts.

Berlin, im Mai 2015
Theresa Uhlenhut

Inhaltsverzeichnis

Einleitung

A. Problemstellung

Ein Bild sagt mehr als tausend Worte – dieses altbekannte Sprichwort wurde erstmals am 08. Dezember 1921 von *Frederick R. Barnard* in der *Printers' Ink*, einer Fachzeitschrift für Werbung, veröffentlicht[1]. Was er damals schon wusste, ist heute wissenschaftlich belegt: „Bilder sind schnelle Schüsse ins Gehirn“[2] und sprachlichen Informationen in vielen Bereichen deutlich überlegen: Um das Grundthema eines Bildes zu erfassen, benötigt das menschliche Gehirn gerade einmal 1/100 Sekunde, in ein bis zwei Sekunden hat es ein Bild mittlerer Komplexität bereits so aufgenommen, dass es später wiedererkannt werden kann[3] - in derselben Zeit schafft ein schneller Leser gerade einmal die ersten 10 Worte meines Einleitungssatzes[4].

Der Grund dafür ist, dass das menschliche Gehirn Bilder im Gegensatz zu sprachlichen Informationen weitgehend automatisch und mit geringem gedanklichen Aufwand aufnehmen und verarbeiten kann[5]. Da sie auch wesentlich besser behalten und erinnert werden[6], verknüpfen auch Gedächtnissportler Informationen mit Bildern. Fotos sind wegen ihres Detailreichtums dabei regelmäßig einprägsamer als Zeichnungen; am besten werden aber bewegte Bilder, also Filme behalten[7].

Auf diesen Erkenntnissen basieren die modernen Marketingstrategien der Werbeindustrie, die uns mit Bildern nur so überflutet. Daneben macht sich auch der Fernseh- und Bildjournalismus dieses Wissen tagtäglich zunutze - und natürlich kommt der Name *BILD-Zeitung* auch nicht von ungefähr; *Axel Springer* wollte „die gedruckte Antwort auf das Fernsehen“ sein[8]. Aber auch im privaten

1 Schwaiger/ Meyer, Theorien und Methoden, S. 341.
2 *Kroeber-Riel*, Bildkommunikation, S. 53.
3 *Kroeber-Riel*, Bildkommunikation, S. 53.
4 In ein bis zwei Sekunden kann ein Mensch je nach Lesegeschwindigkeit fünf bis zehn Worte aufnehmen, s. *Kroeber-Riel*, Bildkommunikation, S. 53.
5 *Kroeber-Riel*, Bildkommunikation, S. 54.
6 *Kroeber-Riel*, Bildkommunikation, S. 73 ff.
7 *Kroeber-Riel*, Bildkommunikation, S. 76.
8 Die erste Ausgabe vom 24. Juni 1952 bestand somit auch lediglich aus vier Seiten von denen zwei fast ausschließlich aktuelle Fotos des Weltgeschehens zeigten, s. *Jacobi*, https://web.archive.org/web/20070202053709/http://www.axelspringer.de/inhalte/pressese/inhalte/fotolounge/texte_bild/jacobi.htm (12.12.2014).

Sektor haben vor allem die „Smartphones"[9], die „Immer-dabei-Kameras unserer Zeit"[10] einen unvergleichlichen Bilderrausch ausgelöst. Experten gehen aktuell davon aus, dass in Deutschland pro Sekunde 2000 Fotos geschossen werden[11]; in der Ferienzeit sind es noch mehr, durchschnittlich nimmt jeder Einzelne im Urlaub mindestens 500 Bilder auf[12]. Ferner werden Privatfotos heute auch nicht mehr bloß ins Fotoalbum geklebt – sie werden zum großen Teil mit der Internetgemeinde in sozialen Medien geteilt. Der Internet-Riese *facebook*[13] gab 2012 bekannt, dass Nutzer täglich 300 Millionen neue Fotos auf seine Plattform hochladen[14], *Instagram*[15] zählt aktuell durchschnittlich 60 Millionen neu hochgeladene Bilder pro Tag[16], und bei *YouTube*[17] wird nach eigenen Angaben pro Stunde 100 Minuten Videomaterial eingestellt[18] - um nur einige Zahlen zu nennen.

Das Interesse an der Herstellung und Verbreitung von Abbildern der Wirklichkeit ist also vielfältig, es kann kommerzieller, künstlerischer, oder auch rein privater Natur sein. Dabei kann es auch in Konflikt mit anderen schützenswerten

---

9 Moderne Mobiltelefone mit Computerfunktionen, die auch über integrierte hochauflösende Foto- und Videokameras verfügen.

10 Vgl. *Photoindustrie-Verband e. V.*, http://www.photoindustrie-verband.de/_files/data/presse/213/Foto-und-Imagingmarkt-2014-in-Deutschland-auf-stabilem-Niveau-mit-erwarteten-20-Milliarden-Euro-Umsatz.pdf (12.12.2014); vgl. ausführlich zur Geschichte der Foto- und Filmtechnik Teil 3 C. III. 2. d) aa).

11 *Photoindustrie-Verband e. V.*, http://www.photoindustrie-verband.de/artikel/175-Jahre-Fotografie-Jubilaeum (12.12.2014); das sind im Übrigen doppelt so viele wie noch 2009, vgl. dazu *Castendyk/ Silies/ Silies*, FotoR, Rn. 62.

12 *Photoindustrie-Verband e. V.*, http://www.press1.de/wrapper.cgi/www.press1.de/files/km_kmpk1337_1347452998.pdf (12.12.2014).

13 *facebook* ist das mit Abstand am meisten genutzte soziale Netzwerk in Deutschland; laut einer Studie der *BITKOM* (*Der Bundesverband Informationswirtschaft, Telekommunikation und neue Medien e.V.*) verwenden 56% der Internetnutzer „facebook", vgl. *BITKOM*, http://www.bitkom.org/files/documents/SozialeNetzwerke_2013.pdf, S. 11 (Abrufdatum: 12.12.2014).

14 *Constine*, http://techcrunch.com/2012/08/22/how-big-is-facebooks-data-2-5-billion-pieces-of-content-and-500-terabytes-ingested-every-day/ (12.12.2014).

15 *Instagram* ist eine kostenlose Software für Smartphones und Tablet-Computer, die es dem Nutzer ermöglicht, Fotos und Videos aufzunehmen, diese zu bearbeiten und schließlich über soziale Netzwerke anderen zugänglich zu machen, vgl. http://instagram.com/# (12.12.2014).

16 http://instagram.com/press/# (12.12.2014).

17 *YouTube* ist ein kostenloses online-Videoportal, das es Nutzern ermöglicht, Videos hochzuladen, anzusehen und zu bewerten.

18 https://www.youtube.com/yt/press/de/statistics.html (12.12.2014).

Belangen geraten; handelt es sich um Objektabbildungen, allem voran mit dem Urheberrecht. Denn das Urheberrechtsgesetz[19] gewährt dem Schöpfer eines urheberrechtlichen Werks i. S. d. § 2 Abs. 2 UrhG das ausschließliche Recht daran; gem. §§ 15 ff. UrhG unterliegt jede Werknutzung der Zustimmung des Urhebers. Erst, wenn das Werk gem. § 64 UrhG 70 Jahre *post mortem auctoris* gemeinfrei wird, darf es zustimmungsfrei genutzt werden.

Da das Urheberrecht aber auch der Sozialbindung des Art. 14 Abs. 2 GG unterliegt, schränken zahlreiche Schrankenbestimmungen in den §§ 44a ff. UrhG das Ausschließlichkeitsrecht des Schöpfers im überwiegenden öffentlichen Interesse ein[20]. Zu ihnen gehört die Panoramafreiheit gem. § 59 UrhG, die bestimmt: „Zulässig ist, Werke, die sich bleibend an öffentlichen Wegen, Straßen und Plätzen befinden, mit Mitteln der Malerei oder Graphik, durch Lichtbild oder durch Film zu vervielfältigen, zu verbreiten und öffentlich wiederzugeben." Sie ist das Ergebnis eines dezidierten gesetzlichen Interessenausgleichs zwischen den Interessen des Urhebers und denen der Nutzer und der Allgemeinheit; im Fall dauerhaft öffentlich errichteter Werke hat der Gesetzgeber den Nutzungsinteressen der Allgemeinheit Vorrang von dem Monopolinteresse des Urhebers gewährt. Die Panoramafreiheit gewährleistet somit die künstlerische, private und auch berufliche freie Entfaltung im öffentlichen Raum[21] und ist auch von großer Bedeutung für praktisch jeden Medienbereich, von Presse und Rundfunk über Filmwirtschaft bis hin zu Bildagenturen und Verlagen, insbesondere Kalender-, Sachbuch-, Kunst- und Bildbandverlagen[22], die auch zur Meinungsbildung der Allgemeinheit beitragen.

In der jüngsten Vergangenheit brachte nun der BGH diesen Interessenausgleich ins Wanken. In den viel beachteten Parallelurteilen „Preußische Schlösser und Gärten" vom 17. Dezember 2010[23] entschied der BGH, dass das ausschließliche Recht zur gewerblichen Anfertigung und Verwertung von Fotografien und Filmen von Bauwerken und Gartenanlagen dem *Grundstückseigentümer* zusteht, soweit

19 Nachfolgend: UrhG.

20 Amtl. Begr., BT-Drucks. IV/270, S. 62; vgl. auch BVerfGE 31, 229, 241 – Kirchen- und Schulgebrauch.

21 Vgl. ausführlich zur Bedeutung der Panoramafreiheit Teil 2 D.

22 *Sprang/ Sich*, http://www.boersenverein.de/sixcms/media.php/976/Stellungnahme_Dritter_Korb_Juni09.pdf, S. 14 (12.12.2014).

23 BGH, ZUM 2011, 325 ff. – Preuß. Schlösser und Gärten (I/1); BGH, ZUM 2011, 327 ff. – Preuß. Schlösser und Gärten (I/2); BGH, ZUM 2011, 333 ff. – Preuß. Schlösser und Gärten (I/3); vgl. dazu ausführlich Teil 3 A. II. 1. f).

sein Grundstück zur Herstellung der Abbilder betreten wird[24]. Der BGH möchte damit kein „Recht am Bild der eigenen Sache" schaffen; zu einem ausschließlichen Recht werde diese Befugnis nach Ansicht des V. Zivilsenats nur, wenn „Lage und Nutzung seines Grundstücks rein tatsächlich dazu führen, dass verwertungsfähige Bilder nur von seinem eigenen Grundstück, nicht von öffentlichen Plätzen oder anderen Grundstücken aus angefertigt werden können"[25]. Damit festigte der BGH seine im Jahre 1974 mit der Entscheidung „Schloss Tegel" begonnene Rechtsprechungslinie[26] endgültig. Bereits darin stellte er fest, dass es zum „natürlichen Vorrecht" des Eigentümers gehöre, den gewerblichen Nutzen aus seinem nur gegen Entgelt zugänglichen Eigentum zu ziehen[27]. Mit der neuen Entscheidung geht er aber noch weiter: Zum einen stellt er nun auch bereits das *Anfertigen* von Foto- und Filmaufnahmen zu gewerblichen Zwecken vom eigenen Grundstück aus unter Eigentumsschutz, und zum anderen wurde dem Eigentümer erstmals das ausschließliche Recht an Abbildern, die von seinem *öffentlich-zugänglichen* Grundstück aus angefertigt wurden, zugesprochen, denn die Parkanlagen der Klägerin, der öffentlich-rechtlichen Stiftung Preußische Schlösser und Gärten, sind entsprechend ihrer Zweckbestimmung der Allgemeinheit frei zugänglich[28].

Wie bereits die Entscheidung „Schloss Tegel", ist auch das neue BGH-Urteil auf breite Kritik in der rechtswissenschaftlichen Literatur gestoßen. *Stieper* ist der Ansicht, der V. Zivilsenat kreiere ein neues Immaterialgüterrecht[29], „der BGH hat ohne tiefergehende sachliche Begründung an der Schraube der Propertisierung gedreht", meint *Dreier*[30] und *Schack* findet, die Entscheidung sei ein Fehlurteil, das einen erheblichen Flurschaden angerichtet habe[31].

---

24 BGH, ZUM 2011, 325, 326 – Preuß. Schlösser und Gärten (I/1); BGH, ZUM 2011, 327, 328 – Preuß.Schlösser und Gärten (I/2); BGH, ZUM 2011, 333, 334 – Preuß. Schlösser und Gärten (I/3).

25 BGH, ZUM 2011, 327, 328 f. – Preuß. Schlösser und Gärten (I/2).

26 Vgl. dazu ausführlich Teil 3 A.

27 BGH, GRUR 1975, 500, 502 – Schloss Tegel.

28 Gem. Art. 2 Abs. 1 des Staatsvertrags über die Errichtung einer „Stiftung Preußische Schlösser und Gärten Berlin-Brandenburg" v. 23.08.1994 (vgl. dazu das Berliner Gesetz zum Staatsvertrag v. 21.12.1994 (GVBl. 1994, S. 515 ff.) und das Brandenburgische Gesetz über die Zustimmung zu dem Staatsvertrag v. 04.01.1995 (GVBl. I 1995, S. 2)) hat die Stiftung die ihr übergebenen Kulturgüter „der Öffentlichkeit zugänglich zu machen und die Auswertung dieses Kulturbesitzes für die Interessen der Allgemeinheit insbesondere der Wissenschaft und Bildung zu ermöglichen".

29 *Stieper*, GRUR 2012, 1083, 1085.

30 *Dreier*, FS Pfennig, S. 15, 28.

31 *Schack*, JZ 2011, 375.

Aber auch über die Rechtwissenschaft hinaus hat das neue Urteil weite Wellen geschlagen. „Der Schlösserstiftung (...) scheint es um das Überbrücken knapper Kassen zu gehen, freilich auf dem Rücken von Bildjournalisten“ schreibt die *FAZ* unter dem Titel „Du sollst dir kein Bildnis machen“[32], der *Deutsche Journalistenverband (DJV)* nahm die Entscheidung zum Anlass, den online-Appell „Pro-Panoramafreiheit“ zu gründen[33]. Die Gewerkschaft *verdi* unterstützte schließlich gemeinsam mit der *Deutschen Journalistinnen- und Journalisten-Union (dju)*, dem *DJV*, dem Berufsverband *Freelens* deutscher Fotojournalisten und Berufsfotografen sowie dem *Bundesverband der Pressebild-Agenturen und Bildarchive (BVPA)* sogar eine Verfassungsbeschwerde der beklagten Fotoagentur gegen das 2. Parallelurteil, die mit Beschluss vom 28. August 2014 aber nicht zur Entscheidung angenommen wurde[34].

B. Forschungsfrage und Ziel der Arbeit

Die Bestätigung der Entscheidung durch das zweite Revisionsurteil vom 01. März 2013[35], der nicht abflauenden breiten Kritik zum Trotz, gibt Anlass zu einer vertiefenden Auseinandersetzung mit der Fragestellung, ob, über die konkrete Konstellation des Falles „Preußische Schlösser und Gärten“ hinaus, das Sacheigentum eine „Schranke der Panoramafreiheit“ darstellt.

Es gilt mithin die Frage zu beantworten, ob dem Sacheigentümer tatsächlich ein mit der Panoramafreiheit konfligierendes ausschließliches Recht zusteht, die äußere Ansicht seiner körperlichen Gegenstände zu vervielfältigen und (gewerblich[36]) zu verwerten[37].

Die Debatte um den Fall „Preußische Schlösser und Gärten“ zeugt vor allem von den Unsicherheiten bezüglich der Grenze des sacheigentumsrechtlichen Schutzbereichs in der Rechtsanwendung. In Ermangelung einer allgemeingültigen

---

32 *Otto*, FAZ Nr. 168/ 2008, S. 31.

33 http://www.pro-panoramafreiheit.de/ (12.12.2014).

34 *Verdi*, http://mmm.verdi.de/tarife-beruf/07-2014/sanssouci-fotografieverbot-bleibt-bestehen (12.12.2014).

35 BGH, GRUR 2013, 623 ff.– Preuß. Schlösser und Gärten (II).

36 Im Folgenden soll der Terminus „Verwerten“ noch nicht die Gewerblichkeit der Handlung indizieren.

37 Der Klarstellung halber sei an dieser Stelle ausdrücklich erwähnt, dass einzig und allein das *Sacheigentumsrecht* den Untersuchungsgegenstand der vorliegenden Arbeit bildet, und nicht etwa das zum Teil aus ihm abgeleitete Hausrecht, kraft dessen sein Inhaber sich regelmäßig unproblematisch gegen Vervielfältigungen von seinem Herrschaftsbereich aus zur Wehr setzen kann, vgl. dazu ausführlich Teil 4 B II.

abstrakten Definition tatsächlicher Nutzungshandlungen, die zum Zuweisungsgehalt des Sacheigentums gem. § 903 BGB zählen, herrscht Kasuistik anstelle von Rechtssicherheit. Gehört das Recht, die äußere Ansicht einer Sache zu vervielfältigen, noch zum Ausschließlichkeitsrecht des Sacheigentümers? Was ist mit der anschließenden Verwertung von Vervielfältigungsstücken? Kann es wirklich darauf ankommen, ob das Grundstück des Sacheigentümers zu Abbildungszwecken betreten wird? Was ist, wenn das Grundstückseigentum und das Sacheigentum am Vervielfältigungsobjekt auseinanderfallen? Verbietet vielleicht bereits die bloße Existenz des Urheberrechts „immaterielle Sacheigentumsrechte"? Was geschieht dann nach Ablauf der Schutzfrist? Und wie lassen sich immaterielle und materielle Rechte überhaupt voneinander abgrenzen?

Das Ziel der vorliegenden Arbeit besteht daher darin, zunächst den Wertungswiderspruch zwischen dem Eigentumsrecht des Sacheigentümers und der urheberrechtlichen Panoramafreiheit in der Rechtsanwendung aufzudecken und diesen, sowie die damit einhergehenden Rechtsunsicherheiten, sodann durch die Entwicklung einer abstrakten Definition von tatsächlichen Nutzungshandlungen, die zum Zuweisungsgehalt des Sacheigentumsrechts gem. § 903 Satz 1 BGB zählen, zu lösen.

Dabei wird sich zeigen, dass § 903 Satz 1 BGB dem Sacheigentümer nur solche tatsächlichen Nutzungshandlungen zuweist, *deren Ausführung oder Folgen durch menschliche Sinne oder technische Hilfsmittel an der Sache wahrnehmbar sind.* Die judikative Zuweisung von „Eigentumsrechten" jenseits dieser Grenze ist verfassungswidrig, als das Grundgesetz gem. Art. 14 Abs. 1 Satz 2 GG ausschließlich den parlamentarischen Gesetzgeber ermächtigt, Inhalt und Grenzen des Eigentums zu bestimmen.

C. Gang der Untersuchung

Da die Forschungsfrage nur unter Berücksichtigung der durch die Rechtsordnung anerkannten Trennung zwischen Sacheigentum und Urheberrecht einer Lösung zugeführt werden kann, ist zuerst die Bedeutung und Tragweite der grundsätzlichen Unterscheidung zwischen dem Urheberrecht am Werk und dem Sacheigentum am Werkstück darzustellen (Teil 1).

Sodann ist eine umfassende Analyse der Entwicklung, der Gewährleistung und der Bedeutung der Panoramafreiheit gem. § 59 UrhG vorzunehmen, um herauszuarbeiten, unter welchen Voraussetzungen das Sacheigentumsrecht überhaupt in Konflikt mit ihr geraten kann (Teil 2).

Auf Grundlage der zuvor gewonnen Ergebnisse kann sodann überprüft werden, ob § 903 Satz 1 BGB dem Sacheigentümer unter bestimmten Voraussetzungen tatsächlich ein mit der Panoramafreiheit konfligierendes Vervielfältigungs- und Verwertungsrecht an der äußeren Ansicht seiner Eigentumsobjekte zuweist. Dafür wird nach einer umfassenden Analyse der Rechtsprechungs- und Literaturansicht eine eigene Definition tatsächlicher Nutzungshandlungen i. S. d. § 903 Satz 1 BGB entwickelt, aus der sich die Forschungsfrage beantworten lässt. Schließlich werden die daraus resultierenden Konsequenzen, insbesondere für die BGH-Rechtsprechung, dargestellt (Teil 3).

Abschließend werden die Ergebnisse der vorliegenden Arbeit noch einmal zusammengefasst und die dem Eigentümer nach hier vertretener Ansicht tatsächlich zustehenden Abwehrrechte gegen die Vervielfältigung und Verwertung des Erscheinungsbildes seiner Sache durch Dritte aufgezeigt (Teil 4).

Teil 1: Die Unterscheidung zwischen Urheberrecht und Sacheigentum

Die Frage, ob dem Sacheigentümer tatsächlich ein mit der urheberrechtlichen Panoramafreiheit konfligierendes ausschließliches Recht an der äußeren Ansicht seiner Eigentumsobjekte zusteht, kann nur unter Berücksichtigung der grundsätzlichen Unterscheidung zwischen Sacheigentum und Urheberrecht beantwortet werden; mithin ist zuerst die Bedeutung und Tragweite derselben zu beleuchten. Dafür ist zunächst der historische Hintergrund der Trennung beider Rechtsinstitute aufzuzeigen (Unterabschnitte 1), sodann sind die daraus resultierenden originären Unterschiede und Gemeinsamkeiten der Rechtsinstitute herauszuarbeiten (Unterabschnitt 2), bevor die Ausprägung der Unterscheidung zwischen Urheberrecht und Sacheigentum in der heutigen Rechtsordnung darzustellen ist (Unterabschnitt 3), wobei auch auf „Kollisionen" einzugehen ist (Unterabschnitt 4). Auf Grundlage der gewonnenen Ergebnisse wird sich abschließend der Frage gewidmet, ob die kontrovers diskutierte Bezeichnung „geistiges Eigentum" für das Urheberrecht im Hinblick auf die hier aufgeworfene Fragestellung gewinnbringend ist oder sie Sacheigentum und Urheberrecht unzulässig vermischt (Unterabschnitt 5).

A. Die historische Trennung von Urheberrecht und Sacheigentum

Die Etablierung eines dem Schöpfer geistiger Werke zustehenden Rechts ist deutlich jünger als die des Sacheigentums. Unsere wichtigsten Rechtsquellen, das römische und germanische Recht, haben, ganz im Gegensatz zum Sacheigentumsrecht, auf dem Gebiet des Urheberrechts keine Vorarbeit geleistet[38]. So haben sich im Laufe der Zeit neben Juristen vor allem auch Philosophen für die Legitimation des Schutzes geistig Schaffender eingesetzt[39]. Die Anerkennung des Urheberrechts wird zu Recht auch als außergewöhnlicher rechtlicher Fortschritt gesehen[40].

Vor der Anerkennung eines dem Schöpfer geistiger Werke zustehenden Rechts gab es denklogisch auch noch keine Trennung zwischen Sacheigentum

38 *Hubmann*, Recht des schöpferischen Geistes, S. 67 f; *Kohler*, Autorrecht, S. 1.

39 *Hubmann*, Recht des schöpferischen Geistes, S. 67.

40 *Hubmann*, Recht des schöpferischen Geistes, S. 67.

und Urheberrecht. Somit ist die historische Entwicklung der Unterscheidung zwischen Sacheigentum und Urheberrecht die Geschichte des Urheberrechts.

I. Das Mäzenatentum

Die Antike brachte eine Vielzahl geistiger Schöpfungen hervor, die bis heute geschätzt und genutzt werden[41]. Literarische Werke wurden vor allem durch mündliche Überlieferung verbreitet[42], in Rom und anderen großen Städten soll es jedoch bereits Buchhandlungen gegeben haben, die durch Sklaven vervielfältigte Werke vertrieben[43].

Nur während der „Blütezeit der klassischen römischen Literatur", vor allem der Kaiserzeit, gab es im alten Rom und anderen europäischen Zentren des römischen Reichs einen regen Manuskripthandel, der es einigen Schriftstellern ermöglichte, vom Manuskriptverkauf zu leben[44].

In diesen frühen Werken wurde bereits das Abbild des menschlichen Geistes erkannt[45], der römische Dichter *Martial*[46] hat sogar den Begriff des Plagiats geprägt, indem er jeden, der fremde Gedichte als seine eigenen ausgab, als *„plagiarius"*, also als Kinderräuber bezeichnete[47]. Auch gibt es Nachweise zu ersten Überlegungen bezüglich eines geistigen Eigentums[48]. Doch zeugen diese Quellen in Ermangelung von Ausführungen zu einer *rechtlichen* Position des Schöpfers vielmehr von einem moralisch-empfundenen geistigen Eigentum des Schöpfers an seinem Werk, denn von einem geistigen Eigentum im juristischen Sinne[49].

Die Begründungen dafür, dass das hochentwickelte römische Recht keinen mit unserem heutigen Urheberrecht vergleichbaren Schutz der Schöpfer

41 Vgl. *Visky*, UFITA 106/1987, 17.

42 *Gieseke*, Geschichtliche Entwicklung, S. 15; *ders.*, Privileg, S. 1.

43 *Gieseke*, Geschichtliche Entwicklung, S. 15; *ders.*, Privileg, S. 1 f.; *Visky*, UFITA 106/1987, 17 f.

44 *Gieseke*, Geschichtliche Entwicklung, S. 16.

45 *Hubmann*, Recht des schöpferischen Geistes, S. 67; vgl. *Kohler*, Autorrecht, S. 328.

46 *Marcus Valerius Martialis (40 n. Chr. – zwischen 102 n. Chr. und 104 n. Chr.).*

47 *Martial*, I 52, (zitiert nach *Gieseke*, Geschichtliche Entwicklung, S. 18.).

48 *Frohne*, UFITA 2000/I, S. 173 ff. stellt Gedanken zum geistigen Eigentum in den Briefen *Senecas* an *Lucilius* vor; *Visky*, UFITA 106/1987, 17, 18, hat nachgewiesen, dass *Seneca* den Manuskripthandel der Kaiserzeit in Rom einer rechtlichen Würdigung unterzogen hat und die Römer das geistige Eigentum des Verfassers erkannten, ihm aber keine Rechte einräumten (*Sencena*, De beneficiis VII, c.6.1., zit. nach *Visky*, UFITA 106/1987, 17, 18 Fn. 2.).

49 *Eggert*, UFITA 138/1999, 183, 188 ff.; 197 f.; *Visky*, UFITA 106/1987, 17, 27 ff.

enthielt[50], sind vielfältig. Zum einen wird argumentiert, dass der Mensch noch nicht als freies Individuum anerkannt wurde, sodass auch seine Geisteswerke noch keinen eigenständigen Schutz zu begründen vermochten[51]. Auch sei Kunst in dieser Zeit immer wieder mit dem göttlichen Schöpfungsprozess verbunden worden und habe somit nicht den Schutz des Urhebers als Schöpfer des Werks rechtfertigen können[52].

Vor allem aber habe das römische Recht die Selbstständigkeit des geistigen Gutes von seinem körperlichen Träger noch nicht vollständig zu erfassen vermocht, die für die Anerkennung eines Rechts am immateriellen Gut unabdingbar ist. Davon zeugen neben den ersten Gedanken hinsichtlich eines geistigen Eigentums selbst[53] auch die Rechtsquellen bezüglich der Problematik des Eigentumserwerbs durch Verarbeitung[54]: Nach Ansicht von *Gaius*[55] folgten die geschriebenen Buchstaben - „wenn sie auch von Gold sind" - dem Papier oder Pergament, auf dem sie geschrieben sind[56]. Das Eigentum an dem entstandenen Schriftstück stand danach allein dem Stoffeigentümer zu, dem Verfasser wurden lediglich Ausgleichsansprüche für seine Unkosten gewährt[57]. Anders beurteilte er indes den Fall des Bemalens einer fremden Tafel, indem er hier einen Eigentumserwerb des Malers am Gemälde annahm[58]. *Paulus*[59] präferierte indes eine einheitliche Lösung beider Fälle: das Eigentum an dem Gemälde müsse

50 *Hubmann*, Recht des schöpferischen Geistes, S. 68; *Kohler*, Autorrecht, S. 328; *ders.*, UrhR VerlagsR, § 3 (S. 29 ff.).

51 *Hubmann*, Recht des schöpferischen Geistes, 68.

52 *Bappert*, UrhR, S. 20 ff., 39 ff., 46 f.

53 *Eggert*, UFITA 138/1999, 183, 192 ff. weist auch darauf hin, dass *Seneca* in De beneficiis VII, c.6.1., es selbst noch „erstaunlich" fand, dass ein Buch zwei Eigentümer, nämlich zum einen den Verfasser und zum anderen den Sacheigentümer haben könne und somit gerade nicht den dogmatischen Unterscheid zwischen den Rechtsobjekten „Werk" und „Sache" vollzogen habe.

54 Vgl. hierzu auch die Ausführungen von *Eggert*, UFITA 138/1999, 183, 193 ff.; *Visky*, UFITA 106/1987, 17, 19 ff.

55 *Vollständiger Name unbekannt (geschätzt 140 - 179 n. Chr.).*

56 Vgl. Inst. 2.1,33 (dt. Übersetzung bei *Behrends/ Knütel/ Kupisch/ Seiler*, Corpus Iuris Civilis I, S. 56); D. 41.1.9.1. (dt. Übersetzung bei *Otto/ Schilling/ Sintenis*, Corpus Iuris Civilis 4, S. 252 f.); gleichlautend: Gai. Inst. Comm. 2.77.

57 D.41.1.9.1. (dt. Übersetzung bei *Otto/ Schilling/ Sintenis*, Corpus Iuris Civilis 4, S. 252 f.).

58 D.41.1.9.2. (dt. Übersetzung bei *Otto/ Schilling/ Sintenis*, Corpus Iuris Civilis 4, S. 253).

59 *Iulius Paulus (Geburts- und Todestag unbekannt).*

wiederum dem Eigentum an dem Träger, also der Tafel folgen, da ersteres „ohne die Tafel nicht bestehen kann“[60].

Diese Ausführungen zeigen, dass die Problematik des Bemalens oder Beschreibens fremder Materialien ausschließlich unter dem Aspekt des Sacheigentumserwerbs betrachtet wurde[61]. Die Argumentation *Paulus*‘ liefert auch den Grund dafür: Der geistige Gehalt wurde nicht als selbstständiges Gut angesehen[62]. Auch der Aussage *Ulpians*[63], dass das unbeschriebene Papier ein anderer Gegenstand sei als das Manuskript oder das fertige Buch[64], lässt sich nichts anderes entnehmen. Er bekräftigt damit nur den originären Eigentumserwerb an der „neuen“ Sache[65]. Die Frage nach dem Recht an dem geistigen Gut konnte somit noch gar nicht gestellt werden, da es noch an der Erkenntnis des entsprechenden Rechtsobjekts fehlte. Das Eigentum an dem körperlichen Träger fiel somit stets mit dem Recht an dem geistigen Inhalt zusammen[66], es gab keine Trennung zwischen Sacheigentum und Urheberrecht. Wegen des fehlenden Rechtsschutzes waren die Künstler auf Mäzene angewiesen, die der antiken Kultur letztlich durch ihre Freigebigkeit zu einem solchen Reichtum verhalfen[67].

Auch im Mittelalter waren Plagiate verpönt[68]. Zwar war die Erkenntnis des menschlichen Geistes gereift, allerdings nur in seiner Bedeutung als Brücke zum Jenseits[69]. Im Diesseits vermochte die Persönlichkeit des Schöpfers sich nicht

---

60 D.6.1.23.3. (dt. Übersetzung bei *Otto/ Schilling/ Sintenis*, Corpus Iuris Civilis 1, S. 643).

61 *Hubmann*, Recht des schöpferischen Geistes, S. 68 Fn. 2; *Rehbinder/ Peukert*, UrhR, Rn. 23.

62 *Eggert*, UFITA, 138/1999, 183, 194 f.

63 *Domitius Ulpian (um 130 – 223 n. Chr.).*

64 D.32.76. (dt. Übersetzung bei *Otto/ Schilling/ Sintenis*, Corpus Iuris Civilis 3, S. 396).

65 *Eggert*, UFITA 138/1999, 183, 195; *Visky*, UFTA 106/1987, 17, 27.

66 *Eggert*, UFITA 138/1999, 183, 194; *Visky*, UFITA 106/1987, 17, 21, 26.

67 *Hubmann*, Recht des schöpferischen Geistes, S. 68.

68 Diesen Schluss ziehen *Gieseke*, Geschichtliche Entwicklung, S. 18; *Hubmann*, Recht des schöpferischen Geistes, S. 69 und *Jänich*, Komplementärentscheidung?, S. 14 unter Hinweis auf einen von *Thomas von Aquin* im Sachsenspiegel publizierten Streit, (zit. nach *Hölscher*, GRUR 1930, 991, 1005), in dem zwei Dominikaner mit dem Namen *Johannes de Colonia* um die Urheberschaft an einem Werk stritten. Zwar ließ die Kommission im Ergebnis offen, wer Urheber des Werks sei, stellte aber fest, dass aufgrund der Namensgleichheit der wahre Urheber nicht verletzt werde. *Jänich* stellt aber zutreffend fest, dass dies im Umkehrschluss heißt, es stand im Widerspruch mit der damaligen Rechtsauffassung, wenn sich jemand zu Unrecht als Verfasser eines Werks bezeichnete.

69 *Hubmann*, Recht des schöpferischen Geistes, S. 68 f.

über Gesellschafts- und Standesordnung zu erheben[70]. Die Urheber fürchteten daher vielfach eine Entstellung ihrer Werke, z. B. bei der Vervielfältigung durch Abschreiben. So behalfen sich einige Autoren mit einem „Bücherfluch"[71]. *Eike von Repgow*[72], Verfasser des Sachsenspiegels, wünschte beispielsweise jedem einen „Aussatz auf den Hals", der sein Werk entstellte[73].

II. Das Privilegienwesen

Durch die Erfindung des Kupferstichs und die Vervollkommnung der Holzschneidekunst zu Beginn der Neuzeit wurden Gemälde leichter handelbar[74]. Aber erst die revolutionäre Erfindung des Buchdrucks 1440 ermöglichte eine Massenproduktion von Werken Literatur. In der Folgezeit kam es zu etlichen Nachdrucken[75]. In diesem Zusammenhang stand zunächst der Schutz der Verleger, die erhebliche wirtschaftliche Investitionen tätigten, im Vordergrund[76]. So entwickelten sich im Laufe der Zeit verschiedene Privilegien, die die Interessen der Drucker bzw. Verleger vor den Einbußen durch Nachdrucke schützen sollten[77].

Zwar kamen mit der Renaissance im 16. Jahrhundert auch Autorenprivilegien auf, diese werden nach überwiegender Ansicht aber nicht als Vorläufer eines Urheberrechts aus heutiger Sicht angesehen, da sie nicht an der schöpferischen Leistung, sondern den Druck angeknüpft hätten[78].

---

70 *Hubmann*, Recht des schöpferischen Geistes, S. 68 f.

71 *Jänich*, Komplementärentscheidung?, S. 14 f.

72 *Eike von Repgow (zwischen 1180 und 1190 – nach 1233 n. Chr.).*

73 Hochdt. Übersetzung des Reims bei *Kaller*, Sachsenspiegel, S. 9 ff., 15.

74 *Osterrieth/ Marwitz*, KUG, I. 1. (S. 1); *Ulmer*, Urheber- und VerlagsR, § 9 II (S. 51).

75 *Hubmann*, Recht des schöpferischen Geistes, S. 69; *Schack*, UrhR, Rn. 105.

76 Vgl. *Rehbinder/ Peukert*, UrhR, Rn. 26 ff.

77 *Hubmann*, Recht des schöpferischen Geistes, S. 69.

78 *Bappert*, UrhR, S. 185 ff.; *Dölemeyer/ Klippel*, FS GRUR I, S. 185, 190; *Gieseke*, Privileg, S. 71 f.; *Hubmann*, Recht des schöpferischen Geistes, S. 69 f.; *Kohler*, UrhR VerlagsR, § 4 IV (S. 33); *Rehbinder/ Peukert*, UrhR, Rn. 29; *Wandtke/ ders.*, UrhR, Rn. 11 zu Kapitel 1; differenzierend: *Jänich*, Komplementärentscheidung?, S. 30 ff.; *Ulmer*, Urheber- und VerlagsR, § 9 II 2 (S. 53); a. A. *Pohlmann*, UFITA 33 1961/I, 169, 170 ff. und als Erwiderung auf die Kritik *Bapperts*: *Pohlmann*, UFITA 36 1962/I, 61, 84 ff.; *ders.*, GRUR 1962, 9, 23 ff.

III. Die Theorie des Verlagseigentums

Unterdessen bildete sich unter den Verlegern die Lehre des Verlagseigentums aus[79], die ihnen auch ohne Privileg Nachdruckverbote zu begründen vermochte[80]. Sie waren der Ansicht, durch den Druck eines vom Verfasser redlich erworbenen Manuskripts das Verlagseigentum in Form eines alleinigen Vervielfältigungs- und Verbreitungsrecht daran zu begründen, das so lange bestehen bleibe, wie sie die Nachfrage durch Neuauflagen abdecken können[81]. Sie sahen darin den originären Erwerb eines gewerblichen Schutzrechts; durch den Verfasser abgeleitete Nutzungsrechte waren den Vorstellungen noch fremd[82]. Zu dieser Zeit, in der nicht einmal das fundamentale Recht der persönlichen Freiheit gewährt wurde, fehlte der Anerkennung eines Rechts an der eigenpersönlichen schöpferischen Leistung noch jedwede Grundlage[83].

IV. Die Theorie des geistigen Eigentums

Erst nach dem wirtschaftlichen Umbruch in England und Frankreich im 17. und 18. Jahrhundert und dessen Einfluss auf die deutsche Entwicklung entstand im 18. Jahrhundert die „Lehre des geistigen Eigentums“[84].

Die Vertreter dieser Theorie machten sich die große Legitimationskraft des Sacheigentums zunutze[85], indem sie das geistige Werk mit einer körperlichen Sache verglichen, um die Rechte des Urhebers denen eines Sacheigentümers

---

79 Ausführlich zur Entstehung und Entwicklung vgl. *Gieseke*, Privileg, S. 93 ff.

80 *Rehbinder/ Peukert*, UrhR, Rn. 32.

81 *Gieseke*, Privileg, S. 93.

82 *Gieseke*, Privileg, S. 94.

83 *Hubmann*, Recht des schöpferischen Geistes, S. 69.

84 *Jänich*, Komplementärentscheidung?, S. 34 f., als erste Schrift gilt: *Gundling*, Rechtliches und vernunftmäßiges Bedenken eines JCti... der unpartheyisch ist, von einem schändlichen Nachdruck andern gehöriger Bücher, Halle 1726 (zit. nach *Gieseke*, Geschichtliche Entwicklung, S. 79); es folgten unzählige Schriften bedeutender Autoren vgl. *Gieseke*, Geschichtliche Entwicklung, S. 79 ff.; *Kohler*, UrhR VerlagsR, § 9 IX-XI (S. 74 ff.)). Beispielhaft sei hier auf die besonders bedeutsame Arbeit von *Pütter*: „Der Büchernachdruck nach ächten Grundsätzen des Gesetzes geprüft“, mit der er für eine Wiederbelebung der Auseinandersetzung gesorgt hat, sowie auf jene von *Fichte*: „Beweis der Unrechtmäßigkeit des Büchernachdrucks“ (Berlinische Monatsschrift, 21. Bd. 1793, S. 443 ff., Nachdruck in: *Rietzschel*, Gelehrsamkeit ein Handwerk?, S. 231 ff.) hinzuweisen, in der besonders scharf zwischen Sacheigentum und geistigem Eigentum getrennt wird.

85 *Jänich*, Komplementärentscheidung?, S. 42 ff.

anzupassen[86]. Auch in Deutschland[87] basiert sie wohl vor allem auf der Übertragung der Arbeitstheorie *Lockes*[88] zur Legitimation des Sacheigentums durch aufgewendete Arbeit zur Umgestaltung einer naturgegebenen Sache auf das geistige Werk des Autors[89]. Danach habe jeder das naturgegebene Recht an dem Ergebnis seiner eigenen Arbeit[90]. Wegen der Nachdruckproblematik seit Erfindung des Buchdrucks setzten die Vertreter dieser Theorie bei den Schriftstellern an[91] und begründeten erstmals ohne besondere Privilegienvergabe das Recht des Verfassers an seinem Werk[92].

Diese durch die Naturrechtslehre geprägte Theorie begründete den Schutz des geistigen Eigentums und etablierte somit zugleich die Trennung des geistigen Werks von seiner Verkörperung. Sie gewann immer weiter an Boden bis am 11. Juni 1837 mit dem „Gesetz zum Schutze des Eigentums an Werken der Wissenschaft und Kunst gegen Nachdruck und Nachbildung" das erste bedeutende deutsche Urheberrechtsgesetz kodifiziert wurde[93].

V. Das kodifizierte Urheberrecht

Wie bereits erwähnt, ist der Kodifikation eines Urheberrechts die gedankliche Trennung des geistigen Werks von seiner Verkörperung bereits immanent, das Urheberrecht wäre ansonsten gegenstandslos. Dies zeigt auch der Entwurf des § 10 KUG von 1907, der eine Vorschrift, die die Trennung zwischen Sacheigentum einerseits und urheberrechtlichen Befugnisse andererseits, postuliert, also einen Vorläufer des heutigen § 44 Abs. 1 UrhG, sogar für entbehrlich hielt, weil sie selbstverständlich sei[94].

Allerdings wurden die Befugnisse des Urhebers unter Geltung des ersten preußischen Urheberrechtsgesetzes vom 11. Juni 1837 teilweise noch von der Eigentümerstellung desselben am Werkoriginal abhängig gemacht[95]. So durften Werke als Muster für Erzeugnisse von Manufakturen und Fabriken benutzt

86 *Gieseke*, Geschichtliche Entwicklung, S. 72.
87 vgl. *Gieseke*, Geschichtliche Entwicklung, S. 73 f.
88 *John Locke (1632 – 1704).*
89 *Gieseke*, Geschichtliche Entwicklung, S. 72 ff., in England wurde sie offiziell so begründet.
90 *Laslett/ Locke*, Two Treatises of Government, S. 135, 285 ff.
91 *Wandtke/ ders.*, UrhR, Rn. 25 zu Kapitel 1.
92 *Schricker/ Loewenheim/ Vogel*, UrhG, Rn. 98 zu Einl.
93 Vgl. *Wandtke/ ders.*, UrhR, Rn. 13 zu Kapitel 1.
94 *Allfeld*, KUG, Anm. 8 zu § 10, S. 67.
95 *Osterrieth/ Marwitz*, KUG, I 1 S. 1.

werden, sofern nicht der Urheber oder seine Erben das Eigentum am Original innehatten oder dem Kuratorium vor Veräußerung der ersten Kopie Anzeige machten[96]. Durch Bundesbeschluss vom 09. November 1837 wurde der Schutz aber auf mechanische Vervielfältigungen ausgedehnt[97].

Die Rechtszersplitterung auf dem Gebiet des Urheberrechts wurde zunehmend als Missstand empfunden. Auf Veranlassung der sächsischen und österreichischen Regierung wurde sodann in der Bundesversammlung ein Entwurf ausgearbeitet, der jedoch 1865 nur von der bayerischen Regierung angenommen wurde[98]. Dieses Gesetz „zum Schutze der Urheberrechte an literarischen Erzeugnissen und Werken der Kunst", das auf Werke der bildenden Kunst beschränkt war, enthielt in Art. 35 erstmals eine gesetzliche Festlegung des Grundsatzes der strikten Trennung der Verfügung über das Werkoriginal einerseits, und über urheberrechtliche Befugnisse andererseits, auf den der heutige § 44 Abs. 1 UrhG zurückzuführen ist[99]. Übernommen[100] wurde diese Regel auch in § 8 des „Gesetzes betr. das Urheberrecht an Werken der bildenden Künste" vom 09. Januar 1876 (KG) und § 7 des „Gesetzes betr. den Urheberrechtsschutz an Werken der Photographie" (PG) vom 10. Januar 1876, wobei das Urheberrecht dem Sacheigentum bei Bildnissen ausnahmsweise folgte[101]. Diese Ausnahme machte § 10 Abs. 4 KUG vom 09. Januar 1907 nicht mehr, trifft in §§ 18 Abs. 2, 22 - 24 aber Sonderregeln für Bildnisse, die dem Besteller derselben auch Vervielfältigungsrechte einräumen[102]. Das parallel geltende „Urheberrecht an Werken der Literatur und der Tonkunst" (LUG) vom 19. Juni 1901 enthielt zwar keine ausdrückliche Regelung zur Trennung zwischen Sacheigentum und Urheberrecht, setzt diese jedoch auch voraus[103]. Schließlich wurde der Grundsatz der strikten Trennung von der urheberrechtlichen Verfügung über Nutzungsrechte und der

96 *Osterrieth/ Marwitz*, KUG, I 1 S. 1, 2.

97 *Osterrieth/ Marwitz*, KUG, I 1 S. 2.

98 *Osterrieth/ Marwitz*, KUG, I 1 S. 2.

99 *Schricker/ Loewenheim/ Vogel*, UrhG, Rn. 3 zu § 44.

100 *Schricker/ Loewenheim/ Vogel*, UrhG, Rn. 3 zu § 44.

101 *Allfeld*, KUG, Anm. 8 zu § 10, S. 68; *Daude*, UrhR, § 24, S. 109, 110 betreffend das KG, § 35 S. 189 betreffend das PG: denn in Fällen, in denen der Besteller portraitiert wird, habe er ein unzweifelhaftes Recht daran, dass sein Abbild nicht ohne seinen Willen veröffentlicht werde, darum stehe ihm als Ausnahme von der grundsätzlichen Trennung von Sacheigentum und Urheberrecht das Nachbildungsrecht gem. § 8 KG bzw. § 7 PG zu.

102 *Allfeld*, KUG, Anm. 8 zu § 10, S. 68; § 18, S. 110 ff.

103 Vgl. *Allfeld*, LUG, Anm. 2. zu § 11, S. 140, der darauf hinweist, dass das „Werk" i. S. d. Gesetzes im unkörperlichen Sinne zu verstehen ist.

sachenrechtlichen Verfügung in § 44 Abs. 1 des ersten Urheberrechtegesetzes von 1965 übernommen und besteht bis heute in dieser gesetzlichen Form.

B. Originäre Unterschiede und Gemeinsamkeiten zwischen Urheberrecht und Sacheigentum

Bevor im nächsten Abschnitt der Blick auf das Urheberrecht und das Sacheigentumsrecht in der Rechtsordnung gerichtet wird, sollen vorab die originären, d. h. die in der Natur liegenden[104] Unterschiede (Unterabschnitt 1) und Gemeinsamkeiten (Unterabschnitt 2) beider Rechtsinstitute dargestellt werden, da sie die Grundlage für die Rechtsetzung und Rechtsanwendung in diesem Bereich bilden (Unterabschnitt 3).

I. Originäre Unterschiede

Der grundlegende Unterschied zwischen Sacheigentum und Urheberrecht besteht im unterschiedlichen Regelungsobjekt. Das Sacheigentum ist materialisiert und kann nur an körperlichen Gegenständen bestehen, während das Urheberrecht geistige Werke ihrem Schöpfer zuordnet[105]. Die Verschiedenheit der Regelungsobjekte determiniert eine Vielzahl an weiteren Unterschieden, die im Folgenden dargestellt werden.

1. Persönlichkeitsverbundenheit

Den Schöpfer und sein Werk verbindet ein enges „geistiges Band". Das Urheberpersönlichkeitsrecht ist daher Bestandteil des Urheberrechts. Dieser Bezug zur Persönlichkeit des Schöpfers ist sogar enger als der des geistigen Werks zu einer Sache, die es verkörpert, da die Verkörperung nur eine zufällige ist[106]. Der Sacheigentümer hat hingegen vor allem materielles Interesse an seiner Sache[107].

---

104 Im Gegensatz zu den sekundären, d. h. vom Gesetzgeber erschaffenen Unterschieden und Gemeinsamkeiten, vgl. zur Begrifflichkeit der originären und sekundären Unterschiede *Fechner*, Geistiges Eigentum, S. 223.

105 *Erdmann*, FS Piper, S. 655, 657; *Fechner*, Geistiges Eigentum, S. 219; *Jänich*, Komplementärentscheidung?, S. 226; *Wandtke/ ders.*, UrhR, Rn. 54 zu Kapitel 1.

106 *Fechner*, Geistiges Eigentum, S. 219 f.; *Streissler*, Recht des Ungreifbaren, S. 39 f.

107 *Hubmann*, Recht des schöpferischen Geistes, S. 76; wobei bestimmte Eigentumsobjekte, wie z. B. ein Familienfotoalbum oder die Wohnung Ausnahmen sein können, vgl. dazu *Jänich*, Komplementärentscheidung?, S. 245; vgl. auch BVerfGE 79, 292, 304 – Eigenbedarf II, in der der Wunsch des Eigentümers, in seiner eigenen Wohnung zu wohnen, als Interesse mit starkem persönlichen Bezug bezeichnet wird.

2. *Vertretbarkeit*

Werke sind im Gegensatz zu Sachen einmalig und unvertretbar[108]. Die „9. Symphonie“ von *Ludwig van Beethoven* ist einmalig und unvertretbar, sie kann nachgeahmt oder kopiert werden, bleibt aber immer dieselbe[109]. Sachen sind hingegen grundsätzlich vertretbar; ein anderer Apfel oder ein anderes Stück Brot erfüllen denselben Zweck[110]. Sachgüter derselben Art können also immer wieder neu hergestellt bzw. hervorgebracht werden, während Geistesgüter auch bei Reproduktion des Werk*stücks* immer dieselben bleiben[111].

3. *Körperbezug*

Geisteswerke verfügen im Gegensatz zu Sachen über „potentielle Ubiquität“, d. h. eine zeitliche und körperliche Ungebundenheit zur Befriedigung der kulturellen Interessen der Allgemeinheit[112]. Der Genuss einer Sache ist hingegen durch ihre Körperlichkeit begrenzt, die Nutzung hat sogar Auswirkungen auf ihre Substanz, mithin auf ihre Existenz[113]. Körperliche Gegenstände sind somit in ihrer Nutzung rivalisierend, d. h., ihre Nutzung durch Person A schmälert oder beeinträchtigt automatisch den Nutzwert durch Person B, weil Letzterer die Sache nicht mehr ungehindert einsetzen kann[114]; z. B. können nicht mehrere Personen zur gleichen Zeit mit einem Stift schreiben. Im Gegensatz zum Sacheigentümer wird der Urheber durch den Zugriff Dritter auf das Werk auch nicht selbst von der Nutzung ausgeschlossen, es herrscht aufgrund der Körperlosigkeit geistiger Werke „Nichtrivalität“ hinsichtlich der Nutzung[115]. So hören in diesem Moment sicherlich viele Menschen auf der Welt denselben Musiktitel.

4. *Beherrschbarkeit*

Das Sacheigentum bzw. der Besitz an einer Sache begründen Sachherrschaft des Rechteinhabers über dieselbe[116]. Obwohl auch der Eigentümer nicht immer die

---

108 *Hubmann*, Recht des schöpferischen Geistes, S. 152.
109 *Hubmann*, Recht des schöpferischen Geistes, S. 152.
110 *Hubmann*, Recht des schöpferischen Geistes, S. 152.
111 *Hubmann*, Recht des schöpferischen Geistes, S. 152.
112 *Rehbinder/ Peukert*, UrhR, Rn. 93; *Wandtke/ ders.*, UrhR, Rn. 58 zu Kapitel 1.
113 Vgl. *Hubmann*, Recht des schöpferischen Geistes, S. 152; *Roeber*, FS Brandner, S. 150, 167; *Stang*, Schutzfrist, S. 47.
114 *Peukert*, Güterzuordnung, S. 220.
115 *Kreutzer*, Modell, S. 134.
116 *Erdmann*, FS Piper, 655, 657.

tatsächliche Sachherrschaft über seine Sache ausübt bzw. ausüben kann[117], liegt in ihr ein wesentlicher Unterschied zu Geistesgütern. Denn an ihnen kann es ihrer Natur nach keine Sachherrschaft geben[118]. Geistige Güter ist daher nicht in demselben Maße beherrschbar wie Sachen[119]. Nicht einmal die Verwertung eines veröffentlichten Werks kann der Urheber tatsächlich beherrschen, wie die lange Geschichte des Nachdrucks zeigt[120]. Erst recht keinen Einfluss mehr hat er auf den bloßen Genuss wahrnehmbarer Werke[121].

5. *Nutzung*

Das Wesen der Nutzung einer Sache besteht darin, andere zugleich von der Nutzung ausschließen zu können[122]. Im Gegensatz dazu wird ein Geisteswerk gerade dadurch genutzt, dass es anderen zugänglich gemacht wird[123]. Eine von der Gesellschaft unabhängige alleinige wirtschaftliche Nutzung durch den Urheber ist nicht denkbar[124].

6. *Schutzfrist?*

Das Urheberrecht endet im Gegensatz zum Sacheigentum gem. § 64 UrhG 70 Jahre *post mortem auctoris*. Obwohl Immaterialgüter traditionell einer zeitlichen Ausschlussfrist unterliegen[125], ist diese keine zwingende Folge der Ungreifbarkeit

117 *Hubmann*, Urheber- und VerlagsR, S. 55.

118 *Fechner*, Geistiges Eigentum, S. 220; *Ulmer*, Urheber- und VerlagsR, § 2 I (S. 11).

119 *Fechner*, Geistiges Eigentum, S. 220; vgl. *Stang*, Schutzfrist, S. 47.

120 *Hubmann*, Urheber- und VerlagsR, S. 55 f.; *Stang*, Schutzfrist, S. 47.

121 *de Boor*, JZ 1955, 747, 749; *Fechner*, Geistiges Eigentum, S. 220.

122 *Hubmann*, Recht des schöpferischen Geistes, S. 152; *Roellecke*, Kopieren, S. 22, nennt als Idealtypus des Sacheigentümers den sich selbst versorgenden Bauer, der völlig unabhängig von Dritten allein vor der Nutzung seiner Sachen lebt.

123 *Roellecke*, Kopieren, S. 22, der auch auf den wichtigen Unterschied zwischen bloßem Werkgenuss und Werkverwertung hinweist, wobei hier die Verwertung gemeint ist; *Troller*, UFITA Band 50/ Teil B 1967/ II, 385, 389.

124 *Roellecke*, Kopieren, S. 22 f., bezeichnet dies als „Systemabhängigkeit", da der Urheber bei der Nutzung seines Werks immer vom Kommunikationssystem abhängig sei.

125 *Peukert*, Gemeinfreiheit, S. 28 m. w. N.; vgl. z. B. § 47 Abs. 1 MarkenG (10 Jahre), wobei bei Marken zu beachten ist, dass sie gem. § 47 Abs. 2 MarkenG beliebig oft verlängert werden können und somit praktisch doch unendlich bestehen können; § 16 PatG (max. 20 Jahre), § 23 Abs. 1 GebrMG (10 Jahre); vgl. ausführlich zum internationalen Urheberrecht *Roeber*, FS Brandner, S. 150, 168.

des Schutzobjektes. Sie ist eine Entscheidung des Gesetzgebers[126]. In Frankreich (Art. L. 121-1 CPI), Spanien (Art. 15 Abs. 1, 14 Abs. 1 Nr. 3, 4 URG 1996) und Italien (Art. 23 URG 1941) besteht beispielsweise ein unendliches Urheberpersönlichkeitsrecht[127]. Überträgt man dies auf die monistische Theorie in Deutschland wäre ein unendliches Urheberrecht die Folge[128].

II. Originäre Gemeinsamkeiten

Trotz aller Unterschiede teilen Urheberrecht und Sacheigentum jedoch auch entscheidende originäre Eigenschaften:

1. Ausschließliche Zuordnungsmöglichkeit

Zunächst ist es möglich, sowohl dem Urheber als auch dem Sacheigentümer im Wege einfachgesetzlicher Normierung ein ausschließliches Recht an ihrem Schutzgegenstand zuzuordnen. Wie an anderer Stelle noch ausführlich darzustellen sein wird[129], gewährt das Bürgerliche Gesetzbuch[130] dem Sacheigentümer in § 903 Satz 1 das ausschließliche Recht an seiner Sache; dem Werkschöpfer wird gem. §§ 15 ff. UrhG der wirtschaftlichen Wert des Ergebnisses seiner Arbeit durch die Einräumung ausschließlicher Nutzungsrechte zugeordnet. Es obliegt somit allein dem Inhaber des jeweiligen Schutzrechts, über das Schicksal desselben zu bestimmen, Eingriffe in diese absolute Herrschaftssphäre kann er abwehren. Trotz der unterschiedlichen Eigenschaften von Werk und Sache können beide Schutzobjekte somit Gegenstand eines ausschließlichen Herrschaftsrechts sein[131].

---

126 BVerfGE 31, 275, 287; *Fechner*, Geistiges Eigentum, S. 223; *Stang*, Schutzfrist, S. 44 ff.; a. A. bei Vertretern der Theorie des geistigen Eigentums; sie sehen hingegen sogar ein unbefristetes Recht im Schutzobjekt begründet vgl. dazu die Ausführungen von *Beier*, Schutzfrist, S. 59 f., Fn. 382 und *Grün*, Zeitliche Schranke, S. 66 f., jeweils m. w. N.

127 *Wandtke/ Dietz*, UrhR, Rn. 12 zu Kapitel 3; Ziel ist der Erhalt nationaler Kulturgüter.

128 Ob diese verfassungsrechtlich zulässig wäre, ist eine andere Frage. Hier soll nur festgestellt werden, dass der Umstand, dass das Urheberrecht im Gegensatz zum Sacheigentum ein geistiges Gut ist, nicht dazu zwingt, seine Schutzdauer zu beschränken.

129 Vgl. ausführlich zu der einfachgesetzlichen Ausgestaltung von Sacheigentum und Urheberrecht Teil 1 C. IV.

130 Nachfolgend: BGB.

131 Vgl. *Kirchhof*, FS Zeidler, 1639, 1650 f.; *Troller*, ImmaterialgüterR I, S. 91.

Dagegen lässt sich einwenden, dass der Urheber aufgrund der besonderen Eigenschaften des Werks als immaterielles Gut, nicht über eine mit dem Sacheigentum vergleichbare Herrschaftsposition verfügen könne[132]. Zugegebenermaßen ist das Werk, wie bereits dargestellt, nicht in gleichem Maße beherrschbar, wie ein körperlicher Gegenstand[133]. Der Urheber eines bereits veröffentlichten Werks kann auch durch eine gesicherte Rechtsposition die widerrechtliche Verwertung nur schwer beherrschen, eine Beherrschung des Werkgenusses erscheint schier unmöglich. Der Sacheigentümer kann hingegen allein aufgrund der Körperlichkeit seines Rechtsobjekts Verletzungen seiner Herrschaftssphäre viel leichter erkennen und sich somit dagegen zur Wehr setzen. Aber auch die Herrschaftsmacht über unbewegliche und bewegliche Sachen ist unterschiedlich stark ausgeprägt[134]. Bewegliche Sachen können schon allein aufgrund ihrer Verrückbarkeit viel stärker beherrscht werden, als unbewegliche und somit z. B. einfacher gegen Eingriffe geschützt werden[135]. Ferner kann auch der Urheber durch die Veröffentlichung des Werks den Vorgang der Werkverwertung und sogar der Kenntnisnahme durch Dritte tatsächlich beherrschen[136], im Übrigen kann auch die Sachherrschaft des Sacheigentümers durch verbotene Eigenmacht durchbrochen werden. Nach richtiger Auffassung ändern die besonderen Eigenschaften eines Werks als immaterielles Schutzobjekt somit nichts an der Möglichkeit der grundsätzlichen Zuordnung desselben zu seinem Schöpfer.

2. *Abstrakte Verfügungsfähigkeit*

Auf unterschiedliche Art und Weise ist es den Inhabern beider Schutzgüter ferner möglich, dasselbe wirtschaftlich für sich nutzbar zu machen, indem sie es an Dritte „übertragen".

Eine Sache, also ein körperlicher Gegenstand, ist bereits qua des ihm innewohnenden Werts für den Menschen nutzbar und verkehrsfähig. Neben der rein tatsächlichen Nutzung durch den Eigentümer, kann sie Gegenstand unterschiedlichster Rechtsgeschäfte sein, z. B. kann sie an Dritte übertragen werden, Objekt von Miet-, oder Pachtverträgen sein oder auch mit beschränkt-dinglichen

---

132 *de Boor*, Lettre d'Allemagne, Droit d'Auteur 1955, S. 155 (zit. nach *Troller*, UFITA Bd. 21 1956/I, 216, 223 Fn. 4.).

133 Teil 1 B. I. 4.

134 *Troller*, UFITA Bd. 21 1956/I, 216, 224.

135 *Troller*, UFITA Bd. 21 1956/I, 216, 224.

136 Vgl. *Troller*, UFITA Bd. 21 1956/I 216, 225.

Rechten belastet werden und somit auf vielfältige Art wirtschaftlich nutzbar gemacht werden[137].

Zwar kann ein Werk im Gegensatz zu einer Sache nicht allein durch den Urheber wirtschaftlich genutzt werden, aber der geistige Gehalt, der durch die Werkschaffung in eine wahrnehmbare Form gebracht wird, erlangt Verkehrsfähigkeit. Hiermit sind gerade nicht die Übertragungsmöglichkeiten des Werk*stücks* gemeint, wie beispielsweise die Veräußerung eines Gemäldes. Denn dabei steht die sachenrechtliche Übertragung des körperlichen Trägers im Vordergrund. Vielmehr ist für die Verfügungsfähigkeit eines geistigen Werks maßgeblich, dass dieses gerade als solches, also losgelöst von seinem Träger, verkehrsfähig ist. Eine Übertragung des geistigen Inhalts findet z. B. statt, wenn ein in einem Buch abgedrucktes Gedicht abgeschrieben und somit auf ein anders Papierstück übertragen wird oder dieses durch Vorlesen einem Publikum dargeboten wird. Erst durch diese Selbstständigkeit des geistigen Gehalts kann ein urheberrechtliches Werk selbst zum Gegenstand von Rechtsgeschäften werden[138] und ist dadurch auch für seinen Inhaber wirtschaftlich nutzbar.

Beide Rechtsgüter sind also „abstrakt verfügungsfähig"[139] und für ihre Inhaber wirtschaftlich nutzbar[140]. Dass ein geistiges Werk im Gegensatz zu einer Sache nicht durch den Urheber allein wirtschaftlich genutzt werden kann, ist dabei unbedeutend, denn der entscheidende Faktor ist die Verfügungsfähigkeit. Erst sie ermöglicht die Nutzung des Rechtsobjekts als wirtschaftliche Grundlage für die individuelle Lebensgestaltung des Inhabers[141], der tatsächliche Gebrauch einer Sache gewährt nicht dieselbe Freiheit.

3. *Vermögenswert*

Durch ihre Nutzungs- und Verfügungsmöglichkeiten haben beide Schutzobjekte auch einen Vermögenswert.

III. Konsequenzen für Rechtsetzung und Rechtsanwendung

Wie eingangs erwähnt, üben die originären Unterschiede und Gemeinsamkeiten der Rechtsinstitute bereits einen großen Einfluss auf die Rechtsetzung und

137 Vgl. *Hubmann*, Urheber- und VerlagsR, S. 40.
138 *Hubmann*, Urheber- und VerlagsR, S. 40 f.
139 *Roellecke*, Kopieren, S. 24; ebenso: *Fechner*, Geistiges Eigentum, S. 224.
140 Vgl. *Jänich*, Komplementärentscheidung?, S. 230.
141 *Roellecke*, Kopieren, S. 24.

Rechtsanwendung auf dem Gebiet des Sacheigentumsrechts und des Urheberrechts aus.

Zunächst determinieren sie bereits einen Großteil der einfachgesetzlichen Ausgestaltung der Rechtsinstitute; so könnte z. B. niemals ein Besitzrecht an einem immateriellen Werk eingeführt werden, da an demselben seiner Natur nach keine Sachherrschaft begründet werden kann[142]. Darüber hinaus legen die originären Eigenschaften der Rechtsinstitute auch den Grundrechtsschutz ihrer Inhaber fest[143], der wiederum in einem unauflösbaren Zusammenhang mit der einfachgesetzliche Ausgestaltung beider Rechtsinstitute steht[144].

Ferner verbietet der Gleichheitssatz gem. Art. 3 Abs. 1 GG wesentlich Gleiches willkürlich ungleich, und wesentlich Ungleiches willkürlich gleich zu behandeln[145] und stellt somit sicher, dass Urheberrecht und Sacheigentum kraft Rechtsetzung und -anwendung im richtigen Verhältnis zueinander stehen. Ungleichbehandlungen, die den originären Unterschieden der Rechtsinstitute geschuldet sind, sind danach von Verfassungs wegen geboten; so ist z. B. die persönlichkeitsrechtliche Komponente des Urhebers bei der zivilrechtlichen Ausgestaltung des Urheberrechts angemessen zu berücksichtigen[146]. Ferner werden die Rechtsinstitute hinsichtlich ihres „Grundgepräges“ (Ausschließliche Zuordnungsmöglichkeit, Abstrakte Verfügungsfähigkeit, Vermögenswert) als wesentlich gleich i. S. d. Art. 3 Abs. 1 GG angesehen[147], sodass einfachgesetzliche Ungleichbehandlungen hinsichtlich ihrer Grundkonzeption wiederum rechtfertigungsbedürftig sind[148]. Vor allem die urheberrechtliche Schutzfrist gem. § 64 UrhG wird auf dieser Grundlage unter Hinweis auf Art. 3 Abs. 1 GG und das ewig währende Sacheigentum immer wieder angegriffen[149].

142 Vgl. dazu auch OLG Köln, GRUR-RR 2014, 419, 422 f.

143 Vgl. dazu Teil 1 C. III.

144 Vgl. dazu Teil 1 C. IV.

145 BVerfGE 1, 14, 52; 49, 148, 165.

146 Vgl. *Fechner*, Geistiges Eigentum, S. 227 hinsichtlich der verschiedenen Arten geistigen Eigentums; *Streissler*, Recht des Ungreifbaren, S. 36.

147 Vgl. insbesondere in Bezug auf die abstrakte Verfügungsfähigkeit *Fechner*, Geistiges Eigentum, S. 225 ff.; *Hubmann*, Recht des schöpferischen Geistes, S. 61; *Roellecke*, Kopieren, S. 24.

148 Vgl. BVerfGE 21, 73, 83, sie sind indes nicht schlechthin unzulässig, denn der Gesetzgeber ist nicht gem. Art 14 Abs. 1 Satz 2 GG i. V. m. Art 3 GG verpflichtet, alle Vermögensgüter den gleichen rechtlichen Grundsätzen zu unterwerfen.

149 Vgl. dazu *Fechner*, Geistiges Eigentum, S. 223 m. w. N.

Maßstab des Unionrechts, also der Richtlinien und Verordnungen der EU, bildet wiederum die Grundrechtecharta, die auch verbindliche Verbürgungen des Sacheigentums und des geistigen Eigentums enthält[150].

C. Die Unterscheidung zwischen Urheberrecht und Sacheigentum in der Rechtsordnung

Die folgende Darstellung soll nun das Ausmaß der Unterscheidung zwischen Sacheigentum und Urheberrecht in der Rechtsordnung aufzeigen. Dabei sind auch das Völker-(Unterabschnitt 1) und Unionsrecht (Unterabschnitt 2) einzubeziehen, da sie – unabhängig von ihrem im Einzelnen teilweise umstrittenen Rangverhältnis zum nationalen (Verfassungs-)Recht[151] – zweifellos Einfluss auf unser nationales Recht (Unterabschnitt 3 und 4) ausüben.

I. Urheberrecht und Sacheigentum im Völkerrecht

Die allgemeine Erklärung der Menschenrechte vom 10. Dezember 1948[152], die zwar völkerrechtlich nicht verbindlich ist, aber die Grundlage des heutigen Menschenrechtsschutz gelegt hat[153], stellt Eigentum (Art. 17) und Urheberrecht (Art. 27 Abs. 2) getrennt voneinander unter Schutz. Indem Art. 27 Abs. 2 statuiert „Jeder hat das Recht auf Schutz der geistigen und materiellen Interessen, die ihm als Urheber von Werken der Wissenschaft, Literatur oder Kunst erwachsen“, wird auch der persönlichkeitsrechtlichen Dimension des Urheberrechts Rechnung getragen[154].

Der internationale Pakt über wirtschaftliche, soziale und kulturelle Rechte vom 19. Dezember 1966[155] stellt hingegen nur das Urheberrecht in Art. 15 Abs. 1 lit. c unter Schutz, das Sacheigentum bleibt unerwähnt.

---

150 Vgl. zum Urheberrecht und Sacheigentum im Unionsrecht Teil 1 C. II.

151 Vgl. zum Verfassungsrecht und völkerrechtlichen Verträgen z. B. *Isensee/ Kirchhof/ Vöneky*, StaatsR XI, § 236.; zum Verfassungsrecht und Unionsrecht z. B. *Herdegen*, EuR, Rn. 19 ff. zu § 10.

152 Allgemeine Erklärung der Menschenrechte vom 10.12.1948, Res. 217 A (III) der UN-Generalversammlung.

153 *Isensee/ Kirchhof/ Paulus*, StaatsR XI, Rn. 28 zu § 247.

154 *Isensee/ Kirchhof/ Paulus*, StaatsR XI, Rn. 28 zu § 247.

155 Internationaler Pakt über wirtschaftliche, soziale und kulturelle Rechte v.19.12.1966 (BGBl. II 1973, S. 1570 ff.), in Kraft seit 03.01.1976 (BGBl. II 1976, S. 428).

Ferner gibt es zahlreiche besondere Verträge zum Schutze des geistigen Eigentums, wie z. B. das Pariser Verbandsübereinkommen vom 20. März 1883[156], das Berner Übereinkommen vom 09. September 1886[157], das mehrfach revidiert wurde aber erst in der Pariser Fassung vom 24. Juli 1971[158] universelle Gültigkeit erlangt hat[159] und mit aktuell 168 Mitgliedern[160] das bedeutendste internationale mehrseitige Abkommen auf dem Gebiet des Urheberrechts ist[161], sowie das TRIPS-Übereinkommen[162] der Welthandelsorganisation, das die unterzeichnenden Staaten u. a. dazu verpflichtet, den Schutzstandard der RBÜ einzuhalten (vgl. Art. 9 Abs. 1 TRIPS).

Darüber hinaus wurde am 14. Juli 1967 die Weltorganisation des geistigen Eigentums[163] mit dem Ziel gegründet, den Schutz geistigen Eigentums weltweit zu fördern[164]. Sie verfügt derzeit über 188 Mitgliedstaaten[165] und verwaltet 25 Abkommen auf den Gebieten des Urheber-, Marken-, und Patentrechts[166], zu denen u. a. der WIPO-Welturheberrechtsvertrag (WTC)[167] gehört[168].

Artikel 1 Abs. 1 des 1. Zusatzprotokolls der Europäischen Menschenrechtskonvention (EMRK) vom 20. März 1952 statuiert indes „Every natural or legal person is entitled to the peaceful enjoyment of his possessions“ (Jede natürliche

156 In Kraft seit 07.07.1884, Deutschlands Beitritt am 01.05.1903 (RGBl. 1903, S. 147).

157 Berner Übereinkunft zum Schutz von Werken der Literatur und Kunst, in Kraft seit 05.12.1887 (RGBl. 1887, S. 493 ff.).

158 (BGBl. II 1973, S. 1069), in Kraft seit 22.01.1974 (BGBl. II 1974, S. 165; II 1974, S. 1070), geändert am 02.10.1979 (BGBl. II 1985, S. 81).

159 *Isensee/ Kirchhof/ Paulus*, StaatsR XI, Rn. 33 zu § 247.

160 http://www.wipo.int/treaties/en/ShowResults.jsp?lang=en&treaty_id=15 (12.12.2014).

161 *Dreyer/ Kotthoff/ ders.*, UrhR, Rn. 22 zu § 121.

162 Agreement on Trade-Related Aspects of Intellectual Property Rights (Übereinkommen über handelsbezogene Aspekte der Rechte des geistigen Eigentums) v. 15.04.1994 (BGBl. II 1994, S. 1730 ff.), in Kraft seit 01.01.1995.

163 World Intellectual Property Organization (WIPO).

164 Vgl. Art. 3 (i) Convention Establishing the World Intellectual Property Organization (Übereinkommen zur Errichtung der Weltorganisation für geistiges Eigentum), v. 14.07.1967 (BGBl. 1970 II S. 295, 298 f.), in Kraft seit 31.10.1973.

165 http://www.wipo.int/treaties/en/ShowResults.jsp?lang=en&treaty_id=1 (12.12.2014).

166 *Isensee/ Kirchhof/ Paulus*, StaatsR XI, Rn. 36 zu § 247; u. a vgl. zu den aktuellen Veträgen http://www.wipo.int/treaties/en/ (12.12.2014).

167 WIPO Copyright Treaty v. 20.12.1996, in Deutschland am 06.03.2002 in Kraft getreten (BGBl. II 2003, S. 754).

168 Vgl. dazu ausführlich *Isensee/ Kirchhof/ Paulus*, StaatsR XI, Rn. 36 zu § 247.

oder juristische Person hat ein Recht auf Achtung ihres Eigentums)[169], hier ist somit weder die Rede von geistigem Eigentum noch vom Urheberrecht. Dennoch steht auch der Menschenrechtsschutz des Urhebers in Europa außer Frage; so hat der Europäische Gerichtshof für Menschenrechte (EGMR) in ständiger Rechtsprechung einen umfassenden Schutz des geistigen Eigentums als „possessions" im Sinne der EMRK anerkannt[170].

II. Urheberrecht und Sacheigentum im Unionsrecht

Alle drei Vertragswerke der europäischen Union; der Vertrag über die Europäische Union (EUV), der Vertrag über die Arbeitsweise der Europäischen Union (AEUV) und die Grundrechtecharta enthalten wichtige Regelungen zum Schutz des Sacheigentums- und Urheberrechts[171].

Der Vertrag von Lissabon erkennt in Art. 6 Abs. 1 EUV die Charta der Grundrechte als rechtlich gleichrangig mit den Verträgen an und verleiht ihr somit unmittelbare rechtsverbindliche Wirkung[172]. Art. 17 Abs. 1 GR-Charta stellt das Eigentum unter Schutz. Zum Eigentum im Sinne der Grundrechtecharta wird neben dem Sacheigentum auch das geistige Eigentum gezählt; in Abs. 2 wird dieses wegen seiner zunehmenden Bedeutung sogar noch einmal besonders aufgeführt[173]. Damit erkennt das Unionsrecht ausdrücklich eine Parallele zwischen Urheberrecht und Sacheigentum an, die aber bereits durch die Rechtsprechung des EGMR zum 1. Zusatzprotozoll der EMRK vorgezeichnet war[174]. Allerdings enthält die Vorschrift keinen Hinweis auf die ideellen und materiellen Interessen des Urhebers, es wird nur knapp die Formel „Geistiges Eigentum wird geschützt" verwendet[175]. Dies dürfte aber der Tatsache geschuldet sein, dass der naturrechtlich geprägte Begriff „geistiges Eigentum" nach modernem Verständnis sowohl die Verwertungsrechte als auch das Urheberpersönlichkeitsrecht umfasst[176].

169 Protocol to the Convention for the Protection of Human Rights and Fundamental Freedoms (BGBl. II 1956, S. 1880); vgl. dazu ausführlich: *Kriebaum*, Eigentumsschutz im VölkerR, S. 33 ff.

170 Vgl. dazu *Isensee/ Kirchhof/ Paulus*, StaatsR XI, Rn. 44 zu § 247.

171 Vgl. zum Schutze des Urhebers *Wandtke/ ders.*, UrhR, Rn. 40 zu Kapitel 1.

172 *Geiger/ Khan/ Kotzur/ Geiger*, EUV/ AEUV, Rn. 8 zu Art 6.

173 *Geiger/ Khan/ Kotzur/ ders.*, EUV, AEUV, Art 16, 17 GR-Charta Anh. 1, S. 1001 f.

174 *Isensee/ Kirchhof/ Paulus*, StaatsR XI, Rn. 45 zu § 247.

175 *Wandtke/ ders.*, UrhR, Rn. 40 zu Kapitel 1.

176 Vgl. zum Begriff „geistiges Eigentum" ausführlich Teil 1 E.

Mithin ist neben dem Sacheigentümer auch der Urheber durch Art. 17 GR-Charta umfassend geschützt[177].

Art. 118 AEUV enthält ferner eine besondere Rechtsgrundlage zur Schaffung eines einheitlichen Schutzes der Rechte des geistigen Eigentums, da es sich wegen den aktuellen technologischen Entwicklungen in einer besonderen Gefährdungslage befindet[178]. Dazu zählt auch das Urheberrecht[179], das bisher vor allem durch Richtlinien teilharmonisiert wurde.

III. Urheberrecht und Sacheigentum im nationalen Verfassungsrecht

Das Urheberrecht wird im Grundgesetz nur im Zusammenhang mit der Verteilung der Gesetzgebungszuständigkeiten ausdrücklich genannt (Art. 73 Nr. 9 GG), im Gegensatz zu früheren Verfassungen ist vom geistigen Eigentum nirgendwo die Rede[180]. Wortkarg heißt es in Art. 14 Abs. 1 Satz 1 GG lediglich „das Eigentum" wird gewährleistet. Der Eigentumsbegriff des Art. 14 GG ist ein eigenständiger[181], er wird jedoch nicht legal definiert[182]. Art. 14 GG basiert auf der Theorie, dass das Eigentum nicht als natürliches Recht existiert, sondern erst von der Rechtsordnung geschaffen werden muss[183]. Im Gegensatz zu anderen Grundrechten, wie z. B. der Meinungsäußerungsfreiheit, setzt Eigentum denknotwendig die Existenz von Normen voraus[184]. Diese Aufgabe wird gem. Art. 14 Abs. 1 Satz 2 GG dem einfachen Gesetzgeber übertragen; er soll abstrakt-generell auf privatrechtlicher oder öffentlich-rechtlicher Ebene „Inhalt und Schranken des Eigentums" festlegen[185]. Welche Rechtspositionen im Einzelnen vom verfassungsrechtlichen Eigentumsbegriff umfasst werden, richtet sich laut Rechtsprechung des BVerfGE „nach Zweck und Funktion der Eigentumsgarantie unter

---

177 *Wandtke/ ders.*, UrhR, Rn. 40 zu Kapitel 1.

178 *Geiger/ Khan/ Kotzur/ Khan*, EUV/ AEUV, Rn. 1 zu Art. 118 AEUV.

179 *Calliess/ Ruffert/ Wichard*, EUV/ AEUV, Rn. 2 zu Art. 118 AEUV; *Geiger/ Kahn/ Kotzur/ Khan*, EUV/ AEUV, Rn. 6 zu Art. 118 AEUV.

180 Vgl. zu früheren Verfassungskodifikationen Teil 1 E. I. 1.

181 *Schmidt*, GR, Rn. 878.

182 BVerfGE 83, 201, 208; *Staudinger/ Seiler*, BGB, Rn. 18 Vorbem. zu §§ 903 ff.; zur dogmatischen Problematik des verfassungsrechtlichen Eigentumsbegriffs vgl. ausführlich *Appel*, Verfassungsrechtliches Eigentum, S. 32 ff.; *Grochtmann*, Art. 14, S. 43 ff.

183 *Pieroth/ Schlink/ Kingreen/ Poscher*, StR II, Rn. 972; *Schmidt*, GR, Rn. 878.

184 *Dreier/ Wieland*, GG, Rn. 25 zu Art. 14.

185 BVerfGE 52, 1, 27 – Kleingarten; vgl. ausführlich zum Gestaltungsauftrag des Gesetzgebers Teil 2 D. II. 1. b).

Berücksichtigung ihrer Bedeutung im Gesamtgefüge der Verfassung“[186]. Ohne weiteren Erklärungsbedarf zählt das zivilrechtliche Sacheigentum zum Eigentum im verfassungsrechtlichen Sinne[187].

Bereits Art. 153 WRV war nach allgemeiner Meinung aber nicht auf den Schutz des Sacheigentums begrenzt, sondern umfasste „private Vermögensreche aller Art“[188]. Aus den Beratungen des Parlamentarischen Rates geht hervor, dass es als selbstverständlich angesehen wurde, für den Eigentumsbegriff des Art. 14 GG die für Art. 153 WRV entwickelte Auslegung anzuwenden[189]. Das BVerfG hat die Definition dahingehend konkretisiert, dass „grundsätzlich alle vermögenswerten Rechte (...), die dem Berechtigten von der Rechtsordnung in der Weise zugeordnet sind, dass er die damit verbundenen Befugnisse nach eigenverantwortlicher Entscheidung zu seinem privaten Nutzen ausüben darf“[190], verfassungsrechtliches Eigentum sind. Prägende Strukturmerkmale sind somit die Privatnützigkeit[191] durch umfassende Herrschaftsmacht und die freie Nutzungs- und Verfügungsbefugnis des Eigentümers[192]. Dazu gehört neben „der Freiheit, den Eigentumsgegenstand zu veräußern und aus seiner Vermietung den Ertrag zu ziehen, der zur finanziellen Grundlage für eine eigenverantwortliche Lebensgestaltung beiträgt (...) auch die Freiheit, den Eigentumsgegenstand selbst zu nutzen“[193]; außerdem muss die Rechtsposition einen Vermögenswert haben[194]. Da auch die vermögenswerte Seite des einfachgesetzlich ausgestalteten Urheberrechts diese Strukturmerkmale aufweist, wird es zum Eigentum im verfassungsrechtlichen Sinne gezählt[195].

Schließlich sind somit die originären Gemeinsamkeiten von Sacheigentum und Urheberrecht[196] entscheidend dafür, dass die einfachgesetzliche Ausgestaltung beider Rechtsinstitute zum Eigentum im verfassungsrechtlichen Sinne

---

186 BVerfGE 36, 281, 290; 83, 201, 208.

187 *Rassow*, Schutzpflichten, S. 37.

188 RGZ 109, 310, 319 ff.; 111, 320, 328; 129, 246, 248; *BK/ Kimminich*, GG 65. Lfg. August 1992, Rn. 10 zu Art. 14.

189 *BK/ Abraham*, GG 14 Lfg. Mai 1965 (Zweitbearbeitung Art. 14 Entstehungsgesch.), Anm. I. 5. zu Art. 14; *Bettermann/ Nipperdey/ Scheuner/ Hubmann*, GR, Bd. 4.1, S. 2 ff.

190 BVerfGE 83, 201, 209; 89, 1, 6; 91, 294, 307.

191 Vgl. BVerfGE 52, 1, 30 – Kleingarten; 79, 292, 303 f. – Eigenbedarf II.

192 BVerfGE 52, 1, 30 – Kleingarten; 79, 292, 303 f. – Eigenbedarf II.

193 BVerfGE 79, 292, 304 – Eigenbedarf II.

194 *Grzeszick*, ZUM 2007, 344, 349.

195 BVerfGE 31, 229, 239 – Kirchen- und Schulgebrauch; 49, 382, 400 - Kirchenmusik; 77, 263, 270; BVerfG, NJW 2003, 1655, 1656; *Wandtke*, ZUM 2005, 769, 722.

196 Vgl. Teil 1 B. II.

gezählt werden kann. Das Grundgesetz gewährt folglich sowohl dem Sacheigentümer als auch den vermögenswerten Interessen des Urhebers durch dasselbe Grundrecht Schutz.

Neben Art. 14 Abs. 1 Satz 1 GG, der als „Zentralnorm" die Verwertung geistigen Eigentums verfassungsrechtlich schützt[197], stehen dem Werkschaffenden im Gegensatz zu dem Sacheigentümer auch Art. 2 Abs. 1 i. V. m. Art. 1 Abs. 1 GG in Form des Urheberpersönlichkeitsrechts sowie die Kunstfreiheit gem. Art. 5 Abs. 3 GG zur Seite.

IV. Urheberrecht und Sacheigentum im nationalen Zivilrecht

Das deutsche Zivilrecht unterscheidet ganz stringent zwischen Urheberrecht und Sacheigentum[198] und unterwirft sie unterschiedlichen gesetzlichen Regelungen. Tritt ein urheberrechtliches Werk mittels einer körperlichen Form für die Außenwelt in Erscheinung[199], bestehen Eigentum an der körperlichen Gestalt und Urheberrecht an dem immateriellen Werk unabhängig voneinander und selbstständig nebeneinander[200]. Dies ist möglich, weil Urheberrecht und Sacheigentumsrecht auf völlig anderen Ebenen liegen und unterschiedliche Bereiche regeln[201]. Im Folgenden wird nun der wesentliche Inhalt beider Rechtsinstitute vergleichend dargestellt.

1. Grundgedanken des Sacheigentums

Das BGB verzichtet auf eine Legaldefinition des Sacheigentums; Ausgangspunkt der zivilrechtlichen Eigentumsregeln bildet vielmehr § 903 Satz 1 BGB, der dem Eigentümer ein ausschließliches Nutzungsrecht an seinem Eigentumsobjekt gewährt[202]. Das zivilrechtliche Sacheigentum ist damit das umfassendste Herrschaftsrecht, das an einer Sache existieren kann[203] und wird auch als „Vollrecht"

197 *Fechner*, Geistiges Eigentum, S. 186; *Maunz*, GRUR 1973, 107.

198 Grundlegendes hierzu: RGZ 79, 379 ff. – Fresken; nach *Schricker/ Loewenheim/ Vogel*, UrhG, Rn. 3 zu § 44, gilt § 44 Abs. 1 UrhG als gesetzliche Festlegung dieses Grundsatzes.

199 Eine körperliche Festlegung ist aber keine Werkvoraussetzung; vgl. Teil 1 C. IV. 3. a) bb) (1).

200 BGH, GRUR 1995, 673, 675 – Mauer-Bilder.

201 RGZ 79, 379 ff. – Fresken.

202 Vgl. Mot. III, S. 262 = *Mugdan* III, S. 145.

203 *Palandt/ Bassenge*, BGB, Rn. 1 zu § 903.

daran bezeichnet[204]. Es gilt daher auch als Prototyp eines subjektiven[205], absoluten[206], dinglichen[207] Rechts. Der Inhaber kann sowohl eine natürliche als auch eine juristische Person sein[208].

Gegenstand des zivilrechtlichen Sacheigentums kann gem. § 90 BGB nur ein körperlicher Gegenstand sein, wobei nicht zwischen Eigentum an beweglichen und unbeweglichen Sachen differenziert wird[209]. An den Seiten eines Buches oder einer CD kann somit Sacheigentum bestehen, aber der geistige Inhalt des Buchs sowie die Musik, die auf der CD enthalten ist, sind dem zivilrechtlichen Eigentum unzugänglich.

Dennoch beschreibt das Sacheigentum genau genommen nicht das Verhältnis einer Person zu einer Sache[210], denn die Aufgabe der Rechtsordnung ist die Regelung des Verhältnisses der Menschen untereinander[211]. Folglich ist auch die Beziehung einer Person zu einer Sache nur insoweit für die Rechtsordnung relevant, als sich daraus Rückwirkungen für das Verhältnis zu anderen Rechtssubjekten ergeben[212]. Eigentum ist daher nach richtiger Auffassung die rechtliche Beziehung des Eigentümers gegenüber jedermann *in Bezug auf* seine Sache[213]. Gegen diese Definition von Eigentum wird hervorgebracht, dass es schier unmöglich sei, gegenüber jedermann Ansprüche herleiten zu können[214]. Die Abwehransprüche gelangen aber erst durch die unrechtmäßige Berührung des eigentumsrechtlichen Zuweisungsgehalts durch einen nichtberechtigten Dritten zur Entstehung; somit können sie sehr wohl gegenüber *potenziell* jedermann - der nämlich im konkreten Fall das fremde Eigentum nicht beachtet - entstehen. Mithin greift die Kritik nicht durch[215].

---

204 *Staudinger/ Seiler*, BGB, Rn. 1, 2 zu Vorbem zu §§ 903 ff, Rn. 2 zu § 903.

205 Vgl. *Münch/ Komm/ Säcker*, BGB, Rn. 7 zu § 903.

206 *PWW/ Huhn/ Lemke*, BGB, Rn. 1 zu § 903.

207 *Jänich*, Komplementärentscheidung?, S. 216.

208 *PWW/ Lemke*, BGB, Rn. 8 zu § 903.

209 *Münch/ Komm/ Säcker*, BGB, Rn. 1 zu § 903.

210 So aber: *Nirk*, FS Brandner, S. 417, 426, unter Hinweis auf *Fritz Baur*; vgl. auch *Elleger*, Bereicherung, S. 472.

211 *Hubmann*, Recht des schöpferischen Geistes, S. 78; *ders*, Urheber- und VerlagsR, S. 51.

212 *Hubmann*, Recht des schöpferischen Geistes, S. 78 ff.; *ders.*, Urheber- und VerlagsR, S. 51.

213 Vgl. *Hubmann*, Recht des schöpferischen Geistes, S. 78 ff.; *ders.*, Urheber- und VerlagsR, S. 51; *Rehbinder/ Peukert*, UrhR, Rn. 128.

214 Nachweise bei *Hubmann*, Recht des schöpferischen Geistes, S. 78 Fn. 18.

215 Vgl. *Hubmann*, Recht des schöpferischen Geistes, S. 78 Fn. 18.

2. Grundgedanken des Urheberrechts

Das Urheberrecht im objektiven Sinne ist die Summe aller Rechtsnormen, die die Interessen des Urhebers an seinem Werk regeln[216]. Ferner bezeichnet es das subjektive[217] Recht des Schöpfers in Bezug auf sein Werk[218].

Der Schöpfungsakt ist ein Realakt[219], darum kann nur eine natürliche Person Urheber sein. Da das Urheberrecht an die Schaffung eines Werks anknüpft, kann dieses als Rechtsobjekt des Urheberrechts bezeichnet werden[220]. Das Urheberrecht schützt gem. § 1 UrhG aber weder das Werk als solches[221] noch die Person des Urhebers[222], sondern die ideellen und materiellen Interessen des Schöpfers an seinem Werk[223]. Die monistische Theorie wurde somit gesetzlich verankert, denn beide, Persönlichkeitsrechte und Verwertungsrechte, bilden durch die Regelung in § 11 S. 1 UrhG eine untrennbare Einheit[224].

Wie das Sacheigentum, will auch das Urheberrecht dem Inhaber den vollen Wert des Regelungsgegenstands zuordnen[225] und gewährt ihm somit in den §§ 11 ff. UrhG ein absolutes Ausschließlichkeitsrecht an seinem Werk[226]. Auch für das Urheberrecht gilt aber, dass es nicht das Verhältnis des Schöpfers zu seinem Werk beschreibt. Vielmehr ist es die rechtliche Beziehung des Urhebers gegenüber jedermann *in Bezug auf* das urheberrechtliche Werkt[227].

Uneinigkeit herrscht darüber, ob das Urheberrecht auch ein dingliches bzw. gegenständliches Recht ist. Der Streit ist indes kein dogmatischer, als er nur aus terminologischen Unstimmigkeiten resultiert[228]. Einer Auffassung nach wird

216 *Rehbinder/ Peukert*, UrhR, Rn. 126; *Schack*, UrhR, Rn. 2.
217 *Rehbinder/ Peukert*, UrhR, Rn. 126; *Schack*, UrhR, Rn. 4 zu § 1.
218 *Rehbinder/ Peukert*, UrhR, Rn. 126.
219 Vgl. dazu ausführlich Teil 1 C. IV. 3. a) bb) (2).
220 *Erdmann*, FS Piper, S. 655, 657; *Hubmann*, Urheber- und VerlasgR, S. 51; *Rehbinder/ Peukert*, UrhR, Rn. 126.
221 Diesen Vorschlag machte der Referenten- und Ministerialentwurf zum UrhG, vgl dazu *Fromm/ Nordemann/ A. Nordemann*, UrhG, Rn. 1 zu § 1.
222 *Hubmann*, Urheber- und VerlagsR, S. 51; so aber § 1 LUG, § 1 KUG; *Fromm/ Nordemann/ A. Nordemann*, UrhG, Rn. 1 zu § 1.
223 Amtl. Begr. zum RegE UrhG 1965, BT-Drucks. IV/ 270, S. 43; *Hubmann*, Urheber- und VerlagsR, S. 51.
224 *Schricker/ Loewenheim/ ders.*, UrhG, Rn. 1, 3 zu § 11.
225 *Rehbinder/ Peukert*, UrhR, Rn. 143.
226 *Hubmann*, Urheber- und VerlagsR, S. 51.
227 *Hubmann*, Urheber- und VerlagsR, S. 51; *Rehbinder/ Peukert*, UrhR, Rn. 128.
228 Vgl. dazu ausführlich *Jänich*, Komplementärentscheidung?, S. 200 f.; 216 ff.

damit nämlich ein Recht beschrieben, das ein *körperliches Bezugsobjekt* hat[229], folglich kann das Urheberrecht nicht zu den dinglichen Rechten gezählt werden[230]. Eine andere Strömung nennt hingegen jedes absolute Herrschaftsrecht in Bezug auf ein bestimmtes Schutzobjekt ein gegenständliches bzw. dingliches Recht[231], nach dieser Deutung zählt auch das Urheberecht dazu[232]. Letztlich setzt diese Definition aber Absolutheit mit Dinglichkeit gleich[233] und ist wegen ihrer begrifflichen Unschärfe abzulehnen[234].

3. *Wesentlicher Inhalt der Rechtsinstitute*

a) *Schutzentstehung*

aa) Sacheigentum

Der Eigentumsschutz knüpft an den Sacherwerb an, die Sache muss nicht verändert oder in ihrem Wert gesteigert werden, um Eigentumsschutz zu erlangen[235]. Eigentum kann originär, d. h. nicht von einem Rechtsvorgänger abgeleitet, oder derivativ erworben werden[236].

Zum originären Erwerb zählen z. B. der Eigentumserwerb durch Verbindung gem. §§ 946 f. BGB, Vermischung gem. § 948 BGB, Verarbeitung gem. § 950 Abs. 1 BGB oder durch Fruchterwerb gem. § 953 ff. BGB, die Aneignung herrenloser Sachen gem. § 958 Abs. 1 BGB sowie der Eigentumserwerb des Finders[237].

---

229 So bereits in der Begründung zum Vorläufer des § 903, s. *Schubert/ Johow*, Vorentw. BGB SachenR 1, S. 495 (619); Mot. III, S. 2 = *Mugdan* III, S. 1; *Jänich*, Komplementärentscheidung?, S. 218; *Prütting*, SachenR, Rn. 1 zu § 1.

230 *Schubert/ Johow*, Vorentw. BGB SachenR 1, S. 495 (619); zustimmend *Allfeld*, LUG, S. 22 Fn. 1; *Wandtke/ ders.*, UrhR, Rn. 33 zu Kapitel 1.

231 *Canaris*, FS Flume, S. 371, 375; *Dulckeit*, Verdinglichung, S. 7; *Hubmann*, Urheber- und VerlagsR, S. 51; so auch noch: *Schwab/ Prütting*, SachenR, 32. Aufl. 2006, Rn. 1 zu § 1; *Stephanblome*, Subjektives Urheberrecht, S. 13 ff., 36; vgl. auch die Ausführungen von *Jänich*, Komplementärentscheidung?, S. 216 zu § 29 Abs. 1 Nr.1 MarkenG, wonach das an einer Marke begründete Recht Gegenstand eines „dinglichen Rechts“ sein kann, womit das vertragliche Pfandrecht oder Nießbrauchrecht an der Marke gemeint ist.

232 *Hubmann*, Urheber- und VerlagsR, S. 51; *Klostermann*, Geistiges Eigenthum, S. 114; *Stephanblome*, Subjektives Urheberrecht, S. 13 ff., 36.

233 *Jänich*, Komplementärentscheidung?, S. 200 f.

234 *Jänich*, Komplementärentscheidung?, S. 218.

235 *Hubmann*, Recht des schöpferischen Geistes, S. 75 f.

236 *Jänich*, Komplementärentscheidung?, S. 255.

237 *Jänich*, Komplementärentscheidung?, S. 255.

In der Praxis vorherrschend ist indes der derivative Eigentumserwerb[238]. Die rechtsgeschäftliche Übertragung beweglichen Eigentums unter Lebenden erfolgt durch Übereignung gem. § 929 BGB, unbewegliche Sachen werden gem. §§ 873, 925 BGB übertragen. Schließlich geht das Sacheigentum des Erblassers gesetzlich gem. § 1922 BGB durch Erbgang auf den Erben über[239]. Sacheigentum kann unter bestimmten Voraussetzungen auch gutgläubig vom Nichtberechtigten gem. §§ 932, 873 BGB erworben werden, wenn der Eigentümer einen Rechtsscheintatbestand zurechenbar gesetzt hat und der Erwerber nicht bösgläubig ist.

bb) Urheberrecht

Das Urheberrecht entsteht hingegen gem. § 7 UrhG durch die Schöpfung eines Werks[240], und wird somit stets originär erworben[241]. Die Urheberschaft entsteht formfrei unmittelbar kraft Gesetzes, sobald das Werk alle Schutzvoraussetzungen erfüllt[242]. Der Schöpfungsakt ist ein Realakt[243]. Auch an gesetzes- oder sittenwidrigen Werken entsteht somit urheberrechtlicher Schutz[244].

Die unterschiedliche Schutzentstehung ist den originären Unterschieden von Werken und Sachen geschuldet. Eigentum an einer Sache kann durch bloße Aneignung entstehen, eine Wertsteigerung in Form einer Bearbeitung der Sache ist nicht zwingend erforderlich[245], da eine Sache als körperlicher Gegenstand ihren Wert schon in sich verkörpert und somit schon den Schutz durch die Rechtsordnung rechtfertigt[246]. Geistige Werke können hingegen nicht dadurch angeeignet werden, dass jemand ein wahrnehmbares Werk in seinem Geist aufnimmt und andere zugleich von der Partizipation ausschließt, da sie ihrem Wesen nach grundsätzlich der Allgemeinheit zugänglich bleiben müssen[247] und die bloße geistige Aneignung ein schier unkontrollierbarer Vorgang wäre, der jede Recht-

---

238 *Jänich*, Komplementärentscheidung?, S. 255.

239 *Jänich*, Komplementärentscheidung?, S. 255 f., betont zu Recht, dass der gesetzliche Eigentumsübergang gem. § 1922 ff. BGB auch eine Form des derivativen Erwerbs darstellt, da der Erwerb vom Erblasser abgeleitet wird. Seiner Schlussfolgerung, dass der gesetzliche Eigentumserwerbs folglich nicht mit dem originären Erwerb gleichgesetzt werden kann, ist ebenfalls zuzustimmen.

240 *Handing*, UFITA 2009/I, 55.

241 *Jänich*, Komplementärentscheidung?, S. 256.

242 *Wandtke/ Wöhrn*, UrhR, Rn. 142 zu Kapitel 2.

243 *Loewenheim/ Hoeren*, UrhR, Rn. 4 zu § 10.

244 BGH, GRUR 2000, 703, 705 f. – Mattscheibe; *Schack*, UrhR, Rn. 252.

245 § 950 BGB stellt insoweit eine Ausnahme dar.

246 *Hubmann*, Recht des schöpferischen Geistes, 75.

247 *Hubmann*, Recht des schöpferischen Geistes, S. 76.

sicherheit vermissen lassen würde. Vielmehr rechtfertigt nur eine *eigene* schöpferische Leistung das Urheberrecht.

Jedenfalls in Form der Verarbeitung gem. § 950 Abs. 1 BGB ähnelt der Sacheigentumserwerb aber dogmatisch dem Erwerb des Urheberrechts durch Werkschöpfung gem. § 7 UrhG[248], denn in beiden Fällen ist Arbeit der Legitimationsgrund für den rechtlichen Schutz[249]. Allerdings ist für die Entstehung des Sacheigentums die mechanische Leistung maßgebend, für die des Urheberrechts die geistige[250].

Im Gegensatz zum Sacheigentum ist das Urheberrecht gem. § 29 Abs. 1 UrhG unter Lebenden nicht übertragbar. Dies gilt sowohl für das Recht als Ganzes, als auch für Teilübertragungen[251], folglich ist auch ein gutgläubiger Erwerb ausgeschlossen[252]. Diese Regelung ist Ausfluss der monistischen Theorie, die das Urheberpersönlichkeitsrecht und die Verwertungsrechte als Einheit betrachtet und die Unübertragbarkeit des Persönlichkeitsrechts somit auf die Verwertungsrechte überträgt[253]. Für Altverträge ist die Übergangsregel gem. § 137 UrhG zu beachten. Der Erwerb durch Erbgang ist aber gem. § 28 Abs. 1 UrhG möglich, dies ist der einzige Fall des derivativen Erwerbs[254]. Stattdessen kann der Urheber aber einfache oder ausschließliche Nutzungsrechte gem. §§ 29 Abs. 2, 31 UrhG an Dritte einräumen, die in Ermangelung eines entsprechenden Rechtsscheinträgers[255] nach zutreffender Ansicht aber auch nicht gutgläubig erworben werden können[256].

(1) Das urheberrechtliche Werk

Das UrhG zählt in § 2 Abs. 1 beispielhaft geschützte Werkarten auf, dieser Katalog ist jedoch nicht abschließend. Vielmehr sind alle Erzeugnisse schutzfähig,

---

248 *Jänich*, Komplementärentscheidung?, S. 256; so bereits die Begründung des Vorentwurfes zu § 903: *Schubert/ Johow*, Vorentw. BGB SachenR 1, S. 494 (618).

249 *Hubmann*, Recht des schöpferischen Geistes, S. 76; *Jänich*, Komplementärentscheidung?, S. 256.

250 So bereits *Schubert/ Johow*, Vorentw. BGB SachenR 1, S. 494 (618).

251 Amtl. Begr. zum RegE UrhG 1965, BT-Drucks. IV/ 270 S. 55.

252 *Jänich*, Komplementärentscheidung?, S. 278.

253 *Dreier/ Schulze/ ders.*, UrhG, Rn. 1 zu § 29; *Rehbinder/ Peukert*, UrhR, Rn. 136; *Schack*, UrhR, Rn. 593; nach a. A. ist diese Auswirkung des Urheberpersönlichkeitsrechts jedoch nicht zwingend: *Schricker/ Loewenheim/ dies.*, UrhG, Rn. 11 zu § 29.

254 Vgl. *Jänich*, Komplementärentscheidung?, S. 256.

255 *Jänich*, Komplementärentscheidung?, S. 279.

256 BGH, GRUR 2009, 946, 948 – Reifen Progressiv; GRUR 2011, 418, 419 – UsedSoft; *Fromm/ Nordemann/ J. B. Nordemann*, UrhG, Rn. 235 vor §§ 31 ff.; *Schack*, UrhR, Rn. 601; *Ulmer*, Urheber- und VerlagsR, § 83 III 2 (S. 360).

die ein Werk i. S. d. § 2 Abs. 2 UrhG darstellen[257]. Die Legaldefinition „persönliche geistige Schöpfung“ bedarf jedoch weiterer Konkretisierungen, um einen uferlosen Schutz zu vermeiden[258]. Gemeinschaftsrechtliche Vorgaben einzelner Richtlinien tragen auch nicht zu einer Präzisierung der allgemeinen Werkdefinition bei[259], sodass die Rechtsprechung weitere Schutzvoraussetzungen herausgebildet hat, die den Werkcharakter eines Erzeugnisses erfassen sollen[260]:

Zuerst stellt nur das, was ein Mensch erschaffen hat und zugleich auf seinem Einfall beruht, eine „persönliche Schöpfung“ dar[261]. Ferner muss die schöpferische Leistung „konkret wahrnehmbar“ sein, denn Ideen sind nicht schutzfähig[262]. Eine körperliche Form des Werks, wie sie z. B. eine Statue aufweist, ist aber nicht notwendig[263]. Vielmehr kann ein Werk auch in unkörperlicher Form wahrgenommen werden, indem es z. B. mündlich vorgetragen oder aufgeführt wird[264]. Existiert ein Werkstück, führt auch dessen vollständige Zerstörung nicht zum Erlöschen des Urheberrechts. Folglich ist der Bestand des Urheberrechts unabhängig von der Existenz, bzw. Fortexistenz des Werkstücks[265]. Ein Werk muss ferner immer einen „geistigen Gehalt“ aufweisen und somit das Ergebnis eines künstlerischen Schaffensprozesses sein[266] und über übliche, handwerkliche Erzeugnisse hinausgehen[267]. Urheberrechtlichem Schutz unzugänglich sind somit reine Zufallserzeugnisse, die lediglich durch mechanische Tätigkeit ohne Ausdruck der Gedanken- und Gefühlwelt des Schaffenden entstehen[268]. Das Erschaffene muss jedoch auch nicht völlig neu sein. Allerdings ist eine Schöpfung nicht individuell, wenn lediglich vorhandene Ausdrucksformen wiedergegeben werden, ohne dem Werk eigenpersönliche Züge zu verleihen[269]. Schließlich muss die Individualität ein gewisses Mindestmaß erreichen; dieses Mindestmaß ist die „Gestaltungshöhe“. Sie legt somit die Untergrenze des Urheberrechtsschutzes

---

257 *Wandtke/ Wöhrn*, UrhR, Rn. 1 zu Kapitel 2.
258 Vgl. *Rehbinder/ Peukert*, UrhR, Rn. 210.
259 *Handig*, UFITA 2009/ I, 55, 55.
260 *Handig*, UFITA 2009/ I, 55, 59.
261 *Wandtke/ Wöhrn*, UrhR, Rn. 2 zu Kapitel 2.
262 *Wandtke/ Wöhrn*, UrhR, Rn. 4 zu Kapitel 2.
263 *Dreier/ Schulze/ ders.*, UrhG, Rn. 13 zu § 2.
264 *Schricker/ Loewenheim/ ders.*, UrhG, Rn. 120 zu § 2.
265 *Schack*, UrhR, Rn. 34.
266 BGH, GRUR 1987, 704, 705 – Warenzeichenlexika.
267 *Illzhöfer/ Engels*, UrhR, Rn. 1159.
268 *Fromm/ Nordemann/ A. Nordemann*, UrhG, Rn. 25 zu § 2.
269 *Fromm/ Nordemann/ A. Nordemann*, UrhG, Rn. 26 zu § 2.

fest[270]. Das Maß der Gestaltungshöhe ist durch die Rechtsprechung generell niedrig angesetzt worden, sodass auch Gestaltungen, die nur einen sehr geringen Grad an Individualität aufweisen, geschützt sind[271]. Diese Schöpfungen bezeichnet man als „kleine Münze" des Urheberrechts[272]. Wann ein Werke diese Untergrenze erreicht und somit über die notwendige Gestaltungshöhe verfügt, kann dennoch nicht starr für alle Werkkategorien festgelegt werden, da aufgrund des Wandels und Fortschritts keine gleichbleibenden Maßstäbe festgelegt werden können[273].

(2) Die Urheberschaft

Nach dem „Schöpferprinzip" gem. § 7 UrhG kann nur der Werkschöpfer selbst Urheber sein[274], mithin kann auch nur eine natürliche Person Urheber sein, juristische Personen können nur Inhaber abgeleiteter Nutzungsrechte sein[275]. Auf weitere Voraussetzungen kommt es nicht an, z. B. ist die Geschäftsfähigkeit des Schöpfers unerheblich[276].

b) Die Befugnisse des Inhabers

aa) Sacheigentum

§ 903 BGB legt als Zentralnorm des zivilrechtlichen Sacheigentums die Befugnisse des Eigentümers fest und gewährt seinem Inhaber ein positives Nutzungsrecht sowie ein negatives Abwehrrecht[277]. Gem. § 903 Satz 1 BGB darf „der Eigentümer einer Sache (…), soweit nicht das Gesetz oder Rechte Dritter entgegenstehen, mit der Sache nach Belieben verfahren und andere von jeder Einwirkung ausschließen".

Der Eigentümer einer Sache kann somit innerhalb dieses vom Gesetzgeber gem. Art. 14 Abs. 1 Satz 2 GG festgelegten Rahmens das gesamte rechtliche und tatsächliche Repertoire an Möglichkeiten, mit seiner Sache zu verfahren, ausschöpfen[278] und andere gleichzeitig davon ausschließen. Der weite Wortlaut

---

270 *Fromm/ Nordemann/ A. Nordemann*, UrhG, Rn. 30 zu § 2.
271 *Fromm/ Nordemann/ A. Nordemann*, UrhG, Rn. 30 zu § 2.
272 BGH, GRUR 1995, 581, 582 – Silberdistel.
273 *Wandtke/ Wöhrn*, UrhR, Rn. 10 zu Kapitel 2.
274 *Wandtke/ Wöhrn*, UrhR, Rn. 141 zu Kapitel 2.
275 BGH, GRUR 1991, 523, 525 – Grabungsmaterialien; *Wandtke/ Wöhrn*, UrhR, Rn. 141 zu Kapitel 2.
276 *Dreier/ Schulze/ ders.*, Rn. 3 zu § 7.
277 Vgl. Mot. III, S. 262 = *Mugdan* III, S. 145.
278 Vgl. *Wolf/ Wellenhofer*, SachenR, Rn. 3 zu § 2.

der Vorschrift darf aber nicht darüber hinwegtäuschen, dass § 903 Satz 1 BGB – dem Parlamentsvorbehalt in Art. 14 Abs. 1 Satz 2 GG entsprechend – dem Sacheigentümer „lediglich" einen auf ein bestimmtes Gut und hierauf bezogene Nutzungen *begrenzten* Schutzbereich gewährt, er ordnet ihm also auch nicht *jeden* aus seinem Eigentumsgegenstand fließenden Vermögensvorteil zu[279] und enthält auch keine Generalermächtigung an die Judikative, die Zuordnungsentscheidung selbst zu treffen[280]. Wo genau die Grenze des sacheigentumsrechtlichen Zuweisungsgehalts verläuft, wird im dritten Teil der vorliegenden Arbeit untersucht[281].

Die Begründungen dafür, dass die positiven Befugnisse des Eigentümers in § 903 Satz 1 BGB nicht enumerativ aufgeführt sind, sind vielfältig. Aus den Materialien der BGB-Gesetzgebung ergibt sich die Begründung, dass dies schlicht unmöglich sei[282] und dafür ferner auch kein Bedürfnis bestehe, denn das Eigentum sei nicht die Summe einzelner Befugnisse[283]. Einer anderen Ansicht nach sei die offene Formulierung in § 903 Satz 1 BGB Ausdruck der liberalen Eigentumslehre des BGB, der zufolge der Gesetzgeber den Eigentümer in seiner Freiheit, nach Belieben mit der Sache verfahren zu dürfen, nicht „gängeln dürfe"[284]. Die ökonomische Analyse des Rechts sieht die Erklärung in der Funktion des Eigentumsrechts begründet. Diese bestehe darin, dem Rechteinhaber die alleinige Kompetenz einzuräumen, über die Nutzung seiner Ressource zu entscheiden. Daraus ergebe sich auch das zwingende Erfordernis, den Gesetzestext abstrakt zu formulieren, da nur so sichergestellt werden könne, dass alle Verwendungsmöglichkeiten – auch solche, die im Zeitpunkt der Entstehung des Gesetzes noch gar nicht existiert haben – dem Eigentümer zugeordnet werden und so zum Gegenstand von marktmäßigen Tauschprozessen gemacht werden können[285].

Es bedarf an dieser Stelle keiner vertiefenden Auseinandersetzung mit dem Hintergrund des § 903 Satz 1 BGB, es sei aber darauf hingewiesen, dass die

---

279 Vgl. hierzu ausführlich *Peukert*, S. 211 ff., 791.

280 *Peukert*, Güterzuordnung, S. 211 ff., 791.

281 Vgl. Teil 3 C. III.

282 Mot. III, S. 262 = *Mugdan* III, S. 145; zustimmend *Staudinger/ Seiler*, BGB, Rn. 10 zu § 903.

283 *Schubert/ Johow*, Vorentw. BGB SachenR 1, S. 516 (640); Mot. III, S. 262 = *Mugdan* III, S. 145.

284 *Hattenhauer*, Grundbegriffe, S. 125 f.

285 Vgl. *Behrens*, Ökonomische Grundlagen, S. 123, 129; zustimmend *Elleger*, Bereicherung, S. 489.

Vorschrift durch ihre weite Formulierung tatsächlich ebenso entwicklungsfähig[286] wie auch streitanfällig ist; wovon nicht zuletzt die vorliegende Arbeit zeugt.

bb) Urheberrecht

Die den Inhalt des Urheberrechts konstituierenden Einzelbefugnisse des Urhebers lassen sich in Verwertungsrechte, persönlichkeitsrechtliche Befugnisse sowie sonstige Rechte unterteilen[287]. Die meisten verfügen, wie die des Sacheigentümers, über eine positive und negative Seite[288].

(1) Verwertungsrechte

Das UrhG gewährt dem Urheber, ähnlich wie § 903 Satz 1 BGB dem Sacheigentümer, gem. § 15 UrhG ein umfassendes Herrschaftsrecht an seinem Werk[289] und stellt somit im Sinne der Institutsgarantie sicher, dass der Urheber an den Früchten seiner geistigen Schöpfung beteiligt wird[290]. Der originären Nutzungsmöglichkeit von Werken entsprechend[291], wird dem Urheber gem. §§ 15 ff. UrhG jede Bereitstellungsmöglichkeit seines Schutzobjekts zugeordnet.

Zwar sind die Verwertungsrechte des Urhebers in §§ 15 bis 23 UrhG genau geregelt, der Katalog in § 15 UrhG ist aber nicht abschließend, was durch die Verwendung von „insbesondere“ in beiden Absätzen zum Ausdruck kommt[292]. Vielmehr gewährt § 15 UrhG als Verwertungsgeneralklausel dem Urheber ein umfassendes Verwertungsrecht an seinem Werk, das sich sowohl auf die Verwertung in körperlicher als auch in unkörperlicher Form sowie auf erst entstehende Nutzungsarten erstreckt[293]. Die Verwertungsreche sind absolute Ausschließlichkeitsrechte, denn sie gewähren dem Urheber das Recht, sein Werk in dem durch sie bestimmten Umfang zu nutzen (positives Benutzungsrecht) und andere von der Nutzung auszuschließen (negatives Abwehrrecht)[294].

---

286 *Peukert*, Güterzuordnung, S. 212.

287 *Rehbinder/ Peukert*, UrhR, Rn. 132.

288 *Rehbinder/ Peukert*, UrhR, Rn. 142.

289 *Rehbinder/ Peukert*, UrhR, Rn. 142.

290 BVerfGE 31, 229, 241 – Kirchen- und Schulgebrauch; 49, 382, 394 – Kirchenmusik; BGHZ 151, 300, 310 – Elektronischer Pressespiegel; *Chirco*, Panoramafreiheit, S. 71; *Stang*, Schutzfrist, S. 92.

291 Vgl. dazu Teil 1 B. I. 5.

292 *Wandtke/ Wöhrn*, UrhR, Rn. 76 zu Kapitel 3.

293 *Schricker/ Loewenheim/ v. Ungern-Sternberg*, UrhG, Rn. 22 zu § 15 UrhG.

294 Vgl. *Hubmann*, Urheber- und VerlagsR, S. 55.

Wie zuvor gesehen, gelangt das Urheberrecht auch an unsittlichen oder gesetzeswidrigen Werken uneingeschränkt zur Entstehung; der Ausübung einzelner Befugnisse können allerdings andere Rechtsvorschriften entgegenstehen[295]. So kann der Verbreitung eines beleidigenden Textes z. B. der Unterlassungsanspruch des Betroffenen gem. §§ 823 Abs. 2, 1004 BGB i. V. m. § 185 StGB entgegengehalten werden[296].

(2) Persönlichkeitsrechtliche Befugnisse

Im Gegensatz zum Sacheigentum schützt das Urheberrecht die persönliche Beziehung des Schöpfers zu seinem Werk[297]. Zum „Kernbereich" der persönlichkeitsrechtlichen Befugnisse des Urhebers zählen gem. § 12 UrhG das Veröffentlichungsrecht, gem. § 13 UrhG das Recht auf Anerkennung der Urheberschaft und gem. § 14 UrhG der Integritätsschutz[298]. Auch diese Rechte haben absoluten Ausschließlichkeitscharakter[299].

(3) Sonstige Rechte

Das UrhG gewährt dem Schöpfer darüber hinaus weitere Rechte, die auch über einen verwertungsrechtlichen oder persönlichkeitsrechtlichen Einschlag verfügen. Hierzu zählen insbesondere §§ 25 – 27 UrhG, sie gewähren dem Schöpfer jedoch nur positive Befugnisse[300].

c) Inhaltliche Schranken

Da beide Rechtsinstitute der Sozialbindung gem. Art. 14 Abs. 2 GG unterliegen, sind sie gewissen Beschränkungen unterworfen.

aa) Sacheigentum

Als Ausfluss der Sozialbindung des Sacheigentums darf der Eigentümer gem. § 903 Satz 1 BGB sein Machtmonopol nur ausüben, sofern „nicht das Gesetz oder Rechte Dritter entgegenstehen". Die sich daraus ergebenden Schranken sind das Ergebnis einer Güterabwägung des Gesetzgebers. Dogmatisch begrenzen sie

295 *Schricker/ Loewenheim/ ders.*, UrhG, Rn. 48 zu § 2; *Wandtke/ Bullinger/ ders.*, UrhG, Rn. 31 zu § 2.
296 *Wandtke/ Bullinger/ ders.*, UrhG, Rn. 31 zu § 2.
297 *Hubmann*, Urheber- und VerlagsR, S. 58.
298 *Wandtke/ Dietz*, UrhR, Rn. 1 zu Kapitel 3.
299 Vgl. *Hubmann*, Urheber- und VerlagsR, S. 55.
300 *Hubmann*, Urheber- und VerlagsR, S. 55; *Rehbinder/ Peukert*, UrhG, Rn. 142.

aber nicht den sacheigentumsrechtlichen Zuweisungsgehalt, sondern untersagen dem Eigentümer lediglich die *Ausübung* seiner ihm grundsätzlich zugewiesenen Befugnisse[301]. Zu den das Eigentumsrecht beschränken Rechten Dritter zählt auch das Urheberrecht[302].

bb) Urheberrecht

§§ 44a ff. UrhG setzen als Ausprägung der Sozialbindung des Urheberrechts[303] den ausschließlichen Verwertungsrechten des Urhebers detailliert geregelte Schranken[304]. Sie dienen den „Erfordernissen des geistigen und kulturellen Lebens“[305] und sollen als Abwägungsergebnis das Urheberinteresse mit den Interessen der Allgemeinheit, der Rezipienten und der Werkvermittler in einen gerechten Ausgleich bringen[306]. Dabei ist zwischen freier Nutzung, der stärksten Eingriffsform, die eine erlaubnis- und vergütungsfreie Werknutzung gestattet, zu der auch die Panoramafreiheit gem. § 59 UrhG zählt[307], gesetzlichen Lizenzen, bei denen sich das Verbotsrecht des Urhebers in einen reinen Vergütungsanspruch umwandelt[308] und Zwangslizenzen zu unterscheiden, die gar keine Schranke im klassischen Sinne sind, sondern einen Kontrahierungszwang des Urhebers begründen[309].

d) Ansprüche

aa) Sacheigentum

Unter welchen Voraussetzungen das Eigentum in anspruchsbegründender Art und Weise betroffen ist, ist nur für den Herausgabeanspruch gem. § 985 BGB explizit durch das Gesetz festgelegt, indem er gegen den Besitzer der Sache gem. § 854 Abs. 1 BGB gerichtet ist. Welche Handlungen genau die übrigen Ansprüche begründen, ist im Vergleich dazu weniger eindeutig, da innerhalb der einschlägigen Normen unterschiedliche Terminologien

---

301 *Staudinger/ Seiler*, BGB, Rn. 30 zu § 903.

302 *Palandt/ Bassenge*, BGB, Rn. 27 zu § 903.

303 Amtl. Begr., BT-Drucks. IV/270, S. 62; vgl. auch BVerfGE 31, 229, 241 – Kirchen- und Schulgebrauch.

304 *Wandtke/ Bullinger/ Lüft*, UrhG, Rn. 1 Vor §§ 44a ff.

305 *Ulmer*, Urheber- und VerlagsR, § 1 IV (S. 6).

306 BVerfGE 31, 229, 241 ff. – Kirchen- und Schulgebrauch; *Schack*, Kunst und Recht, Rn. 9.

307 *Wandtke/ Schunke*, UrhR, Rn. 3 zu Kapitel 5.

308 *Wandtke/ Schunke*, UrhR, Rn. 5 zu Kapitel 5.

309 *Wandtke/ Schunke*, UrhR, Rn. 4 zu Kapitel 5.

verwendet werden: Während in § 903 Satz 1 BGB von „Einwirken" die Rede ist, steht der Beseitigungs- und Unterlassungsanspruch aus § 1004 Abs. 1 BGB dem Eigentümer bei „Beeinträchtigungen" seines Eigentums zur Seite, für den Schadensersatzanspruch gem. § 823 Abs. 1 BGB muss eine „widerrechtliche Verletzung" vorliegen. In § 812 Abs. 1 Satz 1 Alt. 2 BGB wurde für die Eingriffskondiktion sogar ganz auf eine entsprechende Begrifflichkeit verzichtet[310]. Ausgangspunkt für jeden Anspruch ist jedenfalls der sacheigentumsrechtliche Zuweisungsgehalt gem. § 903 Satz 1 BGB[311]. Darüber hinaus sind Eingriffe in das Sacheigentum auch strafrechtlich sanktioniert, z. B. gem. §§ 242, 246, 303 StGB.

bb) Urheberrecht

Wird der Urheber in seinen Rechten verletzt, kann er gem. §§ 97 ff. UrhG Unterlassung, Schadensersatz, Beseitigung der verletzenden Exemplare, oder Auskunft verlangen. Einen Herausgabeanspruch gibt es hingegen nicht, denn die Herausgabe des immateriellen Schutzobjekts ist nicht möglich und ein Anspruch, der auf Herausgabe des subjektiven Rechts des Urhebers gerichtet ist, ist aufgrund der Unübertragbarkeit des Urheberrechts obsolet[312].

Gem. §§ 106 ff. UrhG ist die Verletzung eines fremden Urheberrechts auch unter Strafe gestellt. Daneben können gem. § 102a UrhG auch Ansprüche aus anderen gesetzlichen Vorschriften bestehen; hier ist insbesondere auf §§ 823 ff. BGB[313] sowie § 1004 BGB analog[314] und §§ 812 ff. BGB[315] zu verweisen.

---

310 *Beater*, JZ 1998, 1101, 1102.

311 *Bullinger*, FS Raue, S. 379, 390.

312 *Jänich*, Komplementärentscheidung?, S. 297 ff., davon abzugrenzen ist die Frage, ob aus dem Urheberrecht Herausgabeansprüche von Sachen erwachsen können; dies wird für das Zugangsrecht einhellig verneint, vgl. dazu Teil 1 D. 2. a).

313 *Dreier/ Schulze/ Dreier*, UrhG, Rn. 11 zu § 102a, allerdings sind die Vorschriften über die unerlaubte Handlung grds. subsidiär gegenüber den Sonderdeliktsregeln des UrhG; von Bedeutung sind vor allem §§ 823 Abs. 2, 826 BGB, da sie über die Vorschriften des UrhG hinausgehen.

314 Vgl. *PWW/ Englert*, BGB, Rn. 3 zu § 1004 zum „erweiterten Anwendungsbereich" von § 1004 BGB.

315 So schon RGZ 90, 137, 138 – Erikamuster II; ablehnend: RGZ 113, 413, 424 - Rundfunk; diese Ansicht wird in RGZ 121, 258, 259 – Frauenberufe aber ausdrücklich aufgegeben; fortführend BGH, GRUR 1952, 530, 532 – Parkstraße 13; GRUR 1955, 492, 501 – Magnettonband I; GRUR 1975, 33, 35 – Alters-Wohnheim.

e) Erlöschen

aa) Sacheigentum

Zwar unterliegt das Sacheigentum keiner Ausschlussfrist, dennoch ist es bei genauerer Betrachtung nicht ganz richtig, Sacheigentum uneingeschränkt eine „ewige Dauer" zuzusprechen. Denn nach geltendem Recht kann auch bewegliches Eigentum zeitlich befristet oder auflösend bedingt erworben werden[316], man denke z. B. an die Sicherungsübereignung, die als Kreditsicherungsmittel das Faustpfandrecht nahezu vollständig abgelöst hat[317]. Ferner ist gem. § 959 BGB die Eigentumsaufgabe möglich, indem der Eigentümer in der Absicht, auf das Eigentum zu verzichten, den Besitz der Sache aufgibt.

bb) Urheberrecht

Anders als das Sacheigentum unterliegt das Urheberrecht gem. § 64 UrhG einer Schutzfrist, mit deren Ablauf es erlischt. Sie beträgt 70 Jahre *post mortem auctoris*, bei Miturhebern beginnt die Frist gem. § 65 Abs. 1 UrhG nach dem Tode des Längstlebenden. Mit Ablauf der Schutzfrist erlischt auch das Urheberpersönlichkeitsrecht[318]. Das Werk wird damit gemeinfrei und darf von diesem Zeitpunkt an erlaubnis- und entgeltfrei verwertet werden[319]. Wie zuvor ausgeführt, ist sie keine zwingende Folge der Ungreifbarkeit des Schutzobjekts und somit im Gegensatz zum nicht ablaufenden Sachenrecht rechtfertigungsbedürftig. Eine Dereliktion ist hingegen nicht möglich, denn es kann kein herrenloses Urheberrecht geben[320].

V. Zusammenfassung

Die vorangegangenen Ausführungen belegen, dass sich die Anerkennung und der Schutz des Urheberrechts sowie die denknotwendige Trennung desselben vom Sacheigentum (am Werkstück) in der gesamten nationalen und internationalen Rechtsordnung durchgesetzt hat – zwar nicht konsequent in der Rechtssprache, jedenfalls aber in der Rechtsanwendung durch die jeweils höchsten Gerichte.

Der grundsätzliche Unterschied zwischen Sacheigentum und Urheberrecht besteht im Schutzobjekt. Während das Urheberrecht immaterielle Geisteswerke

316 *Roeber*, FS Brandner, S. 150, 165.

317 *Elleger*, Bereicherung, S. 561.

318 *Wandtke/ Dietz*, UrhR, Rn. 11 zu Kapitel 3.

319 *Dreier/ Schulze/ Dreier*, UrhG, Rn. 2 vor §§ 64 ff.

320 BGH, GRUR 1995, 673, 675 – Mauerbilder.

ihrem Schöpfer zuordnet, schützt das Sacheigentum die Herrschaft über körperliche Gegenstände. Die daraus resultierenden originären Unterschiede und Gemeinsamkeiten beider Rechtsinstitute üben bereits großen Einfluss auf die Rechtsetzung und -anwendung aus. So ist auch die Tatsache, dass beide Rechtsinstitute teilweise unter dem Oberbegriff „Eigentum" zusammengefasst werden, bzw. das Urheberrecht als „geistiges Eigentum" bezeichnet wird, nicht zuletzt ihren originären und sekundären Gemeinsamkeiten geschuldet[321].

D. „Kollisionen" zwischen Urheberrecht am Werk und Sacheigentum am Werkstück

Die vorangegangenen Ausführungen haben gezeigt, dass die Unterscheidung zwischen Sacheigentum und Urheberrecht anerkannt und auch verpflichtend ist. Gleichwohl verläuft die Grenze zwischen den Rechtsinstituten nicht so problemlos, wie es den Anschein hat[322]; wird das Werk durch einen körperlichen Träger wahrnehmbar gemacht, können sich Urheberinteressen auch auf die körperliche Festlegung des Werks erstrecken[323], die nur allzu leicht mit denen des Eigentümers derselben in Konflikt geraten können[324]. Mithin bereitet die *Abgrenzung* der jeweiligen Herrschaftssphären immer wieder Schwierigkeiten[325].

I. Auseinanderfallen von Urheberrecht und Sacheigentum

Bedeutend ist die Abgrenzung vor allem in Fällen, in denen Sacheigentümer des Werkexemplars und urheberrechtlich Nutzungsberechtigter nicht (mehr) identisch sind[326]. Ein Auseinanderfallen zwischen den Rechteinhabern entsteht vor allem durch die Veräußerung von Werkexemplaren gem. § 929 BGB, bzw. §§ 873, 925 BGB[327]. Sie bildet die Grundlage für die gesamte körperliche Literatur-, Wissenschafts- und Kunstvermarktung. Das Eigentum gelangt dann in

---

321 Vgl. ausführlich zu der Begrifflichkeit „geistiges Eigentum" Teil 1 E.

322 *Rehbinder/ Peukert*, UrhR, Rn. 163; *Schack*, GRUR 1983, 56 ff.

323 *v. Olenhusen*, UFITA Bd. 2013/II, S. 335, 339; *Rehbinder/ Peukert*, UrhR, Rn. 163; vgl. auch *Hubmann*, Recht des Schöpferischen Geistes, S. 83.

324 Vgl. *Hubmann*, Urheber- und VerlagsR, S. 61.

325 Bereits unter Geltung des KUG v. 1907 gab es Abgrenzungsschwierigkeiten zwischen den Befugnissen des Sacheigentümers und denen des Urhebers; vgl. *Allfeld*, KUG, Anm. 8 zu § 10, S. 67 f.

326 Denn in diesen Fällen kommt es häufig zu Konflikten; *Hubmann*, Urheber- und VerlagsR, S. 61.

327 *Hubmann*, Urheber- und VerlagsR, S. 61.

die Hände des Erwerbers des Werkexemplars, das Urheberrecht verbleibt beim Schöpfer, wobei er regelmäßig Nutzungsrechte an kommerzielle Verwerter übertragen haben wird[328].

§ 44 Abs. 1 UrhG stellt für die Fälle der Übereignung des Werkoriginals ausdrücklich klar, dass darin allein noch keine Einräumung von Nutzungsrechten liegt. Von der Veräußerung i. S. d. § 44 Abs. 1 UrhG ist auch der gesetzliche Eigentumsübergang umfasst. Ferner gilt die Vorschrift sinngemäß erst recht für Vervielfältigungsstücke[329].

Selbst in Fällen, in denen der Urheber gegen den Willen des Eigentümers dessen Sache „verschönert" und sich dadurch unter Umständen sogar wegen Sachbeschädigung gem. § 303 StGB strafbar gemacht hat, gelangt das Urheberrecht uneingeschränkt zur Entstehung, da es dafür lediglich eines schutzfähigen Werks i. S. d. § 2 Abs. 2 UrhG bedarf[330]. Hat der Urheber eine fremde bewegliche Sache bearbeitet, also z. B. Schnitzereien an einem fremden Tisch angebracht, erwirbt er durch seine Bearbeitung gem. § 950 Abs. 1 BGB kraft Gesetzes sogar das Eigentum an dem Tisch, sofern nicht der Wert seiner Bearbeitung erheblich geringer ist als der Wert der Ausgangssache und er als Hersteller i. S. d. § 950 Abs. 1 BGB anzusehen ist. Dies ist jedenfalls zu verneinen, wenn die Arbeit im Rahmen eines Werkvertrags an Stoffen des Bestellers erfolgt[331], jedoch zu bejahen, wenn er ohne oder sogar gegen den Willen des Eigentümers handelte.

Der Eigentumserwerb des Urhebers an unbeweglichen Sachen kraft Verarbeitung scheidet aber aus, da § 950 Abs. 1 BGB nur für bewegliche Sachen gilt[332]. Verbindet er im Rahmen seiner Arbeit eine bewegliche Sache mit der unbeweglichen Sache eines Dritten, sodass erstere gem. § 94 BGB zu einem wesentlichen Bestandteil des Grundstücks wird, z. B. indem er einen kunstvollen Zaun entlang eines Grundstücks errichtet[333], erwirbt der Grundstückseigentümer gem. § 946 BGB das Eigentum daran.

Umgekehrt fallen die Rechteinhaber auch dann auseinander, wenn der Urheber zwar das Werkoriginal oder ein Vervielfältigungsstück behält, einem Dritten

328 *Schack*, UrhR, Rn. 1068.

329 *Wandtke/ Bullinger/ Wandtke*, UrhG, Rn. 11 zu § 44.

330 BGH, GRUR 1995, 673, 675 – Mauer-Bilder.

331 *Palandt/ Bassenge*, BGB, Rn. 8 zu § 950.

332 BGH, GRUR 1995, 673, 674 – Mauer-Bilder.

333 Vgl. dazu den Fall LG Hannover, NJW-RR 1987, 208, in dem die Zaunpfosten 80 cm in das Erdreich eingelassen worden sind, sodass es zu einer festen Verbindung derselben mit dem Grundstück gekommen ist.

jedoch Nutzungsrechte einräumt. Denn auch der Erwerb von Nutzungsrechten führt nicht automatisch zum Eigentumserwerb am Werkexemplar[334].

II. Das Innenverhältnis

1. „Kollisionsfall": Doppelte Betroffenheit

Die Abgrenzung beider Rechtspositionen scheint in einigen Fällen völlig eindeutig zu sein, kann jedoch auch über großes Konfliktpotential verfügen. Einerseits weiß wohl auch jeder Laie, dass ihn der Erwerb eines Buches nicht dazu berechtigt, dieses auch zu verfilmen. Ferner dürfte auch bekannt sein, dass ein DVD-Eigentümer nicht das Recht innehat, diese öffentlich und womöglich auch noch entgeltlich wiederzugeben. Der Grund dafür ist die zivilrechtliche Unterscheidung zwischen Sacheigentum und Urheberrecht, die in solchen Fällen zu einer ziemlich eindeutigen Abgrenzung der jeweiligen Herrschaftssphären führt[335]. Das Eigentumsrecht gem. § 903 Satz 1 BGB erstreckt sich nämlich nach richtiger Ansicht schon gar nicht auf die Verfilmung eines Buchs, bzw. die öffentliche Vorführung einer DVD; eine „Kollision" im rechtlichen Sinne liegt also gar nicht vor.

Die Abgrenzung wird aber problematisch, wenn die Rechtspositionen *beider* Rechteinhaber grundsätzlich erst einmal betroffen sind[336]. Ein Eigentümer kann z. B. grundsätzlich unstreitig aufgrund seines Eigentumsrechts gem. § 903 Satz 1 BGB eine bauliche Veränderung an seinem Gebäude vornehmen; wohingegen der Architekt als Urheber gem. § 14 UrhG ein Recht darauf hat, dass an seinem Werk keine Änderungen oder gar Entstellungen vorgenommen werden[337].

2. Interessenausgleich

Wie bereits erwähnt, sind Urheberrecht und Sacheigentum grundsätzlich gleichrangig[338]. Im Falle einer „Kollision", d. h. in Fällen, in denen sowohl das

334 *Wandtke/ Bullinger/ Wandtke*, UrhG, Rn. 2 zu § 44.

335 Vgl. *Hubmann*, Urheber- und VerlagsR, S. 62 f.; *Nirk*, FS Brandner, 417, 427 f.; beide begründen die fehlende Befugnis des Sacheigentümer indes mit dem grundsätzlichen Vorrang des Urheberrechts vor dem Sacheigentum gem. § 903 BGB; Dies ist als solches richtig aber in den beschriebenen Fällen hier fehlt es dem Eigentümer schon am Zuweisungsgehalt.

336 Vgl. *Hubmann*, Urheber- und VerlagsR, S. 62 f.

337 Vgl. BGH, ZUM 2012, 33, 34 – Stuttgart 21.

338 *Stieper*, Schranken, S. 243.

Eigentumsrecht gem. § 903 BGB als auch das Urheberrecht betroffen sind, bedarf es aber eines Interessensausgleichs[339].

a) *Gesetzlicher Interessenausgleich*

Das UrhG hält dafür bereits eine Reihe an gesetzlichen Abwägungen als Konfliktlösungen bereit[340]:

§ 25 Abs. 1 UrhG gewährt dem Urheber einen Zugangsanspruch gegen den Besitzer seines Werkoriginals, um dieses vervielfältigen oder im Rahmen einer Bearbeitung nutzen zu können; eine Veränderung oder Zerstörung des Werkoriginals wird nicht gestattet[341]. Die dauernde Herausgabe des Werkstücks kann der Urheber indes nicht verlangen, § 25 Abs. 2 UrhG, dies wäre ein zu intensiver Eingriff in das Eigentumsrecht[342].

§§ 26, 27 Abs. 2 UrhG gewähren dem Urheber Vergütungsansprüche gegen den Eigentümer, der sein Werkoriginal der bildenden Künste weiterveräußert, bzw. ein Werk zulässigerweise vermietet. Darin liegt keine Aushöhlung des Verfügungsrechts des Eigentümers, sondern es handelt sich um eine Geldleistungspflicht, die das Eigentumsrecht unberührt lässt[343].

Gem. § 98 Abs. 1 Satz 1 UrhG hat der Urheber einen Vernichtungsanspruch gegen den Eigentümer eines rechtswidrig hergestellten Vervielfältigungsstücks inne, sofern dieser damit sein Urheberrecht verletzt. Dafür genügen das Eigentum und der Besitz als solche nicht, denn sie stellen noch keine Urheberrechtsverletzung dar[344]. Gem. § 98 Abs. 1 Satz 2 UrhG kann der Urheber auch die Vernichtung von Vorrichtungen verlangen, die überwiegend zur Herstellung rechtswidriger Vervielfältigungsstücke dienen. Beide Ansprüche sind verschuldensunabhängig. Sollte der Anspruch gem. § 98 Abs. 4 oder Abs. 5 UrhG

---

339 BGHZ 62, 331, 334 – Schulerweiterung.

340 *Erdmann*, FS Piper, S. 655, 656 ff.; vgl. auch BGHZ 5, 116, 120; *Hubmann*, Urheber- und VerlagsR, S. 62 f. sieht in diesen Regeln dogmatisch hingegen keinen Interessen*ausgleich* zwischen Urheber- und Eigentümerinteressen, sondern die teilweise Erstreckung des grundsätzlichen Vorrangs des Urheberrechts auch auf die körperliche Festlegung; bzw. im Falle des § 17 Abs. 2 UrhG das Fehlen schutzwürdiger Urheberinteressen. Seiner Ansicht nach gehe das Urheberrecht in seiner kompletten Reichweite dem Eigentumsrecht uneingeschränkt vor und zwar unabhängig davon, ob auch das Eigentumsrecht in seinem Zuweisungsgehalt betroffen ist.

341 *Schack*, UrhR, Rn. 38.

342 BGH, GRUR 1952, 257, 258 – Krankenhaus-Kartei zu §§ 11, 15 LitUG; OLG Hamm, GRUR 1967, 153, 155 – Deutsche Bauzeitschrift.

343 *Schack*, UrhR, Rn. 36; *v. Waasen*, Spannungsfeld, S. 24 ff.

344 *Schack*, UrhR, Rn. 800.

ausgeschlossen sein, bleibt der allgemeine Beseitigungsanspruch gem. § 97 Abs. 1 Satz 1 UrhG[345].

Im Gegensatz dazu schränkt § 17 Abs. 2 UrhG das Urheberrecht zu Gunsten des Eigentümers ein[346]: Das urheberrechtliche Verbreitungsrecht ist danach erschöpft, wenn das betreffende Werkstück mit Zustimmung des Urhebers veräußert wurde. Diese Regelung sichert damit die Verkehrsfähigkeit der Werkexemplare, als der Urheber dem Eigentümer eine Weiterveräußerung nicht mehr verbieten kann[347].

Ferner darf der Eigentümer – als Ausnahme zu § 44 Abs. 1 UrhG – gem. § 44 Abs. 2 UrhG ein Originalwerk der bildenden Künste ausstellen, wenn der Urheber dies nicht ausdrücklich ausgeschlossen hat, sowie gem. § 58 UrhG Werke der bildenden Künste oder Lichtbildwerke zur Durchführung von Ausstellungen und öffentlichen Verkaufsveranstaltungen vergütungsfrei vervielfältigen, verbreiten und öffentlich zugänglich machen.

b) Einzelfallbezogene Interessenabwägung

Fehlt es an einer ausdrücklichen gesetzlichen Regel, ist eine einzelfallbezogene Interessenabwägung vorzunehmen. Dies gilt auch in Fällen, in denen die Werkintegrität i. S. d. § 14 UrhG durch Änderungswünsche des Sacheigentümers betroffen ist[348].

Grundsätzlich darf das Sacheigentum gem. § 903 Satz 1 BGB ausdrücklich nur unbeschadet der Rechte Dritter ausgeübt werden; kollidiert es mit dem Urheberrecht, tritt ersteres somit grundsätzlich zurück[349]. Diesem Grundsatz entspricht es nicht, dass dem Änderungsinteresse des Sacheigentümers in der Praxis

---

345 *Loewenheim/ Vinck*, UrhR, Rn. 73 zu § 81.

346 BGHZ 5, 116, 120 – Parkstraße 13; a. A. *Hubmann*, Urheber- und VerlagsR, S. 63, und *Rehbinder/ Peukert*, UrhR Rn. 167, die in der Erschöpfungsregel keinen Vorrang des Eigentumsrechts erkennen möchte, sondern nur das Fehlen eines schutzwürdigen Urheberinteresses im Vergleich zum Allgemeininteresse.

347 *Schack*, UrhR, Rn. 36.

348 BGHZ 62, 331, 334 – Schulerweiterung, hinsichtlich der Abänderung eines Werkoriginals kann dabei auf die im Rahmen des § 39 Abs. 2 UrhG entwickelten Abwägungsgrundsätze zurückgegriffen werden; *Nirk*, FS Brandner, S. 417, 428; vgl. *Schricker/ Loewenheim/ Dietz/ Peukert*, UrhG, Rn. 15, 16 zu § 14; vgl. ausführlich dazu: *Wandtke/ Czernik*, GRUR 2014, S. 835 ff.

349 Allgemeine Ansicht in Rspr. und Lit.: vgl. bereits RGZ 79, 379, 401 f. – Fresken; BGHZ 33, 1, 15 – Schallplatten-Künstlerlizenz; BGH, GRUR 1995, 673, 675 – Mauer-Bilder; *Hubmann*, Urheber- und VerlagsR, S. 62 f.; *Nirk*, FS Brandner, S. 417, 419, 424, 427; *Wandtke/ Czernik*, GRUR 2014, 835, 838.

häufig unter Hinweis auf den Gebrauchszweck eines Gebäudes Vorzug vor dem Integritätsinteresse des Urhebers gegeben wird[350].

Wurde das Werk aber unter Verstoß gegen den zivil- oder strafrechtlichen Eigentumsschutz geschaffen, z. B. indem die Hausfront des Eigentümers gegen seinen Willen bemalt wurde, wird dieser Grundsatz eingeschränkt. In Fällen sogenannter „rechtswidrig aufgedrängter Kunst" findet die Kunstfreiheit gem. Art. 5 Abs. 3 GG nämlich ihre Grenze in der Eigentumsgarantie des Art. 14 Abs. 1 Satz 1 GG[351]; der Sacheigentümer darf seine Abwehrrechte uneingeschränkt ausüben. Gleichwohl ist er aber auf die Ausübung seiner *Eigentums*rechte beschränkt – er hat nicht das Recht, das aufgedrängte Werkoriginal *urheberrechtlich* zu verwerten[352].

III. Zusammenfassung

Unstreitig tritt die Unterscheidung zwischen Urheberrecht und Sacheigentum gerade im Zivilrecht besonders deutlich zutage. Obwohl – oder gerade weil – Urheberrecht und Sacheigentum unabhängig voneinander sind, kommt es aber auch zu Überschneidungen der Herrschaftssphären von Urheber und Sacheigentümer. Darin ist also nicht per se ein Widerspruch zu der Unterscheidung zwischen Urheberrecht und Sacheigentum zu erblicken, vielmehr sind sie das Resultat der Selbstständigkeit und Parallelität beider Rechtsinstitute. So hat das Innenverhältnis zwischen den Rechteinhabern neben den Gerichten sogar den Gesetzgeber auf den Plan gerufen und zu Normen im UrhG geführt, die den Interessenausgleich zwischen den Rechteinhabern sichern sollen.

Im dritten Teil der Arbeit wird untersucht, ob der Eigentümer eines Werkstücks Dritten kraft der aus seinem Eigentumsrecht erwachsenen Befugnisse untersagen kann, die äußere Ansicht desselben im Anwendungsbereich der Panoramafreiheit zu vervielfältigen und zu verwerten. Die Beantwortung dieser Fragestellung hat somit auch dogmatische Konsequenzen für das Innenverhältnis zwischen Sacheigentümer und Urheber.

---

350 *Wandtke/ Czernik*, GRUR 2014, 835, 838 kritisieren daher die Entscheidung OLG Dresden, GRUR-RR 2013, 51 ff. – Kulturpalast Dresden, in der nur die Änderungspläne des Eigentümers, aber keine Planungsalternativen, die das Urheberrecht des Architekten weniger belasten würden, in die Interessenabwägung einbezogen worden sind.

351 BGH, GRUR 1995, 673, 675 – Mauer-Bilder.

352 BGH, GRUR 1995, 673, 675 – Mauer-Bilder; *Nirk*, FS Brandner, S. 417, 423; es ist an anderer Stelle noch auf die Frage einzugehen, welche Rechte der Eigentümer im Einzelnen an einem Werkoriginal bzw. Vervielfältigungsstück hat.

E. Urheberrecht als „geistiges Eigentum"?

Die Bezeichnung „geistiges Eigentum" ist bereits mehrfach aufgetaucht. In Deutschland wird sie seit einiger Zeit wieder neu belebt[353] und als Oberbegriff für das Recht an geistigen Gütern gebraucht[354]. Wie bereits erwähnt, ist aber der Begriff als solcher umstritten. Da das Ziel dieser Arbeit in der Überprüfung der Reichweite des Sacheigentums besteht, stellt sich die Frage, ob die Bezeichnung „geistiges Eigentum" vor diesem Hintergrund gewinnbringend ist oder besser darauf verzichtet werden sollte, da sie Urheberrecht und Sacheigentum gleichsetzt[355] und somit „überflüssig, unzureichend und irreführend" ist[356], wie Kritiker meinen.

I. Bedeutungsverlust

Nach dem Siegeszug der „Theorie des geistigen Eigentums", die zu der Anerkennung des Urheberrechts führte, war der Begriff erheblicher Kritik ausgesetzt. Seine Zurückdrängung im Laufe des 19. Jahrhunderts lässt sich deutlich an den Formulierungen der Gesetzestexte ablesen[357]:

1. Verfassungskodifikationen

Die Frankfurter Reichsverfassung vom 28. März 1849 statuierte noch § 164 III: „Das geistige Eigentum soll durch Reichsgesetzgebung geschützt werden"[358], ebenso gehörte in der Bismarck'schen Reichsverfassung von 1871 gem. Art. 4 Nr. 6 „der Schutz des Geistigen Eigentums" zur Gesetzgebungskompetenz des Reiches.

In Art. 153 WRV fand die Bezeichnung bereits keine ausdrückliche Erwähnung mehr, jedoch enthielt Art. 158 WRV eine besondere Bestimmung zum Schutze der „geistigen Arbeit"[359], das Grundgesetz verwendet ihn, wie bereits dargestellt[360], nur noch im Zusammenhang mit der Verteilung der Gesetzge-

---

353 *Jänich*, Komplementärentscheidung?, S. 1; *Pahlow*, UFITA 2006, 705, 725; *Roeber*, FS Brandner, S. 150.

354 *Götting*, GRUR 2006, 353; diese Deutungsmöglichkeit des Begriffs findet sich erstmals bei *Klostermann*, Geistiges Eigenthum, S. 112 ff.; vgl. dazu die Auseinandersetzung *Jänichs*, Komplementärentscheidung?, S: 83 ff.

355 Vgl. dazu Teil 1 E. III.1. d).

356 *de Boor*, JZ 1955, 747, 748.

357 *Jänich*, Komplementärentscheidung?, S. 82 ff. mit einer ausführlichen Darstellung.

358 *Bettermann/ Nipperdey/Scheuner/ Hubmann*, GR Bd. 4.1, S. 2.

359 *Bettermann/ Nipperdey/ Scheuner/ Hubmann*, GR Bd. 4.1, S. 2.

360 Vgl. Teil 1 C. III.

bungszuständigkeiten (Art. 73 Nr. 9 GG). Die Bayerische Landesverfassung stellt das geistige Eigentum in Art. 162 zwar noch ausdrücklich unter Schutz, diese Regelung ist wegen der ausschließlichen Gesetzgebungskompetenz des Bundes gem. Art. 73 Nr. 9 GG aber praktisch bedeutungslos[361].

2. *Zivilrechtskodifikationen*

Obwohl am 11. Juni 1837 das erste Urheberrechtsgesetz unter dem Namen „Gesetz zum Schutz des Eigentums an Werken der Wissenschaft und Kunst gegen Nachdruck und Nachbildung"[362] entstand, konnte sich gerade im Zivilrecht der Begriff „geistiges Eigentum" nicht etablieren; er traf in der Folgezeit auf weit verbreitete Ablehnung[363].

Entgegen der weiten Bestimmung in I. 8. § 2 pr. ALR: „Alles, was einen ausschließlichen Nutzes gewähren kann, ist ein Gegenstand des Eigenthums", wurde der Eigentumsbegriff in der Kodifikation des Bürgerlichen Gesetzbuches auf körperliche Gegenstände beschränkt. Unter Hinweis auf den engen, nur auf körperliche Objekte bezogenen Eigentumsbegriff des römischen Rechts[364], wurde die Herrschaft über einen körperlichen Gegenstand bereits im Vorentwurf als wesensbestimmendes Merkmal des Eigentums erachtet. Die Definition des allgemeinen preußischen Landrechts sei dagegen „unjuristisch"[365]. Dies bedeutete das Aus für den Einzug des geistigen Eigentums in die Zivilrechtsdogmatik[366] und ging mit einem erheblichen Bedeutungsverlust einher[367]. Die deutsche Delegation zur Verhandlung über die Berner Übereinkunft lehnte daher auch den Vorschlag Frankreichs, „Propriété Littéraire et Artistique" („literarisches und artistisches Eigentum") in den Titel aufzunehmen, ab, da die Bezeichnung des Urheberrechts mit „Eigentum" nach deutscher Zivilrechtsdogmatik unrichtig sei[368]. Auch die *Deutsche Vereinigung für gewerblichen Rechtsschutz und Urheberrecht,* die ursprünglich *Deutscher Verein für den Schutz des gewerblichen Eigentums* hieß, strich bewusst das „Eigentum" aus ihrem Namen[369].

---

361 *Jänich*, Komplementärentscheidung?, S. 165 f.

362 Vgl. zur historischen Entwicklung des Urheberrechts ausführlich Teil 1 A.

363 *Götting*, GRUR 2006, 353, 355.

364 Dies ist nicht unumstritten, vgl. dazu die Gegenauffassung von *Jänich*, Komplementärentscheidung?, S. 35 ff.

365 *Schubert/ Johow*, Vorentw. BGB SachenR 1, S. 490 (614).

366 *Götting*, GRUR 2006, 353, 355; *Jänich*, Komplementärentscheidung?, S. 105.

367 *Jänich*, Komplementärentscheidung?, S. 102.

368 *Allfeld*, LUG, B. S. 15; *Roeber*, FS Brandner, S. 150, 156 f.

369 *Vieregge/ Bühling*, FS GRUR I, S. 43, 50; s. a. *Götting*, GRUR 2006, 353, 356.

II. Wiederbelebung

Die Ablehnung der Deutschen gegen den Begriff wird indes nicht geteilt, im westeuropäischen Sprachraum hat sich die Bezeichnung „intellectual property" bzw. „propriété intellectuelle" längst durchgesetzt[370], ferner wird sie auch in den Verträgen und in der Grundrechtecharta[371] sowie vom EuGH gebraucht[372]. Wie bereits gesehen, dominiert sie darüber hinaus auch im internationalen Bereich, vor allem im Völkerrecht, die Gesetzes- und Rechtssprache[373]; so ist sie sogar namensgebend für die WIPO[374] und das TRIPS-Abkommen[375].

Auch in Deutschland erlebt der Begriff „geistiges Eigentum" aber eine Renaissance. Im Verfassungsrecht wird er seit längerer Zeit wieder verwendet[376], er hat auch wieder in Gesetzestexte Einzug erhalten[377] und der BGH hat ihn mit seiner „Tonband-Entscheidung" 1955 ausdrücklich anerkannt[378]. Die grundlegende Ablehnung im deutschen Sprachraum scheint somit schon seit einiger Zeit durchbrochen[379]. Seine Wiederbelebung ist vor allem der wachsenden rechtlichen und wirtschaftlichen Bedeutung des Schutzes geistiger Güter und dem damit verbundenen Bestreben, sie schutzübergreifend zu regeln, geschuldet[380].

---

370 *Buck*, Geistiges Eigentum, S. 21; *Pahlow*, UFITA 2006, 705, 707.

371 Vgl. Teil 1 C. II.

372 Gutachten 1/94 des Gerichtshofs der Europäischen Gemeinschaft vom 15. November 1994, GRUR Int. 1995, 239 ff., bzgl. der „TRIPS-Kompetenz".

373 Vgl. Teil 1 C. I.; *Fechner*, Geistiges Eigentum, S. 120 f.

374 World Intellectual Property Organization (Weltorganisation des geistigen Eigentums).

375 Agreement on Trade-Related Aspects of Intellectual Property Rights (Übereinkommen über handelsbezogene Aspekte der Rechte des geistigen Eigentums) v. 15.04.1994 (BGBl. II 1994, S. 1730 ff.), in Kraft seit 01.01.1995.

376 BVerfGE 18, 85, 94 – Bräunungsmittel; 49, 382, 392 – Kirchenmusik; 78, 101, 102; 79, 29, 41 – Vollzugsanstalten; ebenso in einigen Kommentierungen: vgl. z. B. *Jarass/ Pieroth/ Jarass*, GG, Rn. 8 zu Art. 14; v. *Mangoldt/ Klein/ Starck/ Depenheuer*, GG, Rn. 147 zu Art. 14; *Maunz/ Dürig/ Papier*, GG 59. Lfg. Juli 2010, Rn. 197 zu Art. 14; *Pahlow*, UFITA 2006, 705, 708.

377 Erstmals tauchte er wieder im „Gesetz zur Stärkung des Schutzes des geistigen Eigentums und zur Bekämpfung der Produktpiraterie" (Produktpiratieriegesetz/ PrPG) v. 07.03.1990 (BGBl. I 1990, S. 422) auf; ferner in § 5 Abs. 1 Nr. 3 UWG, vormals § 5 Abs. 2 Nr. 3 UWG a. F.; § 11 Abs. 2 „Verordnung zur Ausführung des Designgesetzes" (Designverordnung) v. 02.01.2014, (BGBl. I 2014, S. 18).

378 BGHZ 17, 266 ff. – Tonband/ Grundig-Reporter; *Fechner*, Geistiges Eigentum, S. 119; *Hubmann*, Urheber- und VerlagsR,S. 54 f.; *Roeber*, FS Brandner, S. 150, 160 ff.

379 *Buck*, Geistiges Eigentum, S. 21; *Jänich*, Komplementärentscheidung?, S. 1.

380 *Pahlow*, UFITA 2006, 705, 725.

III. Eigene Stellungnahme

Trotz ihrer wiederkehrenden Verwendung stößt die Bezeichnung „geistiges Eigentum“ in der deutschen Literatur nach wie vor auf Kritik. Dies gibt Anlass zu einer Auseinandersetzung mit den immer wiederkehrenden Argumenten[381] gegen die Verwendung dieser Bezeichnung (Unterabschnitt 1), sowie ihren Vorzügen (Unterabschnitt 2), um entscheiden zu können, ob die Verwendung der Begrifflichkeit für die hier vorliegende Fragestellung gewinnbringend ist oder nicht (Unterabschnitt 3).

1. Beurteilung der Gegenargumente

a) Widerspruch zu moderner Urheberrechtskonzeption

Zuerst wird der Begriff unter Hinweis auf seinen Ursprung in der „Lehre vom geistigen Eigentum“ abgelehnt. Er entstamme aus einer „einseitigen Entwicklungsperiode des Urheberrechts“ und betone ausschließlich dessen vermögenswerte Seite, was unserem modernen Urheberrechtsverständnis widerspreche[382]. Nach unserem heutigen Verständnis bilden das Persönlichkeits- und Verwertungsrecht des Urhebers eine untrennbare Einheit. Zwar wird die vermögenswerte Seite durch die Terminologie „Eigentum“ stärker betont, der Begriffsbestandteil „geistig“ schafft aber einen Bezug zu dem persönlichkeitsrechtlichen Gehalt immaterieller Güter[383]. Die Begrifflichkeit bringt somit sogar beide Bestandteile des Urheberrechts zum Ausdruck.

b) Unterschiedliche Regelungsmaterien

Ferner wird auf die Unterschiedlichkeit der Rechtsmaterien hingewiesen, die unter diesem Oberbegriff zusammengefasst werden sollen[384]. Der Oberbegriff „geistiges Eigentum“ dürfe jedenfalls nicht zu einer Verwischung dieser Unterschiede führen, bzw. zu einer blinden Übertragung von Grundsätzen eines Gebietes auf das andere[385]. Ein besonderes Augenmerk sei dabei auf den unterschiedlich stark ausgeprägten persönlichkeitsrechtlichen Gehalt zu legen, der im

381 *Fechner*, Geistiges Eigentum, S. 107 ff., nimmt eine überzeugende Einteilung in vier Hauptargumente vor, die dem folgenden Abschnitt zugrunde liegt.

382 *de Boor*, JZ 1955, 747, 748 spricht indes lieber von der „ideellen Seite“, als von dem „Urheberpersönlichkeitsrecht“; *Pohlmann*, UFITA 36, 1962/I, 61, 68 f.; *Rehbinder/Peukert*, UrhR, Rn. 139; so bereits *Riezler*, Urheber- und ErfinderR, S. 31 f.

383 *Fechner*, Geistiges Eigentum, S. 121.

384 *Fechner*, Geistiges Eigentum, S. 107 f.

385 *Fechner*, Geistiges Eigentum, S. 108.

Urheberrecht besonders deutlich wird, im Patentrecht weniger spürbar und im Markenrecht kaum noch vorhanden ist[386].

Dieses Argument lässt sich durch die „doppelten Gemeinsamkeit" der zusammenzufassenden Rechtsmaterien entkräften[387]. Zum einen werden nur die Rechte an geistigen, immateriellen Gütern erfasst[388], die wegen ihrer Immaterialität spezielle Eigenschaften aufweisen, die sie von körperlichen Gegenständen unterscheiden[389], wie potenzielle Ubiquität, persönlichkeitsrechtliche Elemente, schlechtere Beherrschbarkeit und andere Nutzungsmöglichkeiten[390]. Darüber hinaus bestehen zwischen den einzelnen Rechtsinstituten auch Querverbindungen und Überlappungen[391], z. B. kann ein Computerprogramm sowohl urheberrechtlichen, als auch patentrechtlichen Schutz genießen[392]. Vor diesem Hintergrund kann einer Zusammenfassung dieser Rechtsgebiete unter dem Begriff „geistiges Eigentum" nur zugestimmt werden. Die verbleibenden Widersprüche bei der Zusammenfassung des Urheberrechts mit den anderen Rechtsgebieten sollte hingenommen werden[393].

c) Der zivilrechtliche Eigentumsbegriff

Als weiteres Gegenargument wird hervorgebracht, dass bereits das römische Recht Eigentum nur als Sachherrschaftsrecht kannte bzw. durch die positivrechtliche Beschränkung des bürgerlich-rechtlichen Eigentumsbegriffs auf körperliche Gegenstände gem. §§ 90, 903 BGB es strenggenommen kein „geistiges Eigentum" geben könne[394]. Das Sachenrecht sei für immaterielle Güter auch nicht analogiefähig[395].

Dieses Argument kann entkräftet werden, indem „Eigentum" im 21. Jahrhundert nicht mehr formal als (Sach-) Eigentum im pandektistischen bzw.

386 *Fechner*, Geistiges Eigentum, S. 108.

387 *Fechner*, Geistiges Eigentum, S. 113.

388 *Fechner*, Geistiges Eigentum, S. 113.

389 So auch *Götting*, GRUR 2006, 353, 358.

390 Vgl. zu den besonderen originären Eigenschaften eines Werks im Gegensatz zu seiner Sache Teil 1 B. I., diese Eigenschaften lassen sich in unterschiedlicher Intensität auf die anderen immateriellen Schutzobjekte übertragen.

391 *Götting*, GRUR 2006, 353, 358; *Ohly*, JZ 2003, 545, 550, 551 ff.

392 *Götting*, GRUR 2006, 353, 358.

393 *Fechner*, Geistiges Eigentum, S. 113.

394 *Klippel*, Idee des geistigen Eigentums, S. 121; *Riezler*, Urheber- und ErfinderR, S. 29; vgl. auch *Ulmer*, Urheber- und VerlagsR, § 4 II 1 (S. 20), der darum den Begriff „gewerblicher Rechtsschutz" der Bezeichnung „gewerbliches Eigentum" vorzieht.

395 *Rehbinder/ Peukert*, UrhR, Rn. 137.

zivilrechtlichen Sinne, sondern als selbstständiger Oberbegriff verstanden wird[396], zu dem neben dem Sacheigentum i. S. d. BGB auch das – wirtschaftlich immer bedeutsamere[397] - „geistige Eigentum" zählt. Dass letzteres keinen Eingang in das BGB gefunden hat, ist ebenfalls Gegenstand von Kritik und kann zu keiner Negierung desselben führen[398]. Überdies würde dieser weite Eigentumsbegriff auch dem verfassungsrechtlichen Verständnis von Eigentum entsprechen[399].

d) Unterschiede zwischen Sacheigentum und geistigem Eigentum

Wie bereits angedeutet, ist das Hauptargument gegen die Verwendung der Bezeichnung „geistiges Eigentum", dass dasselbe nicht mit dem Sachenrecht übereinstimmt[400]. Der Begriff bedeute eine Gleichsetzung von Urheberrecht und Sacheigentum und biete zugleich ein Einfallstor für die unzulässige Übertragung von sachenrechtlichen Grundsätzen auf das Urheberrecht, meinen Kritiker[401]. Besonders scharfe Gegner sehen die Rechtsinstitute ihrem Wesen nach als so ungleichartig und ungleichwertig an, dass sie nicht einmal ausreichende Grundlage für einen juristischen Vergleichs böten[402]. Dabei verweisen sie vor allem auf originäre Unterschiede, z. B. die persönlichkeitsrechtlichen Elemente des Urheberrechts, die unterschiedliche Nutzungsmöglichkeit von Werk und Sache[403] sowie die Ubiquität von Werken[404].

---

396 *Vgl.* Fechner, Geistiges Eigentum, S. 112 f., der die formale Kritik auch für überholt hält.

397 Zum Urheberrecht: *Schricker/ Loewenheim/ dies.*, UrhG, Rn. 24 zu Einleitung; *Wandtke*, GRUR 1995, 385 ff.

398 *Götting*, GRUR 2006, 353, 358; *vgl.* auch *Ohly*, JZ 2003, 545, 547; *Pahlow*, UFITA 2006, 705, 724.

399 Vgl. dazu Teil 1 C. III; so auch *Götting*, GRUR 2006, 353, 358.

400 So bereits: *Allfeld*, LUG, B. S. 15 und *Kohler*, Buschs Archiv 47 (1887), S. 169 ff. (Nachdruck in: UFITA 123/1993, S. 81, 83 f.), nach dessen Auffassung von Eigentum dieses als gemeinsamer Oberbegriff ausscheiden muss.

401 *de Boor*, JZ 1955, 747, 748; *Riezler*, Urheber- und ErfinderR, S. 32; *Roeber*, FS Brandner, S. 150, 185 ff.

402 *Pohlmann*, UFITA 36, 162/I, 61, 71 f., lehnt daher auch *Kohlers* Begriff „Immaterialgüterrecht" ab, da auch dieser eigentumsrechtliche Gedanken assoziiere; *Roeber*, FS Brandner, S. 150, 186.

403 *Roeber*, FS Brandner, S. 150, 166 f.

404 *Roeber*, FS Brandner, S. 150, 166 f.

Die Tatsache, dass Urheberrecht und Sacheigentum nicht identisch sind, kann natürlich auch von den Befürwortern des Begriffs nicht geleugnet werden[405]. Vielmehr müssen die Gemeinsamkeiten zwischen Sacheigentum und dem Recht an geistigen Gütern fruchtbar gemacht werden, um eine Bezeichnung beider Rechtsgebiete mit „Eigentum" – trotz aller Unterschiede – zu rechtfertigen[406].

Die Unterschiede und Gemeinsamkeiten von Urheberrecht und Sacheigentum wurden bereits eingehend untersucht. Die speziellen originären Eigenschaften eines Werks als immaterielles Schutzguts lassen sich, in unterschiedlicher Intensität, auf die anderen geistigen Schutzobjekte übertragen. Sie sprechen aber nicht gegen eine Verwendung der Begrifflichkeit[407]. Denn mit der Bezeichnung „geistiges Eigentum" wird gar nicht mehr intendiert, dasselbe mit dem Sacheigentum gleichzusetzen[408] oder es nach seinem Vorbild ausgestalten, wie es noch die alte Lehre vom geistigen Eigentum versuchte[409]; dies belegen auch die Ausführungen zum Völker- und Unionsrecht, in denen die Bezeichnung üblich ist[410]. Vielmehr soll einzig und allein die Wesensverwandtschaft zwischen beiden Rechtsgebieten ausgedrückt werden[411]. Das Eigentum bildet dabei den gemeinsamen Oberbegriff, zu dem sowohl das Sacheigentum, als auch das geistige Eigentum zählen. Dies wird durch die Bezeichnungen, die sich nur im Begriffsbestandteil „Eigentum" gleichen, auch hinreichend deutlich[412]. Nach der hier vertretenen Auffassung gibt es auch genügend Gemeinsamkeiten, die eine Zusammenfassung beider Rechtsinstitute nicht nur unter den verfassungsrechtlichen Eigentumsbegriff rechtfertigen. Sacheigentum und geistiges Eigentum bilden danach Unterfälle eines übergeordneten Eigentumsbegriffs[413].

---

405 *Fechner*, Geistiges Eigentum, S. 108.

406 *Fechner*, Geistiges Eigentum, S. 108.

407 *Fechner*, Geistiges Eigentum, S. 113; a. A. *Kohler*, Buschs Archiv 47 (1887), S. 169 ff. (Nachdruck in: UFITA 123/1993, S. 81, 84), der genau aus diesem Grund den Begriff „Immaterialgüterrecht" vorzieht.

408 *Schack*, UrhR, Rn. 23 zu § 1.

409 *Hubmann*, Urheber- und VerlagsR, S. 54 f.; *Ulmer*, Urheber- und VerlagsR, § 16 IV 2 (S. 108).

410 Vgl. Teil 1 C I., II.

411 *Streissler*, Recht des Ungreifbaren, S. 53, 96, mit Verweis auf *Kohlers* Theorie vom Immaterialgüterrecht, die sich somit nur durch die Begrifflichkeit vom geistigen Eigentum unterscheide; *Fechner*, Geistiges Eigentum, S. 113.

412 *Fechner*, Geistiges, Eigentum, S. 113; *Götting*, GRUR 2006, 535, 358; *Troller*, UFITA Bd. 21 1956/I, S. 216, 224.

413 *Fechner*, Geistiges Eigentum, S. 114.

2. *Vorzüge*

Aber es hat sich schließlich nicht ohne Grund in England, Frankreich, sowie im Völkerrecht der Begriff „geistiges Eigentum“ durchgesetzt und dem Urheberrecht im 18. Jahrhundert zu seinem Durchbruch verholfen. Dies hat er seinen Vorzügen zu verdanken, die außerhalb des juristischen Dogmas stehen.

Zunächst steht er im Gegensatz zu allen Alternativbegriffen, wie „Immaterialgüterrecht“[414], „gewerblicher Rechtsschutz und Urheberrecht[415]“ oder „Recht des Ungreifbaren“[416], im Einklang mit dem allgemeinen Sprachgebrauch[417] und kann dem Urheberrecht somit zu seiner praktischen Durchsetzung und allgemeinen Akzeptanz verhelfen[418]. Vor allem gewinnt er aber gerade durch seine vermeintlich dogmatische Schwäche rechtspolitischen Gehalt[419]: Die formalzivilrechtlich als unsauber kritisierte Verbindung zwischen „geistig“ und „Eigentum“ betonte im 18. Jahrhundert und betont noch immer[420], dass der Schöpfer eines Geisteswerks denselben Schutz verdient wie ein Sacheigentümer[421]. Zwar liegt in der Bezeichnung nach richtiger Auffassung kein naturrechtliches Postulat, vielmehr ist ihr lediglich die Anerkennung der Schutzwürdigkeit geistiger Leistungen immanent[422]; dennoch mag sie den Vergleich mit dem Sacheigentum implizieren. Heute gilt es aber nicht mehr, das Urheberrecht unter Bezugnahme auf das Sacheigentum zu legitimieren[423] oder nach seinem Vorbild auszugestalten. Indem aber auch das Recht an geistigen Gütern als „Eigentum“ bezeichnet wird, kommt deutlich zum Ausdruck, dass beide Rechtsmaterien sich *gleichwertig* gegenüberstehen[424].

---

414 Die Lehre vom Immaterialgüterrecht geht zurück auf *Kohler*, UrhR VerlagsR, § 2 I (S. 21).

415 Vgl. *Beier*, Zukunft des geistigen Eigentums, S. 15 f.; *Buck*, Geistiges Eigentum, S. 21; *Fechner*, Geistiges Eigentum, S. 117.

416 Titel des Werks von *Alfred Streissler*.

417 *Fechner*, Geistiges Eigentum, S. 116; *Streissler*, Recht des Ungreifbaren, S. 37, 89.

418 *Pahlow*, UFITA 2006, 705, 725; *Schack*, UrhR, Rn. 23 zu § 1.

419 Zum rechtspolitischen Gehalt vgl. *Fechner*, Geistiges Eigentum, S. 116 f.

420 *Fechner*, Geistiges Eigentum, S. 116; *Ulmer*, Urheber- und VerlagsR, § 16 II (S. 106).

421 *Schack*, UrhR, Rn. 23 zu § 1.

422 Vgl. *Fechner*, Geistiges Eigentum, S. 115 zum verfassungsrechtlichen Begriff.

423 *Ohly*, JZ 2003, 545, 549.

424 *Pahlow*, UFITA 2006, 705, 725.

3. *Ergebnis*

Für die Überprüfung der Reichweite des zivilrechtlichen Sacheigentums ist ein Begriff, der die Gleichrangigkeit von Urheberrecht und Sacheigentum betont, von Vorteil. Denn letzteres wird immer noch als das stärkere Recht empfunden[425]. Darum wird sich hier der Bezeichnung „geistiges Eigentum" nach der prägnanten Definition *Fechners* angeschlossen:

> „Der Begriff des geistigen Eigentums kann (…) als vermögensrechtliche und persönlichkeitsrechtliche Elemente umfassendes Recht an immateriellen Gütern verstanden werden, die durch Menschen geschaffen werden und mit einem Gegenstand zwar verbunden sein können, sich jedoch nie in dessen Existenz erschöpfen und deren Ausnutzung durch Dritte es aus Gründen der Gerechtigkeit zu verhindern gilt."[426].

---

425 Vgl. dazu *Jänich*, Komplementärentscheidung?, S. 185 ff., in denen er geistiges Eigentum und Sacheigentum anhand der „im Kern gesicherten" (S. 2) Strukturprinzipien des Sacheigentums vergleicht; *Roeber*, FS Brandner, S. 185 ff., der darauf verweist, dass das schwächere Urheberrecht am stärkeren Sacheigentum auszurichten versucht wird; und *Schack*, GRUR 1983, 56, der auf den fehlenden internationalen Konsens hinsichtlich des Inhalts des Urheberrechts hinweist. Vor allem die Tatsache, dass die Anerkennung dieses Rechts sehr viel schwieriger war, als die des Sacheigentums, da sein Schutzgegenstand nicht greifbar ist und lange nicht als selbstständig von seiner Verkörperung erkannt wurde, dürfte zu der – vermeintlich – stärkeren Position des Sachenrechts geführt haben.

426 *Fechner*, Geistiges Eigentum, S. 150 f.

Teil 2: Die Panoramafreiheit gem. § 59 UrhG

§ 59 UrhG rückt durch die Fragestellung, ob der Eigentümer die Panoramafreiheit urheberrechtlicher Werke beschränken kann, ins Zentrum der Ausarbeitung und bedarf einer genaueren Betrachtung. Es gilt insbesondere herauszuarbeiten, ob und bejahendenfalls unter welchen Voraussetzungen das Sacheigentum überhaupt mit dieser urheberrechtlichen Bestimmung in Konflikt geraten kann.

Dafür ist, nach einer kurzen Einführung in die Begrifflichkeit (Unterabschnitt 1) und die Entwicklung der Panoramafreiheit (Unterabschnitt 2), als erster Schwerpunkt der Tatbestand und die Rechtsfolge der Schrankenbestimmung genau zu analysieren (Unterabschnitt 3), um feststellen zu können, in welchen geschützten Bereich das Sacheigentum überhaupt vordringen müsste, um zu einer Gefahr für die Panoramafreiheit werden zu können. Um klären zu können, ob die *urheberrechtliche* Panoramafreiheit aber überhaupt in einen Wertungswiderspruch mit dem Sacheigentum an einem Werkstück geraten kann, gilt es sodann, die generelle Bedeutung der Panoramafreiheit innerhalb der Rechtsordnung zu erarbeiten (Unterabschnitt 4), um daraus Rückschlüsse auf ihre Bedeutung für das Sacheigentum am Werkstück ziehen zu können.

A. Begriff „Panoramafreiheit“

Mit „Panoramafreiheit“ oder auch „Straßenbildfreiheit“ wird allgemein die Freiheit bezeichnet, bestimmte Werke, die urheberrechtlich geschützt sind, sich aber bleibend an öffentlichen Orten befinden, erlaubnis- und vergütungsfrei darstellen zu dürfen[427].

B. Die Entwicklung der Panoramafreiheit

Die Panoramafreiheit ist eine der ältesten Schrankenbestimmungen des Urheberrechts[428]. Bereits § 6 Nr. 3 KG gewährte eine Straßenbildfreiheit[429]. In Teilen Deutschlands bestand der Grundsatz der Panoramafreiheit sogar schon zuvor[430]. § 20 KUG, der den Rechtsgedanken aus § 6 Nr. 3 KG aufgriff[431], wurde im

427 Vgl. *v. Gierke*, FS Erdmann, S. 103; *Schricker/ Loewenheim/ Vogel*, UrhG, Rn. 1 zu § 59.

428 *v. Gierke*, FS Erdmann, S. 103.

429 *Allfeld*, KUG, Anm. 1 zu § 20, S. 123.

430 *Allfeld*, KUG, Anm. 1 zu § 20, S. 123.

431 Begr. z. RegE. KUG, *Osterrieth/ Marwitz*, KUG, § 20 I, S. 150 f.

Wesentlichen in § 59 UrhG übernommen und neben einer redaktionellen Überarbeitung lediglich um das Merkmal der öffentlichen Wiedergabe erweitert[432].

Lange Zeit hat diese Regelung kaum zu Rechtsanwendungsproblemen geführt, in jüngster Zeit beschäftigte sie vermehrt die Gerichte[433], nicht nur im Zusammenhang mit der hier dargestellten Problematik. Da wäre zum einen der Fall des „Verhüllten Reichstags" von *Christo* und *Jeanne-Claude*, in dem bis vor den BGH darüber gestritten wurde, wie das Merkmal „bleibend" zu verstehen ist[434], zum anderen die Streitigkeit um das „Hundertwasserhaus", in der der BGH zu entscheiden hatte, ob ein Gebäude nur von einer öffentlichen Straße aus abgelichtet werden darf[435] sowie der „Gies-Adler-Fall", in dem der BGH u. a. über eine analoge Anwendung von § 59 UrhG zu urteilen hatte[436].

Im Zuge der sich immer weiterentwickelnden technischen Möglichkeiten unserer Informationsgesellschaft, die es mittlerweile erlauben, digitale Fotoaufnahmen oder Filme z. B. durch ein „Smartphone" oder einen tragbaren „Tablet-Computer"[437] mit nur einem „Klick" ins Internet zu stellen, ist auch nicht absehbar, dass § 59 UrhG seine Brisanz so schnell wieder verliert[438]. Neue Relevanz bekam § 59 UrhG in der jüngsten Vergangenheit auch in Bezug auf die sogenannte „Google-Street-View-Kontroverse"[439]. Noch nicht abschließend geklärt ist auch die Frage, welche Rechtnatur den Schrankenregelungen zukommt, bzw. ob einzelne Schranken subjektive Rechte verleihen[440].

---

432 *Schricker/ Loewenheim/ Vogel*, UrhG, Rn. 1 zu § 59.

433 *v. Gierke*, FS Erdmann, S. 103.

434 BGH, ZUM 2002, 636 ff. – Verhüllter Reichstag.

435 BGH, ZUM 2003, 955 ff. – Hundertwasser-Haus.

436 BGH, GRUR 2003, 956 – Gies-Adler.

437 Sog. „Taschencomputer", vgl. OLG Düsseldorf, GRUR-RR 2012, 200.

438 Vgl. dazu die Ausführungen in der Einleitung sowie Teil 2 D. I. 3. a) cc), sowie *v. Gierke*, FS Erdmann, S. 103, 104; die Enquete-Kommission „Kultur in Deutschland", BT-Drucks. 16/7000, S. 264, 265, fordert sogar eine Neuanpassung des § 59 UrhG an die „Informationsgesellschaft", vgl. dazu ausführlich Teil 2 D. II. 1. d) ee).

439 Vgl. dazu *Dreyer/ Kotthoff/ Meckel/ Dreyer*, UrhG, Rn. 5 zu § 59 und *Schack*, UrhR, Rn. 567.

440 Die Diskussion wird vor allem am Beispiel des § 53 UrhG geführt, wobei die überwiegende Ansicht die Gewährung von subjektiven Rechten durch die Schrankenregelung ablehnt, da diese die Nutzung nur *ermöglicht* und lediglich eine Begrenzung des subjektiven Rechts des Urhebers darstellt vgl.: *Hohagen*, Private Vervielfältigung, S. 497 ff.; *Kur*, Funktionswandel, S. 47; *Obergfell*, Freier Werkzugang, S. 101 110; *Schack*, UrhR, Rn. 554, 557.

C. Die Schrankenbestimmung gem. § 59 UrhG

Die aktuelle Fassung des UrhG vom 09. September 1965 (BGBl. I S. 1273), zuletzt geändert durch Artikel 1 des Gesetzes vom 14. Dezember 2012 (BGBl. I S. 2579), regelt die Panoramafreiheit in § 59:

> „Zulässig ist, Werke, die sich bleibend an öffentlichen Wegen, Straßen oder Plätzen befinden, mit Mitteln der Malerei oder Graphik, durch Lichtbild oder durch Film zu vervielfältigen, zu verbreiten und öffentlich wiederzugeben. Bei Bauwerken erstreckt sich diese Befugnis nur auf die äußere Ansicht. Die Vervielfältigungen dürfen nicht an einem Bauwerk vorgenommen werden."

I. Enge Auslegung urheberrechtlicher Schrankenbestimmungen?

Aus dem verfassungsrechtlichen „Beteiligungsgrundsatz", demzufolge der Urheber „tunlichst angemessen an dem wirtschaftlichen Nutzen seines Werks zu beteiligen ist"[441], leiten Rechtsprechung und Literatur traditionell die grundsätzliche Verpflichtung ab, sämtliche Schrankenbestimmungen zu Gunsten des Urhebers eng auszulegen[442].

Nach Ansicht von *Stieper* ist der Nutzer durch die Schranken so zu stellen, als gäbe es kein Urheberrecht (*Stieper*, Schranken, S. 264). Ob diese „Freiheiten" aber subjektive Rechte gewähren, hänge davon ab, inwieweit die Rechtsordnung (im Einzelfall) die Freiheiten vor vertraglichen und technischen Nutzungsbeschränkungen schütze (*Stieper*, Schranken, S. 164); maßgeblich sei daher auch, ob Schrankenbestimmungen zwingend sind, was er für die nicht ausdrücklich geregelten Fälle verneint (*Stieper*, Schranken S. 264).

Nach der Gegenmeinung von *Geiger*, GRUR Int 2004 815, 818, gewähren jedenfalls die Schranken, die auf Grundrechten basieren, subjektive Rechte; *Holznagel* und *Brüggemann* ordnen in MMR 2003, 767, 771 das Vervielfältigungsrecht gem. § 53 UrhG ebenfalls als subjektives Recht ein.

441 BGH, ZUM 1986, 683, 684 – Liedtextwiedergabe II; BGHZ 116, 305, 308 – Altenwohnheim II; BGHZ 135, 1, 9 – Betreibervergütung; BGH, ZUM 1999, 566, 572; BGH, ZUM 2002, 636, 637 – Hundertwasser-Haus.

442 St. Rspr., schon unter Geltung des KUG: RGZ 130, 196, 206 – Codex aureus; BGHZ 50, 147, 152 – Kandinsky I; BGH, GRUR 1983, 28, 29 – Presseberichterstattung und Kunstwerkwiedergabe II, BGH, GRUR 1985, 874, 875 – Schulfunksendung; BGH, GRUR 1991, 903, 905 – Liedersammlung; BGHZ 116, 305, 308 f. – Altenwohnheim II; BGH, GRUR 1993, 822, 823 – Katalogbild; BGHZ 140, 183, 191 – Elektronische Pressearchive; BGHZ 144, 232, 235 f. – Parfumflakon; *Schack*, FS Schricker, S. 511, 514; *Schack*, UrhR, Rn. 95; *Wanckel*, NJW 2011, 1179, 1180; *Wandtke/ Bullinger/ Lüft*, UrhG, Rn. 1 Vor §§ 44a ff.

Dieser Grundsatz wird aber insoweit durchbrochen, als neben den Interessen des Urhebers auch die verfassungsrechtlich geschützten Positionen Dritter ihrem Gewicht entsprechend in die Auslegung einbezogen werden[443], was auch eine erweiternde oder analoge Anwendung der Schrankenvorschriften rechtfertigen kann[444]. Diese Auffassung wurde jüngst vom BVerfG[445] und EuGH[446] bestätigt. In dem durch die Multimedia-Richtlinie[447] harmonisierten Bereich muss die Auffassung des EuGH zu der Frage, ob die Schrankenbestimmungen eng oder weit auszulegen sind, auch als letztverbindliche angesehen werden[448]. Die Multimedia-Richtlinie hat die Schrankenbestimmungen in Bezug auf das Vervielfältigungsrecht und das Recht der öffentlichen Zugänglichmachung abschließend geregelt (Erwägungsgrund 32)[449]. Die Panoramafreiheit gem. § 59 UrhG blieb zwar von der Umsetzung der Richtlinie unberührt, weil sie schon den Vorgaben von Art. 5 Abs. 3 lit. h entsprach; gleichwohl ist sie richtlinienkonform auszulegen, als sie von dem Regelungsbereich der Richtlinie umfasst wird[450].

Darüber hinaus muss die Auslegung auch dem Dreistufentest aus Art. 9 Abs. 2 RBÜ[451], dessen Kopie in Art. 13 TRIPS[452]-Abkommen sowie dem des

---

443 BGHZ 151, 300, 310 – Elektronischer Pressespiegel; *Schunke*, FS Wandtke, S. 341, 344 ff.; *Schricker/ Loewenheim/ Melichar*, UrhG, Rn. 18 ff. Vor §§ 44a ff.; *Wandtke/ Bullinger/ Lüft*, UrhG, Rn. 1 Vor §§ 44a ff.

444 BGHZ 151, 300, 310 – Elektronischer Pressespiegel; BGH, ZUM 2002, 636, 637 – Verhüllter Reichstag; GRUR 2003, 956, 957 – Gies-Adler; *Chirco*, Panoramafreiheit, S. 103; *Fromm/ Nordemann/ Dustmann*, UrhG, Rn. 3 Vor §§ 44a ff.; *Schricker/ Loewenheim/ Melichar,* UrhG, Rn. 18 vor §§ 44 a ff.

445 BVerfG, NJW 2012, 754, 755.

446 EuGH, GRUR 2012, 156, 164 Rn. 164 – Football Association Premier League u. Murphy.

447 Richtlinie 2001/29/EG des Europäischen Parlaments und des Rates v. 22.05.2001 zur Harmonisierung bestimmter Aspekte des Urheberrechts und der verwandten Schutzrechte in der Informationsgesellschaft, Abl. EG Nr. L 167 v. 22.06.2001.

448 *Schunke*, FS Wandtke, S. 341, 348.

449 *Schunke*, FS Wandtke, S. 341, 344; *Wandtke/ Bullinger/ Lüft*, UrhG, Rn. 5 Vor §§ 44a ff.

450 Vgl. *Schricker/ Loewenheim/ Vogel*, UrhG, Rn. 5 zu § 59; *Wandtke/ Bullinger/ Lüft*, UrhG, Rn. 2 zu § 59.

451 Berner Übereinkunft zum Schutz von Werken der Literatur und Kunst v. 09.09.1886, Revidierte Pariser Fassung v. 24.07.1971, (BGBl. II 1973, S. 1069); BGHZ 58, 262, 265 – Landesversicherungsanstalt; BGHZ 87, 126, 129 – Zoll- und Finanzschulen; *Schricker/ Loewenheim/ Melichar*, UrhG, Rn. 18 vor §§ 44a ff.

452 Agreement on Trade-Related Aspects of Intellectual Property Rights (Übereinkommen über handelsbezogene Aspekte der Rechte des geistigen Eigentums) v. 15.04.1994

Art. 5 Abs. 5 der Multimedia-Richtlinie[453], die der gemeinschaftsrechtlichen Umsetzung der Art. 10 Abs. 1 WCT[454] und Art. 16 Abs. 2 WPPT[455] dient[456], genügen.

Im Ergebnis ist somit auch die Panoramafreiheit grundsätzlich eng auszulegen[457], um die vermögenswerten Rechte des Urhebers so wenig wie möglich zu beschränken[458]; gleichwohl ist dadurch nicht ausgeschlossen, dass die durch § 59 UrhG geschützten Interessen Dritter es im Einzelfall rechtfertigen können, einen großzügigen Maßstab anzulegen[459]. Eine analoge Anwendung der Schrankenvorschriften sollte im Hinblick auf die Rechte des Urhebers dennoch grundsätzlich vermieden werden[460]. Somit kann § 59 UrhG auch nicht der allgemeine Rechtssatz entnommen werden, dass die Belange der Allgemeinheit an *allen* allgemein zugänglichen Gestaltungen grundsätzlich vorzugswürdig vor denen des Urhebers sind[461], mithin verbietet sich auch die analoge Anwendung von § 59 UrhG auf Sachverhalte im Internet[462].

(BGBl. II 1994, S. 1730 ff.), in Kraft seit 01.01.1995; *Schricker/ Loewenheim/ Melichar*, UrhG, Rn. 18 vor §§ 44a ff.

453 Vgl. dazu *Schricker/ Loewenheim/ Melichar*, UrhG, Rn. 18 vor §§ 44 a ff.

454 WIPO Copyright Treaty (Welturheberrechtsvertrag) v. 20.12.1996 (BGBl. 2003 II, 754).

455 WIPO Phonograms and Performance Treaty (Vertrag über künstlerische Darbietungen und Tonträger) v. 20.12.1996.

456 Erwägungsgrund 15 RiL 2001/29/EG.

457 BGH, GRUR 2001, 51, 52 f. – Parfumflakon; ZUM 2002, 636, 637 – Verhüllter Reichstag; ZUM 2003, 955, 956 f. – Hundertwasser-Haus; *Chirco*, Panoramafreiheit, S. 103 ff.; *Fromm/ Nordemann/ Czychowski*, UrhG, Rn. 6 zu § 59; *Schricker/ Loewenheim/ Vogel*, UrhG, Rn. 4 zu § 59; *Wandtke/ Bullinger/ Lüft*, UrhG, Rn. 2 zu § 59; vgl. *Dreier/ Schulze/ Dreier*, UrhG, Rn. 1 zu § 59.

458 *Chirco*, Panoramafreiheit, S. 103 ff.; *v. Gierke*, FS Erdmann, S. 103, 107.

459 *Schricker/ Loewenheim/ Vogel*, UrhG, Rn. 4 zu § 59.

460 BGH, ZUM 2002, 636, 637 – Verhüllter Reichstag; GRUR 2003, 956, 957 – Gies-Adler; *Chirco*, Panoramafreiheit, S. 103; *Fromm/ Nordemann/ Dustmann*, UrhG, Rn. 3 Vor §§ 44a ff.; *Schricker/ Loewenheim/ Melichar*, UrhG, Rn. 18 vor §§ 44 a ff.

461 BGH, GRUR 2001, 51, 52 – Parfumflakon; zustimmend *Dreier/ Schulze/ Dreier*, UrhG, Rn. 1 zu § 59; *v. Gierke*, FS Erdmann, S. 103, 107; *Schricker/ Loewenheim/ Vogel*, UrhG, Rn. 4 zu § 59.

462 *Ott*, ZUM 2009, 345, 351; *Schricker/ Loewenheim/ Vogel*, UrhG, Rn. 4 zu § 59; vgl. zur direkten Anwendung auf digitale Vervielfältigungstechniken III. 1. a) dd).

II. Tatbestand

1. Werkarten

Die Freistellung in § 59 Abs. 1 Satz 1 UrhG ist nicht auf bestimmte Werkarten beschränkt, somit sind grundsätzlich alle Werke i. S. d. § 2 Abs. 1 UrhG umfasst[463].

a) Werke der bildenden Künste

Allerdings sind im Straßenbild vor allem Werke der bildenden Künste anzutreffen[464], zu denen gem. § 2 Abs. 1 Nr. 4 UrhG auch Werke der angewandten Kunst und Werke der Baukunst zählen. Werke der Baukunst sind „plastische Gestaltungen, die einem Gebrauchszweck wie dem Begehen, Befahren oder Bewohnen dienen und dabei eine persönliche geistige Schöpfung nach § 2 Abs. 2 UrhG darstellen“[465]. Dies ist der Fall, wenn die Gestaltung „über die Lösung einer zweckgebundenen baulichen Aufgabe hinausgeht und einen eigentümlichen ästhetischen Wert aufweist, dessen künstlerische Originalität sie aus der Masse des alltäglichen Bauschaffens herausragen lässt“[466]. Zu ihnen werden neben architektonischen Werken wie z. B. Schlössern, Burgen oder reinen Zweckbauten[467] auch solche der Ingenieurskunst gezählt, also z. B. Brücken oder Aussichtstürme, sofern sie die notwendige Gestaltungshöhe erreichen[468].

Zu den übrigen Werken der bildenden Kunst gehören alle weiteren „zwei- oder dreidimensionalen Gestaltungen, die ihren ästhetischen Gehalt durch Ausdrucksmittel wie Farbe, Linie, Fläche, Raumkörper und Oberfläche zum Ausdruck bringen“[469]. Im öffentlichen Raum sind dabei vor allem Denkmäler, Brunnen, Laternen, Schilder, Plastiken aller Art, Reliefs, Fresken, Graffitis[470] sowie bewegliche Objekte als schutzfähige Autokarosserien, bzw. an ihnen angebrachte Darstellungen und Graffitis anzutreffen. Für die weitere Anwendbarkeit der Panoramafreiheit ist vor allem die Frage zu klären, ob sie sich trotz ihrer Beweglichkeit *bleibend* an einem öffentlichen Ort befinden[471].

---

463 *v. Gierke*, FS Erdmann, S. 103, 109.

464 *v. Gierke*, FS Erdmann, S. 103, 109.

465 *Wandtke/ Bullinger/ ders.*, UrhG, Rn. 108 zu § 2.

466 OLG Saarbrücken, GRUR 1999, 420 - Verbindungsgang.

467 *v. Gierke*, FS Erdmann, S. 103, 109.

468 *Chirco*, Panoramafreiheit, S. 121.

469 *Wandtke/ Bullinger/ ders.*, UrhG, Rn. 81 zu § 2.

470 *Schricker/ Loewenheim/ Vogel*, UrhG, Rn. 6 zu § 59.

471 Vgl. Teil 2 C. II. 3. c).

b) Weitere Werkarten

Neben den soeben aufgeführten Werken, die hauptsächlich im öffentlichen Raum angetroffen werden, fallen bei genauerer Betrachtung weitere Werkarten auf, die der Vollständigkeit halber Erwähnung finden sollen.

Beispielsweise können sich auch Sprach- oder Musikwerke auf Grab- oder Gedenktafeln befinden und somit Teil des Straßenbildes sein[472]. Ebenfalls erfasst werden öffentlich aufgestellte Straßenpläne als Werke wissenschaftlicher oder technischer Art[473]. Bei ihnen muss die Wiedergabe in einer Parallelwertung zu Werken der bildenden Kunst ebenfalls in ihrer konkreten Erscheinungsform – also z. B. als Denkmalinnenschrift - erfolgen[474]. Die Noten oder Texte dürfen auch nur im Wege der erlaubten Vervielfältigungsmittel, also im Wege der Malerei, Graphik, Fotografie oder des Films reproduziert werden[475], was einen geringen Anwendungsbereich zur Folge hat[476]. Sprach- und Musikwerke können sich aber auch in akustischer Form an öffentlichen Plätzen befinden, z. B. als Glockengeläut oder als von einem Tonband fortwährend ablaufendes Gedicht vor dem Geburtshaus des Dichters[477].

Ferner können auch Lichtbilder, Lichtbild- und Filmwerke Teil des Straßenbildes sein[478]. Lichtbildwerke befinden heute z. B. großflächig als Werbeplakate auf Litfaßsäulen, Gebäuden oder Plakatwänden in öffentlichen Straßen[479]. Aber auch die digitale Präsentation dieser Werke ist keine Seltenheit mehr und somit nicht anders zu bewerten[480]. So befinden sich Werbefilme auf Bildschirmen oder Videoleinwände im öffentlichen Straßenland ebenso wie Open-Air-Kinos[481]. Über das dargestellte Werk hinaus kann auch die Gesamtpräsentation

---

472 Vgl. *Schricker/ Loewenheim/ Vogel*, UrhG, Rn. 8 zu § 59.

473 *Chirco*, Panoramafreiheit, S. 124.

474 *Schricker/ Loewenheim/ Vogel*, UrhG, Rn. 8 zu § 59.

475 *Chirco*, Panoramafreiheit, S. 124 f.; *Schricker/ Loewenheim/ Vogel*, UrhG, Rn. 8 zu § 59.

476 *Chirco*, Panroamafreiheit, S. 125.

477 *Chirco*, Panoramafreiheit, S. 125.

478 *Chirco*, Panoramafreiheit, S. 125 f.

479 *Chirco*, Panoramafreiheit, S. 125.

480 *Chirco*, Panoramafreiheit, S. 125, der zu Recht die Gegenansicht von *Ulmer*, Urheber- und Verlagsrecht, § 74 III 1 (S. 332) aus dem Jahre 1980 zurückweist, da diese Art der Werkpräsentation zu diesem Zeitpunkt noch nicht so stark verbreitet war wie heute.

481 *Chirco*, Panoramafreiheit, S. 125.

urheberrechtlich geschützt sein, sofern das Abspielmedium individuelle Formgestaltungen aufweist[482].

Auch neue Kunstkategorien, wie Happenings, Aktions- oder Environmentkunst, die aus Elementen der darstellenden und der bildenden Kunst bestehen, können Teil des Straßenbildes sein[483]. Die Besonderheit dieser Kunstformen besteht in ihrer Interaktion mit der Umwelt und dem Aufstellungsort; diese werden Teil des Gesamtkunstwerks[484]. Ein prominentes Beispiel der Environmentkunst ist der „Verhüllte Reichstag" des Künstlerehepaares *Christo und Jeanne-Claude*, bei dem der „Verhüllte Reichstag" als Gesamtkunstwerk unter urheberrechtlichem Schutz steht[485]. Solche Werke erreichen ohne Probleme die „kleine Münze", sodass sie bei Erfüllung der weiteren Tatbestandsvoraussetzungen des § 59 UrhG unter die Schrankenregelung fallen können[486].

Auch Werke in Schaufenstern und -kästen, sowie Schaufensterdekorationen in ihrer Gesamtdarstellung können urheberrechtlichen Schutz genießen[487]. Diese Werke, sowie jene der sogenannten neuen Kunstkategorien, sind vor allem im Hinblick auf ihre Dauerhaftigkeit problematisch, worauf im Rahmen dieser Arbeit aber nicht näher einzugehen ist[488].

2. *An öffentlichen Wegen, Straßen und Plätzen gelegen*

Aber nur Werke, die „an öffentlichen Wegen, Straßen und Plätzen gelegen sind", dürfen wiedergegeben werden. Dieses so banal klingende Tatbestandsmerkmal ist besonders umstritten und problembehaftet[489].

---

482 *Chirco*, Panoramafreiheit, S. 125 f. mit Hinweis auf „The Crown Fountain" des Künstlers *Jaume Plensa* im Millenium Park von Chicago.

483 *Chirco*, Panoramafreiheit, S. 126.

484 *Chirco*, Panoramafreiheit, S. 95; vgl. auch *Dreier/ Schulze/ Dreier*, UrhG, Rn. 5 zu § 59.

485 BGH, ZUM 2002, 636, 637 – Verhüllter Reichstag, unter Hinweis auf das Parallelverfahren: KG Berlin, ZUM 1996, 970, 971– Verhüllter Reichstag II; LG Berlin, NJW 1996, 2380, 2381 – Verhüllter Reichstag II; *Pöppelmann*, ZUM 1996, 293, 295 ordnen es als klassisches Werk der bildenden Künste ein; für § 59 UrhG macht dies keinen Unterschied.

486 BGH, GRUR 1985, 529 f. – Happening, zur Werkfähigkeit; *Chirco*, Panoramafreiheit, S. 126; *v. Gierke*, FS Erdmann, S. 103, 109.

487 Vgl. *Dreier/ Schulze/ Dreier*, UrhG, Rn. 5 zu § 59.

488 Vgl. ausführlich zum Tatbestand der Panoramafreiheit: *Chirco*, Panoramafreiheit, S. 121 ff.

489 Vgl. dazu die ausführliche Darstellung bei *Chirco*, Panoramafreiheit, S. 126 ff.

a) Öffentliche Wege Straßen und Plätze

Öffentlichkeit i. S. d. § 59 Abs. 1 Satz 1 UrhG wird nach ganz überwiegender Ansicht nicht mehr öffentlich-rechtlich verstanden[490], mithin ist keine öffentlich-rechtliche Widmung erforderlich[491]. Vielmehr genügt es der überwiegenden Auffassung, dass die Wege, Straßen und Plätze jedermann frei zugänglich sind und im Gemeingebrauch stehen[492] - dies wird auch als „faktische Widmung" bezeichnet[493]. *Chirco* weist zu Recht auch darauf hin, dass die privilegierte Werknutzung andernfalls durch Erkundigungspflichten hinsichtlich der Widmungsverhältnisse konterkariert werden würde, da einem frei-zugänglichen Ort nicht in jedem Falle anzusehen ist, ob er nach den Vorschriften des öffentlichen Straßen- und Wegerechts der Allgemeinheit gewidmet worden ist[494].

Finden Einlasskontrollen statt, ist ein Gelände in Ermangelung einer allgemeinen Zugangserlaubnis nicht mehr öffentlich[495], da die Personen dann bestimmte Kriterien erfüllen müssen, um Zutritt zu erhalten[496]. Dies gilt erst recht für die Erhebung eines Eintrittsgeldes[497]. Unschädlich ist hingegen der *nicht erkennbar* entgegenstehende innere Wille des Berechtigten; mithin ist ein allgemein-zugänglicher Weg so lange öffentlich i. S. d. Vorschrift, bis der Berechtigte diesen Zustand ändert[498]. Auch begrenzte Zugangs- oder Öffnungszeiten stehen der Öffentlichkeit

490 A. A. noch *Dreyer/ Kotthoff/ Meckel/ Dreyer*, UrhG 1. Aufl. 2004, Rn. 3 zu § 59.

491 *Chirco*, Panoramafreiheit, S. 127; *Ernst*, ZUM 1998, 475 f.; *v. Gierke*, FS Erdmann, S. 103, 110; *Lammek/ Ellenberg*, ZUM 2004, 715, 720; *Lettl*, UrhR, Rn. 58 zu § 6; *Schricker/ Loewenheim/ Vogel*, UrhG, Rn. 9 zu § 59; *Wandtke/ Bullinger/ Lüft*, UrhG, Rn. 3 zu § 59.

492 *Castendyk/ Bezzenberger*, FotoR, Rn. 435; *Chirco*, Panoramafreiheit, S. 127 f.; *Dreier/ Schulze/ Dreier*, UrhG, Rn. 3 zu § 59; *Ernst*, ZUM 1998, 103, 110; *Fromm/ Nordemann/ Czychowski*, UrhG, Rn. 6 zu § 59; *v. Gierke*, FS Erdmann, S. 103, 110; *Lettl*, UrhR, Rn. 58 zu § 6; *Schulze*, FS Ullmann, S. 93, 95; *Schricker/ Loewenheim/ Vogel*, UrhG, Rn. 9 zu § 59; *Wandtke/ Bullinger/ Lüft*, UrhG, Rn. 3 zu § 59.

493 Wörtlich: *Chirco*, Panoramafreiheit, S. 127; vgl. auch: *Ernst*, ZUM 1998, 475; *Schricker/ Loewenheim/ Vogel*, UrhG, Rn. 9 zu § 59.

494 *Chirco*, Panoramafreiheit, S. 127.

495 *Chirco*, Panoramafreiheit, S. 132; *Fromm/ Nordemann/ Czychowski*, UrhG, Rn. 6 zu § 59; *Schricker/ Loewenheim/ Vogel*, UrhG, Rn. 9 zu § 59; *Wandtke/ Bullinger/ Lüft*, UrhG, Rn. 3 zu § 59.

496 *Chirco*, Panoramafreiheit, S. 130.

497 *Chirco*, Panoramafreiheit, S. 132.

498 *Chirco*, Panoramafreiheit, S. 127 f.

nicht im Wege, sofern diese von Vornherein festgelegt sind[499]. So ist und bleibt ein Friedhof ein öffentlicher Platz, auch wenn er nachts abgeschlossen wird[500].

Vereinzelt wird die Ansicht vertreten, dass der Ort nicht im Privateigentum stehen dürfe[501], da die ständige Widerrufsmöglichkeit der allgemeinen Zugangserlaubnis von Privatanlagen der Öffentlichkeit des Ortes entgegenstehe[502]. Dieser Ansicht wird aber zu Recht entgegengehalten, dass es nach dem Wortlaut von § 59 Abs. 1 Satz 1 UrhG, der in der Gegenwart gehalten ist, nur auf den Zeitpunkt der Vervielfältigungshandlung ankommt[503] und ein Widerruf lediglich *ex nunc* wirkt, sodass er die Tatbestandsvoraussetzungen der Panoramafreiheit rückwirkend nicht entfallen lässt[504]. Außerdem würden dem Nutzer andernfalls erneut unzumutbare Erkundigungspflichten hinsichtlich der Eigentumsverhältnisse auferlegt werden[505]. Mit der herrschenden Meinung kann somit auch ein allgemein-zugänglicher Ort im Privateigentum öffentlich i. S. d. § 59 Abs. 1 Satz 1 UrhG sein[506].

Ob die Panoramafreiheit nur Werke unter freiem Himmel umfasst, oder auch solche, die sich an überdachten öffentlichen Orten befinden, ist umstritten[507], bedarf hier aber keiner weiteren Erörterung. Hiervon sind aber die Fälle zu unterscheiden, in denen das Kunstwerk das Gebäude selbst ist, bzw. sich daran befindet, denn gem. § 59 Abs. 1 Satz 2 UrhG erstreckt sich die Nutzungsfreiheit dann ausdrücklich nur auf die äußere Ansicht.

b) An einem öffentlichen Ort gelegen

Das Werk selbst muss sich aber nicht auf öffentlichem Grund i. d. S. befinden, vielmehr ist alles, was von einem solchen öffentlichen Standort aus ohne

---

499 *Dreier/ Schulze/ Dreier,* UrhG, Rn. 3 zu § 59; *Ernst,* ZUM 1998, 475, 479; vgl. auch *Schricker/ Loewenheim/ Vogel,* UrhG, Rn. 9 zu § 59.

500 So bereits RGSt 40, 122, 126 - Friedhof.

501 *Gerstenberg,* UrhR, S. 152; *Schäder,* Entpersönliche Kunst, S. 171; so auch: *Osterrierth/ Marwitz,* KUG, § 20 III. 2. a).

502 *Osterrieth/ Marwitz,* KUG, § 20 III. 2. a).

503 *Wandtke/ Czernik,* MedienR II, Rn. 272 zu § 6.

504 *Chirco,* Panoramafreiheit, S. 129.

505 *Chirco,* Panoramafreiheit, S. 129.

506 *Chirco,* Panoramafreiheit, S. 129; *Dreier/ Schulze/ Dreier,* UrhG, Rn. 3 zu § 59; *Dreyer/ Kotthoff/ Meckel/ Dreyer,* UrhG, Rn. 4 zu § 59; *Ernst,* ZUM 1998, 475 f.; *v. Gamm,* UrhG, Rn. 2 zu § 59; *v. Gierke,* FS Erdmann, S. 103, 110; *Möhring/ Nicolini/ Grübler,* UrhG, Rn. 6 zu § 59; *Fromm/ Nordemann/ Czychowski,* UrhG, Rn. 6 zu § 59; *Pöppelmann,* ZUM 1996, 293, 297, Fn. 49; *Schulze,* FS Ullmann, S. 93, 95; *Schricker/ Loewenheim/ Vogel,* UrhG, Rn. 9 zu § 59; *Wandtke/ Bullinger/ Lüft,* UrhG, Rn. 3 zu § 59.

507 Vgl. dazu die detaillierte Darstellung bei *Chirco,* Panoramafreiheit, S. 133 ff.

besondere Hilfsmittel wahrnehmbar ist, an einer öffentlichen Stelle gelegen und darf somit auch (nur) von diesem Standort aus vervielfältigt werden[508]. Daraus folgt, dass die Zuhilfenahme von Leitern, Ferngläsern o. ä. unzulässig ist, ebenso wie die Aufnahme von einem Flugzeug, Baum oder dem nicht-allgemein zugänglichen Innenhof desselben Grundstücks aus, da das Werk so, wie es sich dem Betrachter dann zeigt, nicht von einer öffentlichen Stelle aus wahrnehmbar ist, mithin nicht *so* an einer öffentlichen Stelle gelegen ist[509]. Und dies gilt völlig unabhängig davon, ob der jeweilige Sach- und/ oder Grundstückseigentümer die Vervielfältigung gestattet hat[510].

3. *Bleibend*

Das Merkmal „bleibend" gem. § 59 Abs. 1 Satz 1 UrhG hat vor allem im Zusammenhang mit den „Christo-Prozessen" um den „Verhüllten Reichstag" für Diskussionen gesorgt. Bis heute wird uneinheitlich beurteilt, was unter bleibend i. S. d. Panoramafreiheit zu verstehen ist[511]. Wie bereits dargestellt, bereitet dieses Merkmal auch im Hinblick auf bestimmte Werkarten im öffentlichen Raum Schwierigkeiten. Die folgende Darstellung beschränkt sich aber auf die generelle Erläuterung des Merkmals sowie auf die Aspekte, die für die weitere Bearbeitung besonders relevant sind.

a) Öffentliche Aufstellung bis Ablauf der natürlichen Lebensdauer

Bislang herrscht zumindest weitgehend Einigkeit darüber, dass jedenfalls Werke, die sich für die Zeit ihrer materialbedingten Lebensdauer unbefristet an öffentlichen Stellen befinden, bleibend i. S. d. § 59 Abs. 1 Satz 1 UrhG sind[512]. Das

---

508 LG Freiburg, GRUR 1985, 544, 545 – Fachwerkhaus; LG Berlin, NJW 1996, 2380, 2381 – Verhüllter Reichstag II; *v. Gierke*, FS Erdmann, S. 103, 110; *Müller-Katzenburg*, NJW 1996, 2341, 2344; *Schack*, UrhR, Rn. 567; *Schricker/ Loewenheim/ Vogel*, UrhG, Rn. 10 zu § 59.

509 Vgl. BGH, ZUM 2003, 955, 957 – Hundertwasser-Haus; *Dreier/ Schulze/ Dreier*, UrhG, Rn. 4 zu § 59; *v. Gierke*, FS Erdmann, S. 103, 110; *Möhring/ Nicolini/ Grübler*, UrhG, Rn. 6 zu § 59; *Schricker/ Loewenheim/ Vogel*, UrhG, Rn. 10 zu § 59.

510 *Möhring/ Nicolini/ Grübler*, UrhG, Rn. 6 zu § 59; *Schricker/ Loewenheim/ Vogel*, UrhG, Rn. 10 zu § 59; vgl. auch BGH, ZUM 2003, 955 ff. - Hundertwasser-Haus; a. A. die Vorinstanz: OLG München, ZUM 2001, 76, 77 – Hundertwasser-Haus.

511 *Schricker/ Loewenheim/ Vogel*, UrhG, Rn. 11 zu § 59.

512 BGH, ZUM 2002, 636, 638 – Verhüllter Reichstag; LG Hamburg, GRUR 1989, 591, 592 – Neonrevier; *Ernst*, ZUM 1998, 475, 477; *Fromm/ Nordemann/ Czychowski*, UrhG, Rn. 8 zu § 59; *Möhring/ Nicolini/ Grübler*, UrhG, Rn. 5 zu § 59; *Müller-Katzenburg*,

natürliche Ende der Lebensdauer steht dabei im Gegensatz zu der bewussten Entfernung oder Zerstörung des Werks durch den Urheber oder Dritte[513]. Danach ist nicht die Materialbeständigkeit des Werks entscheidend; es ist unerheblich, ob ein Kunstwerk hundert Jahre überdauert, oder bereits nach ein paar Wochen zerstört wird, sofern es sich für seine Lebensdauer an einem öffentlichen Ort befindet. Folglich werden auch Schneeplastiken und Sandskulpturen, die durch Witterungsbedingungen, wie eine Schneeschmelze oder ein Sturm schnell zerstört werden können, vom Tatbestand umfasst[514]. Auch Pflastermalereien, die durch laufende Passanten oder die Straßenreinigung zerstört werden, sind unter diese Fallgruppe zu subsumieren. Zwar wird das Werk durch den Eingriff Dritter zerstört, aber da es durch die Unbeständigkeit der Straßenmalkreide seiner Natur nach schnell vergänglich sind, wird auch diese Zerstörungsart als natürliches, d. h. der Natur des Werk entsprechendes Lebensende angesehen[515] – ganz im Gegensatz zu der aufwendigen Entfernung von „Graffitikunst“[516].

b) Öffentliche Aufstellung endet vor Ablauf der natürlichen Lebensdauer

aa) Befristete Ausstellung

Komplizierter wird die Beurteilung von Werken, die nach dem Willen des Urhebers oder eines berechtigten Dritter[517] von vornherein vor Ablauf ihrer natürlichen Lebensdauer, also bevor sie durch ihren materialbedingten Zersetzungsprozess, Witterungseinflüsse wie Regen oder Schneeschmelze oder auch die Straßenreinigung, vom öffentlichen Ort entfernt werden sollen.

Eine Ansicht bejaht eine bleibende Aufstellung auch hier nur in Fällen, in denen das Werk für seine gesamte Lebensdauer tatsächlich öffentlich aufgestellt

---

NJW 1996, 2341, 2344; *Pöppelmann*, ZUM 1996, 293, 299; *Schricker/ Loewenheim/ Vogel*, UrhG, Rn. 11 zu § 59; a. A. *Chirco*, Panoramafreiheit, S. 163 ff., der kurzlebige Werke, wie Schneeplastiken, Sandskulpturen oder Pflastermalereien im Wege einer verfassungskonformen Auslegung ausklammern möchte, vgl. dazu ausführlicher Teil 2 C. II. 3. b) aa).

513 Vgl. *Chirco*, Panoramafreieheit, S. 153 ff.

514 *Rehbinder/ Peukert*, UrhR, Rn. 639; *Schricker/ Loewenheim/ Vogel*, UrhG, Rn. 11 zu § 59.

515 Vgl. *Chirco*, Panoramafreiheit, S. 176.

516 Vgl. dazu ausführlich Teil 2 C. II. 3. b) bb).

517 Hiermit ist der *urheberrechtlich* Berechtigte gemeint, also derjenige der über die öffentliche Ausstellung bzw. die Wiedergabe durch Bild- und Tonträger entscheiden darf; also jeder Lizenznehmer bzw. im Falle des § 44 Abs. 2 UrhG der Eigentümer.

wird[518]. Dagegen wird aber hervorgebracht, dass es nicht darauf ankommen könne, ob das Werk beim Abbau zerstört wird oder an einem anderen Ort wieder aufgebaut werden könnte[519].

Nach anderer Ansicht ist entscheidend, ob der Verfügungsberechtigte *von vornherein beabsichtigt*, das Werk irgendwann wieder fortzuschaffen oder dort zu belassen[520]. Selbst wenn der Künstler beabsichtigt, sein Werk erst nach zehn Jahren wieder fortzuschaffen, handelt es sich dieser Ansicht nach um keine bleibende Ausstellung.

Der BGH hat sich von dieser Meinung mit dem Argument, dass der Berechtigte es danach durch eine entsprechende Absichtserklärung in der Hand hätte, die Freistellung zu umgehen, distanziert[521]. Vor allem bei Bauwerken käme die subjektive Ansicht zu dem wenig überzeugenden Schluss, dass ein Provisorium, das nach erst Jahren durch einen Neubau ersetzt werden soll, nicht unter den Tatbestand fällt[522]. Überzeugend stellt er daher auf den *objektiven Zweck* der Werkaufstellung ab: Dient die Aufstellung des Werks lediglich einer Werkpräsentation im Sinne einer vorübergehenden Ausstellung, ist das Werk nicht bleibend aufgestellt. Handelt es sich hingegen um einer Dauerausstellung, die typischerweise nicht in Wochen oder Monaten, sondern Jahren bemessen wird, ist der Anwendungsbereich des § 59 UrhG eröffnet[523].

---

518 *Griesbeck*, NJW 1997, 1133, 1134; *Kleinke*, AfP 1996, 397; *Pöppelmann*, ZUM 1996, 193, 298 ff.; *Weberling*, AfP 1996, 34, 35.

519 BGH, ZUM 2002, 636, 638 – Verhüllter Reichstag; *v. Gierke*, FS Erdmann, S. 103, 111; *Müller-Katzenburg*, NJW 1996, 2341, 2344 f.; *Schricker/ Loewenheim/ Vogel*, UrhG, Rn. 12 zu § 59.

520 LG Hamburg, GRUR 1989, 591, 592 – Neonrevier; LG Berlin, NJW 1996, 2380, 2381 – Verhüllter Reichstag II; *Ernst*, ZUM 1998, 475, 476 f.; *Müller-Katzenburg*, NJW 1996, 2341, 2344; *Pfennig*, ZUM 1996, 658, 659; in diese Richtung geht auch *Schack*, UrhR, Rn. 568.

521 BGH, ZUM 2002, 636, 638 – Verhüllter Reichstag; *v. Gierke*, FS Erdmann, S. 103, 111; *Schricker/ Loewenheim/ Vogel*, Rn. 14 zu § 59.

522 BGH, ZUM 2002, 636, 638 – Verhüllter Reichstag; nach Ansicht von *Schricker/ Loewenheim Vogel*, UrhG, Rn. 11 zu § 59, folge hingegen bei Bauwerken, Kunst an Gebäuden oder großen Denkmälern die Dauerhaftigkeit ihrer öffentlichen Errichtung regelmäßig bereits aus dem Charakter der Werkart, sodass sie auch durch den Abriss vor Beendigung ihrer natürlichen Lebensdauer nicht dem Tatbestand der Panoramafreiheit entzogen werden. Diese Ansicht bereitet jedoch aufgrund von Abgrenzungsschwierigkeiten Rechtsunsicherheit.

523 BGH, ZUM 2002, 636, 638 – Verhüllter Reichstag; zustimmend LG Frankenthal, ZUM-RD 2005, 408, 409 – Grassofa und *Schricker/ Loewenheim/ Vogel*, UrhG, Rn.

Der subjektive Wille des Berechtigten muss also im Zeitpunkt der Werkerrichtung darauf gerichtet sein, eine nach objektiven Maßstäben zu bestimmende Dauerausstellung zu errichten[524]. Die Verobjektivierung des Künstlerwillens verhindert, dass er sich durch den Vorbehalt der späteren Werkzerstörung der Freistellung entziehen kann[525]. Diese Rechtsprechung verdient daher Zustimmung.

Der BGH entzieht mit seiner sogenannten „Zwecksetzungstheorie"[526] zugleich Aktions- und Environmentkunst, die wegen ihres mit der Umwelt verschmelzenden Wesens grundsätzlich keine Dauerausstellung ist, der Panoramafreiheit. Die entsprechende Entscheidung, den „Verhüllten Reichstags" von *Christo* und *Jeanne-Claude* betreffend, wird aber auch als „Billigkeitsurteil" eingestuft, da es dem Senat in einer ergebnisorientierten Entscheidung nur darauf angekommen sei, den betroffenen Künstlern ihre Verwertungsmöglichkeiten zu erhalten[527]. Denn im Gegensatz zu Architekten und Urhebern anderer bildender Kunstwerke wie Plastiken oder Denkmälern, besteht ihre einzige Einnahmequelle in der urheberrechtlichen Verwertung ihrer Kunstobjekte; ein Verkauf der Werkverkörperung ist wegen ihrer kurzen Lebensdauer nicht möglich. In der Literatur wird darum vor dem Hintergrund von Art. 14 Abs. 1 Satz 1 GG vereinzelt auch eine Erstreckung der „Zwecksetzungstheorie" des BGH gefordert: Sie müsse auch auf kurzlebige Werke, die sich ihre gesamte natürliche Lebensdauer an einem öffentlichen Ort befinden, angewendet werden, damit die Verwertungsmöglichkeiten von Sandskulpturen und Schneeplastiken, die sich aufgrund ihrer Kurzlebigkeit ebenfalls nicht verkaufen lassen, beim Schöpfer verbleiben[528]. Es bleibt abzuwarten, ob der BGH darauf reagieren wird und im Widerspruch zu der derzeit herrschenden Ansicht den Anwendungsbereich der Schrankenbestimmung in Zukunft einschränkend auslegen wird. Für die vorliegende Arbeit bedarf es indes keiner vertiefenden Auseinandersetzung mit dieser Problematik.

bb) „Aufgedrängte Kunst"

Es stellt sich nun die Frage, ob sich an der Beurteilung der „Dauerhaftigkeit" etwas ändert, wenn ein Werk, das nach dem objektiven Willen des Berechtigten

---

14 zu § 59; so bereits zuvor: *Dreyer/ Kotthoff/ Meckel/ Dreyer*, UrhG, Rn. 7 zu § 59; *v. Gierke*, FS Erdmann, S. 103, 111.

524 *Dreier/ Schulze/ Dreier*, UrhG, Rn. 5 zu § 59; *Fromm/ Nordemann/ Czychowski*, UrhG, Rn. 8 zu § 59; vgl. auch LG Frankenthal, ZUM-RD 2005, 408, 410 – Grassofa.

525 *Chirco*, Panoramafreiheit, S. 163.

526 *Chirco*, Panoramafreiheit, S. 162 Fn. 1016.

527 So *Chirco*, Panoramafreiheit, S. 165 f.

528 *Chirco*, Panoramafreiheit, S. 163 ff.

für eine Dauerausstellung im öffentlichen Raum errichtet wurde, vor Ablauf seiner natürlichen Lebensdauer absichtlich von einem Dritten gegen den Willen des Berechtigten entfernt oder zerstört wird. Praxisrelevant ist diese Konstellation in Fällen der sog. „aufgedrängten Kunst", d. h. in denen der Urheber sein Werk an Hauswänden, Baugerüsten oder Stützmauern gegen den Willen des jeweiligen Eigentümers anbringt[529].

Bei strenger Anwendung der „Zwecksetzungstheorie" des BGH ist auch hier allein die verobjektivierte Absicht des Künstlers maßgeblich, denn er beabsichtigt durchaus, dass das Werk dauerhaft im öffentlichen Raum verbleibt[530], die Entfernung durch den Eigentümer entspricht nicht seinem Willen im Zeitpunkt der Errichtung des Werks, sodass die frühere Entfernung des Objekts nichts an seiner Dauerhaftigkeit ändern kann. Der Eigentümer ist hier auch nicht der Berechtigte gem. § 44 Abs. 2 UrhG, denn allein der Urheber hat im Zeitpunkt der Errichtung sein Ausstellungsrecht ausgeübt, sodass seine Intention maßgeblich ist. Allerdings wird zu bedenken gegeben, dass Straßenkünstler damit rechnen, dass ihre Werke vor Ablauf ihrer natürlichen Lebensdauer entfernt werden[531]. Tatsächlich ist es aber so, dass der Urheber im Zeitpunkt der Errichtung gar keine genaue Zeitspanne angeben kann; der Eigentümer kann das Werk sehr schnell entfernen, sich aber auch aus finanziellen oder sogar ästhetischen Gründen dagegen entscheiden[532]. Nach zutreffender Ansicht ist „aufgedrängte Kunst" daher nichts anderes als ein „work in progress", also eine Ausstellung mit offenem Ende[533]. Diese werden wie Dauerausstellungen behandelt[534].

c) Mobile Werke

Fraglich ist, ob sich die Freistellung auch auf bewegliche Kunst bezieht.

Das Werkstück muss kein wesentlicher Bestandteil des öffentlichen Ortes i. S. d. § 94 BGB sein, um unter die Freistellung zu fallen[535]. Andernfalls wären neben Bauwerken und Kunst am Gebäude nur fest installierte Statuen oder

---

529 *Chirco*, Panoramafreiheit, S. 176 f.; *Schricker/ Loewenheim/ Vogel*, UrhG, Rn. 15 zu § 59.

530 *Wandtke/ Bullinger/ Lüft*, UrhG, Rn. 5 zu § 59.

531 So *Chirco*, Panoramafreiheit, S. 177.

532 *Chirco*, Panoramafreiheit, S. 177.

533 *Chirco*, Panoramafreiheit, S. 177; *Schricker/ Loewenheim/ Vogel*, UrhG, Rn. 15 zu § 59.

534 LG Frankenthal, ZUM-RD 2005, 408, 409 – Grassofa; *Chirco*, Panoramafreiheit, S. 177; *Schricker/ Loewenheim/ Vogel*, UrhG, Rn. 15 zu § 59.

535 *v. Gierke*, FS Erdmann, S. 103, 109.

Plastiken vom Tatbestand umfasst, nicht aber solche, die ohne feste Verankerung z. B. im Vorgarten aufgestellt werden[536].

Problematisch sind aber solche Werke, die sich bestimmungsgemäß fortbewegen, anstatt an einem Ort zu verbleiben, sich aber auf nahezu jeder Abbildung eines Straßenzuges befinden: Fahrzeuge[537]. Dabei können sowohl Fahrzeugkarosserien bei entsprechender Gestaltung selbst als Werke der angewandten Kunst urheberrechtlich geschützt sein[538], als auch Werke an ihnen angebracht sein[539], wie z. B. die Figur *Spirit of Ecstasy* auf der Kühlerhaube des *Rolls-Royce*, oder Graffitis an Bussen oder Bahnen.

Motorräder, Autos, Omnibusse und Bahnen befinden sich aber nicht dauerhaft an *einem* Ort, vielmehr wechseln sie ihn ständig. Zutreffend wird aber angeführt, dass dies mit dem Wortlaut von § 59 Abs. 1 Satz 1 UrhG durchaus zu vereinbaren ist, denn dieser spricht im Plural: „Werke, die sich bleibend an *öffentlichen Orten* (…) befinden"[540]. Daraus folgt, dass es genügt, wenn sich das Werk bleibend in der Öffentlichkeit befindet, ohne dass es auf einen festen Standort ankommt[541]. Somit ist entscheidend, ob Fahrzeuge sich tatsächlich dauerhaft *in der Öffentlichkeit* befinden.

Sowohl Privatfahrzeuge, als auch öffentliche Verkehrsmittel sind dafür geschaffen worden, am öffentlichen Straßenverkehr teilzunehmen[542]. Dass sich Privatfahrzeuge zeitweise in einer Garage befinden können, oder Züge nachts in unzugänglichen Betriebsbahnhöfen eingeschlossen werden, ändert daran nichts[543]. Die Werke müssen nicht rund um die Uhr zugänglich sein[544].

Zwar prägen sowohl öffentliche Verkehrsmittel[545] als auch Privatfahrzeuge das Straßenbild. Aber daraus folgt noch nicht die dauerhafte Öffentlichkeit eines jeden einzelnen Werks, denn nicht alle Fahrzeuge verfügen über dieselbe Karosserie, bzw. dieselben angebrachten Werke. Die Benutzung von Privatfahrzeugen unterliegt einzig und allein der Verfügungsbefugnis des Sacheigentümers[546]. Ein

---

536 Vgl. *Schricker/ Loewenheim/ Vogel*, UrhG, Rn. 6 zu § 59.
537 *Chirco*, Panoramafreiheit, S. 173.
538 *Dreier/ Schulze/ Dreier*, UrhG, Rn. 167 zu § 2; *Schulze*, FS Ullmann, S. 93, 96.
539 *Chirco*, Panoramafreiheit, S. 173.
540 *Chirco*, Panoramafreiheit, S. 174; *Ernst* ZUM 1998, 475, 480.
541 *Chirco*, Panoramafreiheit, S. 174; *Ernst* ZUM 1998, 475, 480.
542 *Ernst*, ZUM 1998, 475, 479 f.; *Schulze*, FS Ullmann, S. 93, 97.
543 *Ernst*, ZUM 1998, 475, 479 f.
544 Vgl. Teil 2 C. II. 2.
545 *Schulze*, FS Ullmann, S. 93, 96.
546 Vgl. auch die Ausführungen dazu bei *Chirco*, Panoramafreiheit, S. 174 f.

Oldtimer, den z. B. nur eine einzige Person besitzt, und diesen nur zu besonderen Anlässen benutzt, ist somit nicht dauerhaft im öffentlichen Raum präsent. Aus Gründen der Rechtssicherheit muss aber anhand von objektiven Anhaltspunkten bestimmbar sein, ob sich ein Werk bleibend in der Öffentlichkeit befindet[547]. Es kann nicht auf den subjektiven Willen eines jeden Privateigentümers ankommen, da dieser nicht anhand von objektiven Anhaltspunkten erkennbar ist und bei mobilen Werken auch kaum erforscht werden kann. Nur öffentliche Verkehrsmittel verkehren regelmäßig zu festgelegten Zeiten im öffentlichen Raum[548]. Ihre Karosserien, sowie an auf ihnen angebrachte Graffitis sind somit dauerhaft im öffentlichen Raum präsent und unterliegen der Panoramafreiheit[549]. Privatfahrzeuge befinden sich hingegen nicht bleibend im öffentlichen Raum[550].

III. Rechtsfolge

Die Panoramafreiheit gestattet unter den genannten Voraussetzungen jedermann, das geschützte Werk mittels bestimmter Techniken zustimmungs- und vergütungsfrei zu vervielfältigen, zu verbreiten und öffentlich wiederzugeben. Wie zu Beginn bereits erwähnt, ist diese Schrankenart der stärkste Eingriff in das Urheberrecht und wird auch als „freie Nutzung“ bezeichnet[551]. Der Urheber hat damit keinerlei Ansprüche gegen denjenigen inne, der sein Werk innerhalb der Freistellung nutzt.

1. Zulässige Nutzungshandlungen

a) Zulässige Vervielfältigungshandlungen

aa) Die Vervielfältigung gem. § 16 UrhG

Die Vervielfältigung gem. § 16 Abs. 1 UrhG ist die körperliche Festlegung des Werks, die geeignet ist, dieses den menschlichen Sinnen unmittelbar oder

547 So ähnlich auch *Chirco*, Panoramafreiheit, S. 174 f., der eine Vorhersehbarkeit fordert.

548 *Chirco*, Panoramafreiheit, S. 174 f.

549 So auch: *Chirco*, Panoramafreiheit, S. 175; *Ernst*, ZUM 1998, 475, 480; *Schricker/ Loewenheim/ Vogel*, UrhG, Rn. 15 zu § 59; *Schulze*, FS Ullmann, S. 93, 96; *Wandtke/ Bullinger/ Lüft*, UrhG, Rn. 5 zu § 59 hinsichtlich der angebrachten Graffitis; ablehnend: *v. Gierke*, FS Erdmann, S. 103, 109.

550 So auch: *Chirco*, Panoramafreiheit, S. 175; a. A. *Ernst* ZUM 1998, 475, 480; *Schulze*, FS Ullmann, S. 93, 96 f.

551 *Wandtke/ Schunke*, UrhR, Rn. 3 zu Kapitel 5.

mittelbar auf irgendeine Art und Weise wahrnehmbar zu machen[552]. Dabei ist unerheblich, ob die Vervielfältigung dauerhafter oder nur vorübergehender Natur ist[553]. Auch die Darstellung des Werks in einer anderen Dimension oder die Überführung in ein anderes Medium stellt eine Vervielfältigung i. S. d. § 16 Abs. 1 UrhG dar[554]. Mithin kann auch die Fotografie eines Bauwerks dessen Vervielfältigungsstück sein[555], es kommt allein darauf an, ob die schöpferisch prägenden Elemente im Wesentlichen übernommen wurden[556].

bb) Zulässige Vervielfältigungsarten

§ 59 Abs. 1 Satz 1 UrhG zählt mit „Malerei oder Graphik, Lichtbild oder Film" abschließend erlaubte Vervielfältigungsarten i. S. d. § 16 Abs. 1 UrhG auf[557]. „Lichtbild" i. S. d. Vorschrift schließt dabei sowohl Lichtbilder als auch Lichtbildwerke ein, ebenfalls zählen zu „Filmen" Filmwerke und Laufbilder[558]. Noch ungeklärt ist, ob die Zulässigkeit einer filmischen Vervielfältigung sich auch auf wiederkehrenden Melodien bezieht, z. B. wenn eine öffentliche Straßenspieluhr gefilmt wird[559]. Da Gegenstand der vorliegenden Arbeit aber das Verhältnis zwischen Sacheigentum und Panoramafreiheit ist, bedarf es dazu keiner weiteren Ausführungen.

Aus den zulässigen Vervielfältigungsarten folgt auch, dass nur die Vervielfältigung in zweidimensionaler Form gestattet ist, eine plastische Nachbildung indes nicht[560]. Das Werk darf durch ein gem. § 59 Abs. 1 Satz 1 UrhG zulässiges Vervielfältigungsverfahren aber durchaus in *dreidimensionaler Form* dargestellt werden, also z. B. dreidimensional gezeichnet werden[561], andernfalls wäre auch die filmische Vervielfältigung unmöglich.

---

552 Amtl. Begr. zum RegE UrhG 1965, BT-Drucks, S. 47; RGZ 107, 277, 279 - Gottfried Keller; BGHZ 17, 266, 269 f. - Tonband/ Grundig Reporter; BGH, GRUR 1983, 28, 29 –Presseberichterstattung und Kunstwerkwiedergabe II; vgl. auch: BGH, WRP 2010, 922, 926 - marions-kochbuch.de; *Dreier/ Schulze/ ders.*, UrhG, Rn. 6 zu § 16; *Wandtke/ Wöhrn*, UrhR, Rn. 80 zu Kapitel 3.

553 *Schack*, UrhR, Rn. 417; *Wandtke/ Wöhrn*, UrhR, Rn. 80 zu Kapitel 3.

554 *Schricker/ Loewenheim/ ders.*, UrhG, Rn. 20 zu § 3, Rn. 11 zu § 23; *Wandtke/ Wöhrn*, UrhR, Rn. 80 zu Kapitel 3.

555 *Schack*, UrhR, Rn. 417.

556 *Wandtke/ Wöhrn*, UrhR, Rn. 81 zu Kapitel 3.

557 *Schricker/ Loewenheim/ Vogel*, UrhG, Rn. 18 zu § 59.

558 *Schricker/ Loewenheim/ Vogel*, UrhG, Rn. 18 zu § 59.

559 Vgl. hierzu die ausführliche Darstellung bei *Chirco*, Panoramafreiheit, S. 180 f.

560 *Dreier/ Schulze/ Dreier*, UrhG, Rn. 7 zu § 59; *v. Gierke*, FS Erdmann, S. 103, 112.

561 *Chirco*, Panoramafreiheit, S. 200.

cc) Keine Vervielfältigung an einem Bauwerk

Ferner darf gem. § 59 Abs. 2 UrhG keine Vervielfältigung „an einem Bauwerk", d. h. an der Außenseite[562] eines Bauwerks vorgenommen werden. Ein Fassadengemälde darf somit zwar in zweidimensionaler Form vervielfältigt werden, nicht jedoch auf die Außenwand eines anderen Gebäudes übertragen werden[563]. Mit dieser Vorschrift soll der Urheber vor Substituten geschützt werden[564].

dd) Neue Vervielfältigungsarten?

Da die Aufzählung der Vervielfältigungsverfahren abschließend ist, erstreckt sich die zulässige Werknutzung *de lege lata* nicht auf die Herstellung von dreidimensionalen Computermodellen und virtuellen Realitäten, da diese nicht auf handgefertigten Zeichnungen basieren, sondern der Computer sie aus Vektoren und mathematischen Formeln je nach Bewegung zusammensetzt[565].

Ob die Erschaffung sogenannter Multimediawerke durch die digitale Kombination einzelner Vervielfältigungsstücke oder den Einsatz bestimmter Animationsprogramme[566] im Rahmen von § 59 Abs. 1 Satz 1 UrhG zulässig ist, wird hingegen uneinheitlich beurteilt.

GoogleMaps ermöglicht beispielsweise das Verknüpfen hochgeladener Bilder mit einer Straßenkarte, die Nutzer dann an der entsprechenden Markierung aufrufen können[567]. Mithilfe der Zusatzfunktion *GoogleStreetView* kann der Nutzer sogar durch Fotos ganzer Straßenzüge in 360°-Ansichten navigieren[568], wobei aber kontrovers diskutiert wird, die Panoramafreiheit bereits an der Herstellung der einzelnen Vervielfältigungsstücke durch die in 2,90 m an den Spezialfahrzeugen angebrachten Kameras scheitert[569].

Allenfalls noch von § 59 Abs. 1 Satz 1 UrhG gedeckt sein könnte der Einsatz von multimedialen Zusatzfunktionen, die nur das Endergebnis zulässig hergestellter

562 *Schricker/ Loewenheim/ Vogel*, UrhG, Rn. 24 zu § 59.

563 *Schricker/ Loewenheim/ Vogel*, UrhG, Rn. 24 zu § 59.

564 *Dreier/ Schulze/ Dreier*, UrhG, Rn. 9 zu § 59.

565 *Chirco*, Panoramafreiheit, S. 201.

566 Vgl. *Chirco*, Panoramafreiheit, S. 181 ff.; ausführlich zu Multimediawerken auch *Wandtke/ Bullinger/ ders.*, UrhG, Rn. 151 ff. zu § 2.

567 http://maps.google.de (12.12.2014).

568 *Chirco*, Panoramafreiheit, S. 182.

569 Vgl. hierzu *Dreyer/ Kotthoff/ Meckel/ Dreyer*, UrhG, Rn. 5 zu § 59 und *Schack*, UrhR, Rn. 567 m. w N.

Vervielfältigungsstücke betreffen, ohne dieses optisch zu verändern[570]. Für zulässig gehalten werden einer Ansicht nach danach alle Zusatzfunktionen, die die Betrachtung der Reproduktion erleichtern, z. B. digitale Zoom- oder Drehfunktion, die teilweise Überlagerung der Abbildung mit Zusatzinformationen wie z. B. dem Werknamen und Standort, oder eine musikalische Untermalung[571]. Es bleibt abzuwarten, ob diese Frage *de lege lata* noch höchstrichterlich entschieden oder durch den Gesetzgeber *de lege ferenda* geklärt wird; für die vorliegende Arbeit bedarf sie keiner weiteren Erörterung.

ee) Abgrenzung zur Bearbeitung und freien Benutzung

Baut ein neues Werk auf dem Original auf, liegt, je nach Grad der Abhängigkeit vom Original, eine Bearbeitung oder Umgestaltung gem. § 23 UrhG oder eine freie Benutzung gem. § 24 Abs. 1 UrhG vor[572].

Maler und Graphiker, die ein vorhandenes Werk wiedergeben, bewegen sich schon aufgrund ihrer Technik regelmäßig jenseits des Tatbestands des § 16 Abs. 1 UrhG[573]. Aber auch Lichtbilder, die nur einen kleinen Ausschnitt eines Werks überdimensional abbilden, z. B. einzelne Gitterverstrebungen einer Brücke[574], können nicht mehr als Vervielfältigungsstück eingeordnet werden. Vielmehr ist die Abgrenzung zwischen einer unfreien Bearbeitung und einer freien Benutzung in diesen Fällen problematisch[575]. Nach der Rechtsprechung des BGH ist „Bei der Beurteilung, ob eine unfreie Bearbeitung oder eine freie Benutzung vorliegt, (...) durch Vergleich der einander gegenüberstehenden Werke zu ermitteln, ob und gegebenenfalls in welchem Umfang eigenschöpferische Züge des älteren Werks übernommen worden sind“[576].

Zuerst sind also die das Ursprungswerk prägenden Merkmale herauszuarbeiten[577]. Werke besonderer Individualität genießen dabei einen größeren Schutzbereich als solche von geringerer, d. h. je individueller ein Werk, desto mehr

570 So: *Chirco*, Panoramafreiheit, S. 187 f.; in diese Richtung wohl auch *Ernst*, ZUM 1998, 475, 477; a. A. *Schricker/ Loewenheim/ Vogel*, UrhG, Rn. 18, 19 zu § 59.

571 *Chirco*, Panoramafreiheit, S. 187 f.

572 *Schack*, UrhR, Rn. 266.

573 Vgl. *Fromm/ Nordemann/ Czychowski*, UrhG, Rn. 11 zu § 59; *Schricker/ Loewenheim/ ders.*, UrhG, Rn. 11 zu § 23.

574 Zu den zulässigen Werkdarstellungen vgl. ausführlich Teil 2 C. III. 1. d).

575 Vgl. dazu *Schack*, UrhR, Rn. 274; *Wandtke/ ders.*, UrhR, Rn. 176 zu Kapitel 3.

576 BGH, GRUR 2009, 856, 858 f. – Tripp-Trapp-Stuhl.

577 BGH, GRUR 1980, 853, 854 – Architektenwechsel.

Anstand muss eingehalten werden[578]. Sodann ist zu überprüfen, ob das neue Werk auch die das Ursprungswerk prägenden Merkmale aufweist[579]. Schließlich ist im Rahmen einer Gesamtbetrachtung festzustellen, ob die schöpferische Eigenart des Originalwerks gegenüber der Eigenart des neu geschaffenen Werks „verblasst", wobei kein zu milder Maßstab anzulegen ist[580], oder doch noch „durchschimmert"[581]. Während bei der Bearbeitung das Original somit noch dominiert, tritt es bei der freien Benutzung völlig in den Hintergrund[582]; es darf lediglich als Inspirationsquelle gedient haben[583].

So verneinte das KG Berlin die Selbstständigkeit einer Gedenkmedaille, die von einer Münzeditionsgesellschaft in einer Sonderprägung mit der Bezeichnung „Berlin 1995. Der Verhüllte Reichstag" herausgegeben worden war und neben dem Abbild der Quadriga des Brandenburger Tors den „Verhüllten Reichstag" zeigte[584]. *Christo* und *Jeanne-Claude* bekamen Recht, denn bei der Gestaltung der Medaille seien vielmehr die eigenschöpferischen Elemente des „Verhüllten Reichstags" übernommen worden, sodass es sich nicht um eine freie Nutzung i. S. d. § 24 Abs. 1 UrhG handelte[585].

(1) Die freie Benutzung im Rahmen von § 59 UrhG?

Liegt hingegen tatsächlich eine freie Benutzung gem. § 24 Abs. 1 UrhG vor, darf der neue Urheber sein Werk erlaubnisfrei veröffentlichen und verwerten[586]. Es gilt allein § 2 Abs. 2 UrhG; mithin bedarf es der Freistellung des § 59 UrhG gar nicht[587].

---

578 *Dreier/ Schulze/ ders.*, UrhG, Rn. 12 zu § 24; *Wandtke/ ders.*, UrhR, Rn. 177 zu Kapitel 3.

579 *Dreier/ Schulze/ ders.*, UrhG, Rn. 13 zu § 24; *Wandtke/ ders.*, UrhR, Rn. 177 zu Kapitel 3.

580 BGH, GRUR 1994, 191, 193 – Asterix-Persiflagen; BGHZ 141, 267, 280 – Laras Tochter; BGH, GRUR 2002, 799, 800 f. – Stadtbahnfahrzeug; *Dreier/ Schulze/ ders.*, UrhG, Rn. 16 zu § 24.

581 *Wandtke/ ders.*, UrhR, Rn. 163 zu Kapitel 3.

582 *Schack*, UrhR, Rn. 274.

583 BGH, GRUR 1994, 191, 193 – Asterix-Persiflagen; BGH, GRUR 1961, 631, 632 – Fernsprechbuch.

584 KG, NJW 1996, 2379 f. – Verhüllter Reichstag.

585 KG, NJW 1996, 2379 f. – Verhüllter Reichstag.

586 *Schack*, UrhR, Rn. 274.

587 Vgl. *Fromm/ Nordemann/ Czychowski*, UrhG, Rn. 11 zu § 59.

(2) Die Bearbeitung im Rahmen von § 59 UrhG?

§ 23 UrhG stellt hingegen Sonderregeln für Umgestaltungen und Bearbeitungen auf. Im Gegensatz zu „reinen" Vervielfältigungen gem. § 16 Abs. 1 UrhG unterliegt deren Anfertigung gem. § 23 Satz 1 UrhG nicht dem Verbotsrecht des Schöpfers des Ausgangswerks. Stellt das abhängige Werk eine persönliche geistige Schöpfung i. S. d. § 2 Abs. 2 UrhG dar, ist es eine schutzfähige Bearbeitung und es entsteht gem. § 3 Satz 1 UrhG ein Bearbeiterurheberrecht unabhängig von der gem. § 23 Satz 1 UrhG erforderlichen Einwilligung des Schöpfers des Originals daran; andernfalls handelt es sich um eine nicht schutzfähige Umgestaltung[588]. Bearbeiterurheber und Umgestalter sind gem. § 23 Satz 1 UrhG nur in der Ausübung ihrer Veröffentlichungs- und Verwertungsbefugnisse abhängig vom Schöpfer des Ausgangswerks[589]. Fraglich ist, ob § 59 Abs. 1 Satz 1 UrhG hier eingreift. Durfte sich also beispielsweise die von *Christo* und *Jeanne-Claude* verklagte Münzeditionsgesellschaft auf die Panoramafreiheit berufen?

Hier sind die Ausnahmen von dem grundsätzlichen Veränderungsverbot gem. § 62 Abs. 1 UrhG heranzuziehen[590], die gem. § 62 Abs. 1 Satz 2 UrhG i. V. m. § 39 UrhG Änderungen nach Treu und Glauben zulassen, sowie gem. § 62 Abs. 3 UrhG Änderungen, die das Vervielfältigungsverfahren zwangsläufig mit sich bringt. Innerhalb dieser Grenzen können sich auch Bearbeiterurheber und Umgestalter auf § 59 Abs. 1 Satz 1 UrhG berufen[591].

Im geschilderten Fall konnte sich die Münzeditionsgesellschaft aber dennoch nicht auf die Panoramafreiheit berufen, denn der „Verhüllte Reichstag" befand sich nach höchstrichterlicher Entscheidung nicht *bleibend* an einem öffentlichen Ort[592]; die freie Benutzung wäre somit die letzte Chance für die Beklagte gewesen.

---

588 Diese Terminologie wird nicht einheitlich gebraucht; der BGH verwendet die Begriffe weitgehend synonym: BGH, GRUR 1990, 669, 673 – Bildreproduktion; etwas differenzierter: BGH, GRUR 2002, 532, 534 – Unikatrahmen; wie hier: LG Köln, GRUR 1973, 88 – Kinder in Not; *Fromm/ Nordemann/ A. Nordemann*, UrhG, Rn. 10 zu §§ 23/24; *Loewenheim/ Hoeren*, UrhR, Rn. 209 zu § 9; *Schack*, UrhR, Rn. 268; *Wandtke/ Bullinger/ ders.*, Rn. 3 f. zu § 23; *Wandtke/ ders.*, UrhR, Rn. 167 zu Kapitel 3; differenzierend: *Dreier/ Schulze/ ders.*, UrhG, Rn. 2, 5 zu § 23 und *Schricker/ Loewenheim/ ders.*, UrhG, Rn. 4 zu § 23, die auf die „dienende Funktion" der Bearbeitung im Gegensatz zu einem Plagiat abstellen, und zwar unabhängig davon, ob diese die Schöpfungshöhe des § 2 Abs. 2 UrhG erreicht.

589 *Schack*, UrhR, Rn. 267; *Wandtke/* ders., UrhR, Rn. 165 zu Kapitel 3.

590 Vgl. dazu ausführlich Teil 2 III. 1. e) aa).

591 *Wandtke/ Bullinger/ ders.*, UrhG, Rn. 22 zu § 62; a. A. *v. Gierke*, FS Erdmann, S. 103, 112.

592 Vgl. dazu BGH, ZUM 2002, 636, 638 - Verhüllter Reichstag.

b) Zulässige Verbreitungshandlungen

Die Verbreitung i. S. d. § 17 Abs. 1 UrhG umfasst ausschließlich die *körperliche* Verbreitung eines Werks oder dessen Vervielfältigungsstücks[593]. Die Verbreitungserlaubnis des § 59 Abs. 1 Satz 1 UrhG erstreckt sich auf die insoweit zulässig hergestellten Vervielfältigungsstücke[594].

Unter den Verbreitungsbegriff fallen gem. § 17 Abs. 1 UrhG das Anbieten an die Öffentlichkeit (Alt. 1) sowie das Inverkehrbringen (Alt. 2). Nach tradierter Auffassung fielen unter § 17 Abs. 1 Alt. 1 UrhG nicht nur Angebote, die auf den Eigentumserwerb abzielten, sondern z. B. auch solche zur Vermietung oder sonstigen Gebrauchsüberlassung[595].

Allerdings ist § 17 Abs. 1 UrhG im Lichte des Art. 4 Abs. 1 der Multimedia-Richtlinie auszulegen[596], diese Vorschrift wiederum im Lichte von Art. 6 Abs. 1 WCT-Vertrag und Art. 8 Abs. 12 WPPT-Vertrag[597]. Vor diesem Hintergrund entschied der EuGH 2008 auf Vorlage des BGH, dass unter „Verbreitung" i. S. d. Art. 4 Abs. 1 der Multimedia-Richtlinie nur Handlungen zu verstehen sind, die mit einer Eigentumsübertragung verbunden sind[598].

Da der BGH die Auffassung vertritt, dass die Multimedia-Richtlinie nicht nur einen Minimal-, sondern auch einen Maximalschutz festlegt, übernahm er diese enge Auslegung für § 17 Abs. 1 UrhG[599]. Folglich ist die Tatbestandsalternative „Angebot an die Öffentlichkeit" gem. § 17 Abs. 1 Alt. 1 UrhG richtlinienkonform dahingehend auszulegen, dass sie nur Angebote zum *Eigentumserwerb* erfasst[600]. Gleichwohl ist das Angebot an die Öffentlichkeit nicht mit §§ 145 ff. BGB

---

593 *Wandtke/ Wöhrn*, Rn. 88 zu Kapitel 3.

594 *v. Gierke*, FS Erdmann, S. 103, 112.

595 Amtl. Begr. zum RegE UrhG 1965, BT-Drucks. IV/270, S. 48; *Schricker/ Loewenheim/ ders.*, UrhG, Rn. 8 zu § 17; *Wandtke/ Bullinger/ Heerma*, UrhG, Rn. 10 zu § 17.

596 BGH, GRUR 2013, 62, 64 – Italienische Bauhausmöbel m. w. N.

597 Erwägungsgrund 15 der Richtlinie; EuGH, GRUR Int. 2008, 593, 595 – Peek & Cloppenburg./. Cassina; *Wandtke/ Bullinger/ Heerma*, UrhG, Rn. 4 zu § 17.

598 EuGH, GRUR Int. 2008, 593, 595 – Peek & Cloppenburg./. Cassina; kritisch *Dreier/ Schulze/ ders*, UrhG, Rn. 4a zu § 17; *Schricker/ Loewenheim/ ders.*, UrhG, Rn. 8 zu § 17; *Wandtke/ Bullinger/ Heerma*, UrhG, Rn. 4 ff. zu § 17.

599 BGH, GRUR 2009, 840, 841 – Le Corbusier-Möbel II; das BVerfG hat dies in GRUR 2012, 53, 56 ff.- Le Corbusier-Möbel, als verfassungskonform bewertet; zustimmend *Schricker/ Loewenheim/ ders.*, UrhG, Rn. 8 zu § 17; a. A. *Dreier/ Schulze/ ders.*, UrhG, Rn. 4a zu § 17; *Wandtke/ Bullinger/ Heerma*, UrhG, Rn. 8 f. zu § 17.

600 EuGH, GRUR 2012, 817, 818 – Donner; BGH, GRUR 2013, 62, 64 – Italienische Bauhausmöbel; *Schricker/ Loewenheim/ ders.*, UrhG, Rn. 9 zu § 17; *Wandtke/ Bullinger/ Heerma*, UrhG, Rn. 14 zu § 17.

gleichzusetzen, sondern im Interesse des Urhebers wirtschaftlich zu verstehen, sodass bereits Vorbereitungshandlungen, wie das Anbieten in einem Prospekt, umfasst sind[601]. Auf einen Absatzerfolg oder die Personenzahl, der das Werk tatsächlich angeboten wird, kommt es nicht an, sofern es der Öffentlichkeit i. S. d. § 15 Abs. 3 Satz 2 UrhG angeboten wird[602].

Für die Alternative des „Inverkehrbringens“ genügt hingegen keine vorbereitende Tätigkeit mehr; maßgeblich ist, dass das Werk den Eigentümer tatsächlich wechselt[603].

c) *Zulässige öffentliche Wiedergabe*

Ferner darf das Werk i. S. d. § 15 Abs. 2 Satz 1 UrhG öffentlich wiedergegeben werden. Das Recht der öffentlichen Wiedergabe umfasst alle Verwertungsformen in unkörperlicher Form, § 15 Abs. 2 Satz 2 i. V. m. §§ 19 - 22 UrhG enthält eine nicht abschließende Auflistung entsprechender Verwertungsmöglichkeiten[604], die u. a. das das Recht auf öffentliche Zugänglichmachung (§ 19a), das Senderecht (§ 20), das Recht der Wiedergabe in Ton- und Bildträger (§ 21) und das Recht der Wiedergabe von Funksendungen und öffentlicher Wiedergabe (§ 22) umfasst. Vereinzelt wird die Meinung vertreten, es dürfen aber nur die zulässig hergestellten Vervielfältigungsstücke, also Bilder, Graphiken, Fotos und vor allem Filme, wiedergegeben werden[605]. Danach wäre eine Livesendung des Werks unzulässig[606].

Die öffentliche Wiedergabe i. S. d. § 15 Abs. 2 UrhG beschreibt aber gerade die *unkörperliche* Wiedergabe eines Werks, also ohne vorherige körperliche Festlegung. Dafür spricht auch der Wortlaut des § 15 Abs. 2 UrhG, der im Gegensatz

601 So bereits BGH, GRUR 2007, 871, 873 – Wagenfeld-Leuchte; KG, GRUR 1983, 174 – Videoraubkassetten; *Schack*, UrhR, Rn. 426 Fn. 35; *Schricker/ Loewenheim/ ders.*, UrhG, Rn. 9 zu § 17; vgl. auch *Rehbinder/ Peukert*, UrhR, Rn. 453; *Wandtke/ Bullinger/ Heerma*, UrhG, Rn. 14 zu § 17.

602 *Wandtke/ Wöhrn*, UrhR, Rn. 93 zu Kapitel 3.

603 EuGH, GRUR 2008, 604, 605 – Le-Corbusier-Möbel II; EuGH, EuZW 2008, 346 – Peek & Cloppenburg/ Cassina; BGH, ZUM-RD 2011, 403, 405 – Bauhausmöbel; *Schricker/ Loewenheim/ ders.*, UrhG, Rn. 14 zu § 17; *Wandtke/ Wöhrn*, Rn. 94 zu Kapiel 3; zuvor genügte nach allgemeiner Ansicht ein Besitzwechsel: OLG Köln, GRUR-RR 2007, 1, 2 – Nachbildungen von Le-Corbusier-Möbeln; KG Berlin, GRUR 1996, 968, 969 – Möbel-Nachbildungen; *Fromm/ Nordemann/ Nordemann*, UrhG 9. Auflage 1998, Rn. 4 zu § 17.

604 *Chirco*, Panoramafreiheit, S. 190.

605 *Dreyer/ Kotthoff/ Meckel/ Dreyer*, UrhG, Rn. 12 zu § 59; *v. Gierke*, FS Erdmann, S. 103, 113 mit Verweis auf *v. Gamm*, UrhG, Rn. 3 zu § 59.

606 *v. Gamm*, UrhG, Rn. 3 zu § 59; *v. Gierke*, FS Erdmann, S. 103, 113.

zu § 17 Abs. 1 UrhG nicht auf Vervielfältigungsstücke verweist[607]. Die zulässige öffentliche Wiedergabe ist daher mit der herrschenden Ansicht nicht auf die Wiedergabe zulässig hergestellter Vervielfältigungsstücke beschränkt, sondern wird unabhängig davon umfassend gestattet[608].

d) *Zulässige Werkdarstellungen*

Ferner gestattet § 59 Abs. 1 UrhG die Darstellung des betreffenden Werks als Hauptmotiv[609], die Abbildung eines urheberrechtlichen Werks als Teil des Straßenzuges ist bereits gem. § 57 UrhG zulässig, sodass es der Panoramafreiheit dafür gar nicht bedarf. Da bereits unter Geltung der Vorgängernorm § 20 KUG die Abbildung von Teilansichten des Werks für zulässig erachtet wurden, und der Gesetzgeber insoweit keine sachliche Änderung beabsichtigte, wird auch die Darstellung von Werkausschnitten als zulässig angesehen[610].

Bei Bauwerken unterliegt gem. § 59 Abs. 1 Satz 2 UrhG nur die äußere Ansicht der Freistellung. Selbst wenn eine geöffnete Tür den Blick von einem öffentlichen Standort aus auf das Treppenhaus oder den Innenraum freigibt, ist die Vervielfältigung derselben gem. § 59 Abs. 1 Satz 2 UrhG unzulässig[611]. Außerdem ist nach allgemeinen Grundsätzen auch nur die äußere Gebäudeansicht gemeint, die an einer öffentlichen Stelle i. S. d. Vorschrift gelegen ist[612].

e) *Zulässige Änderungen*

aa) Änderungen durch Reproduktion

Gem. § 62 Abs. 1 UrhG darf das Werk daher grundsätzlich nur unverändert wiedergegeben werden, der Nutzer darf im Rahmen der Reproduktion keine

---

607 So auch: *Chirco*, Panoramafreiheit, S. 193.

608 *Chirco*, Panoramafreiheit, S. 193; *Schricker/ Loewenheim/ Vogel*, UrhG, Rn. 18 - 20 zu § 59; wohl auch *Wandtke/ Bullinger/ Lüft*, UrhG, Rn. 6 zu § 59.

609 Vgl. das Urteil BGH, ZUM 2003, 955 ff. – Hundertwasserhaus, in dem die Zulässigkeit allerdings an dem Aufnahmestandort scheiterte; *Chirco*, Panoramafreiheit, S. 194 f.; *Möhring/ Nicolini/ Grübler*, UrhG, Rn. 1 zu § 59; *Schulze*, FS Ullmann, S. 93, 97 f.; a. A. *Hirsch Ballin*, UFITA 1957/ I, Bd. 23, 1, 10 f.

610 *Chirco*, Panoramafreiheit, S. 195 f.; *v. Gamm*, UrhG, Rn. 3 zu § 59; *v. Gierke*, FS Erdmann, S. 103, 109.

611 *Dreier/ Schulze/ Dreier*, UrhG, Rn. 8 zu § 59.

612 BGH, ZUM 2003, 955, 957– Hundertwasser m. w. N.; zu diesem generellen Grundsatz s.; *Dreyer/ Kotthoff/ Meckel/ Dreyer*, UrhG, Rn. 5 zu § 59; *Fromm/ Nordemann/ Czychowski*, UrhG, Rn. 7 zu § 59; *Möhring/ Nicolini/ Grübler*, UrhG, Rn. 9 zu § 59; *Schricker/ Loewenheim/ Vogel*, UrhG, Rn. 7 zu § 59; *Wandtke/ Bullinger/ Lüft*, UrhG, Rn. 3 zu § 59.

Änderungen an dessen visuellen Erscheinung vornehmen[613]. Nur ausnahmsweise sind Änderungen durch den Reproduktionsprozess zulässig: § 62 Abs. 3 UrhG sichert dem Vervielfältigenden von Werken der bildenden Künste und Lichtbildwerken die Freiheit zu, Übertragungen in eine andere Größe (§ 62 Abs. 3 Alt. 1 UrhG) sowie solche Änderungen vorzunehmen, die das Vervielfältigungsverfahren zwangsläufig mit sich bringt (§ 62 Abs. 3 Alt. 2 UrhG)[614], z. B. ändert der Schwarz-Weiß-Druck eines Gebäudes in einer Tageszeitung unvermeidbar dessen Farbgebung sowie dessen Größe und ist somit zulässig. Nicht erforderlich ist hingegen die Wiedergabe eines Werks in Neonfarben[615], unter Hinzufügung von Werbung oder politischen Symbolen[616].

§ 59 Abs. 1 Satz 1 UrhG gestattet ausdrücklich die Vervielfältigung mittels der Malerei und Grafik. Diese Vervielfältigungstechniken setzen aber auch bei realistischer Darstellung, sofern nicht ohnehin bereits freie Benutzungen vorliegen, regelmäßig Bearbeitungen bzw. Umgestaltungen i. S. d. § 23 Satz 1 UrhG voraus[617]. § 62 Abs. 3 Alt. 2 UrhG ist somit dahingehend auszulegen, dass auch Bearbeitungen, die die *Vervielfältigungstechnik* erfordern, von seinem Anwendungsbereich umfasst werden[618], ansonsten würde die Freistellung hinsichtlich Malereien und Graphiken praktisch leerlaufen, bei denen stärkere Änderungen selbstverständlich sind[619].

---

613 Vgl. zu den dahinter stehenden ideellen Interessen des Urhebers Teil 2 D. I. 3. a) aa) (1).

614 Entgegen des Wortlauts gilt dies auch für Werke wissenschaftlicher und technischer Art: *Dreier/ Schulze/ ders.*, UrhG, Rn. 19 zu § 62; *Dreyer/ Kotthoff/ Meckel/ Dreyer*, UrhG, Rn. 15 zu § 62; *Möhring/ Nicolini/ Engels*, UrhG, Rn. 19 zu § 62; *Rehbinder/ Peukert*, UrhR, Rn. 730; *Schricker/ Loewenheim/ Dietz/ Peukert*, UrhG, Rn. 22 zu § 62; *Wandtke/ Bullinger/ ders.*, UrhG, Rn. 24 zu § 62.

615 OLG Köln, ZUM-RD 2012 593, 595 – Liebe deine Stadt.

616 LG Mannheim, GRUR 1997, 364, 365 – Freiburger Holbein-Pferd.

617 Vgl. *Fromm/ Nordemann/ A. Nordemann*, UrhG, § 6 zu § 23; *Dreyer/ Kotthoff/ Meckel/ Dreyer*, UrhG, Rn. 36 zu § 3, der diesen Fall des naturgetreuen Nachmalens ebenfalls als (nicht-schöpferische) Bearbeitung einordnet; so auch *Wandtke/ Bullinger/ ders.*, UrhG, Rn. 4 zu § 23, der nicht-schöpferische Bearbeitungen mit der h. M. als Umgestaltungen bezeichnet. Zur Terminologie innerhalb des § 23 UrhG Teil 2 C. III. 1. a) ee) (2).

618 *Wandtke/ Bullinger/ ders.*, UrhG, Rn. 22 zu § 62; die Panoramafreiheit ist somit entgegen der Auffassung von *Fromm/ Nordemann/ Dustmann*, UrhG, Rn. 16 zu § 62, auch nicht vom Änderungsverbot auszunehmen, wenn die Vervielfältigungstechnik eine Bearbeitung erfordert; a. A. *v. Gierke*, FS Erdmann, S. 103, 112.

619 OLG Köln, ZUM-RD 2012, 593, 595 – Liebe deine Stadt.

Im Übrigen hat eine Interessenabwägung gem. § 62 Abs. 1 Satz 2 i. V. m. § 39 Abs. 2 UrhG zu erfolgen, um im Einzelfall einen gerechten Ausgleich zwischen den Urheber- und Nutzerinteressen zu erzielen. Soweit die Größenänderung zu Ungenauigkeiten des wiedergegebenen Werks führt, sind diese regelmäßig durch § 39 Abs. 2 UrhG gedeckt. Vor allem Bildbearbeitungen, die den Werkcharakter verändern, z. B. durch Ergänzungen mittels Fotomontage, sowie verzerrte Werkdarstellungen sind nach Treu und Glauben aber ausgeschlossen[620].

bb) Keine Reproduktion eines veränderten Werks

Änderungen durch das Reproduktionsverfahren sind von der Wiedergabe eines zuvor unrechtmäßig veränderten Originalwerks, z. B. durch darauf angebrachte Graffitis, zu unterscheiden. Zwar ist umstritten, ob ein durch Dritte verändertes Werk überhaupt dem Tatbestand der Panoramafreiheit unterfällt[621]; der Urheber kann sich aber jedenfalls wegen der Verletzung seines Urheberpersönlichkeitsrechts gem. § 14 UrhG gegen die Werknutzung i. S. d. § 59 Abs. 1 Satz 1 UrhG wehren, da die Vervielfältigung und Verwertung seines veränderten oder sogar entstellten Werks die Verletzung seines Persönlichkeitsrechts vertieft. Hier stößt die Panoramafreiheit also an ihre Grenzen.

f) Notwendige Quellenangabe

Gem. § 63 UrhG muss der Nutzer im Rahmen der Freistellung grundsätzlich den Namen des Ausgangsschöpfers angeben. Nur wenn die Quelle weder auf dem benutzten Werkstück genannt ist, noch dem Wiedergebenden anderweitig bekannt ist, entfällt diese Pflicht gem. § 63 Abs. 4 UrhG.

2. Zulässige Verwertungszwecke

Die durch die Panoramafreiheit gewährten Nutzungsfreiheiten sind ferner nicht an etwaige ideelle oder kommerzielle Zwecke gebunden, mithin ist auch die gewerbliche Verwertung der aufgenommenen Vervielfältigungsstücke unbegrenzt möglich[622].

---

620 *Chirco*, Panoramafreiheit, S. 210 ff; vgl. auch *Dreier/ Schulze/ Dreier*, UrhG, Rn. 16 zu § 39.

621 So: *Dreier/ Schulze/ Dreier*, UrhG, Rn. 5 zu § 59; *Schmid/ Wirth/ Seifert/ Schmid/ Wirth*, UrhG, Rn. 4 zu § 59; a. A. LG Mannheim, GRUR 1997, 364, 366 – Freiburger Holbein-Pferd; *Schricker/ Loewenheim/* Vogel, UrhG, Rn. 21 zu § 59; *Wandtke/ Bullinger/ Lüft*, UrhG, Rn. 7 zu § 59.

622 *Chirco*, Panoramafreiheit, S. 203.

3. *Eigentumsrechtliche Zulässigkeit?*

Die Panoramafreiheit gem. § 59 UrhG beschränkt das Ausschließlichkeitsrecht des Urhebers an seinem Werk, indem sie abschließend bestimmte Nutzungshandlungen freistellt. Der Urheber hat innerhalb ihres Anwendungsbereichs keine Abwehr- und Vergütungsansprüche. Als Norm des Urheberrechts trifft sie aber nur eine Aussage hinsichtlich der *urheberrechtlichen* Zulässigkeit dieser Nutzungshandlungen. Es besteht Einigkeit darüber, dass ihr Tatbestand keine unmittelbare Auswirkung auf das Eigentumsrecht am Werkstück hat[623]. Der Eigentümer eines Werkexemplars ist somit weder dazu verpflichtet, die Wahrnehmbarkeit von in seinem Eigentum stehenden Werken zu erhalten[624], noch folgt aus dem direkten Anwendungsbereich der Norm eine Einschränkung etwaiger eigentumsrechtlicher Abwehrrechte.

D. Die Bedeutung der Panoramafreiheit

Innerhalb der Kontroverse um die Abwehrrechte des Sacheigentümers gegen die Vervielfältigung und Verwertung der äußeren Ansicht von in seinem Eigentum stehenden Werkstücken wurde immer wieder der Einwand laut, ein mit der Panoramafreiheit konfligierendes Eigentumsrecht würde der *gesetzlichen Wertung* derselben widersprechen und müsse darum in einer „Parallelwertung" zu § 59 UrhG verneint werden[625].

Nach der Darstellung des Tatbestands und der Rechtsfolgen der Panoramafreiheit ist das Augenmerk darum nun auf die hinter der Vorschrift stehenden Erwägungen zu richten, da nur daraus die Bedeutung der Schrankenregelung im Allgemeinen sowie insbesondere für den Sacheigentümer des Werkstücks

623 So bereits: *Osterrieth/ Marwitz*, KUG, § 20 II S. 151; *Schricker/ Loewenheim/ Vogel*, UrhG, Rn. 3 zu § 59; auch der BGH wendet § 59 UrhG nicht unmittelbar auf das Sacheigentum an, sondern entscheidet hinsichtlich einer Eigentumsverletzung in einer „Parallelwertung" zu § 59 UrhG, vgl. BGH, ZUM 2011, 327, 328 m. w. N.; so auch LG Potsdam, ZUM 2009, 430, 432.

624 *Wandtke/ Bullinger/ Lüft*, UrhG, Rn. 1 zu § 59.

625 BGH, GRUR 1975, 500, 501 – Schloss Tegel; BGH, GRUR 1990, 390 f. – Friesenhaus; BGH, ZUM 2011, 333, 334 – Preuß. Schlösser und Gärten (I/3); OLG Bremen, NJW 1987, 1420, f. – Friesenhaus; LG Freiburg, GRUR 1985, 544 ff. - Fachwerkhaus; LG Waldshut-Tiengen, NZM 1999, 1166, 1167; *Jaeger*, MMR 2010, 709; *Schack*, ZeuP 2006, 149, 154; *ders.*, JZ 2011, 375; a. A. LG Potsdam, ZUM 2009, 430, 433 – Preuß. Schlösser und Gärten (I/1).

abgeleitet werden kann[626]. Dafür ist zuerst ihre einfachgesetzliche Bedeutung zu untersuchen (Unterabschnitt 1), um in einem nächsten Schritt ihren verfassungsrechtlichen Hintergrund darstellen zu können (Unterabschnitt 2). Vor allem dieser kann Aufschluss über die Durchsetzungskraft einer Vorschrift gegenüber anderen Rechtspositionen geben[627].

I. Legitimationsgrund der Panoramafreiheit als Schranke des Urheberrechts

§ 59 UrhG räumt in seinem Anwendungsbereich der Allgemeinheit die Werknutzung ein, ohne dem Urheber einen Vergütungsanspruch zu gewähren. Wie bereits erwähnt, handelt es sich bei der Panoramafreiheit somit um einen Fall der sogenannten „freien Nutzung", den intensivsten Eingriff, den das Urheberrecht durch eine Schrankenregelung kennt[628]. Zunächst ist daher die Frage zu beantworten, welche Bedeutung dieser Vorschrift innerhalb des Urheberrechtsgesetzes zukommt, vor allem, welchen Sinn und Zweck sie hat bzw. wie sie gerechtfertigt wird.

1. Panoramafreiheit durch urheberrechtliche Widmung?

In der amtlichen Begründung zum Regierungsentwurf des aktuellen Urheberrechtsgesetzes wird die Panoramafreiheit damit begründet, dass der Urheber sein Werk durch die Aufstellung im öffentlichen Raum der Allgemeinheit widme[629].

In dem tatsächlichen Aufstellungsakt könnte folglich der konkludente Verzicht des Urhebers auf bestimmte Verwertungsrechte erblickt werden, der die nämlichen Formen der Werknutzung durch die Allgemeinheit rechtfertigt[630].

Wie bereits dargestellt, hängt einigen Auffassungen nach der Anwendungsbereich von § 59 UrhG, bzw. die tatbestandliche „Dauerhaftigkeit", von dem subjektiven Wille des Urhebers ab, sein Werk für dessen gesamte Lebensdauer bzw. jedenfalls auf unbegrenzte Zeit, im öffentlichen Raum aufzustellen[631]. Daraus wird teilweise geschlossen, die Aufstellung eines Werks im öffentlichen Raum

626 Vgl. *Stang*, Schutzfrist, S. 39 ff., der den generellen „Grundsatz der Gemeinfreiheit" anhand von diesen Kriterien begründet hat.

627 Vgl. *Stang*, Schutzfrist, S. 76 in Bezug auf die Gemeinfreit.

628 *Wandtke/ Schunke*, UrhR, Rn. 3 zu Kapitel 5.

629 Amtl. Begr. RegE UrhG, BT-Drucks IV/270, S. 76.

630 *Fromm/ Nordemann/ W. Nordemann*, UrhG, Rn. 3 zu § 59; vgl. auch die Ausführungen bei *Chirco*, Panoramafreiheit, S. 74.

631 Vgl. Teil 2 C. II. 3.

beinhalte bei intendierter Dauerhaftigkeit die entsprechende Widmung des Urhebers an die Allgemeinheit, das Werk in zweidimensionaler Kunst- und Darstellungsform nutzen zu können[632]. Diese Auffassungen wurden jedoch bereits an anderer Stelle verworfen; es kommt für die bleibende Errichtung nach richtiger Auffassung lediglich auf den *objektiven Zweck* der Aufstellung an. Somit könnte nur in der Aufstellung, die einem objektiv dauerhaften Zweck dient, die entsprechende Widmung des Urhebers erblickt werden[633].

Gegen eine konkludente Verzichtserklärung des Schöpfers durch die dauerhafte Werkaufstellung im öffentlichen Raum wird jedoch hervorgebracht, dass es regelmäßig der Eigentümer ist, der gem. § 44 Abs. 2 UrhG als Berechtigter über die Errichtung des Werkexemplars im öffentlichen Raum entscheidet[634]. § 59 UrhG erfordert insoweit auch keine Zustimmung des Urhebers[635]. Tatsächlich kann der Urheber nur über die öffentliche Darbietung seines Werks entscheiden, solange es sich in seinem Eigentum bzw. Besitz befindet. Mithin hat er also nicht einmal zwingend über die öffentliche Installation aller von ihm erschaffenen sichtbaren Werke entschieden; von einer konkludenten Verzichtserklärung hinsichtlich der Nutzung derselben ganz zu schweigen.

Diese Überlegung greift dennoch zu kurz, entscheidend ist nämlich die Werkkategorie. Im Gegensatz zu Buchautoren oder Musikern, die gegen die öffentliche Zugänglichmachung ihrer Werke, vor allem im Internet, ankämpfen, ist es für Schöpfer der hier relevanten Werkarten, z. B. Architekten, selbstverständlich, dass ihre Werke öffentlich-sichtbar werden[636]. Auch die Schöpfer von Skulpturen müssen zumindest damit rechnen, dass die späteren Eigentümer derselben diese gut sichtbar aufstellen und nicht hinter der Gartenmauer verstecken. Mithin können die Urheber bereits bei der Schöpfung entsprechender Werke eine spätere öffentliche Aufstellung derselben zumindest vorhersehen.

Gleichwohl kann damit der Einwand nicht von der Hand gewiesen werden, dass nicht einfach vermutet werden könne, der Urheber habe das Werk durch die dauerhafte öffentliche Aufstellung auch uneingeschränkt der *Nutzung* durch

632 Hinsichtlich der Intention, das Werk nicht wieder fortzuschaffen: LG Berlin, NJW 1996, 2380, 2381 – Verhüllter Reichstag II; *Müller-Katzenburg*, NJW 1996, 2341, 2344 f.; *Pfennig*, ZUM 1996, 658, 659; hinsichtlich der Aufstellungsabsicht für die gesamte Lebensdauer: vgl. *Griesbeck*, NJW 1997, 1133, 1134; *Weberling*, AfP 1996, 34, 35.

633 So *Fromm/ Nordemann/ Czychowski*, UrhG, Rn. 8 zu § 59.

634 *Chirco*, Panoramafreiheit, S. 74.

635 *Poeppel*, Neuordnung, S. 417.

636 *Chirco*, Panoramafreiheit, S. 74 sieht in der zwingenden öffentlichen Errichtung bestimmter Werke hingegen eine Einschränkung der Freiheit des Schöpfers.

die Allgemeinheit freigeben wollen[637]. Jedenfalls müsste sich der Urheber seine Rechte durch ausdrückliche Erklärung vorbehalten können[638], was die Schranke wiederum *contra legem* zur Disposition des Schöpfers stellen würde[639]. Folglich kann nicht bereits in der öffentlichen Aufstellung des Werks eine konkludente Verzichtserklärung des Urhebers auf bestimmte Verwertungsrechte erblickt werden[640].

2. Panoramafreiheit durch Wandlung zum Gemeingut?

Die Panoramafreiheit könnte jedoch der Tatsache geschuldet sein, dass das äußere Erscheinungsbild eines urheberrechtlichen Werks durch die tatsächliche Errichtung desselben im öffentlichen Raum zum Gemeingut wird und somit zugleich den Ausschließlichkeitsrechten des Urhebers entzogen wird[641].

Allein durch die Veröffentlichung erlangt ein geschütztes Werk soziale Dimension und steht nicht mehr allein dem Schöpfer zur Verfügung, bis es mit voranschreitender Zeit immer mehr zum Allgemeingut wird[642]. Es stellt sich also die Frage, ob neben voranschreitender Zeit auch die Errichtung eines Werks im öffentlichen Raum Gemeingut daran zu begründen vermag[643]. Die temporäre Komponente könnte durch die Aufstellung im allgemein sichtbaren Raum auf den Zeitpunkt der Errichtung komprimiert werden, da das Werk von diesem Zeitpunkt an der Allgemeinheit dauerhaft zugänglich ist und sich somit die Entfremdung vom Urheber beschleunigt[644]. Denn das Werk ist von diesem Moment an einer unbegrenzten Anzahl von Personen frei zugänglich, es wird Teil des Straßenbildes und kann ungehindert von jedermann betrachtet werden[645]. Die öffentlich sichtbaren Werkansichten würden dieser Theorie zufolge somit durch

637 *Chirco*, Panoramafreiheit, S. 74; *Schricker/ Loewenheim/ Vogel*, UrhG, Rn. 4 zu § 59.
638 *Chirco*, Panoramafreiheit, S. 74.
639 Nach *Pöppelmann*, ZUM 1996, 293, 299, sei ein entgegenstehender Wille des Urhebers bzgl. der Nutzungsfreigabe hingegen unbeachtlich, sodass es sich sogar um eine unwiderlegliche Vermutung handeln würde.
640 So auch *Chirco*, Panoramafreiheit, S. 75; *Poeppel*, Neuordnung, S. 417.
641 *Müller*, UrheberpersönlichkeitsR, S. 101.
642 *Kirchhof*, FS Zeidler, S. 1639, 1659.
643 Vgl. dazu auch die Darstellung bei *Chirco*, Panoramafreiheit, S. 75 ff.
644 *Chirco*, Panoramafreiheit, S. 76.
645 *Chirco*, Panoramafreiheit, S. 76; *Loewenheim/ Götting*, UrhR, Rn. 238 zu § 31.

die tatsächliche Errichtung im öffentlichen Raum als Teil des Straßenbildes zum Gemeingut werden, ihr Anblick würde fortan der Allgemeinheit gehören[646].

Allerdings lässt sich mit dieser Überlegung noch nicht die Panoramafreiheit erklären: Das UrhG unterscheidet strikt zwischen Werkgenuss und Werknutzung, nur letztere unterliegt dem Verbotsrecht des Schöpfers, der Werkgenuss ist frei[647]. Allein die tatsächliche öffentliche Darbietung des Werks ermöglicht bereits den freien, ungehinderten Werkgenuss durch die Allgemeinheit, hierfür bedarf es keiner urheberrechtlichen Schranke[648].

Einer verbreiteten Ansicht nach folgen aber aus der freien Sichtbarkeit des Werks auch gewisse Nutzungsfreiheiten[649]; der freie Anblick des Werks sei untrennbar mit der Ablichtungsfreiheit desselben verbunden[650], denn diese beschränke sich auf das, was ohnehin als Gemeingut jedermann zugänglich ist[651].

Da dem rein rezeptiven Werkgenuss aber eine ganz andere Dimension zukommt, als der Werknutzung, die gem. § 59 UrhG durch die öffentliche Errichtung des Werks frei möglich wird[652], da diese vor allem die wirtschaftliche Verwertungsmöglichkeit durch den Urheber selbst schmälert[653], kann es aber

646 *Chirco*, Panoramafreiheit, S: 76 f.; vgl. auch *Ernst*, ZUM 1998, 475, f.; *Schricker/ Loewenheim/ Vogel*, UrhG, Rn. 2 zu § 59.

647 *de Boor*, JZ 1955, 747, 749 spricht sich auch ausdrücklich für die Freiheit des rezeptiven Genusses aus; *Roeber*, FS Brandner, S. 150, 162 weist auch darauf hin, dass nicht allein der Werkgenuss urheberrechtliche Ansprüche begründen könne und kritisiert die rechtstheoretische Urteilsbegründung des BGH, GRUR 1955, 492, 496 f., - Magnettonband I, in der dieser statuiert, dass der Werkgenuss des Einzelnen die innere Rechtfertigung für die Urhebervergütung sei; vgl. auch *Roellecke*, Kopieren, S. 23, dessen Ansicht nach die Beherrschung von Kenntnisnahme ein evidenter Verstoß gegen Art. 5 GG und Art. 2 GG bedeuten würde.

648 *Chirco*, Panoramafreiheit, S. 77, ferner weist er auf S. 77 f. auch völlig zu Recht darauf hin, dass auch der freie Werkzugang, der die mittelbare Beteiligung des Urhebers an der Werkverwertung unmöglich macht, nicht aus § 59 UrhG folgt, sondern vielmehr auf dem Willen des Grundstückseigentümers, bzw. der straßenrechtlichen Widmung basiert.

649 *Ernst*, ZUM 1998, 475; *Möhring/ Nicolini/ Grübler*, UrhG, Rn. 1 zu § 59; *Schack*, UrhR, Rn. 567; *Schricker/ Loewenheim/ Vogel*, UrhG, Rn. 2 zu § 59.

650 *Ernst*, ZUM 1998, 465; *Schack*, UrhR, Rn. 567.

651 *Lettl*, UrhR, Rn. 58 zu § 6; vgl. auch *Schricker/ Loewenheim/ Vogel*, UrhG, Rn. 2 zu § 59.

652 *Chirco*, Panoramafreiheit, S. 81.

653 Vgl. LG Berlin, NJW 1996, 2380, 2381 – Verhüllter Reichstag II.

kein „zwingender Reflex“ sei, dass ein öffentlich sichtbares Werk auch frei nachgeahmt und nachgebildet werden darf[654].

Ferner erscheint es kaum möglich, dass sich als bloßer „Reflex“ eine so detailliert ausgeformte Schranke ergeben kann, wie § 59 UrhG. Welche Nutzungshandlungen im Einzelnen freigegeben werden, ist vielmehr auch eine Wertungsfrage[655]. § 59 UrhG ist somit auch nicht die gesetzliche Ausprägung eines „Reflexes“ des Gemeinguts an öffentlich errichteten Werken.

3. Panoramafreiheit als Ausprägung des „urheberrechtlichen Interessensausgleichs“

Die Panoramafreiheit lässt sich nicht überzeugend durch eine Widmung des Urhebers an die Allgemeinheit oder die Wandlung des Werks zum Allgemeingut im Zeitpunkt des Aufstellungsakts legitimieren, gleichwohl haben die zuvor dargestellten Begründungsansätze bereits den hinter der Vorschrift stehenden Interessenkonflikt angedeutet. Durch das Urheberrecht wird dem Schöpfer ein zeitliches Monopolrecht an seinem Werk gewährt, aber nicht nur er hat Interesse an der Benutzung, Verwertung und Verbreitung der Ergebnisse seines geistigen Schaffens[656]. Die Panoramafreiheit könnte folglich Ausdruck eines Interessenausgleichs sein[657], in den die zuvor angeführten Gesichtspunkte natürlich einfließen können. Um dies zu überprüfen, sind zunächst die von dem Regelungsgehalt der Panoramafreiheit betroffenen Interessen darzustellen (Unterabschnitt 1) und sodann ist zu überprüfen, ob die Panoramafreiheit tatsächlich eine Ausprägung derselben darstellt (Unterabschnitt 2).

a) Schützenswerte Interessen im Anwendungsbereich der Panoramafreiheit

Das Urheberrechtsgesetz hat nur den Schutz bestimmter Interessengruppen zum Gegenstand, es umfasst die Interessen der Urheber und der Werkmittler sowie die Interessen der Nutzer und der Allgemeinheit und soll diese in einen angemessenen Ausgleich bringen. Die Panoramafreiheit müsste mithin einen Ausgleich dieser Interessen darstellen.

---

654 *Chirco*, Panoamafreiheit, S. 81.

655 Vgl. dazu auch Teil 2 D. II. 2. b).

656 *Pahud*, UFITA 2000/I, 99; *Schack*, UrhR, Rn. 9.

657 So ausdrücklich auch: *Chirco*, Panoramafreiheit, S. 78 ff.; *v. Gierke*, FS Erdmann, S. 103, 105; *Poeppel*, Neuordnung, S. 417.

aa) Die Interessen des Urhebers

Der Urheber hat als Werkschöpfer grundsätzlich wirtschaftliche und ideelle Interessen an seinem Werk[658].

(1) Ideelle Interessen

Die ideellen Interessen des Schöpfers resultieren aus der Fähigkeit eines jeden Werks, die Persönlichkeit seines Schöpfers zu transportieren, sei es in weltanschaulicher, religiöser, politischer, künstlerischer, ästhetischer oder sonstiger Hinsicht[659]. Dieses „geistige Band" zwischen Urheber und Werk wird durch das Urheberpersönlichkeitsrecht im Urheberrechtsgesetz unter Schutz gestellt[660]. Je enger es ist, desto stärker wiegen seine ideellen Interessen[661].

Durch die Veröffentlichung verlässt ein Werk die „geschützte Sphäre" und wird zum Gegenstand öffentlicher Auseinandersetzung. Der Urheber, der als Werkschöpfer dadurch einen Teil seiner Persönlichkeit preisgibt, hat folglich ein Interesse daran, über alle Aspekte der Werkveröffentlichung frei zu bestimmen[662]. § 59 Abs. 1 Satz 1 UrhG gestattet aber nur die Nutzung bereits veröffentlichter Werke, mithin ist das Urheberpersönlichkeitsrecht in dieser Ausprägung nicht berührt[663].

Nach erfolgter Veröffentlichung möchte der Urheber als geistiger Schöpfer aber regelmäßig Anerkennung durch sein Werk erfahren und hat somit ein Interesse daran, dass es nur unter Nennung seines Namens verwertet wird[664].

658 *Rehbinder/ Peukert*, UrhR, Rn. 130.

659 Vgl. *Dreier/ Schulze/ ders.*, UrhG, Rn. 1 zu § 12.

660 Vgl. dazu auch Teil 1 C. IV. 3. b) bb) (2).

661 *Schweikart*, Interessenlage, S. 30.

662 *Dreier/ Schulze/ ders.*, UrhG, Rn. 1 zu § 12; *Schweikart*, Interessenlage, S. 31.

663 Denn § 12 UrhG schützt nur das Recht auf Erstveröffentlichung, vgl. die Rspr. ohne nähere Begründung: OLG Köln, GRUR-RR 2005, 337 - Dokumentarfilm Massaker; OLG Zweibrücken, GRUR 1997, 363, 364 – Jüdische Friedhöfe; OLG München, NJW-RR 1997, 493, 494 – Ausgleich Nichtvermögensschaden; *Dreier/ Schulze/ ders.*, Rn. 6 zu § 12; *Fromm/ Nordemann/ Dustmann*, UrhG, Rn. 9 zu § 12; *Rehbinder/ Peukert*, UrhR, Rn. 546; *Schricker/ Loewenheim/ Dietz/ Peukert*, UrhG Rn. 7 zu § 12; *Schack*, UrhR, Rn. 366; *Wandtke/ Bullinger/ ders.*, UrhG, Rn. 9 zu § 12; a. A. LG Berlin, GRUR 1983, 761 ff.– Portraitbild, nach Ansicht des Gerichts „verbraucht" sich nur das Veröffentlichungsrecht des Urhebers nur in der bereits erfolgten Art und Form, es gewährte somit ein „Fernsehveröffentlichungsrecht", nachdem dasselbe Bild bereits in einer öffentlichen Ausstellung gezeigt wurde; zustimmend *Möhring/ Nicolini/ Kroitzsch/ Götting*, UrhG, Rn. 2 zu § 12.

664 *Schack*, UrhR, Rn. 370; *Stang*, Schutzfrist, S. 63.

Ferner ist der Integritätsschutz des Werks für den Urheber von großer Bedeutung. Dieses Interesse ist ideeller Natur, da die eigenpersönlichen Züge des Schöpfers, die durch den geistig-ästhetischen Gesamteindruck des Werks zutage treten, durch Änderungen verzerrt werden können und somit ein anders, ungewolltes Bild von seiner Person in der Öffentlichkeit erzeugen können[665]. Sein Interesse besteht also einerseits darin, selbst über jede Änderung bestimmen zu dürfen, und andererseits im Schutz vor Handlungen, die die Werkintegrität verletzen[666]. Dieses Interesse besteht auch an öffentlich sichtbaren Werken fort und kann dabei sogar besonders ausgeprägt sein, da Änderungen oder Entstellungen unmittelbar für die Öffentlichkeit sichtbar sind.

(2) Wirtschaftliche Interessen

Darüber hinaus haben die Schöpfer auch materielle Interessen an ihren Werken. Da Arbeitnehmer-Urheber durch ihr Arbeitsverhältnis wirtschaftlich abgesichert sind, sind sie, je nach Art des Arbeits- oder Dienstverhältnisses, jedenfalls nicht in demselben Umfang auf die gewinnbringende Verwertung ihrer Werke angewiesen[667]. Leitbild des Urhebergesetzes ist aber nach wie vor der freischaffende Urheber[668], sodass auf seine wirtschaftlichen Interessen näher einzugehen ist.

Für freischaffende Urheber, die ohne konkreten Auftrag tätig werden, z. B. eine Skulptur erschaffen, um diese dann später zu verkaufen, ist der Schöpfungsakt zumeist „ein unwägbares Risiko"[669]. Er bedeutet zunächst eine Investition an Arbeit, Zeit und Geld[670]. Die Urheber müssen ihr Handwerk erst erlernen[671] und bedürfen darüber hinaus der für ihr Schaffen erforderlichen Bedingungen, Räumlichkeiten und Materialien[672]. Aber auch bildende Künstler, die Auftragsarbeiten ausführen, und nach den Wünschen des Auftraggebers Skulpturen

665 *Schack*, UrhR, Rn. 380.

666 *Schweikart*, Interessenlage, S. 33.

667 *Schulze*, Materialien zum Urheberrecht, S. 139; *Schweikart*, Interessenlage, S. 28; der hier aber zu kurz greift; denn auch der Arbeitnehmer-Urheber kann natürlich mittelbar auf die Verwertung angewiesen sein, denn bei Insolvenz seines Arbeitgebers verliert er auch seine wirtschaftliche Absicherung, ebenso nach Beendigung des Arbeitsverhältnisses; auch *Schack*, UrhR, Rn. 10 weist „insbesondere" auf die schlechte Ausgangslage freiberuflicher Urheber hin.

668 *Schack*, UrhR, Rn. 11.

669 *Schweikart*, Interessenlage, S. 29 vgl. dazu auch *Haberstumpf*, UrhR, Rn. 59.

670 *Schweikart*, Interessenlage, S. 29.

671 Vgl. *Hubmann*, Recht des schöpferischen Geistes, S. 64.

672 *Stang*, Schutzfrist, S. 62.

fertigen, gehen faktisch in „Vorleistung". Die Arbeit von Architekten unterscheidet sich insoweit von denen der klassischen bildenden Künstler, als ihre Haupttätigkeit in der Konzeption und Zeichnung besteht, die eigentliche Errichtung dann unter ihrer Überwachung durch ein Bauunternehmen ausgeführt wird[673].

Zusammenfassend haben sowohl die bildenden Künstler als auch die Architekten-Urheber ein Interesse daran, durch ihre schöpferische Tätigkeit ihren Lebensunterhalt bestreiten zu können und sich sozial abzusichern[674]. Folglich sind im wirtschaftlichen Interesse des Urhebers Regelungen, die ihm die Werkschaffung durch die reale Möglichkeit der anschließenden Befriedigung seiner Amortisations- und Alimentationsinteressen durch die Werkverwertung ermöglichen[675].

Die Veräußerung des Werkoriginals, also des *corpus mechanicum*, vollzieht sich nach den Regeln des allgemeinen Zivilrechts, genauer nach denen des Sachenrechts, sie sind nicht Teil des Regelungsgegenstandes des Urheberrechtsgesetzes[676]. Den materiellen Interessen des Urhebers kann im Urheberrechtsgesetzes somit allein durch die Gewährung ausschließlicher urheberrechtlicher Verwertungsrechte gedient werden, die auch die Grundlage für die Einräumung von Nutzungsrechten an Lizenznehmer bilden, somit zur Existenzsicherung des Urhebers beitragen und einen Schöpfungsakt überhaupt erst ermöglichen[677].

Vor allem im Bereich der bildenden Künste legen die Urheber aber besonderen Wert auf eine möglichst lukrative Veräußerung des Werkoriginals, denn im Gegensatz zu Werken anderer Gattungen, lassen sich diese Kunstgegenstände nur ein einziges Mal veräußern und der Urheber erzielt dadurch seine wesentlichen Einnahmen[678]. Bei multipler Kunst kann der Gewinn durch eine höhere Auflage noch bis zu einem gewissen Grad gesteigert werden[679]. Handeln die Künstler aufgrund eines Auftrags und findet die Schöpfung somit in Absprache mit dem Auftraggeber statt, werden die Material- und Arbeitskosten im Rahmen eines Werklieferungsvertrags gem. § 651 BGB vergütet[680]. Architekten beziehen ihre Haupteinnahmen aus ihrer Werkvertragsvergütung[681].

---

673 *Chirco*, Panoramafreiheit, S. 95.
674 *Kreutzer*, Modell, S. 374; *Schweikart*, Interessenlage, S. 28.
675 Vgl. *Schweikart*, Interessenlage, S. 28; *Stang*, Schutzfrist, S. 61, 62.
676 *Schack*, Kunst und Recht, Rn. 154.
677 *Stang*, Schutzfrist, S. 62.
678 *Schack*, ZUM 2008, 817; *Stang*, Schutzfrist, S. 62.
679 *Schack*, ZUM 2008, 817.
680 *Chirco*, Panoramafreiheit, S. 94; *Loewenheim/ Schulze*, Rn. 44 zu § 70.
681 *Chirco*, Panoramafreiheit, S. 95; *Loewenheim/ Schulze*, Rn. 16 zu § 71.

Mithin generiert der Urheber der hier hauptsächlich relevanten Werkgattungen seine Hauteinnahmen gar nicht aus der Lizenzierung von Nutzungsrechten, die also eine vergleichsweise geringere Bedeutung für ihn haben[682]. Hat er außerdem Interesse daran, besonderes Ansehen durch eine möglichst breite Masse an Rezipienten zu erlangen und stellt sein Werk darum auch öffentlich aus, kommen ihm gewisse Weiterverbreitungsfreiheiten der Rezipienten sogar zugute[683].

Die Veröffentlichung von Werken in Fachzeitschriften, Bildbänden, Kalendern oder Postkarten steigert vor allem die Bekanntheit der Architekten und Bildhauer und kann ihnen zu größeren Projekte und höheren Gewinnmargen in der Zukunft verhelfen[684]. Dennoch kann den Urhebern ein Partizipationsinteresse an der Weiterverwertung ihrer Werke nicht grundsätzlich abgesprochen werden[685].

bb) Keine Einbeziehung von Erstverwertern

Während die Urheber der allermeisten Werkkategorien bei der Erstverwertung ihrer Werke auf die Hilfe von kommerziellen Verwertern angewiesen sind[686], stellt sich die Lage im Bereich der Panoramafreiheit anders dar: Der Architekt eines Bauwerks und der Schöpfer einer Plastik können ihre Werkstücke gewinnbringend in ihrer Ursprungsform veräußern[687]. Die Erstverwertung von Unikaten erfolgt im Bereich der bildenden Künste somit in Form einer exklusiven Einzelverwertung, bei multipler Kunst in Form von Mehrfachveräußerungen, durch den Urheber selbst[688]; es bedarf keiner Zuhilfenahme eines Verwerters, um das Werk der Allgemeinheit zugänglich zu machen. Ihre Interessen sind durch die Panoramafreiheit somit auch nicht betroffen.

cc) Die Interessen der Werknutzer und der Allgemeinheit

(1) Die Interessen der Werknutzer

Kunstobjekte werden genossen, um sich fortzubilden, zu informieren oder einfach zu unterhalten[689]. Die Interessen der Kulturverbraucher werden grundsätz-

682 So auch: *Chirco*, Panoramafreiheit, S. 95.
683 Vgl. *Stang*, Schutzfrist, S. 64.
684 *Chirco*, Panoramafreiheit, S. 95.
685 Vgl. *Schack*, ZUM 2008, 817; ein weiterer wichtiger Verwertungszweig für Werke der bildenden Künste ist grundsätzlich auch die Ausstellung, s. *Schack*, ZUM 2008, 817ff., die hier aber nicht näher behandelt wird, da es im Bereich der Panoramafreiheit nicht (mehr) relevant ist.
686 Vgl. *Schweikart*, Interessenlage, S. 35; *Stang*, Schutzfrist, S. 65, 67.
687 Vgl. Teil 2 D. I. 3. a) aa) (2).
688 *Stang*, Schutzfrist, S. 62.
689 *Schweikart*, Interessenlage, S. 46.

lich in ein reichhaltiges Kunstangebot, das eine interessenorientierte Auswahl an Werken ermöglicht sowie einen einfachen, schnellen und möglichst günstigen oder sogar kostenlosen Werkzugang zusammengefasst[690].

Im Bereich öffentlich installierter Objekte ist ein kostenloser Werkzugang bereits vorhanden. Wie bereits dargestellt, bedarf es auch zur Sicherstellung des Werkgenusses öffentlicher Werke keiner Schranke, da dieser nicht dem Verbotsrecht des Schöpfers unterliegt.

Besonders Künstler, wie z. B. Maler, haben über den Werkgenuss hinaus ein aktives Nutzungsinteresse an bereits vorhandenen Werken, denn diese können als Inspirationsquelle für neue Werke dienen[691]. Bekannte Kunst- und Kulturobjekte des öffentlichen Raums eignen sich als Motiv dabei besonders gut. Aber auch andere Gewerbetreibende, wie z. B. Fotografen oder Kameramänner, sind darauf angewiesen, frei im öffentlichen Raum tätig werden zu können[692]. Ferner ist die freie Vervielfältigungs- und Verwertungsmöglichkeit des öffentlichen Raumes auch von großer Bedeutung für die gesamte Medienbranche[693], die mit ihrer Arbeit auch zur Meinungsbildung und zum Kulturzugang der Allgemeinheit beiträgt.

Es haben aber keineswegs nur aktive Künstler und andere gewerblich Tätige ein Nutzungsinteresse an öffentlich sichtbaren Kunstwerken[694]. Vielmehr entspricht ein *aktives* Nutzerverhalten im Falle öffentlich errichteter Kunstobjekte dem des durchschnittlichen Kulturverbrauchers unserer Informationsgesellschaft; es wird sogar als „sozialtypisches Verhalten" anerkannt, öffentliche Kunstobjekte abzubilden[695]. Wie eingangs geschildert, gehen Experten aktuell davon aus, dass in Deutschland pro Sekunde 2000 Fotos geschossen werden[696], im Urlaub sind es mit mindestens 500 Bildern pro Person sogar noch mehr[697]. Damit werden Erinnerungsstücke geschaffen, um den wiederholten Werkge-

---

690 *Schweikart*, Interessenlage, S. 46; *Stang*, Schutzfrist, S. 66.

691 Vgl. *Stang*, Schutzfrist, S. 68 f.

692 *Schack*, ZeuP 2006, 149, 153 f.; Vgl. auch *Chirco*, Panoramafreiheit, S. 88; *Lettl*, UrhR, Rn. 58 zu § 6.

693 *Sprang/ Sich*, http://www.boersenverein.de/sixcms/media.php/976/Stellungnahme_Dritter_Korb_Juni09.pdf, S. 14 (12.12.2014); *Chirco*, Panoramafreiheit, S. 90.

694 *Chirco*, Panoramafreiheit, S. 88.

695 *Maaßen*, GRUR 2010, 880, 884; *Poeppel*, Neuordnung, S. 417.

696 *Photoindustrie-Verband e. V.*, http://www.photoindustrie-verband.de/artikel/175-Jahre-Fotografie-Jubilaeum (12.12.2014); das sind im Übrigen doppelt so viele wie noch 2009, s. *Castendyk/ Silies/ Silies*, FotoR, Rn. 62.

697 *Photoindustrie-Verband e. V.*, http://www.press1.de/wrapper.cgi/www.press1.de/files/km_kmpk1337_1347452998.pdf (12.12.2014).

nuss zu ermöglichen und denselben mit anderen zu teilen. Sehenswürdigkeiten stehen dabei nach wie vor hoch im Kurs[698]. Aber auch Einheimische haben ein Interesse daran, die öffentlichen Werke ihrer Umgebung für eigene Abbildungen zu benutzen, um beispielsweise ihrer Identifikation mit dem Ort oder dem Kunstobjekt Ausdruck zu verleihen. Die Tatsache, dass sich immer mehr Menschen mit dem Thema Foto und Video auseinandersetzen, ist nicht zuletzt der Entwicklung von modernen „Smartphones", den „Immer-dabei-Kameras unserer Zeit"[699] zu verdanken; etwas Vergleichbares hat es in der Geschichte der Fotografie noch nie gegeben[700].

Damit einher geht auch der verstärkte Wunsch nach der digitalen Weiterverbreitung des Bildmaterials. Einer Studie der *BITKOM* zufolge sind mehr als drei Viertel (78%) der Internetnutzer in Deutschland in mindestens einem sozialen Netzwerk angemeldet, zwei Drittel (67%) nutzen sie aktiv[701]. Von den unter 30jährigen nutzen sogar 89 % täglich ihr Lieblingsnetzwerk[702]. Das Hochladen und sogenannte „Teilen" von Fotos und Videos belegte in der Studie die Plätze 3 und 4 der beliebtesten Funktionen[703]. Allein auf *facebook* wurden im Jahr 2012 täglich 300 Millionen neue Fotos von Nutzern hochladen[704] und bei *YouTube* wird nach eigenen Angaben pro Stunde 100 Minuten Videomaterial eingestellt[705]. Ist der Nutzer dabei nicht mit jeder Person „persönlich verbunden", die damit Zugriff auf das Bildmaterial erlangt, stellt das Einstellen des Foto- und Videomaterials eine öffentliche Wiedergabe i. S. d. § 19a UrhG dar. Dies gilt

---

698 *Photoindustrie-Verband e. V.*, http://www.press1.de/wrapper.cgi/www.press1.de/files/km_kmpk1337_1347452998.pdf (12.12.2014).

699 *Photoindustrie-Verband e. V.*, http://www.photoindustrie-verband.de/_files/data/presse/213/Foto-und-Imagingmarkt-2014-in-Deutschland-auf-stabilem-Niveau-mit-erwarteten-20-Milliarden-Euro-Umsatz.pdf (12.12.2014).

700 *Photoindustrie-Verband e. V.*, http://www.photoindustrie-verband.de/_files/data/presse/213/Foto-und-Imagingmarkt-2014-in-Deutschland-auf-stabilem-Niveau-mit-erwarteten-20-Milliarden-Euro-Umsatz.pdf (12.12.2014); vgl. ausführlich zur Geschichte der Fotografie Teil 3 C. III. 2. d) aa).

701 *BITKOM*, http://www.bitkom.org/files/documents/SozialeNetzwerke_2013.pdf, S. 3 (12.12.2014).

702 *BITKOM*, http://www.bitkom.org/files/documents/SozialeNetzwerke_2013.pdf, S. 3 (12.12.2014).

703 *BITKOM*, http://www.bitkom.org/files/documents/SozialeNetzwerke_2013.pdf, S. 24, 29 (12.12.2014).

704 *Constine*, http://techcrunch.com/2012/08/22/how-big-is-facebooks-data-2-5-billion-pieces-of-content-and-500-terabytes-ingested-every-day/ (12.12.2014).

705 https://www.youtube.com/yt/press/de/statistics.html (12.12.2014).

jedenfalls für Profilbilder und ist im Übrigen abhängig von den individuellen Privatsphäre-Einstellungen. Generell gilt aber: je mehr Personen Zugang erhalten, desto eher ist eine „öffentliche Zugänglichmachung" anzunehmen. Der durchschnittliche „*facebook*-Nutzer" verfügt laut einer weiteren Studie aus dem Jahre 2013 beispielsweise über 342 „Freunde"[706]; diese Personengruppe kann grundsätzlich auch das in nicht-öffentliche Profile hochgeladene Bildmaterial sehen. Aufgrund der Zahlen muss davon ausgegangen werden, dass kein unerheblicher Teil des Bild- und Videomaterials in sozialen Netzwerken regelmäßig auch „öffentlich zugänglich" im urheberrechtlichen Sinne ist. Mithin muss in unserem Informationszeitalter auch die Weiterverbreitung von aufgenommenem Bild- und Filmmaterial in Form der öffentlichen Wiedergabe als sozialtypisches Verhalten angesehen werden.

Natürlich haben insbesondere Kulturverbraucher, die das Werk nicht unmittelbar aufsuchen, ein Interesse an der freien Weiterverbreitung des äußeren Erscheinungsbildes desselben[707], um Werkzugang zu erlangen. Aber auch für andere Kulturverbraucher wird der Werkgenuss durch die freie Vervielfältigungs- und Verwertungsmöglichkeit wiederholbar. Öffentliche Kunst kann auch besondere Popularität erlangen; sie kann zum Wahrzeichen einer ganzen Stadt werden, wie z. B. die Bronzeplastik der Bremer Stadtmusikanten von *Gerhard Marcks* vor dem Bremer Rathaus[708]. In solchen Fällen besteht ein ganz besonders gesteigertes Informationsinteresse der Allgemeinheit. Dieses kann auch gerade nicht durch die Abbildung des Werks als „Beiwerk" i. S. d. § 57 UrhG innerhalb des Straßenzuges befriedigt werden, sondern es besteht gerade ein Interesse an Abbildungen, die das Werk als Hauptmotiv bzw. im Detail zeigen, um den wiederholten oder auch erstmaligen Werkgenuss zu ermöglichen.

Die Werknutzer haben also Interesse an einem einfachen, schnellen und möglichst kostenlosen Werkzugang[709] und, sofern mehr Werke konsumiert, als produziert werden[710], an freien Nutzungsmöglichkeiten[711]. Das Urheberrecht, das die Übertragung von (ausschließlichen) Nutzungsrechten vorsieht, ermöglicht den Verwertern aber eine weitgehend konkurrenzlose Vermarktung von Kunst-

706 *Wolfram*, http://blog.stephenwolfram.com/2013/04/data-science-of-the-facebook-world/ (12.12.2014).

707 Vgl. *Stang*, Schutzfrist, S. 67 f.

708 Vgl. http://www.rathaus.bremen.de/sixcms/detail.php?gsid=bremen54.c.2085.de (12.12.2014).

709 *Schweikart*, Interessenlage, S. 46; *Stang*, Schutzfrist, S. 66.

710 Andernfalls überwiesen ihre Urheberinteressen.

711 Vgl. *Schweikart*, Interessenlage, S. 46.

werken und steht insoweit einer möglichst umfangreichen und günstigen Weiterverbreitung eher im Weg[712]. Das Interessengefälle zwischen den Urhebern auf der einen Seite und den Nutzern auf der anderen Seite endet aber dort, wo die anreizende Funktion des Urheberrechts verloren geht, denn für alle Bedürfnisse der Werknutzer ist ein reichhaltiger kultureller Bestand unabdingbar[713]. Die Haupteinnahmequelle der Architekten und bildenden Urheber besteht aber, wie bereits erläutert, nicht in ihren Lizenzeinnahmen. Der Anreiz für ihre schöpferische Tätigkeit ist somit primär auch außerhalb des Urheberrechts zu verorten, sodass durch die Nutzungsfreiheit öffentlich errichteter Kunstwerke auch kein Rückgang entsprechender Werkarten zu befürchten ist[714].

Das Interesse der Nutzer an öffentlich errichteter Kunst lässt sich somit in einen schnellen, einfachen und kostenlosen Zugang zum Werk und seinen Vervielfältigungsstücken sowie eine kostenlose Werknutzung zusammenfassen.

(2) Die Interessen der Allgemeinheit

Die Interessen der Allgemeinheit werden teilweise mit denen der Nutzer gleichgesetzt, da diese die zahlenmäßig stärkste Gruppe innerhalb der berücksichtigungsfähigen Interessengruppen bilden[715].

Zu Recht wird aber eingewendet, dass die Interessen der Allgemeinheit übergeordnete sind, die von den Individualinteressen einzelner Nutzer zu unterscheiden sind[716]. Die Interessen der Allgemeinheit sind vielmehr überindividuelle Gesamtinteressen der Gesellschaft[717], die den Interessen einzelner Nutzer nicht zwangsläufig entsprechen müssen[718]. Somit soll auch hier noch einmal das Allgemeininteresse als übergeordnetes Interesse Berücksichtigung finden.

---

712 Selbst, wenn einzelne Verwerter auch Interesse an einer umfassenden Weiterverbreitung haben, steigt die Anzahl der Distributionskanäle regelmäßig mit der Anzahl der Verwerter, da einzelne Verwerter zum Teil nicht gewillt oder in der Lage sind, alle Distributionskanäle, vor allem solche, die durch neue Medien eröffnet werden, zu nutzen, s. *Stang*, Schutzfrist, S. 67 f., Fn. 156; ferner würden wohl auch die Kosten der Rezipienten bei zunehmender Konkurrenz auf Verwertungsebene und dem Wegfall der Lizenzgebühren sinken, s. *Stang*, Schutzfrist, S. 68.

713 *Kreutzer*, Modell, S. 126 f.; *Stang*, Schutzfrist, S. 66 ff.; vgl. *Wandtke*, UFITA 2000/I, 5, 6 ff.

714 So auch: *Chirco*, Panoramafreiheit, S. 99.

715 Vgl. dazu auch die Ausführungen von *Stang*, Schutzfrist, S. 69; eine Gleichsetzung findet sich z. B. bei *Kreutzer*, Interessenlage, S. 125 ff.

716 *Schweikart*, Interessenlage, S. 46; *Stang*, Schutzfrist, S. 69.

717 *Schweikart*, Interessenlage, S. 46; *Stang*, Schutzfrist, S. 69.

718 *Schweikart*, Interessenlage, S. 47; *Stang*, Schutzfrist, S. 69.

Das Interesse der Allgemeinheit ist vor allem auf die Förderung und Bewahrung eines reichhaltigen Kulturlebens gerichtet[719]. Da der Kunstkonsum Teil des kulturellen Lebens ist, sollen einerseits alle Mitglieder der Gesellschaft die Möglichkeit haben, an den Kulturgütern teilzuhaben[720]. Darüber hinaus besteht an einem reichhaltigen Kulturleben gesamtwirtschaftliches Interesse[721], ferner ist das ideelle Interesse der Gesellschaft, als Kulturstaat angesehen zu werden, zu nennen[722].

Neben der Teilhabemöglichkeit aller Gesellschaftsmitglieder an Geistesgütern ist somit auch die Anreizfunktion des Urheberrechts ein wichtiges Gemeininteresse, da sie Voraussetzung für einen reichhaltigen Kulturbestand ist[723]. Insoweit sind die Interessen der Allgemeinheit und die der Nutzer hinsichtlich der Gestaltung des Urheberrechtsgesetzes grundsätzlich vergleichbar. Wie bereits dargestellt, dürfte der Kulturbestand im Bereich öffentlich errichteter Kunstwerke aber nicht abhängig von der Anreizwirkung des urheberrechtlichen Monopolrechts sein, sodass das Allgemeininteresse hier auf die Teilhabe der Kulturverbraucher abzielt.

b) Panoramafreiheit als Ausdruck der Interessenverschiebung

Die Panoramafreiheit müsste nun eine Ausprägung der betroffenen Interessen darstellen.

Ausgangspunkt des urheberrechtlichen Interessenausgleichs im kontinentaleuropäischen „Droit-d'auteur-System" ist immer das Interesse des Urhebers[724]. Ihm steht nach dem Schöpferprinzip grundsätzlich ein Ausschließlichkeitsrecht an seinem Werk zu[725]. Es bedarf also besonderer Umstände, um eine Verschiebung zu Gunsten der Interessen der Nutzer und der Allgemeinheit zu legitimieren, denn das generelle Partizipationsinteresse an urheberrechtlichen Werken überwiegt nach unserem Verständnis vom Urheberrecht das Urheberinteresse gerade nicht.

---

719 *Ohly*, JZ 2003, 545, 548; *Schack*, UrhR, Rn. 17; *Schweikart*, Interessenlage, S. 47; *Stang*, Schutzfrist, S. 69; *Wandtke*, UFITA 1993, 5, 6.

720 *Stang*, Schutzfrist, S. 70; *Wandtke*, UFITA Bd. 123/1993, 5, 9.

721 Vgl. zur gesamtwirtschaftlichen Bedeutung der Kulturwirtschaft *Stang*, Schutzfrist, S. 70 f.

722 *Stang*, Schutzfrist, S. 70.

723 *Schweikart*, Interessenlage, S. 47; *Stang*, Schutzfrist, S. 71 f.

724 *Stang*, Schutzfrist, S. 73 f.

725 Vgl. *Schack*, UrhR, Rn. 300.

Die dauerhafte Errichtung eines urheberrechtlichen Werks im öffentlichen Raum hat aber tatsächlich eine automatische Interessenverschiebung zur Folge: Auf der einen Seite lockert sich die Beziehung des Schöpfers zu seinem Werk[726], obgleich in der öffentlichen Ausstellung desselben keine konkludente Verzichtserklärung im Hinblick auf seine urheberrechtlichen Verwertungsrechte zu erblicken ist[727]. Aber durch die öffentliche Errichtung wird das Werk der Allgemeinheit, mithin potenziell jedermann, zugänglich gemacht. Das Individualgut wird mit zunehmender Auseinandersetzung innerhalb der Gesellschaft immer mehr zum Kulturgut[728]. Der Urheber hat das Werkstück zuvor möglichst gewinnbringend veräußert und somit seine wirtschaftlichen Interessen weitgehend befriedigt oder es selbst öffentlich errichtet, um besonderes Ansehen zu erlangen. In beiden Fällen hat er nur noch geringes wirtschaftliches Interesse an seinen urheberrechtlichen Verwertungsrechten, das gleichwohl nicht völlig negiert werden darf[729]. Indes können seine immateriellen Interessen durch die öffentliche Sichtbarkeit seines Werks sogar besonders ausgeprägt sein[730].

Auf der anderen Seite nimmt das Interesse der Nutzer durch die öffentliche Ausstellung automatisch zu. Passanten sind fast „gezwungen“ das Werk zu betrachten, ferner sind Werke an öffentlichen Orten auch oft populärer als vergleichbare Werke an anderen Standorten. Wie bereits erwähnt, können diese Werke frei rezeptiv genossen werden, ohne dass es einer Schranke bedarf. Aber auch an der Nutzung von Werken im öffentlichen Raum besteht ein gesteigertes Interesse. Dieses besteht einerseits bei Malern, Fotografen und Kameramännern, die häufig im öffentlichen Raum tätig sind, es wird darüber hinaus aber sogar als sozialtypisches Verhalten anerkannt, dauerhaft im öffentlichen Raum installierte Kunstobjekte abzubilden[731]. Ebenso besteht ein gesteigertes Interesse an der freien Weiterverbreitung des äußeren Erscheinungsbildes dieser Kulturgüter sowohl in körperlicher als auch in unkörperlicher Form, um den erstmaligen oder wiederholten Werkgenuss zu ermöglichen und zur Meinungsbildung der Allgemeinheit beizutragen. Darüber hinaus ist auch gerade die öffentliche Wiedergabe dieser Werke im digitalen Zeitalter als sozialtypisch einzustufen[732].

726 *Dreyer/ Kotthoff/ Meckel/ Dreyer*, UrhG, Rn. 2 zu § 59.
727 Vgl. dazu ausführlich Teil 3 I. 1.
728 Vgl. zur Gemeinfreiheit *Kirchhof*, FS Zeidler, S. 1639, 1660.
729 Vgl. dazu ausführlich Teil 2 D. I. 3. a) aa) (2).
730 Vgl. dazu ausführlich Teil 2 D. I. 3. a) aa) (1).
731 Vgl. dazu ausführlich Teil 2 D. I. 3. a) cc).
732 Vgl. Teil 2 D. I. 3. a) cc).

Die Errichtung eines Werks im öffentlichen Raum hat also eine automatische Verschiebung der berücksichtigungsfähigen Interessen zur Folge[733]. Die Panoramafreiheit kann insoweit als Ausprägung dieser Interessenverschiebung angesehen werden, als sie dem Vordringen der Nutzerinteressen und dem Zurücktreten der Verwertungsinteressen des Urhebers Ausdruck verleiht. Die noch bestehenden wirtschaftlichen Interessen des Urhebers hat der Gesetzgeber darüber hinaus in gewissem Maße[734] als nicht schutzfähig erachtet und somit auch eine Wertungsänderung, parallel zu der tatsächlichen Verschiebung der Interessen, zu Gunsten der Nutzer und der Allgemeinheit vorgenommen[735]. Die Panoramafreiheit gewährt somit eine freie Nutzung entsprechender Werke im Interesse der Nutzer und der Allgemeinheit. Das Urheberpersönlichkeitsrecht wird den tatsächlichen Bedürfnissen des Urhebers entsprechend durch §§ 62, 63 UrhG unter besonderen Schutz gestellt.

II. Die verfassungsrechtliche Bedeutung der Panoramafreiheit

Die Panoramafreiheit dient als Schranke des Urheberrechts also den „Erfordernissen des geistigen Lebens"[736] und soll als Abwägungsergebnis das Urheberinteresse mit den Interessen der Nutzer und der Allgemeinheit in einen gerechten Ausgleich bringen[737]. Auf dieser Grundlage ist nun zu untersuchen, welcher Rang der Panoramafreiheit innerhalb der nationalen Rechtsordnung zukommt, insbesondere, ob sie auch außerhalb des Urheberrechts rechtliche Wirkung entfalten kann.

Das Grundgesetz ist die höchste Richtschnur des nationalen Rechts und bildet somit einen verbindlichen Rahmen für die Gesetzgebung und -auslegung. Der Rang einer Vorschrift innerhalb des nationalen Gesetzesrechts wird somit maßgeblich durch ihre verfassungsrechtliche Bedeutung bestimmt[738].

Die verfassungsrechtliche Bedeutung der Panoramafreiheit könnte vor allem auch Aufschluss darüber geben, ob sie sich auch gegen andere Rechtspositionen durchzusetzen vermag[739]. Dabei ist insbesondere zu beachten, dass das Sachei-

733 Vgl. zur Gemeinfreiheit *Stang*, Schutzfrist, S. 73 f.

734 Vgl. zu den freigestellten Nutzungshandlungen Teil 2 C. III.

735 Vgl. zur gesetzgeberischen Wertung hinsichtlich der urheberrechtlichen Gemeinfreiheit *Stang*, Schutzfrist, S. 74.

736 *Ulmer*, Urheber- und VerlagsR, S. 5.

737 BVerfGE 31, 229, 241 ff. – Kirchen- und Schulgebrauch; BGHZ 134, 250, 263 – CB-Infobank I; *Obergfell*, Freier Werkzugang, S. 104; *Schack*, Kunst und Recht, Rn. 9.

738 *Stang*, Schutzfrist, S. 76.

739 So *Stang*, Schutzfrist, S. 76 in Bezug auf die Gemeinfreiheit.

gentum durch seine verfassungsrechtliche Verbürgung in Art. 14 Abs. 1 Satz 1 GG denselben Schrankenregelungen (Art. 14 Abs. 1 Satz 2 und Abs. 3 GG) unterliegt, wie die urheberrechtlichen Verwertungsrechte.

1. Panoramafreiheit und Eigentumsgarantie

a) Die Eigentumsgarantie als Maßstab der Panoramafreiheit

Schranken des Urheberrechts wie die Panoramafreiheit gem. § 59 UrhG sind an der Eigentumsgarantie des Urhebers gem. Art. 14 Abs. 1 Satz 1 GG zu messen, da sie den Urheber im Gebrauch seines verfassungsrechtlich geschützten Eigentums beschränken[740]. Im Einzelfall sind auch Beeinträchtigungen des allgemeinen Persönlichkeitsrechts möglich[741], da die Panoramafreiheit aber primär die wirtschaftlichen Interessen des Urhebers betrifft, ist Art. 14 Abs. 1 Satz 1 GG vorrangig[742]. Die Eigentumsgarantie des Schöpfers bildet somit allein den verfassungsrechtlichen Maßstab der Panoramafreiheit[743], andere Grundrechte sind nicht betroffen.

Zwar stellt die Kunstfreiheit gem. Art. 5 Abs. 3 GG auch die Entscheidung des Künstlers über die Darbietung und Verbreitung seiner Werke unter Schutz[744]; dieser erstreckt sich aber lediglich auf die diesbezügliche „Erstentscheidung" des Künstlers[745]. Gegen die Weiterverbreitung eines bereits öffentlich-zugänglich gemachten Kunstwerks schützt die Kunstfreiheit nicht[746]. Sofern die wirtschaftlichen Verwertungsmöglichkeiten aber nicht so stark eingeschränkt sind, dass die

740 Vgl. hierzu auch die ausführliche Darstellung bei *Chirco*, Panoramafreiheit, S. 70 ff.

741 Soweit gem. §§ 62, 63 UrhG Quellenangaben ausnahmsweise entfallen dürfen und Änderungen zulässig sind, wird das ideelle Interesse des Schöpfers an seinem Werk durch § 59 UrhG berührt. Diese Vorschriften sind jedoch bereits Ausdruck einer vorgenommenen Abwägung mit dem Urheberpersönlichkeitsrecht.

742 So auch *Chirco*, Panoramafreiheit, S. 105; *Fechner*, Geistiges Eigentum, S. 192; vgl. auch BVerfGE 31, 229, 239 – Kirchen- und Schulgebrauch; 49, 382, 392 – Kirchenmusik.

743 So auch *Chirco*, Panoramafreiheit, S. 105 f.

744 St. Rspr. des BVerfGE und der Instanzgerichte: BVerfGE 30, 173, 189 - Mephisto; 67, 213, 224; 77, 240, 251; 119, 1, 21 f. – Esra; BVerwGE 84, 71, 74; BVerwG, NJW 1995, 2648; BGHZ 143, 214, 229 f. – Marlene Dietrich; sowie h. L. in der Literatur: *Jarass/ Pieroth/ Jarass*, GG, Rn. 120 zu Art 5; *MüK/ Wendt*, GG, Rn. 93 zu Art. 5; *Sachs/ Bethge*, GG, Rn. 188 zu Art. 5.

745 *Schack*, UrhR, Rn. 96 zu § 5; *Wandtke*, ZUM 2005, 769, 772; vgl. auch die Ausführungen in BVerfGE 31, 229, 238 f. – Kirchen- und Schulgebrauch.

746 BVerfGE 31, 229, 239 – Kirchen- und Schulgebrauch.

freie künstlerische Tätigkeit unmöglich gemacht wird, kommt Art. 5 Abs. 3 GG neben Art. 14 Abs. 1 Satz 1 GG jedenfalls nicht zur Anwendung[747].

Auch die Berufsausübungsfreiheit gem. Art. 12 Abs. 1 GG ist nicht einschlägig, da § 59 UrhG nicht die schöpferische Tätigkeit, sondern das kommerzielle Interesse am erschaffenen Werk betrifft[748]. Nur wenn eine existenzsichernde Tätigkeit unmöglich gemacht wird, kommt Art. 12 Abs. 1 GG neben Art. 14 Abs. 1 Satz 1 GG zur Anwendung[749].

b) Der Gesetzgeberische Ausgestaltungsauftrag

Die urheberrechtlichen Verwertungsrechte zählen zum verfassungsrechtlich geschützten Eigentum gem. Art. 14 Abs. 1 Satz 1 GG. Sein normgeprägter Charakter erfordert aber gem. Art. 14 Abs. 1 Satz 2 GG die Ausgestaltung desselben durch den einfachen Gesetzgeber, wobei diesem ein verhältnismäßig weiter Entscheidungsspielraum zusteht[750]. Der durch die Institutsgarantie abgesicherte grundsätzlich geschützte Kern des Urheberrechts gebietet dabei, dass das Eigentum privatnützig ausgestaltet wird und dass seine Nutzung dem Eigentümer eine finanziell eigenverantwortliche Lebensgestaltung ermöglicht[751].

Gleichwohl ist der Gesetzgeber verfassungsrechtlich nicht dazu angehalten, dem Urheber „jede nur denkbare Verwertungsmöglichkeit" zuzuweisen[752], der Gestaltungsauftrag des Gesetzgebers gem. Art. 14 Abs. 1 Satz 2 GG umfasst vielmehr auch die Grenzziehung des Eigentums[753]. Dabei stellt die Sozialbindung gem. Art. 14 Abs. 2 GG wiederum die Grenze der Beschränkung der urheberrechtlichen Verwertungsrechte dar, an der sich der Gesetzgeber orientieren muss[754]. Das Eigentumsrecht darf nur zum Wohle der Allgemeinheit beschränkt

---

747 *Chirco*, Panoramafreiheit, vgl. auch *Stang*, Schutzfrist, S. 78; ausdrücklich offengelassen: BVerfGE 31, 229, 240 Kirchen- und Schulgebrauch; bejahend: *Kirchhof*, Gesetzgebungsauftrag, S. 61; für *Wandtke*, ZUM 2005, 769, 772 ist die Einschränkung der urheberrechtlichen Verwertungsrechte sogar *regelmäßig* eine Einschränkung der künstlerischen Arbeit.

748 *Chirco*, Panoramafreiheit, S. 105.

749 *Fechner*, Geistiges Eigentum, S. 351 f.; *Kirchhof*, Gesetzgebungsauftrag, S. 60, ihm folgend: *Schweikart*, Interessenlage, S. 54.

750 BVerfGE 79, 29, 40 – Vollzugsanstalten.

751 BVerfGE 31, 229, 240 f. – Kirchen- und Schulgebrauch.

752 BVerfGE 31, 248, 252 – Bibliotheksgroschen; 81, 12, 16; *Chirco*, Panoramafreiheit, S. 100; *Maunz*, GRUR 1973, 107, 109.

753 BVerfGE 31, 229, 241 f. – Kirchen- und Schulgebrauch; 37, 132, 140; 58, 300, 338 – Nassauskiesung m. w. N.; *Sachs/ Wendt*, GG, Rn. 54 zu Art. 14.

754 BVerfGE 52, 1, 29 - Kleingarten; 79, 29, 40 – Vollzugsanstalten.

werden; „es ist nicht nur Grund, sondern auch Grenze für die dem Eigentümer aufzuerlegenden Beschränkungen“[755]. Art. 14 Abs. 1 Satz 2 GG steht somit in unmittelbarem Zusammenhang mit Art. 14 Abs. 2 GG[756]; das Allgemeininteresse ist dem verfassungsrechtlichen Eigentum immanent. Begrenzt wird die Schrankenziehung außerdem vor allem durch die Instituts- bzw. Wesensgehaltsgarantie sowie das Übermaßverbot[757].

Zusammenfassend erklärte das BVerfG daher:

> „Der Gesetzgeber steht bei der Erfüllung des ihm in Art. 14 Abs. 1 Satz 2 GG erteilten Auftrags, Inhalt und Schranken des Eigentums zu bestimmen, vor der Aufgabe, nicht nur die Individualbelange des Urhebers zu sichern, sondern auch den individuellen Berechtigungen und Befugnissen die im Interesse des Gemeinwohls erforderlichen Grenzen zu ziehen. Er muss den verfassungsrechtlich garantierten Anspruch auf eine angemessene Nutzung der schöpferischen Leistung und die schutzwürdigen Interessen der Allgemeinheit in einen gerechten Ausgleich und ein ausgewogenes Verhältnis bringen“[758].

c) Gemeininteresse i. S. d. Art. 14 Abs. 2 GG

Wie bereits dargestellt, lässt sich die Panoramafreiheit am überzeugendsten damit begründen, dem Interesse der Nutzer und der Allgemeinheit an Kunstobjekten, die dauerhaft im öffentlichen Raum errichtet sind, zu dienen. Diese Interessen müssten somit schützenswerte Gemeininteressen i. S. d. Art. 14. Abs. 2 Satz 2 GG darstellen, um das Eigentumsrecht des Urhebers verfassungskonform begrenzen zu können.

aa) Die Interessen der Allgemeinheit

Der Begriff des Gemeininteresses hat bisher wenig Beachtung in der Literatur und Rechtsprechung erfahren und ist darum noch nicht vollumfänglich geklärt[759]. Es soll jedenfalls eine Vielzahl an Sachverhalten und Zwecken erfassen[760]. Wie bereits erwähnt, erscheint es grundsätzlich genauer, zwischen

755 BVerfGE 52, 1, 29 – Kleingarten; 79, 29, 40 – Vollzugsanstalten.

756 Vgl. *Chirco*, Panroamafreiheit, S. 72; *Sachs/ Wendt*, GG, Rn. 72 zu Art. 14.

757 BVerfGE 50, 290, 340 f. - Arbeitnehmermitbestimmung; BVerfGE 79, 174, 198; *Sachs/ Wendt*, GG, Rn. 57 zu Art. 14; ferner sind natürlich alle übrigen Verfassungsprinzipien zu beachten, wie z. B. auch der Gleichheitssatz.

758 BVerfGE 49, 382, 394 - Kirchenmusik.

759 *Poeppel*, Neuordnung, S. 138; *Stang*, Schutzfrist, S. 83; *Umbach/ Clemens/ Berkemann*, HK-GG, Rn. 517 zu Art. 14.

760 BVerfGE 24, 367, 403; *Umbach/ Clemens/ Berkemann*, HK-GG, Rn. 516 zu Art 14.

den Individualinteressen Einzelner und den übergeordneten Allgemeininteressen zu differenzieren[761]. Gemeininteressen i. S. d. Art. 14 Abs. 2 Satz 2 GG sind somit grundsätzlich solche des Gemeinwesens und nicht der einzelner Mitglieder[762]. Besondere inhaltliche Anforderungen sind an die Gemeininteressen indes nicht zu stellen, insbesondere gilt für sie - trotz identischen Wortlauts - nicht derselbe strenge Maßstab, wie für das Gemeinwohl i. S. d. Art. 14 Abs. 3 GG[763]. Das BVerfG hat bereits ein generell schutzwürdiges Interesse der Allgemeinheit am ungehinderten Zugang zu Kulturgütern[764] und der Befriedigung kultureller Bedürfnisse[765] angenommen. Mithin sind die zuvor dargestellten Interessen der Allgemeinheit an öffentlich aufgestellten Werken berücksichtigungsfähig.

Aus dem Sozialstaatsprinzip in Verbindung mit dem Kulturstaatsprinzip[766] ergibt sich die Pflicht zur „kulturellen Daseinsvorsorge“ durch den Staat, also die Gewährleistung des Zugangs der Allgemeinheit zu kulturellen Gütern unter zumutbaren Bedingungen[767]. Aus dem Prinzip der Kulturstaatlichkeit wird somit nicht nur die Pflicht des Gesetzgebers abgeleitet, die Kulturschaffenden durch ein entsprechend ausgestaltetes Urheberrecht zu unterstützen[768]; es ist auch ein gewichtiges Argument gegen ein vollumfängliches Monopolrecht des Urhebers[769] und somit für die Allgemeininteressen im Falle öffentlich errichteter Kunst.

---

761 Vgl. dazu bereits Teil 2 D. I. 3. a) cc) (2).

762 *Poeppel*, Neuordnung, S. 138 f.; *Stang*, Schutzfrist, S. 83.

763 *Stang*, Schutzfrist, S. 83 f.; *Umbach/Clemens/ Berkemann*, HK-GG, Rn. 516 zu Art. 14.

764 Vgl. BVerfGE 31, 229, 244 – Kirchen- und Schulgebrauch, in diesem Fall vermochte das Zugangsinteresse der Allgemeinheit zwar einen Eingriff in die Verfügungsfreiheit zu rechtfertigen, nicht jedoch in die Vergütungsfreiheit.

765 BVerfG, GRUR 1990, 438, 441 – Bob Dylan.

766 Die Existenz des Verfassungsprinzips der Kulturstaatlichkeit ist indes nicht unumstritten. Es hat jedenfalls aufgrund der föderalen Kompetenzverteilung keinen unmittelbaren Einzug ins Grundgesetz erhalten. Dennoch zeugt das Grundgesetz von Kulturstaatlichkeit, vor allem in Art. 5 Abs. 3 GG; vgl. dazu ausführlich *Fechner*, Geistiges Eigentum, S. 360, der insoweit auch auf die Menschenwürde gem. Art. 1 Abs. 1 GG verweist, „(...) da der Mensch ohne Kultur, insbesondere ohne historische Verwurzelung, nicht vorstellbar ist“; *Palm*, Öffentliche Kunstförderung, S. 146, sieht das allgemeine Persönlichkeitsrecht auch als wichtige Ausprägung desselben an.

767 *Fechner*, Geistiges Eigentum, S. 360; *Palm*, Öffentliche Kunstförderung, S. 145 ff.

768 *Dietz*, FG Schricker, S. 6 f.; *Fechner*, Geistiges Eigentum, S. 360.

769 *Fechner*, Geistiges Eigentum, S. 360; *Stang*, Schutzfrist, S. 84.

bb) Die Interessen der Nutzer

Darüber hinaus lässt das BVerfG aber sogar die Interessen einzelner „Nichteigentümer", die auf das Eigentumsobjekt angewiesen sind, genügen[770], sodass auch die Freiheitsrechte Einzelner eine Begrenzung der rein individualisierten Deutung des Eigentums legitimieren können[771].

Es wurde bereits dargestellt, dass es dem sozialtypischen Verhalten der Kulturverbraucher entspricht, dauerhaft öffentlich errichtete Werke abzubilden. Insoweit sind sie zur freien Entfaltung auf die Nutzung des Eigentumsobjekts angewiesen[772]. Ein urheberrechtliches Werk wird durch das rechtmäßige Errichten im öffentlich-sichtbaren Raum, mithin unter Ausübung des Veröffentlichungsrechts durch den Urheber[773] oder gem. § 44 Abs. 2 UrhG durch den nach der Veräußerung des Werkexemplars berechtigten Eigentümer, zu einer allgemeinzugänglichen Quelle i. S. d. Verfassungsrechts[774]. Nutzer können ihr Interesse daher auf die Informationsfreiheit gem. Art. 5 Abs. 1 Satz 1 Alt. 2 GG stützen, die nicht nur die geistige Aufnahme der Information, sondern auch das Vervielfältigen derselben schützt[775]; und zwar unabhängig davon, ob das betreffende Werk urheberrechtlich geschützt ist[776]. Allerdings umfasst der Schutzbereich nicht die unentgeltliche Vervielfältigung der Information[777], sodass Art. 2 Abs. 1 GG insoweit als Auffanggrundrecht zum Tragen kommt.

Ebenso zählen massenkommunikative Informationsträger wie Zeitungen oder Fernseh- und Filmsequenzen zu den allgemein-zugänglichen Quellen[778], selbst wenn ihre Einzelstücke dem Zugriff der Allgemeinheit entzogen sind, z. B. weil eine Zeitung von der Post zum Abonnenten befördert wird. Maßgeblich

---

770 BVerfGE 37, 132, 140; 50, 290, 341 - Arbeitnehmermitbestimmung; *Stang*, Schutzfrist, S. 85 m. w. N.

771 *Stang*, Schutzfrist, S. 85; vgl. auch *Chirco*, Panoramafreiheit, S. 72.

772 Vgl. *Rehbinder/ Peukert*, UrhR, Rn. 122 und *Stang*, Schutzfrist, S. 86 in Bezug auf die Gemeinfreiheit.

773 Das Veröffentlichungsrecht wird selten ausdrücklich ausgeübt, es ergibt sich vielmehr aus den Umständen, z. B. übt der Architekt, der die Errichtung eines öffentlich-sichtbaren Bauwerks nach seinen Plänen erlaubt, damit zugleich sein Veröffentlichungsrecht aus, s. *Fromm/ Nordemann/ Hertin*, UrhG 9. Auflage, Rn. 4 zu § 12.

774 *Hohagen*, Private Vervielfältigung, S. 284.

775 *MüK/ Wendt*, GG, Rn. 26 zu Art. 5.

776 Vgl. *BK/ Degenhart*, GG 122. Aktualisierung Juli 2006, Rn. 297 zu Art. 5 I II.

777 BVerwGE 29, 214, 218; *Hohagen*, Private Vervielfältigung, S. 286; *v. Mangoldt/ Klein/ Starck/ ders.*, GG, Rn. 52 zu Art. 5 I, II; *MüK/ Wendt*, GG, Rn. 28 zu Art. 5.

778 BVerfGE 90, 27, 32.

ist insofern die Gesamtauflage[779]. Folglich ist auch die Unterrichtung aus diesen Sekundärquellen verfassungsrechtlich geschützt; die bildliche Darstellung der Wirklichkeit trägt dabei zur Meinungsbildung der Rezipienten i. S. d. Art. 5 Abs. 1 Satz 1 Alt. 1 bei[780].

Künstler, deren Schöpfungen an bereits vorhandenen Werken anknüpfen, können sich hinsichtlich ihrer speziellen Interessen an der Nutzung vorhandener Kulturgüter auf die Kunstfreiheit gem. Art. 5 Abs. 3 GG berufen. Die wirtschaftliche Verwertung ihrer Stücke ist allerdings nicht vollumfänglich geschützt[781], sodass insoweit auch auf Art. 2 Abs. 1 GG zu verweisen ist. Die Nutzungshandlungen Gewerbetreibender, z. B. Fotografen oder Kameraleute, sind durch die Berufsfreiheit gem. Art. 12 Abs. 1 GG oder die Pressefreiheit gem. Art. 5 Abs. 1 Satz 2 GG gedeckt. Die Vervielfältigung und Verwertung des äußeren Erscheinungsbilds von Werken stellt, jenseits dieser speziellen Verbürgungen, jedenfalls einen Fall der allgemeinen Handlungsfreiheit gem. Art. 2 Abs. 1 GG dar.

Die Grundrechtspositionen der Nutzer werden schließlich durch das Sozial- und Kulturstaatsprinzip, die die Teilhabe am kulturellen Leben sichern sollen, in ihrer Durchsetzungskraft auch noch einmal flankiert und verstärkt[782].

Nicht zuletzt sorgt der umfassende Grundrechtsschutz durch die allgemeine Handlungsfreiheit gem. Art. 2 Abs. 1 GG dafür, dass sich alle Nutzerinteressen auf Freiheitsrechte stützen lassen und damit legitime Interessen von Nichteigentümern an dem urheberrechtlichen Werk darstellen. Sie sind somit im Rahmen der Sozialbindung auch berücksichtigungspflichtig.

d) Verhältnismäßigkeitsgrundsatz

Der Gesetzgeber ist bei der Gewichtung der Eigentümerinteressen auf der einen Seite und der Gemeininteressen auf der anderen Seite aber nicht frei. Wie bereits dargestellt, hat er die tatsächlich weiterhin bestehenden Verwertungsinteressen des Urhebers an öffentlich errichteten Werken im überwiegenden Gemeininteresse als nicht schutzfähig erachtet[783]. Dies muss dem Grundsatz der Verhältnismäßigkeit, der wohl bedeutendste Schranke des gesetzgeberischen

---

779 BVerfGE 27, 71, 85.

780 *Seiler*, K&R 2010, 234, 237.

781 *Jarass/ Pieroth/ Jarass*, GG, Rn. 120 zu Art.5; *MüK/ Wendt*, GG, Rn. 94 zu Art. 5; *Schmidt*, GR, Rn. 530; vgl. auch BVerfGE 31, 229, 239 - Kirchen- und Schulgebrauch; 49, 382, 392 – Kirchenmusik; BVerfG, NJW 2002, 3458, 3460 – Chick Corea.

782 Vgl. *Hohagen*, Private Vervielfältigung, S. 301.

783 Vgl. dazu Teil 2 D. I. 3. b).

Gestaltungsspielraums hinsichtlich der Ausgestaltung des verfassungsrechtlichen Eigentums, entsprechen.

aa) Legitimer Zweck

Zuerst muss jeder Eingriff einen legitimen Zweck verfolgen[784]. Da die Panoramafreiheit schutzwürdigen Gemeininteressen i. S. d. Art. 14 Abs. 2 Satz 2 GG dient, verfolgt sie einen legitimen Zweck.

bb) Eignung zur Zweckerreichung

Ferner muss die Maßnahme den angestrebten Zweck fördern, wobei aber nicht maßgeblich ist, ob es sich um die zur Zweckerreichung optimale Lösung handelt[785]. Da die Panoramafreiheit geeignet ist, den Zugang zu Kulturgütern durch die urheberrechtliche Freistellung zu erleichtern, taugt sie auch zur Zweckerreichung.

cc) Erforderlichkeit

Eine Maßnahme ist aber nur dann auch verfassungsrechtlich erforderlich, wenn das Ziel nicht auch durch ein anderes, gleich wirksames Mittel erreicht werden kann, welches das betreffende Grundrecht nicht oder weniger fühlbar einschränkt[786]. Es darf also kein „milderes Mittel" zur Verfügung stehen[787]. Als milderes Mittel wäre ein gesetzlicher Vergütungsanspruch denkbar, denn dieser würde das Eigentumsrecht des Urhebers weniger belasten. Ein Vergütungsanspruch stellt zwar ein milderes Mittel dar, ist aber ohne Zweifel im Hinblick auf die Freiheit des Kulturzugangs nicht genauso effektiv. Dasselbe gilt für eine Einschränkung der Tatbestandsmerkmale auf beispielsweise nur Werke der Baukunst.

dd) Angemessenheit

Das zentrale Beurteilungskriterium ist auf dritter Ebene die Angemessenheit[788]. Im Rahmen von Art. 14 GG sind dabei die Interessen des Eigentümers und die

---

784 *Pieroth/ Schlink/ Kingreen/ Poscher*, StR II, Rn. 289.

785 BVerfGE 30, 292, 316 – Erdölvorratung; 67, 157, 175 – Abhörgesetz.

786 BVerfGE 67, 157, 176 – Abhörgesetz.

787 *Hufen*, StR II, Rn. 21 zu § 9.

788 *Chirco*, Panoramafreiheit, S. 91.

Gemeininteressen in ein ausgewogenes Verhältnis zu bringen[789]. Dabei ist der Grad des Individualbezugs sowie der Grad des Sozialbezugs des Eigentumsobjekts von maßgeblicher Bedeutung[790]. Je nachdem, wie intensiv das Eigentumsobjekt der Freiheitssicherung seines Inhabers dient, bzw. wie ausgeprägt seine soziale Dimension ist, hat der Gesetzgeber das Eigentum entweder stärker zu schützen oder die Belange der Allgemeinheit in den Vordergrund zu stellen[791].

Die Panoramafreiheit gem. § 59 UrhG greift nicht lediglich in das Verfügungsrecht des Urhebers ein, sondern betrifft darüber hinaus auch sein Verwertungsrecht, indem sie ihm keinen ausgleichenden Vergütungsanspruch für die Werknutzung zuspricht. So eine Schranke bedeutet grundsätzlich einen intensiven Eingriff in die Eigentumsgarantie gem. Art. 14 Abs. 1 Satz 1 GG[792]. Während Eingriffe in das Verfügungsrecht eher mit Gemeinwohlgründen zu rechtfertigen sind, können Eingriffe in das Verwertungsrecht nur durch ein *gesteigertes* öffentliches Interesse gerechtfertigt werden[793]. Aus der „Vollzugsanstalten-Entscheidung“ des BVerfG[794] wurde dazu folgender Abwägungsgrundsatz abgeleitet: Je wichtiger die Einnahmequelle für die wirtschaftliche Existenz des Urhebers ist, desto gewichtiger müssen die Gründe für ihren Ausschluss sein, und umgekehrt[795].

Die Bedeutung einer Einnahmequelle für den Urheber ist vor allem davon abhängig, ob sie seinen Haupt- oder Nebenverdient darstellt[796]. Wie bereits erläutert, würden etwaige Lizenzeinnahmen für die betreffenden Urheber ohnehin nur einen Nebenverdienst darstellen[797]. Die Vervielfältigung in dreidimensionaler Form gestattet § 59 Abs. 1 Satz 1 UrhG zu Gunsten des Urhebers gerade nicht[798],

789 BVerfGE 79, 29, 40 ff. – Vollzugsanstalten; *Maunz/ Dürig/ Papier*, GG 59. Lfg. Juli 2010, Rn. 310 zu Art. 14.

790 *Stang*, Schutzfrist, S. 87.

791 BVerfGE 50, 290, 340 f. – Arbeitnehmermitbestimmung; 100, 226, 241 – Denkmalschutz; *Chirco*, Panoramafreiheit, S. 91; *Maunz/ Dürig/ Papier*, GG 59. Lfg. Juli 2010, Rn. 311 f. zu Art 14 m. w. N.; *Stang*, Schutzfrist, S. 87 f.

792 BVerfGE 79, 29, 41 – Vollzuganstalten.

793 BVerfGE 31, 229, 243 – Kirchen- und Schulgebrauch; 79, 29, 41 – Vollzuganstalten.

794 BVerfGE 79, 29 ff. – Vollzugsanstalten.

795 *Chirco*, Panoramafreiheit, S. 94; vgl. auch *Söllner*, FS Traub, S. 367, 373.

796 *Chirco*, Panoramafreiheit, S. 93.

797 Vgl. dazu ausführlich Teil 2 D. I. 3. a) aa) (2).

798 Gem. § 59 Abs. 1 Satz 1 UrhG sind nur die zweidimensionale Vervielfältigungen zulässig, ferner dürfen diese gem. § 59 Abs. 2 UrhG auch nicht an der Außenseite des Bauwerks angebracht werden; somit ist sichergestellt, dass auch Fresken auch nicht nachgeahmt werden dürfen; vgl. dazu auch Teil 2 C. III. 1. a) cc).

somit hat er auch keine Substitute und damit einen Verlust seiner Haupteinnahmequelle zu befürchten. Ferner wird der Urheber durch die Panoramafreiheit auch gar nicht daran gehindert, sein Werk gewinnbringend zu verwerten, innerhalb des freigestellten Bereichs wird er lediglich der Konkurrenz anderer Nutzer ausgesetzt. Freigestellt ist auch nur die Außenansicht, die der Allgemeinheit ohne Hilfsmittel zugänglich ist. Dem Schöpfer verbleibt somit auch das ausschließliche Recht, sein Werk auf alle anderen erdenklichen Möglichkeiten auszuwerten. Somit kann er auch weiterhin Einnahmen aus der Werkverwertung generieren.

Ferner ist zu berücksichtigen, dass das besondere Gemeininteresse durch die Errichtung der Werke im öffentlichen Raum hervorgerufen wird[799]. Zwar obliegt die Entscheidung darüber im Einzelfall nicht dem Schöpfer[800]; die Urheber haben aber dennoch einen gewissen Einfluss auf die öffentliche Aufstellung ihrer Werke, der innerhalb der Abwägung nicht unberücksichtigt bleiben darf[801]. Bildhauer können sich sogar gegen eine öffentliche Aufstellung ihrer Werke wehren, indem sie nur Aufträge annehmen, die Schöpfungen für den Innenraum beinhalten[802]. Zwar können Architekten und Ingenieure dem Anwendungsbereich der Panoramafreiheit nicht entgehen[803], sie haben sich aber bereits im Vorfeld für die Schöpfung öffentlicher Kunst entschieden, die nun mal im besonderen Fokus der Allgemeinheit steht[804]. Die genehmigungs- und vergütungsfreie Nutzung kann darüber hinaus auch in ihre Honorarabrechnung einfließen[805].

Im Gegensatz dazu würde ohne Panoramafreiheit die Realisierung der Gemeininteressen praktisch unmöglich gemacht werden. *Chirco* nimmt völlig zu Recht eine „Unzumutbarkeit von Erkundigungspflichten" hinsichtlich bestehender Urheberrechte an öffentlich errichteten Kunstwerken an und entscheidet die Abwägung zu Gunsten der Gemeininteressen[806].

Zwar würden ohne Panoramafreiheit „nur" urheberrechtlich geschützte Werke im öffentlichen Raum weiterhin vollumfänglich den Verbotsrechten ihrer

799 Vgl. ausführlich zu den Interessen der Nutzer und der Allgemeinheit an öffentlichen Kunst- und Kulturgütern Teil 2 D. I. 3. a) cc).

800 Vgl. dazu Teil 2 D. I. 1.

801 Vgl. *Pfennig*, ZUM 1996, 658, 659.

802 *Chirco*, Panoramafreiheit, S. 99.

803 *Chirco*, Panoramafreiheit, S. 99; vgl. auch *Katz*, Festgabe, S. 96, 108.

804 A. A. *Chirco*, Panoramafreiheit, S. 99, er wendet ein, dass Architekten sich gerade nicht gegen die Freistellung wehren können.

805 *Sprang/ Sich*, http://www.boersenverein.de/sixcms/media.php/976/Stellungnahme_Dritter_Korb_Juni09.pdf, S. 14 (12.12.2014); *Pfennig*, ZUM 1996, 658, 659.

806 Vgl. dazu die ausführliche Darstellung bei *Chirco*, Panoramafreiheit, S. 86 ff, 99 f.

Schöpfer unterliegen, sodass ihre Abbildung von einem öffentlichen Standort aus nicht frei möglich wäre; zu beachten ist aber, dass für den einzelnen Nutzer gar nicht erkennbar ist, welche Objekte im öffentlichen Raum urheberrechtlich geschützt sind[807]. Die notwendige urheberrechtliche Gestaltungshöhe ist schon schwer feststellbar, die Verfristung 70 Jahre *p. m. a.* kann dem Werk hingegen gar nicht angesehen werden[808]. Anders als in Ausstellungen oder Museen kann ferner niemand darüber aufklären, ob die tatsächlich unter Schutz stehenden Werke vervielfältigt werden dürfen oder nicht[809]. Vor jeder einzelnen Vervielfältigungshandlung müssten diese Fragen geklärt werden, den Nutzern würde damit eine erhebliche Erkundigungspflicht auferlegt werden[810].

Die spontane Grundrechtsausübung, die eine wichtige Ausprägung der hier betroffenen Freiheitsrechte darstellt, würde damit *im gesamten öffentlichen Raum* unmöglich gemacht werden, denn erst nach der Erkundigung würde sich herausstellen, ob ein Urheberrecht zu beachten ist[811].

Die Kunstfreiheit gem. Art. 5 Abs. 3 GG würde erheblich beeinträchtigt werden – in diesem Zusammenhang wird die Spontanaufnahme als beliebtes Stilmittel erwähnt[812]. Ferner lassen viele journalistische Tätigkeiten kein vorheriges Genehmigungsverfahren zu und § 50 UrhG deckt nicht alle Bereiche ihrer Tätigkeit ab[813]; so dürfen Werke nur in dem Umfang wiedergegeben werden, wie es durch den Zweck der Berichterstattung über Tagesereignisse geboten ist und die Wiedergabe unterliegt zeitlichen Schranken[814]. Auch die Zitierfreiheit, die gem. § 51 Satz 1 UrhG auch das Bildzitat umfasst, ist keine befriedigende Alternative, als die Wiedergabe immer vom Zitatzweck her geboten sein muss[815].

---

807 *Chirco*, Panoramafreiheit, S. 87.

808 *Chirco*, Panoramafreiheit, S. 87.

809 *Chirco*, Panoramafreiheit, S. 87.

810 *Chirco*, Panoramafreiheit, S. 87 ff., 99 ff.; *Hirsch Ballin*, UFITA 1957/I Bd. 23, 1; *Wanckel*, Foto- und BildR, Rn. 92.

811 Vgl. *Chirco*, Panoramafreiheit, S. 100.

812 *Chirco*, Panoramafreiheit, S. 90.

813 *Chirco*, Panoramafreiheit, S. 89; vgl. auch: *Sprang/ Sich*, http://www.boersenverein.de/sixcms/media.php/976/Stellungnahme_Dritter_Korb_Juni09.pdf (12.12.2014), S. 14.

814 BGH, NJW 1983, 1196, 1197 f.; *Müller-Katzenburg*, NJW 1996, 2341, 2343; *Pöppelmann*, ZUM 1996, 293, 296.

815 Vgl. dazu BGH, NJW 1983, 1196, 1198 f. – Presseberichterstattung und Kunstwerkwiedergabe I; vgl. zu Einzelfällen zulässiger und unzulässiger Bildzitate *Dreier/ Schulze/ Dreier*, UrhG, Rn. 24 zu § 51.

Mangels eines entsprechendes Registers und der großen Anzahl öffentlicher Werke würde eine Ermittlung der Urheberrechte erheblichen organisatorischen Aufwand erfordern[816]. Der Erkundigungsaufwand wird sogar kostenintensiver eingestuft, als etwaige Lizenzgebühren[817]. Mit allen Vervielfältigungen, die eine vorherige Erkundigung noch erlauben würden, also z. B. langfristig geplante Fotoaufnahmen oder Filmdrehs, wäre ein erheblicher Aufwand verbunden, sofern die konkrete Darstellung nicht gem. § 57 oder § 50 UrhG zulässig ist. Außerdem wäre zu erwarten, dass nicht wenige Nutzer - darunter auch Medienvertreter[818] - von den noch verbleibenden Vervielfältigungs- und Verwertungsmöglichkeiten angesichts des hohen Erkundigungsaufwands keinen Gebrauch mehr machen könnten und auf Darstellungen des öffentlichen Raums vollständig verzichten würden. Die Erkundigungspflichten stünden somit in keinem Verhältnis zu dem wirtschaftlichen Interesse des Urhebers[819]. Zu Recht wird auch darauf hingewiesen, dass diese „faktische Monopolisierung" des gesamten öffentlichen Raums durch den Urheber auch die Gewährleistung des Art. 14 Abs. 1 Satz 1 GG überschreitet[820] und das Urheberrecht nicht dazu führen dürfe, dass Handlungen beschränkt oder faktisch unmöglich gemacht werden, die gar nicht dem Verbotsrecht des Werkschöpfers unterliegen[821].

Ohne Panoramafreiheit wären also die Abbildungsmöglichkeiten der Gewerbetreibenden und Künstler erheblich eingeschränkt, teilweise sogar unmöglich[822]. Privataufnahmen wären noch durch die Privatkopie gem. § 53 UrhG gedeckt, sodass z. B. Touristen nicht auf Spontanfotografien verzichten müssten. Die Schranke genügt aber den Interessen der Privatnutzer an öffentlichen Kunstwerken nicht vollumfänglich[823]. Denn ohne Panoramafreiheit wäre keine lizenzlose Verbreitung und öffentliche Wiedergabe des äußeren Erscheinungsbildes öffentlicher Werke außerhalb der §§ 50, 57 UrhG mehr möglich. Nutzer

816 *Chirco*, Panoramafreiheit, S. 99.

817 *Chirco*, Panoramafreiheit, S. 89.

818 Vgl. *Chirco*, Panoramafreiheit, S. 89 f.

819 *Chirco*, Panoramafreiheit, S. 92.

820 *Chirco*, Panoramafreiheit, S. 89.

821 *Chirco*, Panoramafreiheit, S. 100.

822 Vgl. *Chirco*, Panoramafreiheit, S. 89; *DJV*, http://www.pro-panoramafreiheit.de/2008/04/30/panoramafreiheit-ein-historisches-relikt/ (12.12.2014); *Dreier/Schulze/ Dreier*, UrhG, Rn. 1 zu § 59; *Lettl*, UrhR, Rn. 58 zu § 6; *Schack*, ZEuP 2006, 149, 153 f.; *Wanckel*, Foto- und BildR, Rn. 92.

823 A. A. *Chirco*, Panoramafreiheit, S. 83 f., der die Panoramafreiheit vor allem als Privilegierung Gewerbetreibender einordnet.

dürften ihre Privatfotos nicht mehr frei im Internet öffentlich wiedergeben, was jedoch zum sozialtypischen Verhalten zählt[824]. Darüber hinaus würde die Möglichkeit des Werkzugangs und -genusses durch Sekundärquellen quantitativ und auch qualitativ beschränkt werden. Denn nur die Panoramafreiheit erlaubt es, die äußere Ansicht eines Werks lizenzlos ohne besonderen Anlass zu gewerblichen Zwecken als Hauptmotiv zu vervielfältigen, zu verbreiten und öffentlich wiederzugeben. Sie dient somit auch mittelbar dem legitimen Informationsinteresse der Rezipienten an öffentlicher Kunst, indem sie das Schaffen von Sekundärquellen erleichtert[825].

Sowohl die Verbraucher als auch die Gewebetreibenden sind hinsichtlich der Befriedigung ihrer Bedürfnisse somit auf die Panoramafreiheit angewiesen, die Urheber können ihre wirtschaftlichen Interessen hingegen auch ohne Lizenzeinnahmen befriedigen. Die Beeinträchtigungen, die die Nutzer durch ein umfassendes urheberrechtliches Monopol im öffentlichen Raum hinnehmen müssten, stünden im keinem Verhältnis zu dem daraus erwachsenen wirtschaftlichen Vorteil des Urhebers[826]. Die Gemeininteressen an einer freien Vervielfältigung, Verbreitung und öffentlichen Wiedergabe der äußeren Ansicht von dauerhaft im öffentlichen Raum errichteter Kunst- und Kulturgüter überwiegen somit die Urheberinteressen.

ee) Stellungnahme zur Kritik der Enquête-Kommission „Kultur in Deutschland“

Dennoch steht die Panoramafreiheit im Gegensatz zu den aktuell immer lauter werdenden „Open-Content-Forderung“ der Verbraucher, die vor allem das digitale Umfeld unserer Informationsgesellschaft betrifft[827], in der Kritik: Die Enquete-Kommission „Kultur in Deutschland“ des Deutschen Bundestages empfiehlt in ihrem Schlussbericht eine Vergütungspflicht für die Vervielfältigung von Kunstwerken im öffentlichen Raum – ausgenommen Bauwerke – in § 59 UrhG aufzunehmen, sofern die Abbildung gewerblich verwertet wird und die Darstellungsabsicht sich auf das Werk bezieht[828]. Als Begründung wird die Ungleichbehandlung zwischen Kunst in Gebäuden, also z. B. Museen, und Kunst im öffentlichen Raum angeführt[829].

---

824 Vgl. dazu ausführlich Teil 2 D. I. 3. a) cc) (1).

825 A. A. wohl *Chirco*, Panoramafreiheit, S. 83 Fn. 519.

826 So auch: *Chirco*, Panoramafreiheit, S. 99 f.

827 *Schack*, Rechtfertigung, S. 123.

828 BT-Drucks. 16/7000, S. 267.

829 BT-Drucks. 16/7000, S. 265.

Dies vermag jedoch nicht zu überzeugen. Gerade die Besonderheit, dass der Urheber zumindest mittelbar Einfluss auf die Errichtung seines Werks im öffentlichen Raum hat[830] und die daraus resultierende starke Betroffenheit der Grundrechte der Nutzer, rechtfertigt die Freistellung und liefert damit auch den sachlichen Grund für die Ungleichbehandlung. Denn selbst wenn ein Museum auch unentgeltlich zugänglich ist, sind die Werke den interessierten Museumsbesuchern vorbehalten und nicht von derselben Präsenz wie vergleichbare Werke im öffentlich-sichtbaren Raum, die jedermann automatisch aufnimmt.

Auch der Hinweis darauf, dass der Künstler im Gegensatz zum Fotografen seines Kunstwerks benachteiligt werde, da dieser aus der gewerblichen Nutzung seines Fotos von öffentlicher Kunst Gewinne erzielen könne[831], überzeugt nicht. Denn das Lichtbildwerk steht in einem völlig anderen sozialen Kontext, als das an einer öffentlichen Stelle aufgestellte Kunstwerk.

e) Institutsgarantie

Die Panoramafreiheit beschränkt die urheberrechtlichen Verwertungsrechte im spezifischen[832] Gemeininteresse an der Nutzung öffentlicher Werke; jedoch ohne die grundsätzliche Zuordnung der Verwertungsrechte zum Urheber aufzuheben[833]. Die Institutsgarantie ist in diesen Fällen aber erst betroffen, wenn die Vergütungsfreiheit eine unzumutbare Härte für den Urheber darstellt[834], weil wesentliche Formen der Werkverwertung betroffen sind[835]. Dies ist hier gerade nicht der Fall.

2. Ergebnis

Auf Ebene des Verfassungsrechts stellt die Panoramafreiheit folglich eine verfassungskonforme Ausprägung der Sozialpflichtigkeit des Urheberrechts dar und bringt die Gemeininteressen an öffentlichen Werken mit denen des Urhebers in einen gerechten Ausgleich. Sie dient damit der Erfüllung des verfassungsrechtlichen Gestaltungsauftrags des Gesetzgebers, der sich nicht nur an den

---

830 In der amtlichen Begründung wird hingegen erneut auf die Widmung des Urhebers an die Allgemeinheit verwiesen, die in Museen nicht so ausgeprägt sei und darum auf die Erstreckung der Panoramafreiheit auf Kunst in Museen verzichtet werde, Amtl. Begr., RegE UrhG, BT-Drucks IV/270, S. 76.

831 BT-Drucks. 16/7000, S. 265.

832 *Stang*, Schutzfrist, S. 92.

833 *Stang*, Schutzfrist, S. 92.

834 *Chirco*, Panoramafreiheit, S. 100.

835 *Chirco*, Panoramafreiheit, S. 100; *Schricker/ Katzenberger*, GRUR 1985, 87, 95.

Individualinteressen gem. Art. 14 Abs. 1 Satz 1 GG, sondern ebenso an den Allgemeininteressen gem. Art. 14 Abs. 2 GG orientiert.

Sie ist als Schranke des Urheberrechts damit ein wesentlicher Bestandteil der Gesamtkonzeption des Urheberrechts, durch die der Gesetzgeber versucht, seinem Gestaltungsauftrag gerecht zu werden und sämtliche betroffene Interessen in einen angemessenen Ausgleich zu bringen[836].

Gleichwohl ist die Panoramafreiheit nicht von Verfassungsrang. Einer einfachgesetzlichen Vorschrift kann Verfassungsrang zukommen, wenn sie nicht nur verfassungsrechtlich zulässig, sondern darüber hinaus von Verfassungswegen *geboten* ist[837]. Verfassungsmäßige Gesetze sind nicht automatisch auch von Verfassungswegen geboten; die Freiheitsrechte sind Abwehrrechte *gegen* den Staat. Sie verleihen grundsätzlich keine subjektiven Regelungsansprüche und gelten zwischen den Bürgern nur mittelbar. Folglich kann aus der Verfassungsmäßigkeit eines Gesetzes grundsätzlich nur geschlossen werden, dass der Staat das Übermaßverbot nicht verletzt hat, d. h. dass er die betroffenen Grundrechte – hier die Eigentumsgarantie - nicht übermäßig verkürzt hat. Nur bei Verletzung des Untermaßverbotes besteht in seltenen Fällen ein Anspruch auf staatliches Handeln[838].

Die vorliegende Konstellation weist aber die Besonderheit auf, dass der Gesetzgeber entsprechend seines verfassungsrechtlichen Gestaltungsauftrags eine grundsätzliche Zuordnung der Verwertungsrechte zum Urheber vorgenommen hat und durch die Freistellung gem. § 59 UrhG das grundsätzlich umfassend gewährte Verwertungsmonopol im Gemeininteresse einschränkt. Er bewegt sich mit der Regelung zur Panoramafreiheit also nicht im Raum des bloßen menschlichen Freiheitsgebrauchs, sondern innerhalb geschaffener Normierungen. Daher kommt es hier nicht auf eine mittelbare Drittwirkung von Grundrechten im Privatrecht oder eine staatliche Schutzpflicht zu Gunsten der Werknutzer an. Vielmehr kann[839] das gesetzliche Monopolrecht des Urhebers einen Eingriff in den

836 Vgl. generell zu den urheberrechtlichen Schrankenbestimmungen *Stang*, Schutzfrist, S. 91 ff.

837 Vgl. auch *Stang*, Schutzfrist, S. 98; *Stieper*, Schranken, S. 45.

838 Vgl. *Pieroth/ Schlink/ Kingreen/ Poscher*, StR II, Rn. 308.

839 Das Urheberrechtsgesetz, das eine ausschließliche Zuordnung der Verwertungsrechte zum Schöpfer vornimmt, stellt aber keinen Eingriff in *jedes* Freiheitsrecht dar, dessen Schutzbereich auch die Nutzung urheberrechtlicher Werke umfasst. Es werden verschiedene Eingriffsarten unterschieden, an die jeweils bestimmte Anforderungen gestellt werden. Daneben stellen auch einige Grundrechte besondere Anforderungen an die „Eingriffsqualität" des staatlichen Handelns, z. B. bedarf es für einen Eingriff

Schutzbereich der Freiheitsrechte bedeuten, deren Schutzbereich die Nutzung urheberrechtlicher Werke umfasst[840]. Der Verfassungsrang der Panoramafreiheit hängt also davon ab, ob die betroffenen Grundrechte die Panoramafreiheit *gebieten* und das Urheberrecht ansonsten einen unverhältnismäßigen Eingriff in ihre Schutzbereiche darstellen würde[841].

Obwohl hier keine Überprüfung jedes einzelnen betroffenen Freiheitsrechts der Werknutzer vorgenommen werden kann, kann festhalten werden, dass die Panoramafreiheit jedenfalls nicht *die einzige* verfassungskonforme Regelungsmöglichkeit darstellt, die sich innerhalb des von der Institutsgarantie und der Sozialpflichtigkeit vorgegebenen Rahmens bewegt. Anstelle der derzeit geltenden urheberrechtlichen Schrankenregelungen sind grundsätzlich auch andere verfassungskonforme Konzeptionen denkbar[842], nicht zuletzt, da die konkreten Abwägungsergebnisse zu einem gewissen Anteil auch politische Wertentscheidungen enthalten[843]. Der Panoramafreiheit kommt folglich kein unmittelbarer Verfassungsrang zu[844].

III. Die Bedeutung der Panoramafreiheit für das Sacheigentum am Werkstück

Zwar ist die Panoramafreiheit gem. § 59 UrhG nicht von unmittelbarem Verfassungsrang; sie ist in ihrer Funktion als Schrankenbestimmung aber jedenfalls eine verfassungskonforme Ausprägung der Sozialbindung des Urheberrechts. Fraglich ist nun, welche Konsequenzen sich daraus für das Sacheigentum am Werkstück ergeben.

1. *Panoramafreiheit und Sozialbindung des Sacheigentums*

Teilweise wird die Ansicht vertreten, „dass der Eigentumsschutz, unter Beachtung der Sozialbindung des Eigentums, nicht weiter reichen kann, als der Urheberrechtsschutz“[845]. Wäre diese Annahme in ihrer Allgemeinheit zutref-

---

in die Berufsfreiheit einer sog. „berufsregelnde Tendenz“; somit scheidet beispielsweise ein Eingriff in die Berufsfreiheit betroffener Kameraleute und Fotografen durch das Urheberrechtsgesetz bereits aus.

840 *Stieper*, Schranken, S. 45 f.

841 Dazu auch *Stieper*, Schranken, S. 42 ff.

842 *Badura*, FS Maunz, S. 1, 7 f.; *Fechner*, Geistiges Eigentum, S. 241.

843 *Chirco*, Panoramafreiheit, S. 73.

844 Vgl. *Chirco*, Panoramafreiheit, S. 73.

845 OLG Bremen, NJW 1987, 1420, f. – Friesenhaus.

fend, würden die urheberrechtlichen Nutzungsfreiheiten auf das Sacheigentum am Werkstück durchschlagen, sodass der Sacheigentümer sich gegen keine gem. § 59 UrhG zulässige Vervielfältigung und Verwertung der äußeren Erscheinung des in seinem Eigentum stehenden Werkexemplars zur Wehr setzen könnte[846].

Wie nun zu zeigen ist, kann die Panoramafreiheit aber keineswegs zugleich als Ausprägung der Sozialbindung des Sacheigentums aufgefasst werden[847], zum einen, weil dieses in einer völlig anderen sozialen Funktion steht (Unterabschnitt 1), aber vor allem, weil die Eigentümerinteressen nicht in den urheberrechtlichen Interessenausgleich einbezogen sind[848], als dessen Ergebnis die Panoramafreiheit hervorgeht (Unterabschnitt 2).

a) Die unterschiedlichen sozialen Funktionen von Sacheigentum und Urheberrecht

Dass die sozialen Funktionen von Urheberrecht und Sacheigentum stark voneinander abweichen, verwundert zunächst - unterliegen doch beide Rechtspositionen der Sozialbindung gem. Art. 14 Abs. 2 GG[849].

Wie bereits dargestellt, besteht der originäre Unterschied zwischen Sacheigentum und Urheberrecht darin, dass dem Sacheigentum ein materielles Schutzgut zugrunde liegt, während das Schutzgut des Urheberrechts immateriell ist[850]. Dies hat auch erhebliche Auswirkungen auf ihre Sozialbindung, deren Ausdruck die jeweiligen Schrankenbestimmungen sind.

aa) Die soziale Funktion des Sacheigentums

Unser heutiges Verständnis von Sacheigentum entspricht dem der Antike[851]: Eigentum (*dominum, propreitas*) wurde bereits zu Zeiten des klassischen römischen Rechts als Individualrecht verstanden, das seinen Inhaber dazu berechtigt, als Herrscher über ein Objekt andere zugleich von der Nutzung desselben ausschließen zu können[852]. Auch nach unserer heutigen Rechtsanschauung besteht das Wesen des Sacheigentums in der alleinigen Nutzungsmöglichkeit des Eigen-

846 *Stieper*, Schranken, S. 242.
847 *Stieper*, Schranken, S. 242 ff.
848 *Stieper*, Schranken, S. 242 ff.
849 Vgl. die unterschiedlichen Theorien zur Rechtfertigung der Begrenzung des Urheberrechts bei *Pahud*, UFITA 2000/I, 99, 116 ff.
850 *Fechner*, Geistiges Eigentum, S. 219.
851 Vgl. *Staudinger/ Seiler*, BGB, Rn. 58 f. zu Vorbem zu §§ 903 ff.
852 Vgl. dazu *Schubert/ Johow*, Vorentw. BGB SachenR 1, S. 495 f. (619 f.) und *Staudinger/ Seiler*, BGB, Rn. 57 ff. zu Vorbem zu §§ 903 ff., die allerdings darauf hinweisen, dass

tumsobjekts[853]. Die erste das Eigentumsrecht konstituierende Komponente besteht also in der freien Nutzungsmöglichkeit des Eigentümers. Der wesentliche dem Eigentum wertverleihende Faktor besteht aber in der gleichzeitigen Ausschließungsmöglichkeit anderer von der Nutzung der Sache[854]. Nur die *alleinige* Herrschaftsmacht begründet den Wert des Eigentums, *verdient* die Bezeichnung *Privat*eigentum[855].

Dieses sehr alte Verständnis von Sacheigentum ist nicht willkürlich entstanden, vielmehr liegt es in dem Wesen der Sache als Eigentumsobjekt begründet. Als körperlicher Gegenstand ist eine Sache durch ihre Körperlichkeit bestimmt und begrenzt. Jeder körperliche Gegenstand ist durch den in ihm verkörperten Wert für den Menschen autonom nutzbar[856]. Es herrscht Rivalität hinsichtlich der Nutzung, die Sache nutzt sich ab, somit bedeutet jede Mitbenutzung zugleich eine Einbuße für den Eigentümer[857]. Nur die ausschließliche Nutzungsmöglichkeit von Sachen verspricht größte Gewinnchancen.

Die Sache als solche erfüllt somit gerade keine soziale Funktion. Es gibt kein grundsätzliches Interesse der Rechtsordnung an frei verfügbaren Sachen, vielmehr würde die Aufhebung der Zuordnung von körperlichen Gegenständen zu ewigen Streitigkeiten um die Sachherrschaft daran führen[858]. Ihrem Wesen nach ist die Sache vielmehr zur freiheitssichernden unabhängigen Lebensführung *des Einzelnen* optimal geeignet. Es bedarf also weiterer hinzutretender Umstände, um die soziale Funktion konkreter Eigentumsobjekte zu begründen[859].

So besteht beispielsweise im Nachbarschaftsverhältnis grundsätzlich ein Konflikt hinsichtlich der Eigentumsnutzung, in dem sich die Sozialbindung

---

der oftmals als „totalitär" und „unbegrenzt" kritisierte Eigentumsbegriff des römischen Rechts bereits über zahlreiche Sozialbindungen verfügte.

853 Amtl. Begr. zum RegE UrhG 1965, BT-Drucks. IV/270, S. 63.

854 Vgl. *Stang*, Schutzfrist, S. 95; auch nach Ansicht der ersten Kommission ist die negative Seite des Eigentums die bedeutsamere, s. Mot. III, S. 262 = *Mugdan* III, S. 145; es wurde sogar beantragt, die positive Seite des Eigentums gar nicht in das BGB aufzunehmen, da sich ihr Inhalt aus dem negativen Ausschlussrecht ergeben würde, Prot. 191, S. 3521 ff. = *Mugdan* III, S. 577 f.; dieser Vorschlag wurde jedoch abgelehnt, da auch Konstellationen denkbar seien, in denen der Eigentümer Dritten zwar Einwirkungen verbieten könne, selbst jedoch nicht beliebig mit der Sache verfahren könne, Prot. 191, S. 3524 = *Mugdan* III, S. 577 f.

855 Vgl. Amtl. Begr. zum RegE UrhG 1965, BT-Drucks. 270/IV, S. 63.

856 Vgl. dazu Teil 1 B. I. 5.

857 Vgl. dazu Teil 1 B. I. 3.

858 *Kreutzer*, Modell, S. 135; vgl. auch *Münch/ Komm/ Säcker*, BGB, Rn. 3 zu § 903.

859 Vgl. *Roeber*, FS Brandner, S. 150, 168.

bemerkbar macht. Hier lässt sich im Hinblick auf die Sozialbindung eine Schranke rechtfertigen, wenn der Nichteigentümer der Nutzung der Eigentumsobjekte zwingend zu seiner eigenen Freiheitssicherung und Lebensgestaltung bedarf[860]. Auch die Errichtung von Bauwerken unterliegt zahlreichen Schranken, z. B. aus dem Bauplanungs- und Bauordnungsrecht sowie dem Immissionsschutzgesetz. Auch diese beschränken die Befugnisse des Sacheigentümers im Interesse der Gefahrenabwehr bzw. zur Freiheitssicherung Dritter.

Schranken, die allein dem Partizipationsinteresse der Allgemeinheit dienen, lassen sich somit grundsätzlich nicht aus dem Wesen des Eigentums begründen - im Gegenteil: Sie würden je nach Ausgestaltung sogar eine Enteignung im klassischen Sinne bedeuten[861]. Diese ist an strenge Vorgaben geknüpft und nur als *ultima ratio* zum Wohle der Allgemeinheit[862] zulässig und lässt sich regelmäßig nicht mit bloßen Partizipationsinteressen der Allgemeinheit rechtfertigen.

Das Sacheigentum an einem Werkstück steht wegen seiner Eigenschaften als Kunstobjekt hingegen in einer besonderen sozialen Funktion. Als Träger des immateriellen Werks transportiert es dessen geistigen Gehalt. Die Interessen am immateriellen Werk schlagen darum teilweise auf dessen materielle Verkörperung durch. Aus diesem Grund werden Verleger beispielsweise auch verpflichtet, sog. Pflichtexemplare von Druckwerken der Deutschen Nationalbibliothek sowie der zuständigen Landesbibliothek - je nach Landesrecht sogar unentgeltlich[863] - zur Verfügung zu stellen, um „die literarischen Erzeugnisse dem wissenschaftlich und kulturell Interessierten möglichst geschlossen zugänglich zu machen und künftigen Generationen einen umfassenden Eindruck vom geistigen Schaffen früherer Epochen zu vermitteln“[864]. Das Eigentumsrecht an der Werkverkörperung wird somit im Interesse der Allgemeinheit an dem mit ihm verbundenen geistigen Werk beschränkt.

Zusammenfassend kann festgestellt werden, dass die Schrankenbestimmungen des Sacheigentums von der sozialen Funktion des konkreten Eigentumsobjekts abhängig sind.

---

860 Vgl. BVerfGE 37, 132, 140; 68, 361, 368.

861 Vgl. BVerfGE 79, 29, 42 – Vollzugsanstalten.

862 Wie bereits erwähnt, sind an das Gemeininteresse i. S. d. Art. 14 Abs. 3 GG höhere Anforderungen zu stellen, als an das i. S. d. Art. 14 Abs. 2 Satz 2 GG.

863 Vgl. zur verfassungsrechtlich gebotenen Ausgleichspflicht BVerfGE 58, 137 ff. – Pflichtexemplar.

864 BVerfGE 58, 137, 149 – Pflichtexemplar.

bb) Die soziale Funktion des Urheberrechts

Schutzobjekt des Urheberrechts ist im Gegensatz dazu ein geistiges Werk, dessen Genuss und sogar dessen Verwertung seinen tatsächlichen Zustand nicht verändern bzw. verschlechtern[865]. Aufgrund der Körperlosigkeit immaterieller Werke herrscht auch „Nichtrivalität" hinsichtlich ihrer Nutzung[866], darum besteht auch ein allgemeines Interesse an frei verfügbaren Werken[867]. Somit steht das Werk von seiner Veröffentlichung an allein durch seine Existenz in einem sozialem Kontext[868]. Die „potentielle Ubiquität" urheberrechtlicher Werke[869] ermöglicht sogar eine parallele Werknutzung, ohne dass dem Urheber dadurch seine Schöpfung entzogen wird – wie dies bei einer „Sozialisierung des Sacheigentums" der Fall wäre[870].

Auch für den Urheber selbst wird das Werk erst durch die Zugänglichmachung an Dritte wirtschaftlich nutzbar[871]. Das Urheberrecht ist also seinem gesamten Wesen nach im Gegensatz zum Sacheigentum nicht auf den Ausschluss Dritter gerichtet, sondern ein „Mitteilungsgut"[872]. Es wird durch die Veröffentlichung der Allgemeinheit zugänglich gemacht und als immaterielles Werk durch die folgende geistige Aufnahme seiner Natur nach auch der Einwirkungsmöglichkeit des Urhebers immer mehr entzogen[873].

Diese Eigenschaften, die sich völlig von denen einer Sache unterscheiden, rechtfertigen Schranken im Partizipationsinteresse der Allgemeinheit, da diese das Wesen eines geistigen Werks nicht aushöhlen, sondern seiner Natur entgegenkommen[874].

865 *Stang*, Schutzfrist, S. 47; vgl. auch *Roeber*, FS Brandner, S. 150, 167.

866 Vgl. dazu auch Teil 1 B. I. 5.

867 *Kreutzer*, Modell, S. 135.

868 BVerfGE 79, 29, 42 f. – Vollzugsanstalten; *Roeber*, FS, Brandner, S. 150, 166; vgl. auch *Stang*, Schutzfrist, S. 48.

869 Vgl. dazu Teil 1 B. I. 3.

870 *Pahud*, UFITA 2000/I, 99, 119, allerdings nicht völlig unkritisch unter Hinweis auf die Entscheidung BVerfGE 79, 29 ff – Vollzugsanstalten.

871 Vgl. Teil 1 B. I. 5.

872 Amtl. Begr. UrhG 1965, S. 63; *Erdmann*, FS Piper, S. 655, 656 f.; *Roeber*, FS Brandner, S. 150, 166; *Stang*, Schutzfrist, S. 95.

873 Zum zeitlichen Bestand der zu berücksichtigen Interessen im Hinblick auf die Gemeinfreiheit vgl. *Stang*, Schutzfrist, S. 71 ff.

874 BVerfGE 31, 275, 287 f. zu § 75 i. V. m. § 82 UrhG; *Erdmann*, FS Piper, S. 655, 658, sowie *Hubmann*, Recht des schöpferischen Geistes, S. 153 und *Stang*, Schutzfrist, S. 93 ff., zur Schutzfrist des Urheberrechts; *Kraßer*, PatR, § 3 III 1 zur Schutzfrist geistigen Eigentums generell; vgl. auch *Schricker*, GRUR 1992, 242, 246.

cc) Zwischenergebnis

Beide Rechtspositionen stehen aufgrund der in ihrem Wesen begründeten Unterschiede in einer anderen sozialen Funktion[875], die Allgemeinheit knüpft an immaterielle Werke ganz andere Interessen als an körperliche Gegenstände. Bereits darum verbietet es sich, ihre Sozialbindung grundsätzlich gleichzusetzen.

b) Keine Berücksichtigung der Interessen des Sacheigentümers

Zwar erstreckt sich das Gemeininteresse an immateriellen Werken teilweise auch auf die jeweiligen Werkverkörperungen. Dies wird beispielsweise anhand der Normen deutlich, die das Eigentumsrecht der Verleger im Partizipationsinteresse der Allgemeinheit an dem verkörperten immateriellen Werk beschränken. Aber auch die Nutzungsinteressen an urheberrechtlichen Werken, denen die Schrankenbestimmungen gem. §§ 44a ff. UrhG Ausdruck verleihen, erstrecken sich auf die entsprechenden Werkverkörperungen als Kopiervorlagen[876]. Die Nutzungshandlungen, die § 59 Abs. 1 Satz 1 UrhG gestattet, wären ohne Nutzung des entsprechenden Werkstücks gar nicht realisierbar. Das Interesse an der Werkverkörperung, das mit dem Nutzungs*interesse* an dem urheberrechtlichen Werk einhergeht, ist aber noch keine ausreichende Begründung dafür, die urheberrechtlichen Nutzungs*freiheiten* auch auf das Eigentumsrecht durchschlagen zu lassen.

Würde die Panoramafreiheit auf das Eigentumsrecht durchschlagen, dürfe der Eigentümer sich gegen keine Verwendung seines Werkexemplars als Vorlage für die urheberrechtlich zulässige Nutzungshandlung wehren[877]. Er dürfte sich folglich auch nicht gegen die Beschleunigung des Alterungsprozesses der Sachsubstanz seines Werkexemplars durch die vom Blitz- oder Scheinwerferlicht ausgesandten Photonen, die eine chemische Reaktion hervorrufen, zur Wehr setzen[878]; oder gegen Farbspritzer, die beim Abmalen das Kunstwerk treffen.

875 So auch *Jänich*, Komplementärentscheidung?, S. 232 f.; eine grundsätzlich stärkere Sozialbindung des Urheberrechts wäre im Hinblick auf das Gleichheitsgebot unzulässig, s. *Fechner*, Geistiges Eigentum, S. 226.

876 Vgl. *Stieper*, Schranken, S. 242 f.

877 *Stieper*, Schranken, S. 242.

878 *Bullinger*, FS Raue, S. 379, 390; *Bullinger/ Bretzel/ Schmalfuß*, Museen und Archive, S. 82; *Grüning*, Eigentumsfreiheitsklage, S. 15; *Lehment H.*, Fotografieren, S. 104; *Schack*, ZeuP 2006, 149, 155; *Schlingloff*, AfP 1992, 112, 113; davon betroffen ist vor allem die Farbe. Ferner sind auch Schäden an der Substanz möglich, vor allem wenn diese organisch ist. Holz kann bei Filmaufnahmen z. B. Risse erleiden, siehe: *Waller*, http://www.cwaller.de/deutsch.htm?lichtschaeden.htm~information (12.12.2014).

Anhand dieser Beispiele wird deutlich, dass die Eigentümerinteressen durch die urheberrechtlichen Schrankenbestimmungen zwar berührt werden, aber nicht Regelungsbestandteil des Urheberrechts sind und somit auch innerhalb des urheberrechtlichen Interessenausgleichs keine Berücksichtigung gefunden haben[879]. Darum darf auch keine Eins-zu-eins-Übertragung der urheberrechtlichen Schranken auf das Sacheigentum am Werkexemplar stattfinden.

Gewisse Wechselwirkungen sind gleichwohl nicht ausgeschlossen; so ist beispielsweise gem. § 53 Abs. 1 Satz 1 UrhG die Privatkopie unzulässig, wenn die Kopiervorlage *offensichtlich* rechtswidrig hergestellt oder öffentlich zugänglich gemacht wurde. Die Formulierung schützt aber den gutgläubigen Nutzer[880], sodass die bloße Eigentumswidrigkeit noch keinen Tatbestandsausschluss herbeiführt[881].

2. *Keine Duldungspflicht des Sacheigentümers gem. § 1004 Abs. 2 BGB*

Aus den bisherigen Ausführungen ergibt sich ferner, dass aus § 59 UrhG auch keine Duldungspflicht des Sacheigentümers i S. d. § 1004 Abs. 2 BGB hergeleitet werden kann[882]. Die Auferlegung einer Duldungspflicht hinsichtlich aller urheberrechtlich zulässigen Nutzungshandlungen würde die Sozialbindung des Sacheigentums am Werkexemplar „deutlich überdehnen", da die urheberrechtlichen Schrankenbestimmungen, wie soeben gezeigt, gerade nicht zugleich als Ausprägung der Sozialbindung des Sacheigentums eingeordnet werden dürfen, insbesondere, weil sie die Interessen des Sacheigentümers am Werkexemplar unberücksichtigt lassen[883].

---

879 *Stieper*, Schranken, S. 242 ff.; so ebenfalls, obwohl im Ergebnis verfehlt: LG Potsdam, ZUM 2009, 430, 433 – Preuß. Schlösser und Gärten (I/1).

880 Vgl. *Wandtke/ Bullinger/ Lüft*, UrhG, Rn. 16 zu § 53.

881 OLG FaM, ZUM-RD 2013, 528, 532; a. A. noch KG GRUR, 1992, 168, 169 – Dia-Kopien und *Stieper*, Schranken, S. 243, die den Tatbestand des § 53 UrhG als nicht erfüllt ansehen, wenn die Kopiervorlage eigentumswidrig erlangt wurde, um den Täter nicht noch mit einem Vervielfältigungsstück „zur Erinnerung an sein rechtswidriges Tun" zu belohnen; im Zuge der Novelle 2008 konnte sich der Vorschlag, die Privatkopie auf Vorlagen zu beschränken, auf die der Nutzer „rechtmäßig Zugriff hatte" (Stellungnahme des Bundesrates zum Entwurf eines Gesetzes zur Regelung des Urheberrechts in der Informationsgesellschaft, BT-Drucks. 15/38, S. 37) aber nicht durchsetzen.

882 *Stieper*, Schranken, S. 244.

883 *Stieper*, Schranken, S. 244.

3. *Sacheigentum im Konflikt mit der gesetzlichen Wertung der Panoramafreiheit*

Die vorangegangenen Ausführungen belegen, dass die *urheberrechtliche* Zulässigkeit grundsätzlich nichts über die *eigentumsrechtliche* Zulässigkeit einer Handlung aussagt. In Ermangelung der Einbeziehung jedweder Eigentümerinteressen kann die Ausübung des Eigentumsrechts im Anwendungsbereich der Panoramafreiheit auch keine Umgehung ihrer gesetzlichen Wertung darstellen.

Auch andere absolute Rechte, deren Ausübung im Ergebnis zu einer Unterbindung der urheberrechtlichen Nutzungshandlungen führen kann, lässt § 59 UrhG unberührt[884]. So kann neben dem Eigentumsrecht vor allem das allgemeine Persönlichkeitsrecht die Rechtswirkung der Panoramafreiheit aushebeln. Zwar gehört die Außenansicht eines Gebäudes als Teil des Straßenbildes grundsätzlich nicht zur geschützten Privatsphäre[885], die bildliche Wiedergabe eines Wohnanwesens kann aber beispielsweise unter Mitteilung von Name und Anschrift der Bewohner zum Teil der geschützten Privatsphäre werden, sofern sie ein legitimes Interesse an der Anonymität ihres Anwesens haben, was vor allem bei Personen des öffentlichen Lebens grundsätzlich zu bejahen ist[886].

Insoweit unterscheidet sich diese Konstellation von der Problematik der sog. „Remonopolisierung gemeinfreier Werke" durch die Gewährung neuer Schutzrechte, z. B. durch eine Markenanmeldung oder den Leistungsschutz von Fotografen gem. § 72 UrhG[887], denn ein neu gewährtes Monopol an einem gemeinfreien urheberrechtlichen Werk läuft der urheberrechtlichen Interessenabwägung zuwider, obwohl diese primär nur das Erlöschen des Urheberrechts intendiert[888]. Denn an dem speziellen Werk überwiegen die Nutzungsinteressen der Allgemeinheit; dieser Interessenausgleich kann durch eine Remonopolisierung aber zu Lasten der Allgemeinheit nicht realisiert werden[889]. Daher muss in diesen Fällen geprüft werden, ob die Schutzrechte vor dem Hintergrund der gesetzlichen Wertung der Gemeinfreiheit gewährt werden können, oder ob der Gemeinfreiheit zur Geltung verholfen werden muss[890].

---

884 Vgl. generell *Stieper*, Schranken, S. 244 f.
885 *Gerlach*, JZ 2004, 625, 626.
886 *Gerlach*, JZ 2004, 625, 626.
887 Vgl. ausführlich dazu *Stang*, Schutzfrist, S. 115 ff.; S. 127 ff.
888 *Stang*, Schutzfrist, S. 115 f.
889 *Stang*, Schutzfrist, S. 116 f.
890 *Stang*, Schutzfrist, S. 116 f.

Daraus ergibt sich, dass eine Rechteausübung nur dann problematisch ist, wenn sie den gesetzlichen Wertungen der urheberrechtlichen Nutzungsfreiheiten *direkt* widerspricht. Bezogen auf das Sacheigentum wäre somit nur die Monopolisierung der von einer öffentlichen Stelle aus erfolgenden Vervielfältigung und Verwertung des äußeren Erscheinungsbilds eines Werkexemplars *als solche*, also ohne zusätzliche externe Effekte auf die Sache, durch Eigentumsrechte problematisch[891]. Denn nur dann würde die hinter der Panoramafreiheit stehende Wertung tatsächlich berührt werden[892]. Die Frage, ob das Sacheigentum tatsächlich so weit reicht, dass es zur „Schranke der Panoramafreiheit" wird, ist Gegenstand des nun folgenden Abschnitts.

891 Vgl. *Schack*, ZeuP 2006, 149, 154, der in Interesse der Allgemeinheit fordert, dass dem Eigentümer solche Ansprüche versagt werden.

892 So auch *Rehbinder/ Peukert*, UrhR, Rn. 641.

Teil 3: Eigentum als „Schranke der Panoramafreiheit“?

Urheberrechtlich geschützte Werke unterliegen also der Panoramafreiheit gem. § 59 UrhG. Sie stellt das Ergebnis eines dezidierten Abwägungsvorgangs der betroffenen Interessen dar und räumt in ihrem Anwendungsbereich der Allgemeinheit die Werknutzung ein, ohne dem Urheber einen Vergütungsanspruch zu gewähren.

Wie soeben gezeigt, ist das Interesse der Sacheigentümer von Werkverkörperungen nicht Regelungsbestandteil des UrhG, bzw. der Panoramafreiheit. Der Regelungsgehalt der Panoramafreiheit betrifft nur die Rechte des Urhebers aus §§ 15 Abs. 2, 16, 17 UrhG. Gleichwohl werden auch die Belange der Sacheigentümer von Werkverkörperungen durch die gem. § 59 Abs. 1 Satz 1 UrhG freigestellten Nutzungshandlungen berührt[893], zumal diese zwingend eines Werkexemplars als Vorlage bedürfen. Immer wieder sehen sich Sacheigentümer durch eben diese Handlungen in ihren Rechten verletzt und versuchen die urheberrechtlich zulässigen Nutzungshandlungen an ihren Werkexemplaren zu unterbinden[894]. Dahinter steht zumeist das kommerzielle Interesse, das äußere Erscheinungsbild der eigenen Sache konkurrenzlos selbst verwerten zu können[895].

Es stellt sich daher nun die entscheidende Frage, ob der Sacheigentümer der schlichten Vervielfältigung, Verbreitung und öffentlichen Zugänglichmachung des äußeren Erscheinungsbildes seines Werkstücks bei gleichzeitigem Vorliegen der Tatbestandsvoraussetzungen der Panoramafreiheit absolute Rechte

893 Vgl. *Chirco*, Panoramafreiheit, S. 222 und *Lehment H.*, Fotografieren, S. 99, der sich allerdings vor allem auf gemeinfreie Werke bezieht.

894 BGH, GRUR 1975, 500 ff. – Schloss Tegel; BGH, GRUR 1990, 390 ff. – Friesenhaus; BGH, ZUM 2011, 325 ff. – Preuß. Schlösser und Gärten (I/1); BGH, ZUM 2011, 327 ff. – Preuß. Schlösser und Gärten (I/2); BGH, ZUM 2011, 333 ff. – Preuß. Schlösser und Gärten (I/3); OLG München, AfP 1986, 45; OLG Oldenburg, NJW-RR 1988, 951; OLG Köln, GRUR 2003, 1066 ff. - Wayangfiguren; KG Berlin, Urt. V. 25.10.2012 – 10 U 136/12 (BeckRS); LG Freiburg, GRUR 1985, 544 ff. – Fachwerkhaus; LG Hamburg, AfP 1993, 161; LG Waldshut-Tiengen, NZM 1999, 1166 ff.; LG Berlin, AfP 1999, 525, 526 – Prominentenvilla; LG Hamburg, ZUM 2012, 819 ff.; AG Hamburg, MMR 2012, 836 ff.

895 *Flöter/ Königs*, ZUM 2012, 383, 388; *Lehment H.*, Fotografieren, S. 99; *Maaßen*, GRUR 2010, 880; *Schippan*, ZStV 2011, 210, 212.

entgegenhalten kann und somit die urheberrechtlich gewährte Panoramafreiheit kraft seines Eigentumsrechts zu beschränken vermag. Dabei würden nicht nur Unterlassungs- und Schadensersatzansprüche gem. §§ 903, 1004 Abs. 1, 823 Abs. 1 BGB, sondern vielmehr *alle denkbaren Ansprüche des Eigentümers* der freien Nutzung durch die Allgemeinheit entgegenstehen[896]. Denn auch die Nichtleistungskondiktion gem. § 812 Abs. 1 Satz 1 Alt. 2 BGB, auf Herausgabe der Abbildungen bzw. Abschöpfung des Verwertungserlöses oder subsidiären Wertersatz gerichtet, würde die freie, lizenzlose Werknutzung gem. § 59 UrhG beeinträchtigen[897]; ebenso wie der Herausgabeanspruch gem. §§ 687 Abs. 2, 681, 667 BGB. Dafür müsste § 903 Satz 1 BGB dem Eigentümer einer Sache das ausschließliche Recht zuweisen, das äußere Erscheinungsbild derselben bei gleichzeitigem Vorliegen der Tatbestandsvoraussetzungen der Panoramafreiheit zu vervielfältigen und zu verwerten und die durch § 59 UrhG privilegierte Nutzung durch Dritte müsste seine Eigentümerposition beeinträchtigen bzw. widerrechtlich verletzen[898].

Gegenstand der Untersuchung bilden dabei nur solche Nutzungshandlungen, die die Sachsubstanz durch zusätzliche externe Effekte, wie z. B. die vom Blitz- oder Scheinwerferlicht ausgesandten Photonen, die eine chemische Reaktion hervorrufen, und somit den Alterungsprozess der Sachsubstanz eines Kunstwerks zumindest beschleunigen können[899], oder Farbspritzer, die beim Abmalen das Objekt treffen, unberührt lassen. Denn die zu klärende Frage ist ja gerade, ob die durch die Panoramafreiheit freigestellten Nutzungshandlungen *als solche*, also ohne Berücksichtigung potenzieller externer Effekte, eine Eigentumsbeeinträchtigung darstellen. Denn nur dann würde das Eigentumsrecht tatsächlich die hinter der Panoramafreiheit stehende gesetzliche Wertung berühren und mithin eine Schranke derselben darstellen. Diese in Frage stehenden Rechte des Sacheigentümers werden im Folgenden als *unmittelbare* Abwehrrechte bezeichnet. Die

896 A. A. *Lehment, C.*, FS Raue, S. 515, 526, nach dessen Ansicht nur Primäransprüche in Konflikt mit urheberrechtlichen Nutzungsfreiheiten geraten können.

897 Vgl. *Schack*, Kunst und Recht, Rn. 204.

898 *Bullinger*, FS Raue, S. 379, 390.

899 *Bullinger*, FS Raue, S. 379, 390; *Bullinger/ Bretzel/ Schmalfuß*, Museen und Archive, S. 82; *Grüning*, Eigentumsfreiheitsklage, S. 15; *Lehment H.*, Fotografieren, S. 104; *Schack*, ZeuP 2006, 149, 155; *Schlingloff*, AfP 1992, 112, 113; davon betroffen ist vor allem die Farbe. Ferner sind auch Schäden an der Substanz möglich, vor allem wenn diese organisch ist. Holz kann bei Filmaufnahmen z. B. Risse erleiden, siehe *Waller*, http://www.cwaller.de/deutsch.htm?lichtschaeden.htm~information (Abrufdatum: 12.12.2014).

Prüfung ist auch nicht auf die Konstellation zu beschränken, in der Urheberrecht und Sacheigentum in verschiedenen Händen liegen[900]. Ist der Schöpfer zugleich Eigentümer, ist auch für ihn von Interesse, ob er aus seiner sachenrechtlichen Stellung heraus die Panoramafreiheit abwehren kann.

Aufgrund der großen Differenzen bezüglich dieser zentralen Fragestellung erfolgt zunächst eine umfassende Darstellung der Rechtsprechungs- (Unterabschnitt 1) und Literaturansicht (Unterabschnitt 2) zu dieser Problematik, aus der zugleich die Notwendigkeit eines neuen Lösungsansatzes deutlich wird. Die Entwicklung desselben bildet den Schwerpunkt dieser Arbeit und erfolgt im Anschluss (Unterabschnitt 3).

A. Rechtsprechung

Zu den Rechten des Sacheigentümers auf Vervielfältigung und Verwertung der äußeren Ansicht des eigenen Werkexemplars unter gleichzeitiger Geltung der Panoramafreiheit hat sich die Rechtsprechung lediglich in einigen *obiter dicta* geäußert, die nachfolgend dargestellt werden. Sie macht dabei immer wieder § 59 UrhG fruchtbar, um in einer „Parallelwertung" eigentumsrechtliche Befugnisse zu verneinen.

I. Unmittelbare Abwehrrechte des Sacheigentümers und § 59 UrhG

1. Innerhalb des Geltungsbereichs von § 59 UrhG

Der BGH und die weit überwiegende Rechtsprechung der Instanzgerichte lehnen Vervielfältigungs- und Verwertungsrechte des Eigentümers hinsichtlich des äußeren Erscheinungsbildes seines Eigentumsobjekts jedenfalls innerhalb des Geltungsbereichs von § 59 UrhG mittels eines „Erst-Recht-Schlusses" ausdrücklich ab, da seine Rechte nicht weiter reichen können als die des Urhebers[901].

2. Außerhalb des Geltungsbereichs von § 59 UrhG

Im Fall „Preußische Schlösser und Gärten" führt der BGH in einem *obiter dictum* aus, dass selbst in den Fällen, in denen der Eigentümer entsprechende Rechte

900 So aber *Lehment H.*, Fotografieren, S. 99.

901 So in obiter dicta: BGH, GRUR 1975, 500, 501 – Schloss Tegel; BGH, GRUR 1990, 390 f. – Friesenhaus; BGH, ZUM 2011, 333, 334 – Preuß. Schlösser und Gärten (I/3); OLG Bremen, NJW 1987, 1420, f. – Friesenhaus; LG Freiburg, GRUR 1985, 544 ff. - Fachwerkhaus; LG Waldshut-Tiengen, NZM 1999, 1166, 1167; a. A. offenbar LG Potsdam, ZUM 2009, 430, 433 – Preuß. Schlösser und Gärten (I/1).

außerhalb des Anwendungsbereichs von § 59 UrhG grundsätzlich innehabe[902], diese jedenfalls hinter geltendem Urheberrecht zurücktreten. Das Urheberrecht ist nach Ansicht des BGH insoweit *lex specialis*, solange das Werk dem urheberrechtlichen Schutz unterliegt[903]. Der Eigentümer darf danach also im Verhältnis zum Urheber selbst das äußere Erscheinungsbild seines Werkexemplars nicht auswerten und hat somit auch keine entsprechenden Abwehrrechte gegen Dritte inne. Diese Auffassung steht insoweit auch in Einklang mit der vorherrschenden Ansicht in Rechtsprechung und Literatur, der zufolge das Eigentumsrecht gem. § 903 Satz 1 BGB auch nur unbeschadet geltenden Urheberrechts ausgeübt werden darf[904].

3. *Ergebnis*

Im Ergebnis wird die Rechtsprechung dem Eigentümer eines urheberrechtlich geschützten Werkexemplars also keine durchsetzbaren Abwehrrechte gegen die Vervielfältigung und Verwertung der äußeren Ansicht desselben zusprechen. Es ist jedoch dogmatisch kein zu vernachlässigender Unterschied, ob die entsprechenden Rechte des Eigentümers gar nicht erst zur Erstehung gelangen oder ob diese für den Zeitraum des urheberrechtlichen Schutzes nur hinter denen des Werkschöpfers zurücktreten, wie der BGH es in seinen neuen Entscheidungen für möglich hält. Denn mit Eintritt der Gemeinfreiheit wachsen diese dem Eigentümer dann denknotwendig zu[905].

Auf den ersten Blick scheint dies dennoch keine Gefahr für die durch die Panoramafreiheit zugesicherte Freiheit zu bedeuten, als die Rechte nach Ansicht der Rechtsprechung ja nur *außerhalb* des Anwendungsbereichs der Panoramafreiheit überhaupt zur Entstehung gelangen können, da die Befugnisse des Eigentümers nicht weiter reichen können als die des Urhebers[906]. Für die Panoramafreiheit geschützter Werke besteht aber eine latente Gefahr, sofern die Rechtsprechung den Anwendungsbereich von § 59 UrhG nicht in Einklang mit urheberrechtlichen

902 Dies hängt nach Auffassung des BGH von mehreren Faktoren ab, wie vor allem der Verwendungsabsicht und dem Vervielfältigungsstandort; vgl. dazu ausführlich Teil 3 A. II.

903 BGH, ZUM 2011, 327, 329 – Preuß. Schlösser und Gärten (I/2); sowie im Parallelurteil: BGH, ZUM 2011, 333, 335 – Preuß. Schlösser und Gärten (I/3).

904 Vgl. dazu Teil 1 D. II. 2. b).

905 Nach Ansicht von *Schack*, ZeuP 2006, 149, 153, lässt sich nicht systemkonform erklären, warum dem Eigentümer nach Ablauf der Schutzfrist Urheberrechte zuwachsen sollen, die er vorher nicht gehabt hat; vgl. ausführlich zur Ansicht des Teil 3 B.

906 So auch: *Flöter/ Königs*, ZUM 2012, 383, 384.

Gesichtspunkten auslegt, die mit Eintritt der Gemeinfreiheit konkret wird[907]. Denn mit der gesetzlichen Wertung der Panoramafreiheit, die dem Allgemeininteresse an der Freihaltung des öffentlichen Raums dient, ließe es sich erst recht nicht vereinbaren, wenn der Eigentümer nach Eintritt der Gemeinfreiheit, also nach weiterem Zeitablauf, durch den sogar das gesamte Werk zum Gemeingut wird, die von ihr gewährten Nutzungsfreiheiten beschränken könnte[908].

Daher ist nun zu untersuchen, unter welchen Voraussetzungen die Rechtsprechung eigentumsrechtliche Abwehransprüche gegen die Vervielfältigung und Verwertung der äußeren Ansicht von urheberrechtlich nicht (mehr) geschützten Eigentumsobjekten bejaht, da diese dem Eigentümer von Werkverkörperungen nach Rechtsprechungsansicht mit Eintritt der Gemeinfreiheit zuwachsen.

II. Voraussetzungen unmittelbarer Abwehrrechte

Zuerst sind daher nun mittels einer Rechtsprechungsanalyse die Voraussetzungen für das Bestehen unmittelbarer Abwehrrechte gegen die Vervielfältigung und Verwertung der äußeren Ansicht von Eigentumsobjekten herauszuarbeiten, um sodann feststellen zu können, ob diese eine Gefahr für die Panoramafreiheit bedeuten. Dabei sind nicht nur die Konstellationen zu untersuchen, die - bei Schutzfähigkeit des abgebildeten Objekts - den Tatbestand der Panoramafreiheit erfüllen würden; vielmehr lassen auch andere Entscheidungen wichtige Rückschlüsse für die aufgeworfene Fragestellung zu. Den Entscheidungen des Bundesgerichtshofs sind wegen ihrer Bindungswirkung besondere Aufmerksamkeit zu widmen.

1. Rechtsprechungsanalyse

a) KG, Urt. v. 25.11.1909[909]

Diese Entscheidung ist die erste bekannte, die sich mit der hier relevanten Problematik befasst.

aa) Sachverhalt

Der Kläger hat von dem Eigentümer das Recht gepachtet, in den Innenräumen seines Lokals Ansichtspostkarten und andere fotografische Erzeugnisse

---

907 Vgl. *Schack*, ZeuP 2006, 149, 154, der im Interesse der Allgemeinheit fordert, dass die urheberrechtlichen Schranken erst recht für die Eigentümer einer nicht (mehr) urheberrechtlich geschützte Sache gelten.

908 So auch: *Schack*, JZ 2011, 375.

909 KG, OLGE 20, 402 ff.

zu verkaufen. Der Beklagte hat mit Zustimmung des Eigentümers Fotoaufnahmen aus dem Inneren des Gastraumes hergestellt und diese dann abredewidrig als Postkartenmotiv verbreitet. Der Pächter begehrt Unterlassung dieser Verbreitung[910].

bb) Entscheidung

Das KG bejaht ein dingliches Verbietungsrecht des Eigentümers gegen die Herstellung und Verbreitung von Vervielfältigungsstücken seiner Sachen, sofern „besonderes wirtschaftliches Interesse" dies rechtfertigt[911]. Dies ist nach Auffassung des Senats der Fall, wenn deren gewerbliche Verwertbarkeit naheliegt[912]. So spricht das KG dem Pächter hier einen Unterlassungsanspruch gem. § 1004 Abs. 1 BGB zu, da dieses Recht durch den Pachtvertrag auf ihn übergegangen sei[913].

b) KG, Urt. v. 10.10.1969 – 5 U 558/69 – Fotos in zoologischen Gärten[914]

aa) Sachverhalt

In diesem Fall klagt der Betreiber des Zoologischen Gartens Berlins gegen die ungenehmigte Verbreitung von Ansichtspostkarten, die Abbildungen seines Zoogeländes sowie seiner Tiere zeigen. Das Fotografieren und Filmen ist auf der gesamten Anlage nur gegen den Erwerb eines „Erlaubnisscheins" gestattet. Für Pressefotografen gibt es besondere Bestimmungen.

bb) Entscheidung

Das KG schließt sich in seiner Berufungsentscheidung der Auffassung des LG Berlins[915] an und bejaht ein gem. §§ 903, 1004 Abs. 1 BGB aus dem Eigentum erwachsenes Recht des Klägers, über das Fotografieren sowie die anschließende gewerbliche Verwertung der Aufnahmen von in seinem Eigentum stehenden Anlagen und Tieren bestimmen zu dürfen[916].

---

910 KG, OLGE 20, 402.
911 KG, OLGE 20, 402.
912 KG, OLGE 20, 402 f.
913 KG, OLGE 20, 404.
914 KG, Schulze KGZ 52, 1 ff.
915 Vgl. hierzu die Ausführungen bei KG, Schulze KGZ 52, 1, 3.
916 KG, Schulze KGZ 52, 1, 6.

c) BGH, Urt. v. 13.10.1965 Ib ZR 111/63 – Apfel-Madonna[917]

aa) Sachverhalt

In diesem Fall verlangt die Klägerin, die eine kunstgewerbliche Werkstatt für religiöse Kunst betreibt und hierfür regelmäßig mit Einverständnis der Eigentümer Abgüsse für ihre späteren Reproduktionen herstellt, Unterlassung von dem beklagten Kunstbildhauer, ihre auf den Markt gebrachten Reproduktionen der gemeinfreien Skulptur der „Apfel-Madonna" in Holz zu schnitzen und zu verkaufen. Das Eigentum an der Originalskulptur hat ein Museum inne[918].

bb) Entscheidung

Der I. Zivilsenat prüft u. a. eine Eigentumsverletzung gem. §§ 903, 1004 Abs. 1 BGB durch den Beklagten. Er lässt dabei eindeutig offen, ob das Fotografieren einer Sache eine Eigentumsverletzung derselben darstellt, da der Beklagte als Vorlage für die Herstellung seiner Reproduktionen selbst Kopien des Originals benutzte, die von einem Dritten unter Erlaubnis der Eigentümerin des Originals geschaffen und in den Verkehr gebracht worden sind. Durch die Herstellung der Reproduktion hat er nach Auffassung des Senats aber jedenfalls nicht auf das körperliche Originalwerkstück des Museums „eingewirkt"; er habe lediglich von dem unkörperlichen Werk Gebrauch gemacht, das weder der Sachherrschaft des Museums, noch der der Klägerin unterliege. Darum weist der BGH den Unterlassungsanspruch unter Eigentumsgesichtspunkten in diesem Fall ab[919].

d) BGH, Urt. v. 20.9.1974 I ZR 99/73 – Schloss Tegel[920]

aa) Sachverhalt

Klägerin ist die Privateigentümerin von Schloss Tegel, das sich in einem Park befindet, der gegen ein Entgelt besichtigt werden kann und auch in ihrem Eigentum steht. Die Beklagte betreibt einen Bildverlag und hat einen Fotografen beauftragt, Aufnahmen des Schlosses von dem grundstückseigenen Park der Klägerin aus anzufertigen und verkaufte diese als Ansichtskarten an Einzelhändler. Von einer öffentlichen Straße aus ist das Schloss nicht einsehbar. Die Klägerin beantragt Unterlassung der Verbreitung oder sonstigen Veröffentlichung von fotografischen Aufnahmen des Schlosses[921].

917 BGHZ 44, 288 ff. – Apfel-Madonna.
918 BGHZ 44, 288 ff. – Apfel-Madonna.
919 BGHZ 44, 288, 293 ff. – Apfel-Madonna.
920 BGH, GRUR 1975, 500 ff. – Schloss Tegel.
921 BGH, GRUR 1975, 500, 501 – Schloss Tegel.

bb) Entscheidung

Der I. Zivilsenat des BGH bezieht hier erneut keine Stellung zu der Frage, ob das Fotografieren als solches eine Beeinträchtigung des Eigentums an der abgebildeten Sache darstellt[922], was die Vorinstanz, das KG, in einer ausdrücklichen Abkehr von seiner Entscheidung 1909 verneint, da damals wettbewerbliche Momente eingeflossen seien, die heute über das UWG gehandhabt werden würden und das Fotografieren keinen Eingriff in die Sachherrschaft des Eigentümers darstelle; schließlich finde keine Einwirkung auf das Eigentum statt und die Sache könne in gleicher Weise wie vorher genutzt werden[923].

Nach Ansicht des BGH sei aber jedenfalls der gewerbliche Nutzen, der aus seinem nur gegen Entgelt zugänglichen Eigentum gezogen werden kann, „das natürliche Vorrecht des Eigentümers“[924]. Wer Ansichtskarten eines im Privateigentum stehenden Gebäudes, das nicht frei zugänglich ist, gewerblich herstellt und verwertet, mache sich „bei natürlicher Betrachtung“ einen fremden Vermögenswert zu eigen. Auch die Sozialbindung des Eigentums erfordere im vorliegenden Fall kein anderes Ergebnis[925]. Der Unterlassungsanspruch gem. §§ 903, 1004 BGB wird somit gewährt[926].

e) BGH, Urt. v. 09.03.1989 I ZR 54/87 – Friesenhaus[927]

aa) Sachverhalt

Der BGH hat nun erstmals in einer Konstellation zu entscheiden, in der der Kläger, Eigentümer eines im Jahre 1740 erbauten Hauses in Keitum auf Sylt, gegen die gewerbliche Nutzung von Fotografien seines Hauses vorgeht, die von einer allgemein-zugänglichen Stelle außerhalb des Grundstücks aus angefertigt worden sind.

bb) Entscheidung

Erstmals äußert der Senat sich nun auch ausdrücklich zum Fotografiervorgang: Das Fotografieren als solches stelle jedenfalls in der vorliegenden Konstellation, namentlich, wenn die Aufnahmen ohne Betreten des Grundstücks erfolgen,

922 BGH, GRUR 1975, 500, 501 – Schloss Tegel.
923 KG Berlin, WRP 1974, 407, 409 – Schloss Tegel.
924 BGH, GRUR 1975, 500, 502 – Schloss Tegel.
925 BGH, GRUR 1975, 500, 501 – Schloss Tegel.
926 BGH, GRUR 1975, 500, 502 – Schloss Tegel.
927 BGH, GRUR 1990, 390 ff. – Friesenhaus.

keine Verletzung des Eigentumsrechts dar[928]. Er begründet dies damit, dass der Fotografiervorgang als Realakt die Verfügungsbefugnis des Eigentümers unberührt lasse. Zwar könne das Eigentum auch auf andere Weise als eine Substanzverletzung beeinträchtigt werden, vielmehr fehle es bei dem Fotografieren von einer allgemein-zugängliche Stelle außerhalb des Grundstücks aus aber an einer tatsächlichen Einwirkung auf das Eigentum, da die tatsächliche Nutzung der Sache durch ihren Eigentümer nicht beeinträchtigt werde[929]. Weiterhin führt der Senat an, dass eine andere Wertung zu einer Anerkennung eines Ausschließlichkeitsrechts an dem in der Sache verkörperten immateriellen Gut hinauslaufen würde, die ausschließlich dem Urheber zugeordnet sei[930]. Auch § 59 UrhG lasse erkennen, dass es für den Gesetzgeber selbstverständlich war, dass dem Eigentümer kein Nutzungs- und Verbietungsrecht zustehe[931].

Somit könne auch die spätere Verwertung rechtmäßig angefertigter Fotografien keinen Unterlassungsanspruch begründen, überdies sei die gewerbliche Verwertung der Abbildung einer Sache nicht dem Eigentümer, sondern ausschließlich dem Urheber gem. § 17 UrhG zugeordnet[932]. Außerdem sei in der vorliegenden Konstellation die Wertung des § 59 UrhG heranzuziehen, dem Eigentümer können somit keine weiteren Befugnisse zustehen als dem Urheber. Ausdrücklich grenzt sich der Senat hier von der Entscheidung Schloss-Tegel ab, da die Aufnahmen in diesem Fall nicht von außerhalb des Grundstücks aus erfolgt waren[933].

Da der Zuweisungsgehalt des Eigentums nach Auffassung des erkennenden Senats somit nicht berührt worden ist, verneint er Ansprüche des Klägers aus §§ 1004, 903 BGB[934], § 823 Abs. 1 BGB[935], § 812 Abs. 1 BGB[936] und §§ 687 Abs. 1, 681, 667 BGB[937].

928 BGH, GRUR 1990, 390 – Friesenhaus.
929 BGH, GRUR 1990, 390 f. – Friesenhaus.
930 BGH, GRUR 1990, 390, 391 – Friesenhaus.
931 BGH, GRUR 1990, 390, 391 – Friesenhaus.
932 BGH, GRUR 1990, 390, 391 – Friesenhaus.
933 BGH, GRUR 1990, 390, 391 – Friesenhaus.
934 BGH, GRUR 1990, 390 f. – Friesenhaus.
935 BGH, GRUR 1990, 390, 391 f. – Friesenhaus.
936 BGH, GRUR 1990, 390, 392 – Friesenhaus.
937 BGH, GRUR 1990, 390, 392 – Friesenhaus.

f) BGH, Urt. v. 17.12.2010 – V ZR 44/10[938]; V ZR 45/10[939]; V ZR 46/10[940] - Preußische Schlösser und Gärten

aa) Sachverhalt

Mit einem regelrechten „Rundumschlag“ wendet sich die öffentlich-rechtliche Stiftung *Preußische Schlösser und Gärten in Berlin-Brandenburg* gegen das ungenehmigte Fotografieren und die anschließende Verbreitung der Abbildungen ihrer Kulturgüter, sofern diese nicht von einem allgemein-zugänglichen Standort außerhalb ihres Grundstücks aus oder zu privaten Zwecken angefertigt worden sind.

Der Beklagte im ersten Verfahren[941] ist Diensteanbieter einer Internetplattform, auf der gewerblich und freiberuflich tätige Fotografen ihre Fotos zum entgeltlichen Herunterladen einstellen können.

Im Parallelverfahren[942] geht die Klägerin gegen eine Fotoagentur vor, die selbst und im Auftrage Dritter Fotos von Kulturgütern der Klägerin herstellt und über eine von ihr betriebene Internetplattform zum Verkauf anbietet.

Schließlich setzt sich die Stiftung noch gegen den Betreiber eines Verlags zur Wehr, der Filme von ihren Parkanlagen und Schlössern vermarktet[943].

bb) Entscheidung

Das LG bejaht in erster Instanz unter Hinweis auf das „Schloss-Tegel-Urteil“ einen Unterlassungsanspruch der Klägerin gem. §§ 1004, 903 BGB[944]. Das OLG Brandenburg stellt im Berufungsverfahren ausschließlich auf das Eigentum an der abgelichteten Sache ab und verneint sämtliche Ansprüche, da weder die Vervielfältigung noch die anschließende Verbreitung der Vervielfältigungsstücke einen Eingriff in die Sachsubstanz des Eigentumsobjekts darstelle und auch ansonsten die Rechte des Eigentümers unangetastet lasse[945].

---

938 BGH, ZUM 2011, 325 ff. – Preuß. Schlösser und Gärten (I/1).

939 BGH, ZUM 2011, 327 ff. – Preuß. Schlösser und Gärten (I/2).

940 BGH, ZUM 2011, 333 ff. – Preuß. Schlösser und Gärten (I/3).

941 BGH, ZUM 2011, 325 ff. – Preuß. Schlösser und Gärten (I/1).

942 BGH, ZUM 2011, 327 ff. – Preuß. Schlösser und Gärten (I/2).

943 BGH, ZUM 2011, 333 ff. – Preuß. Schlösser und Gärten (I/3).

944 LG Potsdam, ZUM-RD 2009, 223 ff. – Preuß. Schlösser und Gärten (I/1); LG Potsdam, ZUM 2009, 430 ff. – Preuß. Schlösser und Gärten (I/2); LG Potsdam, Urt. v. 21.11.2008 - 330/08 (Juris) – Preuß. Schlösser und Gärten (I/3).

945 OLG Brandenburg, ZUM 2010, 356 ff. – Preuß. Schlösser und Gärten (I/1); OLG Brandenburg, GRUR 2010, 927 ff. – Preuß. Schlösser und Gärten (I/2); OLG Brandenburg, CR 2010, 393 ff. – Preuß. Schlösser und Gärten (I/3).

Der BGH sieht in den Handlungen hingegen eine Verletzung des Grundstückseigentums. In den nahezu wortlautidentischen Revisionsentscheidungen 45/10 und 46/10 stellt er zunächst klar, dass das Fotografieren einer Sache dieselbe grundsätzlich unberührt lasse. Unter Einhaltung der bisher in der Rechtsprechung vorherrschenden Linie führt er dann aber aus, dass das Grundstückseigentum aber durch das Aufnehmen und die Verwertung einer Fotografie von auf ihm errichteten Gebäuden beeinträchtigt werde, wenn es zu diesem Zwecke betreten werde[946].

Denn dann habe der Eigentümer die tatsächliche und rechtliche Möglichkeit, den Zutritt zu verweigern oder nur unter Bedingungen zu gestatten, sodass sich auch aus § 59 UrhG nichts anderes ergeben könne[947]. Es handele sich um eine Beeinträchtigung des Verwertungsrechts des Grundstückseigentümers, zu der es auch zähle, Früchte aus dem Grundstück zu ziehen. Dazu gehören gem. § 99 Abs. 3 BGB, neben Erträgen etwa aus der Vermietung des Schlosses, auch die Erträge aus der Verwertung von Abbildern der Gebäude und Gärten auf dem Grundstück[948]. Die ungenehmigte Verwertung der Abbilder stelle sodann eine Vertiefung dieser Verletzung dar[949]. Im Gegensatz zum OLG[950] ergibt sich nach Ansicht des Senats auch unter systematischer Berücksichtigung des Urheberrechts kein anderes Ergebnis[951] und auch die Tatsache, dass die Klägerin eine öffentlich-rechtliche Stiftung ist, führt nach Auffassung des Senats im vorliegenden Fall zu keiner Einschränkung ihrer Eigentümerbefugnisse[952].

Die Revision der Stiftung gegen die Fotoagentur vor dem BGH ist also erfolgreich[953]. Der Anspruch gegen den Betreiber der Internetplattform scheitert nach Auffassung des Senats auch nur daran, dass die Eigentumsverletzung für

946 BGH, ZUM 2011, 327, 328 – Preuß. Schlösser und Gärten (I/2); BGH, ZUM 2011, 333, 334 – Preuß. Schlösser und Gärten (I/3); unter Verweis auf diese Parallelurteile: BGH, ZUM 2011, 325, 326 – Preuß. Schlösser und Gärten (I/1).

947 BGH, ZUM 2011, 327, 328 – Preuß. Schlösser und Gärten (I/2); BGH, ZUM 2011, 333, 334 – Preuß. Schlösser und Gärten (I/3).

948 BGH, ZUM 2011, 327, 328 f. – Preuß. Schlösser und Gärten (I/2); BGH, ZUM 2011, 333, 335 – Preuß. Schlösser und Gärten (I/3).

949 BGH, ZUM 2011, 327, 329 – Preuß. Schlösser und Gärten (I/2); BGH, ZUM 2011, 333, 335 – Preuß. Schlösser und Gärten (I/3).

950 OLG Brandenburg, GRUR 2010, 927, 928 – Preuß. Schlösser und Gärten (I/2).

951 BGH, ZUM 2011, 327, 329 – Preuß. Schlösser und Gärten (I/2); BGH, ZUM 2011, 333, 335 – Preuß. Schlösser und Gärten (I/3).

952 BGH, ZUM 2011, 327, 329 – Preuß. Schlösser und Gärten (I/2); BGH, ZUM 2011, 333, 335 – Preuß. Schlösser und Gärten (I/3).

953 BGH, ZUM 2011, 327, 328 – Preuß. Schlösser und Gärten (I/2).

ihn nicht erkennbar war und er somit kein Störer i. S. d. § 1004 BGB sei[954]. Im Parallelverfahren sah der BGH den beklagten Verlag nur als mittelbaren Störer an, da er das Grundstück nie betreten hat[955].

Nach Zurückweisung an das OLG Brandenburg legt die beklagte Fotoagentur des zweiten Parallelverfahrens Revision gegen das zweite Urteil des Berufungsgerichts ein[956]. In seinem zweiten Revisionsurteil vom 01. März 2013[957] bestätigt der V. Zivilsenat des BGH nach einer ausführlichen Auseinandersetzung mit der Kritik an seinen Revisionsentscheidungen[958] seine bisherige Rechtsprechung. Eine Verfassungsbeschwerde der beklagten Fotoagentur des zweiten Parallelverfahrens, unterstützt durch zahlreiche Verbände, wird durch Beschluss vom 28. August 2014 nicht zur Entscheidung angenommen[959].

g) *Instanzgerichte*

Die überwiegende Anzahl der Instanzgerichte entscheidet gleich gelagerte Fallkonstellationen anhand der seit „Schloss Tegel" herausgearbeiteten Gesichtspunkte[960], lediglich das OLG Brandenburg weicht im Ergebnis von der höchstrichterlichen Rechtsprechung ab[961]. Die nun aber endgültig durch die BGH-Entscheidung „Preußische Schlösser und Gärten" bestätigte Rechtsprechungsdoktrin sorgt in konsequenter Fortführung von „Schloss Tegel"[962] und „Friesenhaus" insoweit für weitgehende Rechtssicherheit[963].

---

954 BGH, ZUM 2011, 325, 326 f. – Preuß. Schlösser und Gärten (I/1).

955 BGH, ZUM 2011, 333, 336 – Preuß. Schlösser und Gärten (I/3).

956 OLG Brandenburg, GRUR-RR 2012, 301 ff. – Preuß. Schlösser und Gärten (II).

957 BGH, GRUR 2013, 623 ff. – Preuß. Schlösser und Gärten (II).

958 BGH, GRUR 2013, 623, 624 ff. – Preuß. Schlösser und Gärten (II).

959 *Verdi*, http://mmm.verdi.de/tarife-beruf/07-2014/sanssouci-fotografieverbot-bleibt-bestehen (12.12.2014).

960 OLG München, AfP 1988, 45; OLG Köln, GRUR 2003, 1066, 1067 – Wayangfiguren; KG, Urt. v. 25.10.2012 – 10 U 136/12 (BeckRS); LG Waldshut-Tiengen, NZM 1999, 1166, 1167 f. – Gebäudedatenbank; ohne Begründung aber i. E. gleich: LG Hamburg, AfP 1994, 161; zweifelnd: LG Freiburg, GRUR 1985, 544 f. – Fachwerkhaus; AG Hamburg, MMR 2012, 836 ff.

961 OLG Brandenburg, ZUM 2010, 356 ff. – Preuß. Schlösser und Gärten (I/1); OLG Brandenburg, GRUR 2010, 927 ff. – Preuß. Schlösser und Gärten (I/2); OLG Brandenburg, CR 2010, 393 ff. – Preuß. Schlösser und Gärten (I/3).

962 *Stieper*, ZUM 2011, 331, hat in der „Friesenhaus-Entscheidung" hingegen eine stillschweigende Abkehr von „Schloss Tegel" gesehen.

963 Vgl. *Schippan*, ZStV 2011, 210, 215; *Wanckel*, NJW 2011, 1779, 1781; zu den noch offenen Fragen vgl. Teil 3 A. II. 2 d).

2. *Zusammenfassung*

Nach aktueller Rechtsprechung, geprägt von den BGH-Entscheidungen „Schloss Tegel", „Friesenhaus" und „Preußische Schlösser und Gärten", steht dem Eigentümer also unter folgenden Voraussetzungen das ausschließliche Recht an der Anfertigung von Vervielfältigungsstücken des äußeren Erscheinungsbildes seines Eigentumsobjekts sowie deren anschließende Verbreitung bzw. öffentliche Zugänglichmachung zu:

a) *Voraussetzung 1: Vervielfältigungshandlung unter Betreten des Grundstücks*

Zuerst ist entscheidend, ob das Grundstück des Eigentümers des zu vervielfältigenden Gegenstandes für die Vervielfältigung betreten wird. Nur, wenn die Vervielfältigung unter Betreten des Grundstücks erfolgt, kommen Eigentumsrechte nach Rechtsprechungsansicht in Betracht[964]; dabei kommt es aber nicht auf die Unrechtmäßigkeit des Betretens an[965]. Findet die Vervielfältigungshandlung hingegen von einer allgemein-zugänglichen Stelle außerhalb des Grundstücks aus statt, wird nach Ansicht der Rechtsprechung nicht in die geschützte Rechtsposition des Eigentümers eingegriffen und sämtliche Ansprüche scheitern unabhängig davon, ob die Vervielfältigungsstücke gewerblich genutzt werden, da der Vervielfältigungsvorgang als solcher das Eigentum unberührt lasse und somit auch die anschließende Verwertung kein Eingriff darstellen könne[966]. Gleiches

---

964 Vgl. BGH, GRUR 1975, 500, 501 f. – Schloss Tegel; BGH, ZUM 2011, 325, 326 – Preuß. Schlösser und Gärten (I/1); BGH, ZUM 2011, 327, 328 – Preuß. Schlösser und Gärten (I/2); BGH, ZUM 2011, 333, 334 – Preuß. Schlösser und Gärten (I/3); BGH, GRUR 2013, 623, 624 – Preuß. Schlösser und Gärten (II); OLG München, AfP 1988, 45; KG Berlin, Urt. v. 25.10.2012 – 10 U 136/12 (BeckRS); LG Potsdam, ZUM-RD 2009, 223 ff. – Preuß. Schlösser und Gärten (I/1); LG Potsdam, ZUM 2009, 430 ff. – Preuß. Schlösser und Gärten (I/2); LG Potsdam, Urt. v. 21.11.2008 - 330/08 (Juris) – Preuß. Schlösser und Gärten (I/3); LG Berlin, ZUM 2012, 815, 818 f.; LG Hamburg, ZUM 2012, 819, 821; *Castendyk/ Bezzenberger*, FotoR, Rn. 441, 444; *Ernst*, ZUM 2009, 434 f.; *Götting*, FS Wandtke, 259, 261; *Schippan*, ZStV, 210, 216; *Wanckel*, NJW 2011, 1179; kritisch AG Hamburg, MMR 2012, 836 ff.

965 Vgl. BGH, GRUR 1975, 500, 501 – Schloss Tegel und BGH, ZUM 2011, 325 – Preuß. Schlösser und Gärten (I/1); BGH, ZUM 2011, 327 – Preuß. Schlösser und Gärten (I/2); BGH, ZUM 2011, 333, 334 – Preuß. Schlösser und Gärten (I/3); in allen Fällen folgten die Vervielfältigungshandlungen dem rechtmäßigen Zutritt.

966 BGH, GRUR 1990, 390 f. – Friesenhaus; OLG Bremen, NJW 1987, 1420 f. – Friesenhaus.

gilt, wenn ein anderes Exemplar, als das konkrete Eigentumsobjekt als Vorlage gedient hat[967].

b) Voraussetzung 2: Gewerbliche Verwertungsabsicht

Weiterhin stellen nur solche Vervielfältigungshandlungen eine Verletzung des Eigentums dar, die mit der Absicht erfolgen, die Vervielfältigungsstücke gewerblich zu verwerten, da es zur Nutzungszuweisung des § 903 Satz 1 BGB gehöre, das Eigentumsobjekt gewerblich zu verwerten[968]. Da der Rechtsprechung insoweit eine entsprechende *Absicht* im Zeitpunkt der Vervielfältigungshandlung genügt, wird die Verletzungshandlung nach vorn gezogen, was dem Sacheigentümer die Durchsetzung seiner Rechte erleichtert[969]. Durch die anschließende tatsächliche Verbreitung bzw. öffentliche Zugänglichmachung der Vervielfältigungsstücke werde die Beeinträchtigung des Sacheigentums dann vertieft[970]. Reine Privataufnahmen lassen demnach den Zuweisungsgehalt des Eigentums unberührt; insofern ist zumindest ein Gleichlauf zwischen eigentumsrechtlicher Zulässigkeit und der urheberrechtlich zulässigen Privatkopie gem. § 53 UrhG[971] sowie privaten Nutzungshandlung i. S. v. § 59 Abs. 1 Satz 1 UrhG geschaffen.

c) Sozialbindung des Eigentums

Schließlich wird in der „Schloss-Tegel-Entscheidung" auch angedeutet, dass Fallkonstellationen denkbar erscheinen, in denen der Sacheigentümer zur Duldung von Herstellung und Verwertung eigentlich zustimmungspflichtiger Aufnahmen verpflichtet werden kann, wenn er das Gemeininteresse an den in seinem Eigentum stehenden Kulturgütern nicht selbst durch den Vertrieb von Abbildern derselben befriedigt[972].

d) Unklarheiten

Trotz dieser Urteilsdichte weisen die Entscheidungen Lücken auf, ferner werden sie auch uneinheitlich interpretiert, was zu weiteren Rechtsunsicherheiten

---

967 BGHZ 44, 288, 293 f. - Apfel Madonna; *Dreier/ Schulze/ Dreier*, UrhG, Rn. 14 zu § 59.

968 So: LG Potsdam, bestätigend: BGH, GRUR 1975, 500, 502 – Schloss Tegel; BGH, ZUM 2011, 327, 329 – Preuß. Schlösser und Gärten (I/2); KG Berlin, Urt. v. 25.10.2012 – 10 U 136/12 (BeckRS).

969 *Flöter/ Königs*, ZUM 2012, 383, 384.

970 BGH, ZUM 2011, 327, 329 – Preuß. Schlösser und Gärten (I/2); BGH, ZUM 2011, 333, 335 – Preuß. Schlösser und Gärten (I/3).

971 *Flöter/Königs*, ZUM 2012, 383, 384.

972 BGH, GRUR 1975, 500, 501 f. – Schloss Tegel.

führt[973]. In der folgenden Darstellung werden die noch offenen Fragen sowie die unterschiedlichen Interpretationsmöglichkeiten der ergangenen Entscheidungen aufgezeigt und analysiert.

aa) Relevanz des Eigentums an Grundstück und Vervielfältigungsobjekt

Der I. Zivilsenats des BGH stellt in der „Schloss-Tegel-Entscheidung" im Gegensatz zu seinem „Apfel-Madonna-Urteil" plötzlich nicht mehr (nur) auf das Eigentum an der abgebildeten Sache ab, sondern auf das „natürliche Vorrecht des Eigentümers, den gewerblichen Nutzen, der aus seinem nur gegen seine Erlaubnis zugänglichen Eigentum gezogen werden kann, für sich zu beanspruchen"[974]. Dieser Ansatz führt im Fall „Preußische Schlösser und Gärten" sogar dazu, dass der V. Zivilsenat entscheidet, dass das *Grundstückseigentum* durch das Aufnehmen einer Fotografie von auf ihm errichteten Gebäuden beeinträchtigt wird, wenn es zu diesem Zwecke betreten wird[975]. Die ungenehmigte Verwertung der Abbilder stelle sodann eine Vertiefung dieser Verletzung dar[976].

Der BGH hat somit seinen Anknüpfungspunkt für die Eigentumsverletzung verschoben und erweitert[977]. Worin dieser Anknüpfungspunkt nach derzeitiger Rechtsprechung exakt besteht, ist gleichwohl hochumstritten[978].

(1) Verletzung des Sacheigentums am Vervielfältigungsobjekt

Zwar erscheint auf den ersten Blick nur das Sacheigentum an der abgebildeten Sache als wehrfähige Rechtsposition in Frage zu kommen. Wie bereits erwähnt, hat der BGH seit „Schloss Tegel" diesen Anknüpfungspunkt aber aufgegeben. Wäre diese absolute Rechtsposition für den BGH allein entscheidend, käme es nicht auf den Standort des Vervielfältigenden an, vielmehr müsste dann jede gewerbliche Verwertung der entsprechenden Vervielfältigungsstücke einen Eingriff in das Eigentumsrecht darstellen.

---

973 *Dreier*, FS Pfennig, S. 15, 28.

974 BGH, GRUR 1975, 500, 502 – Schloss Tegel.

975 BGH, ZUM 2011, 327, 328 – Preuß. Schlösser und Gärten (I/2); BGH, ZUM 2011, 333, 334 – Preuß. Schlösser und Gärten (I/3); unter Verweis auf diese Parallelurteile: BGH, ZUM 2011, 325, 326 – Preuß. Schlösser und Gärten (I/1).

976 BGH, ZUM 2011, 327, 329 – Preuß. Schlösser und Gärten (I/2); BGH, ZUM 2011, 333, 335 – Preuß. Schlösser und Gärten (I/3).

977 Vgl. zu dem Widerspruch zwischen „Apfel-Madonna" und „Schloss Tegel" auch *Schmieder*, NJW 1975, 1164 ff.

978 Vgl. *Dreier*, FS Pfennig, S. 15, 27; *Götting*, FS Wandtke, S. 259, 265.

(2) Verletzung des Hausrechts am betretenen Grundstück

Vor allem nach der „Schloss-Tegel-Entscheidung“ mehrte sich darum auch die Meinung, dass nicht mehr das Sacheigentum an der abgebildeten Sache entscheidend sei, sondern nach Ansicht des BGH vielmehr das Hausrecht durch den unerlaubten Zutritt zwecks Vervielfältigung und anschließender Verwertung verletzt werde[979].

Das Hausrecht folgt aber aus dem Eigentum *oder Besitz* an einem Grundstück[980]. Bei einem vermieteten Grundstück ist das Hausrecht des Vermieters beispielsweise stark eingeschränkt; er darf niemandem den Zutritt zu dem Mietobjekt verwehren, da er andernfalls in das Hausrecht des Mieters eingreifen würde[981]. Sofern also neben dem Grundstückseigentümer auch der Besitzer Eingriffe in das Hausrecht abwehren kann, müssten ihm auch die hier in Rede stehenden unmittelbaren Abwehrrechte zustehen[982]. Durch die Stellungnahme des V. Zivilsenats in seinem zweiten Revisionsurteil zum Fall „Preußische Schlösser und Gärten“, in der er ausdrücklich klarstellt, dass der Unterlassungsanspruch das Eigentum am Grundstück voraussetze und der Besitz daran nicht genüge[983], erübrigt sich aber jede weitere Diskussion über das Hausrecht als Anknüpfungspunkt[984].

(3) Verletzung des „grundstücksinternen Bildes der eigenen Sache“[985]

Durch die Konkretisierung in der „Preußische-Schlösser-und-Gärten-Entscheidung“ steht vielmehr fest, dass der BGH das Grundstückseigentum nicht in Form des Hausrechts, sondern in Form des Verwertungsrechts betroffen sieht[986]. Wird der Ertrag der Grundstücksansicht zu den Früchten des Grundstücks gem.

---

979 *Dreier*, FS Pfennig, S. 15, 21 ff. in Bezug auf „Preuß. Schlösser und Gärten“; *Grüning*, Eigentumsfreiheitsklage, S. 42 f.; *Kübler*, FS Baur, S. 51, 59; *Lammek/ Ellenberg*, ZUM 2004, 715, 716; *Lehment C.*, FS Raue, S. 515, 519; *Schabenberger/ Nemeczek*, GRUR-Prax, 139 ff.; *Stieper*, ZUM 2011, 331, 332 f.

980 BGH, NJW 2006, 377, 379; NJW 2006, 1054; *Stieper*, ZUM 2011, 331, 332.

981 vgl. LG Gießen, NJW-RR 2001, 8.

982 So: *Schabenberger/ Nemeczek*, GRUR-Prax 2011, 139, 141 f.

983 BGH, GRUR 2013, 623, 626 – Preuß. Schlösser und Gärten (II).

984 Dass das Hausrecht für sich genommen natürlich sehr wohl als Rechtsgrundlage dafür dienen kann, das Fotografieren zu verbieten, soll damit keineswegs in Frage gestellt werden, vgl. dazu ausführlich Teil 4 B. II.

985 Diese Formulierung stammt von *Flöter/ Königs*, ZUM 2012, 383, 385.

986 Vgl. *Stieper*, GRUR 2012, 1083, 1084 f.

§ 99 Abs. 3 BGB gezählt[987], bedeutet jede unberechtigte Vervielfältigung einer Sache zu gewerblichen Zwecken einen Eingriff in das Eigentum an dem Grundstück, das zu diesem Zwecke betreten wird. Danach könnte aber auch die gewerbliche Vervielfältigung des Nachbarschlosses zu einer Eigentumsverletzung desjenigen führen, von dessen Grund und Boden aus die Aufnahmen getätigt worden sind[988].

Der BGH hatte aber bisher auch nur Fälle zu entscheiden, in denen das Eigentum an der abgebildeten Sache und das Eigentum an dem Grundstück, das zu Vervielfältigungszwecken betreten worden ist, in einer Hand liegen. Ferner zählt der Senat ausdrücklich auch nur „Erträge aus der Verwertung von Abbildern der Gebäude und Gärten auf dem Grundstück" zu den Verwertungsrechten des Grundstückseigentümers[989]. Darum wird die Rechtsprechung auch zu Recht dahingehend ausgelegt, dass sie dem Grundstückseigentümer nur ein „Recht am grundstücksinternen Bild der eigenen Sache" gem. § 99 Abs. 3 BGB zuspricht[990].

Die Dogmatik des BGH unterscheidet sich somit auch von den Fällen, in denen ein Verwertungsrecht von Sportveranstaltern mithilfe des Hausrechts konstruiert wird[991], als die Veranstaltung kein eigentumsfähiges Objekt darstellt, eigentumsrechtliche Ansprüche mangels absoluter Rechtsposition daher von vornherein ausscheiden müssen. Allerdings könnte sich der Eigentümer des Austragungsortes bei konsequenter Anwendung des BGH-Urteils „Preußische Schlösser und Gärten" unter Umständen gegen die Abbildung und Verwertung

---

987 Vgl. *Prengel*, Bildzitate, S. 216 ff. der aber, *Götz Schulze* folgend, auf Gebrauchsvorteile gem. § 100 Hs. 2 BGB abstellt.

988 Vgl. dazu auch die Kritik *Dreiers*, FS Pfennig, S. 15, 26, der aber auf das Hausrecht als Rechtsgrundlage abstellt.

989 BGH, ZUM 2011, 327, 329 – Preuß. Schlösser und Gärten (I/2); BGH, ZUM 2011, 333, 335 – Preuß. Schlösser und Gärten (I/3); BGH, GRUR 2013, 623, 626 – Preuß. Schlösser und Gärten (II).

990 So ausdrücklich: *Flöter/ Königs*, ZUM 2012, 383 385; vgl. *auch Bullinger/ Bretzel/ Schmalfuß*, Museen und Archive, S. 83; *v. Ungern-Sternberg*, GRUR 2012, 224, 231 sehen wegen des Wortlauts „Gebäude und Gärten" des BGH sogar nur wesentliche Bestandteile i. S. d. § 94 BGB betroffen; a. A. offenbar *Bullinger*, FS Raue, S. 379, 393, da Autor darauf hinweist, dass die Rechtsprechung zur Folge habe, dass der Eigentümer des abgelichteten Objekts selbst eine Eigentumsverletzung begehe, wenn er seine Sache in fremden Räumen ablichtet.

991 Vgl. dazu BGHZ 110, 371, 383 f. – Sportveranstaltungen; BGHZ 165, 62 ff. – Hörfunkrechte.

seines Grund und Bodens, der ja Bestandteil jeder (audio-) visuellen Übertragung ist, wehren[992].

bb) Relevanz der (Un-)Beweglichkeit des Vervielfältigungsobjekts

Die aktuelle Rechtsprechungsdoktrin ist durch die Entscheidungen „Schloss Tegel", „Friesenhaus" und „Preußische Schlösser und Gärten" von der Vervielfältigung und Verwertung der äußeren Ansicht *unbeweglicher* Sachen geprägt. Zuletzt ließ der V. Zivilsenat sogar ausdrücklich offen, ob seine Rechtsprechung auch auf bewegliche Sachen übertragen werden kann[993]. Infolgedessen beherrschen Unstimmigkeiten die instanzgerichtliche Entscheidungspraxis hinsichtlich der Abbildung beweglicher Sachen. Lediglich bezüglich der Vervielfältigung von Tieren, die gem. § 90a Satz 3 BGB rechtlich grundsätzlich wie Sachen zu behandeln sind, lehnen die Spruchkörper eigentumsrechtliche Abwehransprüche einhellig ab[994].

Da auch mobile Objekte unter den Tatbestand der Panoramafreiheit fallen können[995], ist die Frage der Relevanz ihrer Beweglichkeit für eigentumsrechtliche Abwehransprüche von Bedeutung für die vorliegende Arbeit. Da eine entsprechende höchstrichterliche Entscheidung noch aussteht, ist ein näherer Blick auf die bisher ergangenen instanzgerichtlichen Urteile zu werfen.

(1) LG Hamburg, Urt. v. 30.04.1993 – 324 O 77/93[996]

Im Jahre 1993 entscheidet das LG Hamburg ohne nähere Begründung, dass die fotografische Aufnahme des „Hinterteils" eines Segelschiffs zu Werbezwecken keine Eigentumsverletzung daran darstellt. Aus der Entscheidung ergibt sich, dass das Schiff sich während der Aufnahme auf dem Wasser befunden hat, da der Kläger am Ruder abgebildet worden ist.

(2) OLG Köln, Urt. v. 25.02.2003 – 15 U 138/02 - Wayangfiguren[997]

In diesem Fall hat der Kläger, Eigentümer indonesischer Schattentheaterfiguren, sogenannter Wayangfiguren, die er in seinen Privaträumlichkeiten verwahrt,

---

992 Vgl. *Dreier*, FS Pfennig, S. 15, 27.

993 BGH, Urt. v. 19.12.2014 – V ZR 324/13 (BeckRS).

994 OLG München, Urt. v. 13.06.2013 – 6 U 4422/12 (BeckRS); AG Köln, Urt. v. 22.06.2010 – 111 C 33/10 (BeckRS) – Kuh Anita.

995 Vgl. dazu Teil 2 C. II. 3. c).

996 LG Hamburg, AfP 1994, 161.

997 OLG Köln, GRUR 2003, 1066 ff.

dem späteren Beklagten gestattet, diese im Rahmen seiner Dissertation abzufotografieren. Über die Abrede der späteren Verwendung der Fotografien bricht schließlich Streit aus, der vor Gericht landet. Weniger, als der eigentliche Ausgang des Verfahrens, ist hier die dogmatische Entscheidungsbegründung von Interesse.

Unter Hinweis auf das „Schloss-Tegel-Urteil" erklärt das Gericht, dass der Eigentümer die Verwendung unerlaubt hergestellter Fotografien verbieten könne, denn es sei sein natürliches Vorrecht, den gewerblichen Nutzen aus seinem nur mit seiner Erlaubnis zugänglichen Eigentum für sich zu beanspruchen[998]. Die Figuren seien zwar unstreitig in für die Öffentlichkeit unzugänglichen Privaträumen untergebracht, aber der Kläger habe hier die Anfertigung der Fotos erlaubt. Die Erlaubnis zur Anfertigung der Lichtbilder umfasse dabei aber nur eine stillschweigende Erlaubnis zur privaten Nutzung derselben[999].

Die Klage scheitert zwar letztlich an der fehlenden gewerblichen Nutzungsabsicht des Beklagten durch die Verwendung in der Dissertation. Aber die Entscheidungsgründe zeigen, dass das OLG Köln auch auf den Standort der beweglichen Figuren abstellt und insoweit nicht zwischen der Zulässigkeit der Vervielfältigung und Verwertung des äußeren Erscheinungsbildes von beweglichen und unbeweglichen Sachen unterscheidet.

(3) LG Berlin, Urt. v. 10.05.2012 – 16 O 199/11[1000]

In diesem Fall hat die Betreiberin des öffentlichen Personennahverkehrs in Berlin gegen Filmaufnahmen von Graffitis an in ihrem Eigentum stehenden U-Bahn-Zügen, die aus der Fahrerkabine, bzw. von dem ebenfalls in ihrem Eigentum stehenden Bahnsteig aus gefertigt worden sind, geklagt. Die Aufnahmen zeigen auch den Bahnsteig nebst Aufbauten in voller Länge[1001].

Das LG Berlin verweist auf das BGH Urteil „Preußische Schlösser und Gärten"[1002] und stellt zunächst fest, dass die Filmaufnahmen nach unberechtigtem Zutritt[1003] vom Grundeigentum der Klägerin aus gefertigt worden sind[1004].

998 OLG Köln, GRUR 2003, 1066, 1067.
999 OLG Köln, GRUR 2003, 1066, 1067.
1000 LG Berlin, ZUM 2012, 815 ff.
1001 LG Berlin, ZUM 2012, 815, 817.
1002 LG Berlin, ZUM 2012, 815, 818.
1003 LG Berlin, ZUM 2012, 815, 818.
1004 LG Berlin, ZUM 2012, 815, 817 f.

Ferner stellt es die jedenfalls vermutete Eigentümerposition der Klägerin an den abgebildeten Wagons gem. § 1006 BGB fest[1005].

Das gewerblich motivierte Aufnehmen des äußeren Erscheinungsbildes der Eigentumsobjekte der Klägerin von ihrem Grundstück aus stellt nach Ansicht des LG Berlins folglich eine Verletzung ihres Eigentums gem. § 1004 Abs. 1 BGB dar[1006]. Das KG Berlin hat die Entscheidung aber mangels kommerzieller Verwertung der Filme aufgehoben[1007].

(4) AG Hamburg, Urt. v. 30.08.2012 - 35a C 332/11[1008]

Die neueste Entscheidung hinsichtlich dieser Problematik liefert das AG Hamburg. Als Klägerin geht die Stiftung *Preußische Schlösser und Gärten Berlin-Brandenburg* nach ihrem Erfolg vor dem BGH nun auch gegen die kommerzielle Verwertung von Fotoaufnahmen vor, die Gemälde zeigen, von denen sie meint, dass die sich in ihrem Eigentum befinden. Sie verlangt Erstattung ihrer Abmahngebühren; die Beklagte erhebt Widerklage auf Erstattung der Rechtsanwaltskosten im Zusammenhang mit der Abmahnung.

Überraschend stellt das AG Hamburg gleich eingangs fest, dass die Eigentumsposition an den Gemälden hier irrelevant sei[1009]. Es führt aus, dass zwar nach höchstrichterlicher Rechtsprechung dem Grundstückseigentümer das Recht zustehe, gem. § 99 Abs. 3 BGB Früchte aus seinem Eigentum zu ziehen, wozu der BGH auch die Verwertung von Fotografien zählt[1010]. Das Fruchtziehungsrecht erstrecke sich aber nur auf das Grundstückseigentum; nicht auf die sich darauf befindlichen sonderrechtsfähigen beweglichen Sachen[1011]. Das Recht daran stehe ausschließlich ihrem Sacheigentümer, nicht jedoch dem Grundstückseigentümer zu[1012]. Da der BGH aber ebenso die Ansicht vertritt, dass das Eigentumsrecht durch das bloße Fotografieren sowie die anschließende Verwertung unberührt bleibt, stehe auch dem Eigentümer an den Gemälden hier unter keinen Umständen ein Abwehranspruch zu[1013]. Das AG Hamburg entscheidet sich

---

1005 LG Berlin, ZUM 2012, 815, 818.
1006 LG Berlin, ZUM 2012, 815, 818.
1007 KG, Urt. v. 25.10.2012 - 10 U 136/12 (BeckRS).
1008 AG Hamburg, MMR 2012, 836 ff.
1009 AG Hamburg, MMR 2012, 836, 837.
1010 AG Hamburg, MMR 2012, 836, 837.
1011 AG Hamburg, MMR 2012, 836, 837.
1012 AG Hamburg, MMR 2012, 836, 837.
1013 AG Hamburg, MMR 2012, 836, 837.

daher für die Rechtswidrigkeit der Abmahnung[1014]. Dieser Urteilsbegründung nach kann die Vervielfältigung beweglicher Sachen folglich *unter keinen Umständen* eigentumsrechtlich abgewehrt werden. Das Urteil wurde inzwischen durch das LG Hamburg vollumfänglich bestätigt[1015]. Der BGH wies die Revision zurück, weil die Klägerin ihrer Darlegungslast nicht genüge getan habe; er ließ indes ausdrücklich offen, ob seine in „Schloss-Tegel" und „Preußische Schlösser und Gärten" entwickelte Rechtsprechungslinie auf bewegliche Sachen übertragen werden kann[1016].

(5) Stellungnahme

In den ersten drei Urteilen scheinen die Grundsätze der BGH-Rechtsprechung auf die Abbildung und Verwertung beweglicher Sachen übertragen worden zu sein: Die Segelyacht wurde jedenfalls nicht vom Grundstück des Klägers aus abfotografiert, sodass – auch wenn diese Tatsache in den Entscheidungsgründen keine Erwähnung gefunden hat – schon aufgrund dieser Tatsache auch unter Anwendung der höchstrichterlichen Rechtsprechung der Anspruch zu verneinen ist und es auf die Beweglichkeit der Yacht insoweit nicht mehr ankommt[1017].

In der Entscheidung „Wayangfiguren" stellt das OLG Köln sogar ausdrücklich auf den Aufnahmeort ab und wendet somit die BGH-Rechtsprechung konsequent auf die Abbildung der beweglichen Figuren des Klägers an.

Die Auffassung des LG Berlin tritt hingegen nicht ganz so deutlich hervor. Einerseits wird eingangs explizit darauf hingewiesen, dass die Aufnahmen auch den Bahnsteig, also das unbewegliche Eigentum, zeigen, andererseits wird auf die Eigentümerposition der Klägerin an den U-Bahn-Wagons hingewiesen, was obsolet wäre, wenn die Abbildung derselben keinen Abwehranspruch begründen könnte.

Die Entscheidung des AG Hamburg sticht schließlich deutlich heraus. Zuzustimmen ist ihr insoweit, als sich das Fruchtziehungsrecht gem. § 99 Abs. 3 BGB tatsächlich nur auf ein bestimmtes Eigentumsobjekt – hier das Grundstück – erstreckt und andere sonderrechtsfähige Sachen unabhängig davon zu beurteilen sind. Sofern aber die Frucht i. S. d. § 99 Abs. 3 BGB nach Auffassung des BGH der Ertrag aus der grundstücksinternen Ansicht der eigenen Sachen ist, kommt es auf die Sonderrechtsfähigkeit des abgebildeten Objekts gar nicht mehr an. Das

1014 AG Hamburg, MMR 2012, 836, 837.

1015 LG Hamburg, Urt. v. 12.07.2013 - Az.: 332 S 76/12 (BeckRS).

1016 BGH, Urt. v. 19.12.2014 – V ZR 324/13 (BeckRS).

1017 Vgl. auch *Castendyk/ Bezzenberger*, FotoR, Rn. 441.

AG Hamburg hat im Ergebnis also eine andere Auslegung des § 99 Abs. 3 BGB vorgenommen, indem es – im Gegensatz zum BGH – nicht das „grundstücksinterne Bild der eigenen Sache" als Teil des eigentumsrechtlichen Verwertungsrechts ansieht, sondern an den Abbildungen der einzelnen Objekten anknüpft. Auch an anderer Stelle hat es bereits angemerkt, dass es fraglich sei, ob dem BGH mit seiner bisherigen Rechtsprechung zu der Thematik gefolgt werden könne[1018]. Insoweit verdient die Entscheidung des AG Hamburg uneingeschränkte Zustimmung, wie noch an anderer Stelle zu zeigen sein wird[1019].

Nach der hier vertretenen Interpretation der BGH-Rechtsprechung kann sich die Unbeweglichkeit des Vervielfältigungsobjekts indes nicht auf die Eigentumsverletzung auswirken[1020], da der Ausgangspunkt der Rechtsprechung einzig und allein das „grundstücksinterne Bild der eigenen Sache" als Teil des eigentumsrechtlichen Verwertungsrechts ist. Gleichwohl verwundert es, dass der V. Zivilsenat zuletzt nicht von der Möglichkeit Gebrauch gemacht hat, seine Rechtsprechungslinie jedenfalls in einem *obiter dictum* auch auf bewegliche Sachen auszudehnen. Es bleibt abzuwarten, ob er in Zukunft gezwungen sein wird, ausdrücklich Stellung zu dieser Frage zu beziehen und wie die Instanzgerichte auf das widererwartend zurückhaltende Urteil reagieren werden.

cc) Relevanz des Vervielfältigungsmittels

Ferner ist festzustellen, dass sämtliche Entscheidungen – sowohl die höchstrichterlichen als auch die der Instanzgerichte – Vervielfältigungen mittels Fotografierens oder Filmens beinhalten. Daraus wird teilweise geschlossen, dass die voranstehenden Ausführungen nicht das Abzeichnen[1021] von Eigentumsobjekten gelten sollen. Stellungnahmen der Gerichte, etwa in *obiter dicta*, gibt es dazu bislang nicht. Für diese Interpretation der bisherigen Rechtsprechung spricht aber auch die Tatsache, dass der Eigentumsgegenstand beim Abzeichnen nicht durch technische Vervielfältigungsmethoden unmittelbar wiedergegeben wird, sondern dem Blick und Gedächtnis des Künstlers entspringt. Es ist somit tatsächlich höchst zweifelhaft, ob die gewerbliche Verwertung einer Abzeichnung nach den

---

1018 AG Hamburg, MMR 2012, 836, 837.

1019 Vgl. dazu ausführlich Teil 3.

1020 So interpretieren auch *Bullinger*, FS Raue, S. 379, 393; *Castendyk/ Bezzenberger*, FotoR, Rn. 441; *Chirco*, Panoramafreiheit, S. 224; *Elleger*, Bereicherung, S. 536; *Wanckel*, Foto- und BildR, Rn. 6; die bisherige höchstrichterliche Rechtsprechung; a. A. *v. Ungern-Sternberg*, GRUR 2012, 224, 231.

1021 *Chirco*, Panoramafreiheit, S. 223 f; vgl. Teil 2 C. III. 1. a) bb) zu den zulässigen Vervielfältigungsmitteln, zu denen auch das Abzeichnen zählt.

Maßstäben der bisherigen Rechtsprechung noch eine gewerbliche Verwertung *des Eigentums* darstellt[1022].

Auch über die Live-Übertragung[1023] eines Eigentumsobjekts ohne vorherige Herstellung eines Films wurde noch nicht entschieden, allerdings dürfte es aus Rechtssprechungssicht keinen Unterschied machen, ob zuvor angefertigte Vervielfältigungsstücke des äußeren Erscheinungsbildes einer Sache gewerblich verwertet werden oder die Sachansicht durch eine Live-Übertragung direkt verwertet wird, was im Übrigen auch die Ausnahme sein dürfte.

III. Stellungnahme

Die Gerichte gewähren Eigentümern unter den soeben dargestellten Voraussetzungen Abwehrrechte gegen die Vervielfältigung und Verwertung der äußeren Ansicht ihrer Eigentumsobjekte. Auf den ersten Blick scheint diese Rechtsprechung aber nicht in Konflikt mit der Panoramafreiheit zu stehen; schließlich kommt es für jeden eigentumsrechtlichen Abwehranspruch entscheidend darauf an, ob das Grundstück des Eigentümers betreten wird, oder die Vervielfältigungshandlung von einer allgemein-zugänglichen Stelle außerhalb des Grundstücks aus erfolgt, was eigentumsrechtlich zulässig ist[1024]. Eine Gefahr für die Panoramafreiheit besteht nur, sofern dem Eigentümer unmittelbare Abwehrrechte im Anwendungsbereich der Panoramafreiheit zustehen, namentlich, wenn er auch die Vervielfältigung und anschließende Verwertung seines Eigentumsobjekts *von einem öffentlichen Aufnahmestandort aus* unterbinden kann.

Während einige Stimmen aus der „Friesenhaus-Entscheidung" ableiteten, dass § 59 UrhG in einer „Parallelwertung" auf das Eigentumsrecht anzuwenden sei[1025], geht aus der Entscheidung „Preußische Schlösser und Gärten" nunmehr aber eindeutig hervor, dass die gesetzliche Wertung der Panoramafreiheit tatsächlich keine Berücksichtigung findet[1026]. Vielmehr entscheidet einzig und allein das Betreten des Grundstücks über das Bestehen oder Nichtbestehen von eigentumsrechtlichen Abwehransprüchen gegen die ungenehmigte kommerzielle

1022 A. A. *Stang*, Schutzfrist, S. 305.

1023 Wie bereits dargestellt (Teil 2 C. III. 1. c)) stellt die Panoramafreiheit auch die Live-Übertragung eines Werks unter Schutz.

1024 So *Beater*, JZ 1998, 1101, 1103; *Dreier*, FS Dietz, 235, 251.

1025 Vgl. *Ernst*, ZUM 2009, 434; *Jaeger*, MMR 2010, 709; *Lammek/ Ellenberg*, ZUM 2004, 715716, 718; *Lehment H.*, Fotografieren, S. 100; *Schlingloff*, AfP 1992, 112, 113 f.

1026 *Castendyk/Bezzenberger*, FotoR, Rn. 441, 444; a. A. wohl *Chirco*, Panoramafreiheit, S. 227.

Vervielfältigung und Verwertung des Erscheinungsbilds des Eigentumsobjekts[1027]. Die Tatsache, dass aber auch ein Grundstück, unabhängig davon, ob es im Privateigentum oder im Eigentum der öffentlichen Hand steht, ein öffentlicher Platz i. S. v. § 59 Abs. 1 Satz 1 UrhG ist, sofern es nur für jedermann frei zugänglich ist und im Gemeingebrauch steht[1028], wird von der Rechtsprechung verkannt oder gar ignoriert[1029]. Postuliert der V. Zivilsenat eingangs noch: „Die urheberrechtliche Freistellung soll nicht eigentumsrechtlich unterlaufen werden können“[1030], gewährt er der Klägerin sodann gleichwohl umfassende Abwehrrechte gegen gewerbliche Fotoaufnahmen von ihren Parkanlagen aus, obwohl diese öffentlich i. S. d. § 59 Abs. 1 Satz 1 UrhG sind[1031].

Da an den Zugängen zu den Parkgeländen keine Einlasskontrollen stattfinden, ist jedermann der freie Zutritt gestattet[1032]. Die Argumentation der Rechtsprechung, dass die Parkanlagen der Stiftung entsprechend ihres in Art. 2 Abs. 1

1027 Vgl. Teil 3 A. II. 2 a); a. A. *Schabenberger/ Nemeczek*, GRUR-Prax 2011, 139, 141.

1028 *Rehbinder/ Peukert*, UrhR, Rn. 641; *Schack*, JZ 2011, 375, 376; vgl. zu den Tatbestandvoraussetzungen des § 59 UrhG Teil 2 C. II.

1029 *Rehbinder/ Peukert*, UrhR, Rn. 641; *Schack*, JZ 2011, 375, 376; vgl. auch *Castendyk/ Bezzenberger*, FotoR, Rn. 444; korrekturbedürftig insoweit: BGH, ZUM 2011, 327, 329 – Preuß. Schlösser und Gärten (I/2); BGH, ZUM 2011, 333, 335 – Preuß. Schlösser und Gärten (I/3), wobei der BGH hier darauf abstellt, dass der Eigentümer die öffentliche Zugänglichmachung jederzeit aufheben könne; OLG Bremen, NJW 1987, 1420 – Friesenhaus, die auch nur öffentliche Straßen und Wege nennt; so leider auch: OLG Brandenburg, GRUR 2010, 927 ff. – Preuß. Schlösser und Gärten (I/2); KG Berlin, Urt. v. 25.10.2012 – 10 U 136/12 (BeckRS); ebenso wie die Vorinstanz: LG Berlin, ZUM 2012, 815, 818 f; LG Hamburg, ZUM 2012, 819, 821; richtig insoweit nur: LG Potsdam, ZUM 2009, 430, 432 f. – Preuß. Schlösser und Gärten (I/2), das dem Eigentümer aber dennoch einen Abwehranspruch zuspricht; vgl. ebenfalls, wenn auch im Ergebnis anders, BGH, GRUR 1990, 390 f. – Friesenhaus, hier kontrastiert der Senat schon im Leitsatz eine allgemein-zugängliche Stellen mit einem Hausgrundstück.

1030 BGH, ZUM 2011, 327, 328 – Preuß. Schlösser und Gärten (I/2).

1031 LG Potsdam, ZUM 2009, 430, 432 f. – Preuß. Schlösser und Gärten (I/2); *Dreier*, FS Pfennig, S. 15, 23; *Ernst*, ZUM 2009, 434; *Maaßen*, GRUR 2010, 880, 885; *Schack*, JZ 2011, 375, 376; *Seiler*, K&R 2010, 234, 235; *Stieper*, ZUM 2011, 331, 333; a. A. BGH, ZUM 2011, 327, 329 – Preuß. Schlösser und Gärten (I/2); BGH, ZUM 2011, 333, 335 – Preuß. Schlösser und Gärten (I/3), OLG Brandenburg, GRUR 2010, 927 ff. – Preuß. Schlösser und Gärten (I/2); *Prengel*, Bildzitate, S. 225; offenbar auch *Schricker/ Loewenheim/ Vogel*, UrhG, Rn. 3 zu § 59, die bei Betreten eines Grundstücks § 59 UrhG pauschal ausschließen.

1032 *Maaßen*, GRUR 2010, 880, 883 f.

des Staatvertrags von Berlin-Brandenburg festgelegten Stiftungszwecks[1033] aber nicht im Gemeingebrauch stünden, da sie nur Erholungs-, Bildungs- und kulturellen Zwecken zu dienen bestimmt seien; und auch die Wege innerhalb der Anlage nicht dem allgemeinen Verkehr dienen würden, sondern nur in der Funktion stünden, die Besucher zu den einzelnen künstlerischen Elementen zu führen[1034], überzeugt nicht[1035]. Denn diese Zweckbestimmung der Parkanlagen schränkt die Nutzungsmöglichkeit ja gerade nicht auf einen bestimmten Personenkreis ein, sondern fordert die Öffnung der Anlagen für die Allgemeinheit[1036]. Vielmehr legt sie gerade den zulässigen *Gemein*gebrauch fest[1037], der sich im Übrigen auch gar nicht so sehr von dem einer Fußgängerzone unterscheidet, die mit künstlerischen Brunnen oder Denkmälern gesäumt ist[1038].

Entgegen der Ansicht *Prengels*[1039] vermögen auch die an den Parkeingängen aufgestellten Hinweisschilder, wonach gewerbliche Foto-, Film-, und Fernsehaufnahmen der vorherigen Genehmigung bedürfen[1040], den Gemeingebrauch der Anlagen i. S. d. § 59 Abs. 1 Satz 1 UrhG nicht auszuschließen[1041]. Diese Hinweistafeln stellen vielmehr einen Verstoß gegen den Stiftungszweck dar, der die Anlagen, wie eben gezeigt, dem Gemeingebrauch widmet[1042]. Da das Fotografieren und Filmen auf öffentlichen Straßen sozialtypisches Verhalten ist[1043]

1033 Gem. Art. 2 Abs. 1 des Staatsvertrag über die Errichtung einer „Stiftung Preußische Schlösser und Gärten Berlin-Brandenburg" vom 23.08.1994 (vgl. dazu das Berliner Gesetz zum Staatsvertrag v. 21.12.1994 (GVBl. 1994, S. 515 ff.) und das Brandenburgische Gesetz über die Zustimmung zu dem Staatsvertrag v. 04.01.1995 (GVBl. I 1995, S. 2)) hat die Stiftung die ihr übergebenen Kulturgüter „der Öffentlichkeit zugänglich zu machen und die Auswertung dieses Kulturbesitzes für die Interessen der Allgemeinheit insbesondere der Wissenschaft und Bildung zu ermöglichen".

1034 BGH, ZUM 2011, 327, 329 ff. – Preuß. Schlösser und Gärten (I/2); OLG Brandenburg, GRUR 2010, 927, 928 – Preuß. Schlösser und Gärten (I/2).

1035 *Wandtke/ Czernik*, MedienR II, Rn. 272 zu § 6; vgl. auch *Maaßen*, GRUR 2010, 880 883 ff.

1036 *Wandtke/ Czernik*, MedienR II, Rn. 272 zu § 6.

1037 So auch *Maaßen*, GRUR 2010, 880, 883 f.

1038 *Wandtke/ Czernik*, MedienR II, Rn. 272 zu § 6.

1039 *Prengel*, Bildzitate, S. 225.

1040 LG Potsdam, ZUM 2009, 430 f. – Preuß. Schlösser und Gärten (I/2).

1041 Vgl. auch *Chirco*, Panoramafreiheit, S. 127

1042 *Maaßen*, GRUR 2010, 880, 883 ff.; *Staudinger/ Jickeli/ Stieper*, BGB, Rn. 18 zu Vorbem zu §§ 90 – 103; ähnlich auch *Stieper*, ZUM 2011, 331, 333.

1043 Vgl. dazu Teil 2 D. I. 3. a) cc) (1).

und unproblematisch zum Gemeingebrauch zählt[1044], dürfen nämlich auch gewerbliche Aufnahmen nicht pauschal als Sondernutzung eingestuft werden[1045]. Vielmehr stellt auch das gewerbliche Fotografieren und Filmen nur dann eine erlaubnispflichtige Sondernutzung dar, wenn andere dadurch in ihrem Gemeingebrauch gestört werden; z. B. wenn ein Berufsfotograf ganze Areale für den Publikumsverkehr blockiert, nicht aber, wenn er sich wie jeder Privatmann verhält, der beim Spazierengehen Fotos aufnimmt[1046].

Schließlich geht auch der Hinweis des OLG Brandenburg darauf, dass die Parkanlagen nicht öffentlich i. S. d. § 59 Abs. 1 Satz 1 UrhG sein könnten, da die darin liegenden Gebäude im Zeitpunkt ihrer Errichtung der Nutzung durch die königliche bzw. kaiserliche Familie dienen sollten und nicht der Öffentlichkeit zugänglich sein sollten, fehl, da es, wie zuvor dargestellt, nur auf die Öffentlichkeit im Zeitpunkt der Vervielfältigungshandlung ankommt[1047].

So lange die Parkanlagen also offen stehen und keine Widmungsänderung vorgenommen wird[1048], handelt es sich um öffentliche Anlagen, die dem Gemeingebrauch dienen[1049]. Folglich steht die Rechtsprechung im Widerspruch zu der gesetzlichen Wertung der Panoramafreiheit, als sie dem Eigentümer unmittelbare Abwehrrechte gegen die gewerbliche Vervielfältigung und Verwertung der äußeren Ansicht seiner Eigentumsobjekte von einem öffentlichen Standort aus gewährt[1050]. Daran ändert auch die Tatsache nichts, dass die Abwehrrechte durch geltendes Urheberrecht „überlagert" werden und erst im Zeitpunkt der Gemeinfreiheit gem. § 64 UrhG erstarken[1051]. Je nachdem, wie die Rechtsprechung den bisher offenen gebliebenen Fragen in Zukunft begegnet, wird noch weiter in den Tatbestand der Panoramafreiheit vorgedrungen oder umgekehrt.

B. Literatur

Die soeben dargestellten Entscheidungen haben im Schrifttum erhebliches Aufsehen erregt und gaben Anlass zu zahlreichen Stellungnahmen. Trotz der Vielzahl unterschiedlicher Stimmen und Auffassungen lassen sich im Wesentlichen

1044 So auch *Maaßen*, GRUR 2010, 880, 884.
1045 Vgl. *Stieper*, ZUM 2011, 331, 333.
1046 *Maaßen*, GRUR 2010, 880, 884.
1047 Vgl. Teil 2 C. II. 2. a).
1048 Zu einer Widmungsänderung ist die Stiftung selbst i. Ü. auch nicht berechtigt.
1049 So i. E. auch: *Wandtke/ Czernik*, MedienR II, Rn. 272 zu § 6.
1050 So auch *Rehbinder/ Peukert*, UrhR, Rn. 641.
1051 So auch: *Schack*, JZ 2011, 375.

drei Gruppen unterscheiden, die im Folgenden dargestellt werden sollen: diejenige, die die Rechtsprechungsansicht komplett ablehnt (Unterabschnitt 1), diejenige, die ihr zustimmt (Unterabschnitt 2) und schließlich die Gruppe, die zwischen Abwehr- und Ausgleichsansprüchen des Eigentümers differenziert (Unterabschnitt 3).

I. Ablehnende Ansichten

Die Rechtsprechungsdoktrin wird vom Großteil der Literatur kritisiert[1052]. Die Gruppe, die die Rechtsprechungsansicht komplett ablehnt, ist mit Abstand die stärkste. Genauso unterschiedlich, wie die bisherigen Entscheidungen aber interpretiert und ausgelegt werden, fällt auch die Kritik an denselben aus.

1052 *Beater*, JZ 1998, 1101 ff., gewährt im Ergebnis aber dennoch Abwehrrechte gem. §§ 1004, 823 Abs. 1 BGB bei unter Verstoß gegen das *Hausrecht* angefertigten Aufnahmen, vgl. dazu ausführlich Teil 3 B. III. 2.; *Bullinger*, FS Raue, S. 379, 392f.; *Bullinger/ Bretzel/ Schmalfuß*, Museen und Archive, S. 84; *Elleger*, Bereicherung, S. 534 ff.; *Elmenhorst*, GRUR 2013, 626 ff.; *Erman/ G. Schiemann*, BGB, Rn. 34 zu § 823; *Euler*, AfP 2009, 459, 460; *Götting*, FS Wandtke, S. 259, 263 ff.; vgl. *Grüning*, Eigentumsfreiheitsklage, S. 47 ff.; *Jaeger*, MMR 2010, 709; *Kübler*, FS Baur, S. 51, 53 ff.; *Lehment, C.*, FS Raue, S. 515, 518 ff., bejaht im Ergebnis aber dennoch Ausgleichsansprüche, vgl. dazu ausführlich Teil 3 B. III. 1.; *Lehment, H.*, Fotografieren, S. 102 ff.; *ders.*, GRUR 2011, 327 f.; *Löhr*, WRP 1975, 523 ff.; *Loewenheim/ Götting*, UrhR, Rn. 240 zu § 31; *Maaßen*, GRUR 2010, 880, 885 f.; *Münch/ Komm/ Wagner*, BGB, Rn. 177 f. zu § 823; *Osterrieth/ Marwitz*, KUG, § 20 II. S. 151 erklärte OLGE 20, 402 für „unhaltbar"; *Peukert*, Güterzuordnung, S. 142 f.; *PWW/ Schaub*, BGB, Rn. 57 zu § 823 bezweifeln die Rechtsprechung zumindest; *Raue*, Nachahmungsfreiheit?, S. 174 f.; *Ring/ Keukenschrijver/ Grziwotz/ Keukenschrijver*, NK-BGB, Rn. 60 zu § 1004 hinsichtlich des Vervielfältigungsvorgangs; bereits vor BGH-Tegel verneint *Ruhwedel*, JuS 1975, 242, 243 ff., Abwehrrechte des Sacheigentümers, gleichwohl bejaht er Ausgleichansprüche, da diese eine andere gesetzgeberische Intention verfolgen würden, vgl. dazu ausführlich Teil 3 B. III. 1.; *Schack*, ZeuP 2006, 149, 156; *ders.*, JZ 2011, 375 f.; *ders.*, FS Wandtke, S. 9, 14 f.; *ders.*, UrhR, Rn. 41; *Schippan*, ZStV 2011, 210, 215 f.; *Schlingloff*, AfP 1992, 112, 113 f.; *Schmieder*, NJW 1975, 1164 f., bejaht aber auch Ausgleichsansprüche, vgl. Teil 3 B. III. 1.; *Schricker/ Loewenheim/ Vogel*, UrhG, Rn. 3 zu § 59; *Seiler*, K&R 2010, 234, 235 ff;.*Soergel/ Münch*, BGB, Rn. 61 f. zu § 1004; *Stang*, Schutzfrist, S. 307 f.; *Staudinger/ Gursky*, BGB, Rn. 80 zu § 1004; *Stieper*, Schranken, S. 243 f.; *ders.*, ZUM 2011, 331 ff.; *ders.*, GRUR 2012, 1083, 1084 f.; *v. Ungern-Sternberg*, GRUR 2012, 224, 231 f.; *Wanckel*, NJW 2011, 1779, 1780 f.; *Wandtke/ Bullinger/ Wandtke*, UrhG, Rn. 8 zu § 44; *Wandtke/ ders.*, UrhR, Rn. 58 zu Kapitel 1.

Trotzdem lassen sich die Kritikpunkte durch die folgende Darstellung schematisch zusammenfassen.

1. *Fehlender Zuweisungsgehalt des Sacheigentums*

Als Hauptgegenargument gegen die höchstrichterliche Rechtsprechung wird hervorgebracht, dass der Zuweisungsgehalt des Eigentums gem. § 903 Satz 1 BGB nicht das äußere Erscheinungsbild der Sache umfasse[1053] und sich die Eigentumsrelevanz der Vervielfältigung und Verwertung desselben auch nicht durch das Betreten eines fremden Grundstücks herleiten lasse[1054].

Je nach Gegenstand der Auseinandersetzung verneinen die Vertreter dieser Ansicht mangels entsprechenden Zuweisungsgehalts somit eine Eigentumsverletzung durch die Vervielfältigung[1055] bzw. die Verwertung des äußeren

---

1053 *Beater*, JZ 1998, 1101, 1102; nach Auffassung von *Bullinger/ Bretzel/ Schmalfuß*, Museen und Archive, S. 84 „spricht vieles dagegen"; *Elmenhorst*, GRUR 2013, 626, 627; *Euler*, AfP 2009, 459, 460; *Götting*, FS Wandtke, 259, 264; *Lehment, C.*, FS Raue, S. 515, 518 ff., dessen Schwerpunkt allerdings auf der Ebene der Verletzungshandlung liegt; *Lehment, H.*, Fotografieren, S. 103; *ders.*, GRUR 2011, 327 f.; *Löhr*, WRP 1975, 523, 524; *Loewenheim/ Götting*, UrhR, Rn. 240 zu § 31; *Maaßen*, GRUR 2010, 880, 885; *Münch/ Komm/ Wagner*, BGB, Rn. 177 f. zu § 823; *Peukert*, Güterzuordnung, S. 138; *Raue*, Nachahmungsfreiheit?, S. 174 f.; *Rehbinder/ Peukert*, UrhR, Rn. 641; *Ruhwedel*, JuS 1975, 242, 243; *Schack*, ZeuP 2006, 149, 155 f.; *ders.*, JZ 2011, 375; *ders.*, FS Wandtke, S. 9, 15; *ders.*, UrhR, Rn. 41; *Schippan*, ZStV 2011, 210, 216; *Schlingloff*, AfP 1992, 112, 114; *Schmieder*, NJW 1975, 1164; *Seiler*, K&R 2010, 234, 235 f.; *Soergel/ Münch*, BGB, Rn. 61 f. zu § 1004; *Stang*, Schutzfrist, S. 307 f.; *Stieper*, Schranken, S. 243 f.; *ders.*, ZUM 2011, 331, 332; *ders.*, GRUR 2012, 1083, 1084; *v. Ungern-Sternberg*, GRUR 2012, 224, 231; *Wandtke/ Bullinger/ Wandtke*, UrhG, Rn. 8 zu § 44; *Wandtke/ ders.*, UrhR, Rn. 58 zu Kapitel 1; wohl auch: *Jaeger*, MMR 2010, 709.

1054 *Bullinger*, FS Raue, S. 379, 392 f.; *Euler*, AfP 2009, 459, 460; *Götting*, FS Wandtke, S. 259, 264 f.; *Lehment, C.*, FS Raue, S. 515, 520; *Lehment, H.*, Fotografieren, S. 106; *Schack*, FS Wandtke, S. 9, 15; *Schack*, JZ 2011, 375, 376; *Schippan*, ZStV 2011, 210, 216; *Stieper*, Schranken, S. 414; *Stieper*, ZUM 2011, 331, 332.

1055 *Beater*, JZ 1998, 1101, 1102; *Bullinger/ Bretzel/ Schmalfuß*, Museen und Archive, S. 84; *Elleger*, Bereicherung, S. 534 f.; *Elmenhorst*, GRUR 2013, 626 f.; *Euler*, AfP 2009, 459, 460; *Götting*, FS Wandtke, 259, 263 f.; *Grüning*, Eigentumsfreiheitsklage, S. 48 f., 56; *Kübler*, FS Baur, 51, 58 ff.; *Lehment, H.*, Fotografieren, S. 103; *ders.*, GRUR 201, 327 f.; *Löhr*, WRP 1975, 523, 524; *Maaßen*, GRUR 2010, 880, 885; *Münch/ Komm/ Wagner*, BGB, Rn. 177 f. zu § 823; *Peukert*, Güterzuordnung, S. 137 ff.; *Raue*, Nachahmungsfreiheit?, S. 174; *Rehbinde/ Peukert*, UrhR, Rn. 641; *Ruhwedel*, JuS 1975, 242, 243; *Schack*, FS Wandtke, S. 9, 15; *Schack* JZ 2011, 375; *Schack*, UrhR, Rn.41 Fn.

Erscheinungsbildes des Eigentumsobjektes[1056]. Der Eigentümer werde in seiner Eigentumsausübung nicht gestört, denn durch diese Handlungen werde nur das ihm nicht zugeordnete äußere Erscheinungsbild der Sache genutzt; er werde dadurch nicht in der Nutzung des körperlichen Gegenstandes beeinträchtigt[1057]. Während für viele Literaturvertreter dieses Ergebnis offenbar so selbstverständlich ist, dass sie es gar nicht weiter begründen, werden nachfolgend die Hauptargumente gegen die Zuordnung des äußeren Erscheinungsbildes einer Sache als Bestandteil des Sacheigentumsrechts aufgeführt.

a) Funktion des Sacheigentums

Einige Stimmen ziehen diesen Schluss unmittelbar aus der Funktion des Sacheigentums als *Sach*herrschaftsrecht[1058].

b) Äußeres Erscheinungsbild einer Sache ausschließlich Urheber zugeordnet

Einer anderen Auffassung zufolge könne sich das Ausschließlichkeitsrecht des Eigentümers deshalb nicht auf das äußere Erscheinungsbild seines Eigentumsgegenstands erstrecken, weil dasselbe bereits dem Urheber zugeordnet

---

26; *Schack*, ZeuP 2006, 149, 155 f.; *Schippan*, ZStV 2011, 210, 216; *Schlingloff*, AfP 1992, 112, 114; *Seiler*, K&R 2010, 234, 236; *Soergel/ Münch*, BGB, Rn. 61 zu § 1004; *Stang*, Schutzfrist, S. 307 f.; *Stieper*, Schranken, S. 243 f.; *ders.*, ZUM 2011, 331, 332; *ders.*, GRUR 2012, 1083, 1084; *v. Ungern-Sternberg*, GRUR 2012, 224, 231; *Wandtke/ ders.*, UrhR, Rn. 58 zu Kapitel 1; wohl auch: *Jaeger*, MMR 2010, 709.

1056 *v. Bar*, Probleme der Haftpflicht, S. 32, allerdings mit der Einschränkung, dass eine Eigentumsverletzung dann zu bejahen sei, sofern die Sache ausschließlich hergestellt wurde, um sie zu fotografieren, da dann eine Beeinträchtigung der Zweckbestimmung des Eigentumsobjekts vorliege; *Bullinger/ Bretzel/ Schmalfuß*, Museen und Archive, S. 84; *Elleger*, Bereicherung, S. 534 f.; *Elmenhorst*, GRUR 2013, 626 f.; *Euler*, AfP 2009, 459, 461; *Götting*, FS Wandtke, S. 259, 263 f.; *Grüning*, Eigentumsfreiheitsklage, S. 48 f., 56; *Jaeger*, MMR 2010, 709; *Kübler*, FS Baur, 51, 58 ff.; *Lehment, H.*, Fotografieren, S. 103; *ders.*, GRUR 2011, 327 f.; *Löhr*, WRP 1975, 523, 524, da diese Handlung außerhalb jeden Kontakts mit der Sache stehe; *Maaßen*, GRUR 2010, 880, 885; *Peukert*, Güterzuordnung, S. 137 ff.; *Raue*, Nachahmungsfreiheit?, S. 174; *Rehbinder/ Peukert*, UrhR, Rn. 641; *Schack*, ZeuP 2006, 149, 155 f.; *ders.*, FS Wandtke, S. 9, 15; *Seiler*, K&R 2010, 234, 236; *Schippan*, ZStV 2011, 210, 211; *Schmieder*, NJW 1975, 1164; *Soergel/ Münch*, BGB, Rn. 62 zu § 1004; *Stieper*, ZUM 2011, 331, 332; *ders.*, GRUR 2012, 1083, 1084, fügt an, dass ebenfalls niemand auf die Idee käme, die Verwertung des Bildes einer Person als Körperverletzung einzustufen; *Wandtke/ ders.*, UrhR, Rn. 58 zu Kapitel 1.

1057 *Schack*, Kunst und Recht, Rn. 204; *Wandtke/ ders.*, UrhR, Rn. 58 zu Kapitel 1.

1058 *Löhr*, WRP 1975, 523, 524; *Ruhwedel*, JuS 1975, 242, 243; *Schmieder*, NJW 1975, 1164.

sei[1059]. Die Rechte an den Abbildern der äußeren Ansicht einer Sache könnten somit nur dem Fotografen derselben oder dem Architekten des Ausgangswerks zustehen, keinesfalls jedoch dem Sacheigentümer[1060], was auch § 44 Abs. 1 UrhG zeige[1061]. *Grüning* und ihr zustimmend *Kübler* und *Elleger* messen dem äußeren Erscheinungsbild eines Gegenstandes darum eine sogenannte „Doppelfunktion" bei[1062]: Dem Eigentümer zugeordnet sei nur das Recht an der konkreten Oberflächensubstanz, nicht hingegen das an dem geistiges Gebilde, das sie als „die dem körperlichen Gegenstand eigentümliche Gestaltungsform, die von der Sachsubstanz unabhängig Bedeutung erlangen kann" definieren[1063]. Der Eigentümer habe somit nur ein Recht am Aussehen seiner Sache, soweit die konkrete Oberflächensubstanz verändert, verletzt oder ihm durch andere Störungen entzogen wird, nicht jedoch, „soweit das Aussehen als selbstständige Gestaltungsform betroffen ist"[1064], denn diese sei nur dem Urheber zugewiesen[1065].

c) Rivalisierende Sachnutzung als Grenze des Zuweisungsgehalts

Nach der Auffassung *Peukerts* ist der Zuweisungsgehalt des Sacheigentums hingegen auf die *rivalisierende* Nutzung des Eigentumsobjekts beschränkt, da ein die Sache betreffendes Verhalten geeignet sein müsse, die dem Eigentümer vorbehaltene tatsächliche Sachherrschaft zu beeinträchtigen[1066]. Da es sich aber seiner Ansicht nach bei der Vervielfältigung, und erst recht der anschließenden gewerblichen Verwertung der Vervielfältigungsstücke der äußeren Ansicht einer

1059 *Beater*, JZ 1998, 1101, 1102; *Elmenhorst*, GRUR 2013, 626, 627; *Euler*, AfP 2009, 459, 460; *Jaeger*, MMR 2010, 709; *Lehment, H.*, Fotografieren, S. 103; *ders.*, GRUR 2011, 327 f.; *Münch/ Komm/ Wagner*, BGB, Rn. 177 zu § 823; *Raue*, Nachahmungsfreiheit?, S. 174 f.; *Schack*, ZeuP 2006, 149, 155 f.; *Schippan*, ZStV 2011, 210, 216; *Seiler*, K&R 2010, 234, 236; *Soergel/ Münch*, BGB, Rn. 61 f. zu § 1004; *Stieper*, GRUR 2012, 1083, 1084; *Wandtke/ ders.*, UrhR, Rn. 58 zu Kapitel 1.

1060 *Schack*, FS Wandtke, S. 9, 15; *Wandtke/ ders.*, UrhR, Rn. 58 zu Kapitel 1.

1061 *Lehment, H.* Fotografieren, S. 103; *Schippan*, ZStV 2011, 210, 216; *Seiler*, K&R 2010, 234, 236.

1062 *Grüning*, Eigentumsfreiheitsklage, S. 47 ff.; *Elleger*, Bereicherung, S. 534; *Kübler*, FS Baur, S. 51, 58 f.

1063 *Grüning*, Eigentumsfreiheitsklage, S. 48; *Elleger*, Bereicherung, S. 534; *Kübler*, FS Baur, S. 51, 59.

1064 *Grüning*, Eigentumsfreiheitsklage, S. 48; *Elleger*, Bereicherung, S. 534; *Kübler*, FS Baur, S. 51, 58 f.

1065 *Grüning*, Eigentumsfreiheitsklage, S. 73 f.; *Elleger*, Bereicherung, S. 534; *Kübler*, FS Baur, S. 51, 58 f.

1066 *Peukert*, Güterzuordnung, S. 219 ff.

Sache, um eine nichtrivalisierende Nutzung derselben handele, da der Eigentümer dasselbe tun könnte ohne dass die Sache aufgebraucht oder zerstört werden würde, seien diese Nutzungshandlungen dem Eigentümer nicht zugeordnet[1067].

2. Keine Verletzung/ Beeinträchtigung des Eigentums

Neben dem fehlenden Zuweisungsgehalt des Sacheigentums werden Abwehrrechte des Sacheigentümers gegen die Vervielfältigung und Verwertung des äußeren Erscheinungsbildes seines Eigentumsobjekts auch mangels Verletzungs- bzw. Beeinträchtigungshandlung verneint[1068].

a) Keine „unmittelbare körperliche Fühlungsnahme" mit der Sache

Denn einigen Ansichten nach erfordert ein Eingriff in das Eigentum (sowohl gem. § 823 Abs. 1 BGB als auch gem. § 1004 Abs. 1 BGB) eine „unmittelbare körperliche Fühlungsnahme" mit der Sache, an der es beim Vervielfältigungsvorgang bereits fehle[1069]. Sie sei ferner auch nicht dadurch begründbar, dass das Hausrecht zu diesem Zwecke verletzt wird oder die Abbilder kommerziell verwertet werden[1070].

b) Keine körperliche Beeinträchtigung i. S. d. § 1004 BGB

Einer anderen Auffassung nach ist zwar keine generelle „körperliche Fühlungsnahme" mit der Sache erforderlich, dennoch erfordere aber jedenfalls § 1004 Abs. 1 BGB tatsächliche „körperliche" Beeinträchtigungen, mithin „körperliche, sinnlich wahrnehmbare Einwirkungen, sei dies auch durch unwägbare

---

1067 *Peukert*, Güterzuordnung, S. 220.

1068 *Löhr*, WRP 1975, 523, 524, der bereits mangels Zuweisungsgehalt eigentumsrechtliche Abwehransprüche verneint; *Lehment, C.*, FS Raue, 515, 518 ff. und *Ruhwedel*, JuS 1975, 242, 243 ff., verneinen mangels Eigentumsbeeinträchtigung Schadensersatzansprüche des Sacheigentümers gem. § 823 Abs. 1 BGB gegen ungenehmigtes Fotografieren und die folgende Verwertung der Abbilder, gleichwohl bejahen sie aber Ausgleichsansprüche gem. § 812 Abs. 1 Satz 1 Alt. 2 und § 687 Abs. 2 i. V. m. §§ 681, 667 BGB, vgl. dazu Teil 3 B. III. 1.; *Lehment, H.*, GRUR 2011, 328; *Staudinger/ Gursky*, BGB, Rn. 80 zu § 1004.

1069 *Ruhwedel*, JuS 1975, 242, 243; zwar nicht hinsichtlich aller Eigentumsverletzungen, aber jedenfalls bei einer unberechtigten Nutzung verlangt dies auch *Staudinger/ Gursky*, BGB, Rn. 80 zu § 1004.

1070 *Lehment C.*, FS Raue, S. 515, 519 ff.

Immissionen mit Störungsfolge“[1071]. Folglich scheitern die in Rede stehenden Abwehrrechte des Sacheigentümers dieser Auffassung nach spätestens an der Beeinträchtigungshandlung[1072].

c) *Kein schützenswertes Interesse gem. § 242 i. V. m. § 59 UrhG*

Nach der Auffassung von *Bittner* ist die „Apfel-Madonna-Entscheidung“ indes nicht so zu verstehen, dass der Senat das Aussehen einer Sache dem Zuweisungsgehalt des Sacheigentums komplett entzieht[1073]. Das Aussehen der Sache sei sehr wohl im Zuweisungsgehalt des Sacheigentums enthalten, der jedoch durch geltendes Urheberrecht begrenzt werde; im Gegensatz zum Urheberrecht stehe dem Sacheigentümer aber nur ein Recht am konkreten Aussehen der in seinem Eigentum stehenden Sache zu, nicht am Aussehen gleich aussehender Sachen[1074].

Auch erfordere seiner Ansicht nach eine Eigentumsbeeinträchtigung weder eine „unmittelbare körperliche Fühlungsnahme“[1075], noch eine sinnliche Wahrnehmbarkeit[1076] oder Nachteile für den Sacheigentümer[1077]. Gleichwohl lehnt er in Ermangelung schützenswerter Interessen gem. § 242 BGB Abwehransprüche des Sacheigentümers gegen unberechtigtes Fotografieren ab[1078]. Denn in Fällen, in denen keine Substanzverletzung oder eine wirksame Verfügung eines Nichtberechtigten vorliege, müsse die Eigentumsbeeinträchtigung besonders begründet werden[1079]. Hierbei betont er u. a., dass aus § 59 UrhG bereits folge,

---

1071 *Soergel/ Münch*, BGB, Rn. 32 zu § 1004; *Bamberger/ Roth/ Fritzsche*, BGB, Rn. 22 ff. zu § 903; die h. M. nimmt diese Einschränkung indes nur im Hinblick auf § 906 BGB vor, um abwehrfähige „positive“ von zu duldenden „negativen“ Einwirkungen i. S. d. § 906 BGB zu unterscheiden, vgl. St. Rspr. BGHZ 51, 396, 397 f. m. w. N; 62, 361, 366; 70, 212, 220; OLG Celle, MDR 1954, 241, 242; *Staudinger/ Roth*, BGB, Rn. 3 zu § 906; wohl auch *Münch/ Komm/ Säcker*, BGB, Rn. 4 zu § 906.

Jauernig/ Berger, BGB, Rn. 3 zu § 903, *PWW/ Lemke*, BGB, Rn. 1 zu § 906 und *Staudinger/ Gursky*, BGB, Rn. 25 zu § 1004 erblicken in § 906 hingegen sogar (jedenfalls in Abs. 1) „eine echte Inhaltsbegrenzung“ der negativen Seite des Eigentums; so wohl auch OLG Celle, MDR 1954, 241.

1072 Vgl. *Soergel/ Münch*, BGB, Rn. 61 zu § 1004; nach deren Auffassung aber auch der Zuweisungsgehalt des Sacheigentums schon gar nicht berührt ist.

1073 *Bittner*, Fotografieren fremder Sachen, S. 26.

1074 *Bittner*, Fotografieren fremder Sachen, S. 27.

1075 *Bittner*, Fotografieren fremder Sachen, S. 31.

1076 *Bittner*, Fotografieren fremder Sachen, S. 36 f.

1077 *Bittner*, Fotografieren fremder Sachen, S. 37.

1078 *Bittner*, Fotografieren fremder Sachen, S. 87, 88.

1079 *Bittner*, Fotografieren fremder Sachen, S. 43.

dass dem Sacheigentümer bei Vorliegen der Tatbestandvoraussetzungen keine Abwehrreche zustehen würden – und zwar unabhängig davon, ob das Werk urheberrechtlich geschützt ist oder nicht[1080]. Ob er die entsprechenden Rechte des Sacheigentümers damit aus dem Zuweisungsgehalt ausschließt oder lediglich deren Ausübung negiert, lässt er bewusst offen, da dies keinen praktischen Unterschied mache[1081].

Bei gewerblicher Verwertung der Abbilder gehe die Interessenabwägung im Rahmen des § 242 BGB hingegen zu Gunsten des Sacheigentümers aus, da hier die Eigentumsfunktion der Gewinnerzielung berührt werde[1082]. Dies gelte jedoch auch nicht im Anwendungsbereich von § 59 UrhG[1083]. Da der Schlosspark Tegel nicht öffentlich zugänglich ist, bestand nach der entsprechenden Entscheidung noch ein Gleichlauf zwischen der BGH-Rechtsprechung und der Dogmatik *Bittners*.

3. *Widerspruch zur Panorama- und Gemeinfreiheit*

Ferner wird auch von mehreren Stimmen in der Literatur angeführt, dass bei Vorliegen der Tatbestandsvoraussetzungen von § 59 UrhG kein Verbietungsrecht des Eigentümers bestehen könne[1084], weil das Freistellunginteresse der Allgemeinheit insoweit Vorrang habe[1085]; und dies gelte erst recht nach Ablauf der urheberrechtlichen Schutzfrist[1086]. Darüber hinaus wird eingewendet, dass auch die urheberrechtliche Gemeinfreiheit gem. § 64 UrhG durch die BGH-Rechtsprechung unterlaufen werde[1087].

1080 *Bittner*, Fotografieren fremder Sachen, S. 81, 82, wobei er nicht gemeinfreie sondern nicht schutzfähige Werke nennt, was aber keinen Unterschied machen kann.

1081 *Bittner*, Fotografieren fremder Sachen, S. 42.

1082 *Bittner*, Fotografieren fremder Sachen, S. 91, 92.

1083 *Bittner*, Fotografieren fremder Sachen, S. 80 f., 114.

1084 *Jaeger*, MMR 2010, 709; *Schack*, ZeuP 2006, 149, 154; *ders.*, JZ 2011, 375.

1085 *Jaeger*, MMR 2010, 709; *Schack*, ZeuP 2006, 149, 154; *ders.*, JZ 2011, 375.

1086 *Schack*, JZ 2011, 375.

1087 *Bullinger*, FS Raue, S. 379, 393; *Bullinger/ Bretzel/ Schmalfuß*, Museen und Archive, S. 84; *Euler*, AfP 2009, 459, 460; *Götting*, FS Wandtke, 259, 266 f.; *Grüning*, Eigentumsfreiheitsklage, S. 72; *Kübler*, FS Baur, S. 51, 58 andeutend; *Lehment, C.*, FS Raue,, S. 515, 521; *Löhr*, WRP 1975, 523, 524; *Maaßen*, GRUR 2010, 880, 885; *Münch/ Komm/ Wagner*, BGB, Rn. 177 zu § 823; *Schack*, JZ 2011, 375; *Schippan*, ZStV 2011, 210, 216; *Schmieder*, NJW 1975, 1164; *Soergel/ Münch*, BGB, Rn. 62 zu § 1004; insoweit melden *Schricker/ Loewenheim/ Vogel*, UrhG, Rn. 3 zu § 59, „Bedenken" an; *Staudinger/ Gursky*, BGB, Rn. 80 zu § 1004; *Stang*, Schutzfrist, S. 307; *Stieper*, ZUM

4. *Rechtsfolgenorientierte Kritik*

Weitere Kritikpunkte der Literatur knüpfen an den Rechtsfolgen der BGH-Rechtsprechung an. Zum einen wird hervorgebracht, dass ein Dritter, der Nutzungsrechte an den Abbildungen erwerben möchte, gar nicht erkennen könne, ob diese eigentumswidrig entstanden sind; gleichwohl würde er aus Rechtsprechungssicht durch die Verwertung der Fotos selbst eine Eigentumsverletzung begehen[1088].

Daneben führe die rein räumliche Grenzziehung der Rechtsprechung zu einer Ungleichbehandlung von Eigentümern, obwohl jedem Sacheigentümer verfassungs- und zivilrechtlich derselbe Schutz zukomme[1089]. Denn während der Eigentümer eines „verborgenen Dornröschenschlosses", dessen Grundstück zur Anfertigung von Abbildungen desselben betreten werden muss, allein aufgrund dieser Tatsache einen Teil seiner finanziellen Belastung durch Lizenzen decken könne, müsse der Eigentümer eines Gebäudes, das sich so nah an einer öffentlichen Straße befindet, dass man es weder durch Sichtbarrieren noch durch Zutrittsverbote schützen kann, sogar die rein kommerzielle die Abbildung und Verwertung der äußeren Ansicht desselben durch Dritte hinnehmen[1090].

Weitere Folgeprobleme können sich nach einer Ansicht der Literatur ferner aus der Frage ergeben, inwieweit urheberrechtliche Grundsätze auf ein solches „eigentumsrechtliches Verwertungsrecht" übertragbar sind[1091]. Ausdrücklich für anwendbar hält der BGH jedenfalls die zum Urheberrecht entwickelten Gesichtspunkte hinsichtlich des Auskunftsanspruchs[1092]. Dies werfe insbesondere die Frage auf, ob der Sacheigentümer seinen Schaden somit auch unter Rückgriff auf die urheberrechtlichen Berechnungsmethoden gem. § 97 Abs. 4 UrhG beziffern könne[1093]. Da auch die übrigen Ansprüche bei Urheberrechtsverletzungen gem. §§ 97 ff. UrhG teilweise über die des BGB hinausgehen, stelle sich auch hier die Frage der Übertragbarkeit. Es bestehe somit die akute Gefahr „im Sog der Entscheidung Preußische Schlösser und Gärten" die Grenzen zwischen Urheberrecht und Sacheigentum noch weiter zu verwischen[1094].

2011, 331, 333; *ders.*, GRUR 2012, 1083, 1085; *Wandtke/ Bullinger/ ders.*, UrhG, Rn. 165 zu § 2.

1088 *v. Ungern-Sternberg*, GRUR 2012, 223, 231 f.

1089 *Schippan*, ZStV 2011, 210, 215; *Wanckel*, NJW 2011, 1179, 1180.

1090 *Schippan*, ZStV 2011, 210, 215; *Wanckel*, NJW 2011, 1179, 1180.

1091 *Lehment, H.*, GRUR 2011, 327, 328.

1092 BGH, ZUM 2011, 327, 331 – Preuß. Schlösser und Gärten (I/2).

1093 *Lehment, H.*, GRUR 2011, 327, 328.

1094 *Lehment, H.*, GRUR 2011, 327, 328.

II. Bestätigende Ansichten

Wie soeben gesehen, ist die Rechtsprechung auf breite Kritik gestoßen, gleichwohl wird die gerichtliche Entscheidungspraxis im Schrifttum auch bestätigt[1095]. Dennoch folgen auch diejenigen, die der Rechtsprechung im Ergebnis zustimmen, nicht immer der richterlichen Dogmatik.

1. Umfassender Zuweisungsgehalt des Sacheigentums

a) Das Verwertungsinteresse des Sacheigentümers

Nach Ansicht von *Flöter/ Königs* ordnet die Rechtsprechung dem Eigentümer völlig zu Recht „das Recht am grundstücksinternen Bild der eigenen Sache" gem. § 903 Satz 1 BGB zu[1096]. Dies begründen sie vor allem mit dem nachvollziehbaren Verwertungsinteresse des Sacheigentümers, da er auch für den Erhalt des Eigentumsobjekts aufkommen müsse. Die Tatsache, dass nach höchstrichterlicher Rechtsprechung bereits die Vervielfältigungshandlung mit der Absicht, die Abbilder gewerblich zu verwerten, eine Verletzung des Eigentumsrechts darstellt, sei vor allem aus Praktikabilitätsgründen sinnvoll, denn so müsse der Eigentümer nicht abwarten, bis tatsächlich verwertet wird, um seine Rechte geltend zu machen[1097].

Gerauer ist zwar der Auffassung, dass der Fotografiervorgang nach allgemeinem Sprachgebrauch keine „Einwirkung" i. S. d. § 903 Satz 1 BGB darstellt, dem Wortlaut nach somit nicht vom Zuweisungsgehalt des Eigentums umfasst wird. Aber es ergebe sich aus dem Sinn und Zweck von § 903 Satz 1 BGB, dass dem Eigentümer auch das Recht zustehen müsse, sein Eigentum gewerblich zu nutzen. Somit sei der „Schloss-Tegel-Entscheidung" zumindest im Ergebnis

---

1095 *Bamberger/ Roth/ Fritzsche*, BGB, Rn. 25 zu § 903; *dies.*, Rn. 41 zu § 1004; *Bamberger/ Roth/ Spindler*, BGB, Rn. 57 zu § 823; *Bamberger/ Roth/ Wendehort*, BGB, Rn. 127 zu § 812; *Dreier*, FS Dietz, S. 235 ff.; wohl auch *Dreyer/ Kotthoff/ Meckel*, UrhG, Rn. 3 zu § 59, Rn. 13 zu § 22 KUG; *Flöter/ Königs*, ZUM 2012 S. 383 ff.; *Gerauer*, GRUR 1988, 672 ff.; *Gerstenberg*, GRUR 1975, 502; *Jauernig/ Berger*, BGB, Rn. 4 zu § 1004; *Lammek/ Ellenberg*, ZUM 2004, 715 ff.; *Münch/ Komm/ Baldus*, BGB, Rn. 113 ff. zu § 1004; *Palandt/ Bassenge*, BGB, Rn. 8 zu § 1004; *Palandt/ Sprau*, BGB, Rn. 9 zu § 823; *Pfister*, JZ 1976, 156 ff.; die Auffassung von *Prengel*, Bildzitate, S. 214 ff. wurde sogar im BGH-Urteil „Preuß. Schlösser und Gärten" aufgegriffen; *Schabenberger/ Nemeczek*, GRUR-Prax 2011, 139 ff. wollen das Ergebnis sogar komplett auf das Besitzrecht erstrecken; *Schmid/ Wirth/ Seifert/ Schmid/ Wirth*, UrhG, Rn. 6 zu § 59; *Wolf/ Wellenhofer*, SachenR, Rn. 12 zu § 24.

1096 *Flöter/ Königs*, ZUM 2012, 383 ff.

1097 *Flöter/ Königs*, ZUM 2012, 383 384.

zuzustimmen[1098]. Darüber hinaus steht dem Eigentümer seiner Ansicht nach sogar ein Unterlassungsanspruch gegen die gewerbliche Vervielfältigung seines Eigentums von außerhalb des Grundstücks zu, sofern er durch den eigenen Verkauf von Ansichtskarten dem Informationsbedürfnis der Allgemeinheit hinreichend Rechnung trägt[1099].

b) Anpassung an neue Technologien

In einem Beitrag aus dem Jahre 2001 kritisiert *Dreier* zwar die Dogmatik und vor allem die „rechtlichen Brüche" innerhalb der BGH-Entscheidungen „Schloss Tegel" und „Friesenhaus"[1100], stimmt der Rechtsprechung im Ergebnis aber zu, indem er dem Eigentümer das ausschließliche Abbildungsrecht an seinem Eigentumsobjekt gem. § 903 Satz 1 BGB zuordnet[1101]. Dies lässt sich seiner Ansicht nach durch die technische Entwicklung begründen, die es mittlerweile ermöglicht, das Eigentum auf andere Art, als eine Substandbeeinträchtigung zu verletzen[1102]. Mögliche Grenzen seien durch die Duldungspflicht gem. § 1004 Abs. 2 BGB zu ziehen, in deren Rahmen u. a. § 59 UrhG Berücksichtigung finden könne[1103].

Zehn Jahre später folgt seine Kritik auf das Urteil „Preußische Schlösser und Gärten", das diese Wertung nicht beachtet habe[1104]. Er bemängelt aber vor allem die aus seiner Sicht falsche Anknüpfung an das Haus- bzw. Grundstücksrecht durch den V. Zivilsenat[1105]. Seinen zehn Jahre zurückliegenden Vorschlag, dem Eigentümer der abgebildeten Sache ein ausschließliches Abbildungsrecht zuzuordnen, wiederholt er aber nicht; auch in seiner aktuellen Kommentierung verweist er nicht mehr darauf[1106].

2. Die „zweigleisige Rechtswidrigkeitsprüfung"[1107]

Pfister[1108] stimmt der KG Entscheidung von 1909, sowie dem „Schloss-Tegel-Urteil" im Ergebnis zu, schließt sich ihrer Dogmatik aber auch nicht an. Im

---

1098 *Gerauer*, GRUR 1988, 672, 673.
1099 *Gerauer*, GRUR 1988, 672, 674.
1100 *Dreier*, FS Dietz, S. 235, 242.
1101 *Dreier*, FS Dietz, S. 235, 248 ff.
1102 *Dreier*, FS Dietz, S. 235, 249.
1103 *Dreier*, FS Dietz, S. 235, 250 f.
1104 *Dreier*, FS Pfennig, S. 15 ff., 23.
1105 *Dreier*, FS Pfennig, S. 15, 20 ff.
1106 So noch in *Dreier/ Schulze/ Dreier*, UrhG, 3. Aufl. 2008, Rn. 14 zu § 59.
1107 Dieser Ausdruck geht auf *Pfister* zurück, vgl. *Pfister*, JZ 1976, 156.
1108 *Pfister*, JZ 1976, 156, 158.

Gegensatz zum BGH knüpft er ausschließlich an der abgebildeten Sache an[1109] und vertritt die Ansicht, dass dem Eigentümer keine alleinige Verwendungsbefugnis von Abbildern seines Eigentumsobjekts zugeordnet sei; auch nicht zu gewerblichen Zwecken[1110]. Die dem Eigentümer nicht exklusiv zugeordnete Verwendungsmöglichkeit werde erst beeinträchtigt, wenn er an derselben *gehindert* werde, was durch die in Rede stehenden Handlungen nicht der Fall sei[1111].

Die Rechtswidrigkeit einer auf fremdes Eigentum bezogenen Handlung könne sich aber nach der Auffassung *Pfisters* auch aus der Rechtsordnung im Übrigen ergeben. Dabei seien im Rahmen einer Interessenabwägung alle Argumente heranzuziehen, z. B. die Gewerbsmäßigkeit der Verwertungshandlung, die Rechtswidrigkeit der Herbeiführung des Fotografiervorgangs - etwa unter Verstoß gegen das Hausrecht - oder auch die Wertung des § 59 UrhG[1112].

Ohne sich ausdrücklich auf die „zweigleisige Rechtswidrigkeitsprüfung" *Pfisters* zu beziehen, vertreten *Lammek/ Ellenberg* im Ergebnis dieselbe Auffassung[1113]. Auch ihrer Ansicht nach sei die Herstellung von Film- oder Fotoaufnahmen grundsätzlich keine Eigentumsverletzung[1114], von diesem Grundsatz seien jedoch Ausnahmen zu machen, sofern die Aufnahme unter Verletzung eines fremden Hausrechts oder des allgemeinen Persönlichkeitsrechts erfolge[1115]. Auch die anschließende Verwertung sei dann unzulässig[1116].

3. *Grundstücksansichten als Gebrauchsvorteile gem. § 100 Hs. 2 BGB*

Nach der Auffassung von *Prengel* umfasst der Zuweisungsgehalt des Eigentums gem. § 903 Satz 1 BGB zwar auch das ausschließliche Recht am Aussehen des *konkreten* Eigentumsgegenstandes, da dieses untrennbar mit der Sachsubstanz verbunden sei[1117]; in dieses Recht werde durch ungenehmigtes Fotografieren aber nicht eingegriffen, als die Nutzungsmöglichkeiten des Eigentümers selbst

---

1109 *Pfister*, JZ 1976, 156, 158, der hier eine Beeinträchtigung des „Hauseigentums" durch das Anfertigen von Reproduktionen nach Beendigung des Eindringens ausdrücklich ablehnt.

1110 *Pfister*, JZ 1976, 156, 157.

1111 *Pfister*, JZ 1976, 156, 157.

1112 *Pfister*, JZ, 1976, 157 f.

1113 *Lammek/ Ellenberg*, ZUM 2004, 715 ff.

1114 *Lammek/ Ellenberg*, ZUM 2004, 715, 716.

1115 *Lammek/ Ellenberg*, ZUM 2004, 715, 716.

1116 *Lammek/ Ellenberg*, ZUM 2004, 715, 718.

1117 *Prengel*, Bildzitate, S. 212; diese Auffassung geht auf *Bittner* zurück; vgl. Teil 3 B. I. 2. c).

dadurch nicht beschränkt werden würden und sein Freiheitsbereich folglich nicht verkürzt werde[1118].

Aber *Prengel* folgt der Auffassung *Götz Schulzes*, wonach die Grundstücksansichten Gebrauchsvorteile gem. § 100 Hs. 2 BGB darstellen, die dem Nutzungsberechtigten des Grundstücks zustehen[1119]. Als Folge könne der Nutzungsberechtigte – zumeist der Eigentümer – gem. § 812 Abs. 1 Satz 1 Alt. 2 BGB die Gebrauchsvorteile kondizieren[1120]. Die Herausgabe des unrechtmäßig erlangten Vorteils scheitere jedoch an der Unübertragbarkeit des Urheberrechts bzw. des Lichtbildschutzes des Fotografen[1121]. Als Lösung schlägt er darum vor, den Fotografen zur Einräumung eines ausschließlichen Nutzungsrechts gem. § 31 Abs. 3 Satz 1 UrhG gegenüber dem Eigentümer zu verpflichten[1122].

Der V. Zivilsenat bezieht sich in der Entscheidungsbegründung zu „Preußische Schlösser und Gärten" ausdrücklich auf die Dissertation *Prengels*, mit dem einzigen Unterschied, dass er die Grundstücksansichten nicht als Gebrauchsvorteile i. S. d. § 100 Hs. 2 BGB, sondern als Rechtsverhältnisfrüchte i. S. d. § 99 Abs. 3 BGB einordnet[1123].

4. *Kein Wertungswiderspruch zum Urheberrecht*

Die Befürworter der Rechtsprechungsmeinung erblicken in derselben auch keinen Wertungswiderspruch zum Urheberrecht. Da das Sacheigentum ein *aliud* zum Urheberrecht sei, sei die Gemeinfreiheit gem. § 64 UrhG für das Sacheigentumsrecht irrelevant[1124]. Gleiches gelte für die Panoramafreiheit gem. § 59 UrhG, die mithin keinerlei Wirkung gegenüber dem Sacheigentümer entfalten könne[1125].

III. Differenzierende Ansichten

Neben den Vertretern der Literatur, die der Rechtsprechung zustimmen und denen, die sie komplett ablehnen, gibt es schließlich noch solche, die zwischen Abwehr- und Ausgleichsansprüchen des Sacheigentümers differenzieren.

1118 *Prengel*, Bildzitate, S. 214.

1119 *Prengel*, Bildzitate, S. 214 ff., unter Hinweis auf den unveröffentlichten Habilitationsvortrag „Das private Hausrecht: dingliche Sachherrschaft über einen Raum – zugleich Rechtsschutzform für immaterielle Güter und Leistungen" *Götz Schulzes* (S. 216).

1120 *Prengel*, Bildzitate, S. 227.

1121 *Prengel*, Bildzitate, S. 228.

1122 *Prengel*, Bildzitate, S. 228 f.

1123 BGH, ZUM 2011, 327, 329 – Preuß. Schlösser und Gärten (I/2).

1124 *Dreier*, FS Dietz, S. 235, 250.

1125 *Prengel*, Bildzitate, S. 225.

1. Ausgleichsansprüche ohne Abwehrrechte

Einige Literaturvertreter verneinen mangels Zuweisungsgehalt bzw. Eingriffsqualität[1126] zwar Abwehrrechte des Sacheigentümers gegen die ungenehmigte Vervielfältigung bzw. Verwertung der äußeren Ansicht seines Eigentumsobjekts, bejahen aber zugleich Ausgleichsansprüche gem. § 812 Abs. 1 Satz 1 Alt. 2 bzw. § 687 Abs. 2 i. V. m. §§ 681, 667 BGB[1127].

Ruhwedel begründet dies damit, dass letztere eine andere gesetzgeberische Intention verfolgen würden, als sie keine Verhaltensnormen, sondern Güterzuordnungsnormen seien[1128]. In das dem Eigentümer in diesem Rahmen zugeordnete Recht, nach Belieben mit seiner Sache verfahren zu dürfen, werde durch die Anfertigung von Abbildern des äußeren Erscheinungsbildes des Eigentumsobjekts und deren anschließende Verwertung eingegriffen[1129].

Schmieder begründet seine Auffassung indes mit dem schutzwürdigen Partizipationsinteresse des Sacheigentümers an der gewerblichen Verwertung seines Eigentums, das ihm auch ermögliche, die mit dem Erhalt des Objekts verbundenen Kosten zu tragen[1130].

Lehment, C. weist ferner darauf hin, dass es auch im Urheberrecht Fälle gebe, in denen dem Rechteinhaber Ausgleichsansprüche ohne Abwehrrechte zustehen, z. B. im Falle der gesetzliche Lizenz gem. § 52 Abs. 1 UrhG, mithin sei diese Systematik dem Zivilrecht nicht fremd[1131]. Gleiches gelte laut *Schlechtriem* für das Nachbarrecht[1132].

Schließlich könne durch diese Differenzierung auch ein Widerspruch zu §§ 59, 64 UrhG vermieden werden, meinen ihre Befürworter, da nur Primäransprüche des Sacheigentümers in Konflikt mit den urheberrechtlichen Wertungen geraten könnten[1133].

1126 Vgl. dazu Teil 3 B. I. 1., 2.

1127 *Lehment, C.*, FS Raue, S. 515, 519 ff.; *PWW/ Schaub*, BGB, Rn. 57 zu § 823, sieht eine Gewinnabschöpfung mit Hilfe der Eingriffskondiktion ggf. als möglich an; *Ruhwedel*, JuS 1975, 242, 243 f.; *Schlechtriem*, JZ 1993, 185, 190; *Schmieder*, NJW 1975, 1164, befasste sich im Anschluss an das „Schloss-Tegel-Urteil" aber nur mit der *Verwertung* der Abbilder fremden Eigentums.

1128 *Ruhwedel*, JuS 1975, 245 f.; in diese Richtung auch: *Lehment, C.*, FS Raue, S. 515, 525 ff.

1129 *Lehment, C.*, FS Raue, S. 515, 525 ff.; *Ruhwedel*, JuS 1975, 245 f.

1130 *Schmieder*, NJW 1975, 1164; in diese Richtung argumentiert auch *Schlechtriem*, JZ 1993, 185, 190.

1131 *Lehment, C.*, FS Raue, S. 515,

1132 *Schlechtriem*, JZ 1993, 185, 190.

1133 *Lehment, C.*, FS Raue, S. 515, 526, nach dessen Meinung aber auch Primäransprüche im Grunde gar nicht mit urheberrechtlichen Vorschriften in Konflikt geraten können,

Beater vertritt hingegen genau das Gegenteil von der soeben dargestellten Auffassung[1134]. Ein Ausgleichsanspruch ohne Abwehrrecht würde seiner Ansicht nach für die Allgemeinheit „eher Steine als Brot" bedeuten und als „absolutes Recht mit Lizenzpflicht" auch systematisch ein Fremdkörper im Trennungssystem zwischen Immaterialgüterrecht und BGB bedeuten[1135]. Der Eigentümer stünde wegen der Gemeinfreiheit gem. § 64 UrhG besser da, als der Urheber und würde an dessen Leistung partizipieren[1136].

Obwohl das äußere Erscheinungsbild nicht im Zuweisungsgehalt des Sacheigentums enthalten sei, müsse der Eigentümer seiner Ansicht nach aber *rechtswidrige* – d. h. unter Missachtung des Hausrechts entstandene Aufnahmen – gem. §§ 1004 Abs. 1, 823 Abs. 1 BGB verbieten können und Schadensersatz geltend machen können[1137]. Schließlich könne der Eigentümer den Zuritt zu seinem Grundstück verweigern, wird dieses Recht durch einen Dritten verletzt, könne dies nicht zu einem Rechtsverlust seinerseits führen[1138]. Der Hausrechtsinhaber könne danach gem. §§ 687 Abs. 2 i. V. m. §§ 681 Satz 2, 667 Alt. 2 BGB die Herausgabe der hergestellten Aufnahmen verlangen, selbst wenn ihm die abgebildete Sache nicht gehört[1139]. Der rechtswidrig handelnde Fotograf sei nicht schutzwürdig[1140].

Auch die Abstimmung mit dem Urheberrecht sei gewahrt, da der Eigentümer nur rechtswidrig vor Ort hergestellte Reproduktionen verbieten könne und überdies niemals „Lizenzgebühren" nach § 812 BGB verlangen könne[1141].

C. Entwicklung eines eigenen Lösungsansatzes

Die vorangegangenen Ausführungen zeigen, dass die durch die Entscheidung „Preußische Schlösser und Gärten" neu entbrannte Diskussion um Eigentumsrechte an dem äußeren Erscheinungsbild von Sachen vor allem von den

da Urheberrecht und Sacheigentum verschiedene Rechte sind; *Schmieder*, NJW 1975, 1164 f.

1134 *Beater*, JZ 1998, 1101 ff.

1135 *Beater*, JZ 1998, 1101, 1105.

1136 *Beater*, JZ 1998, 1101, 1105.

1137 *Beater*, JZ 1998, 1101, 1105 ff.

1138 *Beater*, JZ 1998, 1101, 1105 f.

1139 *Beater*, JZ 1998, 1101, 1106.

1140 *Beater*, JZ 1998, 1101, 1106.

1141 *Beater*, JZ 1998, 1101, 1106.

Unsicherheiten bezüglich der Grenze des sacheigentumsrechtlichen Zuweisungsgehalts in der Rechtsanwendung herrührt. Es herrscht Kasuistik anstelle von Rechtssicherheit.

Darum soll im Folgenden eine allgemeingültige abstrakte Definition tatsächlicher Nutzungshandlungen, die zum Zuweisungsgehalt des Sacheigentums gem. § 903 Satz 1 BGB zählen, entwickelt werden, aus der sich die Ausgangsfrage, ob der Sacheigentümer der schlichten Vervielfältigung und Verwertung des äußeren Erscheinungsbildes seiner Sache von einer öffentlichen Stelle aus absolute Recht entgegenhalten kann, nach den Regeln der juristischen Dogmatik beantworten lässt.

Dafür gilt es zuerst zu zeigen, dass der sacheigentumsrechtliche Zuweisungsgehalt der notwenige dogmatische Ausgangspunkt für Beantwortung der Ausgangsfrage ist (Unterabschnitt 1). Im Anschluss daran erfolgt eine umfassende Bestandsaufnahme des bisherigen Meinungsbildes bezüglich des Umfangs und der Grenzen des eigentumsrechtlichen Zuweisungsgehalts im Hinblick auf die hier aufgeworfene Fragestellung (Unterabschnitt 2), bevor sodann mittels Gesetzesauslegung eine eigene Definition tatsächlicher Nutzungshandlungen i. S. d. § 903 Satz 1 BGB entwickelt wird (Unterabschnitt 3).

I. Der Zuweisungsgehalt des Sacheigentums als dogmatischer Ausgangspunkt

Angesichts der Fülle unterschiedlicher Argumente und Ansätze in Rechtsprechung und Literatur gilt es zuerst zu zeigen, dass der sacheigentumsrechtliche Zuweisungsgehalt der notwendige Ausgangspunkt für die Beantwortung der Ausgangsfrage ist.

Dafür werden die zuvor dargestellten Begründungsansätze der Rechtsprechung und Literatur nun auf ihren dogmatischen Kerngehalt heruntergebrochen. Aus darstellungstechnischen Gründen und um Wiederholungen zu vermeiden, wird im Folgenden nicht zwischen Rechtsprechung und Literatur, sondern nur noch zwischen befürwortenden Ansichten (Unterabschnitt 1), ablehnenden Ansichten (Unterabschnitt 2) und differenzierenden Ansichten (Unterabschnitt 3) unterschieden.

1. *Dogmatische Ebene der befürwortenden Ansichten*

Nach Ansicht der Rechtsprechung zählt sowohl die gewerblich motivierte Vervielfältigung der äußeren Ansicht von Eigentumsobjekten vom eigenen Grundstück aus, als auch die anschließende gewerbliche Verwertung der so entstandenen Vervielfältigungsstücke zu den ausschließlichen Befugnissen des

Sacheigentümers[1142]. Auch die Mehrzahl der Befürworter in der Literatur setzt am Zuweisungsgehalt des Sacheigentums an und bringt unterschiedliche Argumente für die positive Zuordnungsentscheidung hervor[1143].

Nur *Pfister* und *Lammek/ Ellenberg* verneinen die Betroffenheit des Zuweisungsgehalts in einem ersten Schritt und gelangen dann erst im Wege ihrer „zweigleisigen Rechtswidrigkeitsprüfung" zu den Abwehrrechten des Eigentümers[1144].

Aus einer Analyse der Ansätze der Befürworter ergibt sich somit als Notwendigkeit zunächst eine genaue Überprüfung des Umfangs bzw. der Grenzen des eigentumsrechtlichen Zuweisungsgehalts.

2. Dogmatische Ebene der ablehnenden Ansichten

Die überwiegende Kritik an der Rechtsprechungsdoktrin besteht in der Negierung eines entsprechenden eigentumsrechtlichen Zuweisungsgehalts[1145].

Nicht wenige Stimmen in der Literatur erblicken in der Rechtsprechung auch einen Wertungswiderspruch zu § 59 UrhG[1146] und § 64 UrhG, ohne denselben aber dogmatisch einzuordnen[1147]. Nach der hier vertretenen Auffassung kann das Argument des Wertungswiderspruchs sowohl auf der Ebene des Zuweisungsgehalts, als auch auf der Ebene der Rechteausübung, z. B. durch eine entsprechende Duldungspflicht[1148], Beachtung finden.

Alle anderen aufgezeigten Gegenargumente der Literatur implizieren in einem ersten Schritt die positive Betroffenheit des eigentumsrechtlichen Zuweisungsgehalts durch die in Rede stehenden Handlungen: So setzt das Argument, die Vervielfältigung und Verwertung des äußeren Erscheinungsbildes einer

1142 Vgl. ausführlich zur Rechtsprechungsansicht Teil 3 A.

1143 Vgl. Teil 3 B. II. 1, 3.

1144 Vgl. Teil 3 B. II. 2.

1145 Vgl. Teil 3 B. I. 1.

1146 Vgl. ausführlich zu der hier vertretene Auffassung hinsichtlich des Wertungswiderspruchs zwischen Sacheigentum und Panoramafreiheit in Teil 2 D. III.

1147 Vgl. Teil 3 B. I. 3.

1148 Eine Duldungspflicht, die der Vermeidung von Wertungswidersprüchen zwischen Panoramafreiheit und Sacheigentumsrecht dient und somit auch nur bei der *schlichten* Vervielfältigung sind Verwertung der äußeren Erscheinung des Eigentumsobjekts eingreifen müsste, darf nicht mit den im zweiten Teil der Arbeit gemachten Ausführungen verwechselt werden, die besagen, dass sich aus § 59 UrhG keine *unmittelbare* Duldungspflicht des Sacheigentümers bzgl. aller durch § 59 UrhG freigestellten Nutzungshandlungen ergeben kann, da er dann z. B. auch keine Substanzverletzungen abwehren könnte.

Sache sei kein Eingriff i. S. d. § 1004 Abs. 1 BGB bzw. keine Verletzung i. S. d. § 823 Abs. 1 BGB[1149], denknotwendig zunächst erst einmal die positive Betroffenheit des Zuweisungsgehalts voraus. Die rechtsfolgenorientierte Kritik knüpft ohnehin an der *Rechtsfolge* der Zuordnung an[1150]. Somit erscheint der eigentumsrechtlichen Zuweisungsgehalt als Ausgangspunkt auch im Hinblick auf die Ansätze der kritischen Literaturmeinungen als dogmatische Notwendigkeit.

3. Dogmatische Ebene der differenzierenden Ansichten

Die differenzierenden Ansichten trennen im Gegensatz zu allen anderen zwischen Abwehrrechten und Ausgleichsansprüchen des Eigentümers. Die Negierung des entsprechenden Zuweisungsgehalts ist jedoch auch der Ausgangspunkt dieser Ansätze, denn bei einer positiven Zuordnungsentscheidung käme es gar nicht zu einer Differenzierung zwischen den einzelnen Ansprüchen[1151]. Einige Stimmen verneinen die eigentumsrechtlichen Abwehrrechte zwar auch hilfsweise wegen der fehlenden Eingriffsqualität der Handlung[1152], auch in diesem Fall steht die Frage des Zuweisungsgehalts aber an erster Stelle.

4. Ergebnis

Der Zuweisungsgehalt des Sacheigentums ist somit notwendiger Ausgangspunkt der Untersuchung. Es gilt folglich zuvörderst die Frage zu beantworten, ob im Zuweisungsgehalt des Sacheigentums gem. § 903 Satz 1 BGB ein wie auch immer geartetes[1153] Recht auf Vervielfältigung und/ oder Verwertung des äußeren Erscheinungsbildes des Eigentumsobjekts enthalten ist.

Nur bejahendenfalls sind in einem zweiten Schritt die soeben erwähnten weiteren Gegenargumente der Literatur relevant und somit näher zu untersuchen. Im Falle einer negativen Zuordnungsentscheidung sind hingegen die „zweigleisige Rechtswidrigkeitsprüfung“, sowie die differenzierende Ansätze einer genauen Überprüfung zu unterziehen, da dem Eigentümer dann nur noch mithilfe dieser Theorien entsprechende Abwehrrechte gewährt werden könnten.

1149 Vgl. Teil 3 B. I. 2.

1150 Vgl. Teil 3 B. I. 4.

1151 Vgl. Teil 3 B. III.

1152 Vgl. Teil 3 B. III. 1.

1153 Der Untersuchungsgegenstand ist nicht auf die von der Rechtsprechung entwickelte Theorie eines solchen „grundstücksinternen“ Rechts zu beschränken.

II. Stellungnahme zum Meinungsbild hinsichtlich des eigentumsrechtlichen Zuweisungsgehalts

Bevor im nächsten Abschnitt ein eigener Lösungsansatz entwickelt wird, soll zunächst untersucht werden, in wie weit die zum Zuweisungsgehalts des Sacheigentums hinsichtlich der in Rede stehenden Handlungen bereits existierenden Ansichten und Theorien gewinnbringend weiterentwickelt werden können und somit als Basis für den neuen Lösungsvorschlag dienen können. Dabei wird zwischen den Ansätzen der Befürworter (Unterabschnitt 1) und Kritiker (Unterabschnitt 2) unterschieden.

1. Befürworter

a) Rechtsprechung

Die Entscheidungen „Schloss Tegel" und „Preußische Schlösser und Gärten" lassen jede dogmatische Begründung ihrer Zuweisungsentscheidung vermissen.

Sowohl der Hinweis des I. Zivilsenats auf „das natürliche Vorrecht des Eigentümers" den gewerbliche Nutzen aus seinem nur gegen Entgelt zugänglichen Eigentum zu ziehen[1154], als auch das Argument der „natürlichen Betrachtung", bei der sich jeder, der Ansichtskarten eines nicht allgemein-zugänglichen im Privateigentum stehenden Gebäudes gewerblich herstellt und verwertet, einen fremden Vermögenswert zu Nutze mache, ist ein „dogmatisches Nullum", sodass es keiner näheren Auseinandersetzung mit denselben bedarf.

Aber auch der Verweis des V. Zivilsenats auf das Fruchtziehungsrecht gem. § 99 Abs. 3 BGB liefert keine Begründung für diese Zuordnungsentscheidung nach, als auch dieses bereits impliziert, dass dem Eigentümer die entsprechenden Nutzungsrechte überhaupt erst einmal zugeordnet sind[1155]. Dass die ungenehmigte Verwertung der Abbilder eine Vertiefung dieser Verletzung darstellen solle[1156], wird dann gar nicht mehr begründet.

Selbst der BGH rudert in der dritten Parallelentscheidung offenbar wieder etwas zurück, als er den beklagten Verlag, der Filme von den Parkanlagen und Schlössern der Klägerin vermarktet, nur als mittelbaren Störer einstuft, da dieser das Grundstück nie betreten hat[1157]; obwohl er die Verwertungshandlung als

---

1154 BGH, GRUR 1975, 500, 502 – Schloss Tegel.

1155 *Stieper*, ZUM 2011, 331, 332; *Wandtke/ Bullinger/ Wandtke*, UrhG, Rn. 8 zu § 44; *Wandtke/ ders.*, UrhR, Rn. 58 zu Kapitel 1.

1156 BGH, ZUM 2011, 327, 329 – Preuß. Schlösser und Gärten (I/2); BGH, ZUM 2011, 333, 335 – Preuß. Schlösser und Gärten (I/3).

1157 BGH, ZUM 2011, 333, 336 – Preuß. Schlösser und Gärten (I/3).

solche durch den Fotografen zuvor noch als eigenständige Eigentumsbeeinträchtigung angesehen hat[1158]. Im Hinblick auf die Entwicklung eines neuen Lösungsansatzes lassen sich die Entscheidungen des BGH also nicht fruchtbar machen.

b) Literatur

Die Vertreter der Literatur, die der Rechtsprechung zustimmen, bringen unterschiedliche Argumente hervor, um die Entscheidung des BGH zu bekräftigen[1159]. Sie vermögen jedoch nicht zu überzeugen.

So wird vor allem auf das umfassende Verwertungsinteresse des Eigentümers abgestellt, um die Zuordnung der in Rede stehenden Rechte zu rechtfertigen[1160]. Es ist aber zu beachten, dass der Zuweisungsgehalt des § 903 Satz 1 BGB nicht grenzenlos ist. Deshalb kann auch allein der Hinweis auf das - nicht in Frage zu stellende - umfassende wirtschaftliche Verwertungsinteresse des Sacheigentümers als Begründung nicht genügen.

Einer anderen Ansicht nach sei schlicht eine Anpassung an neue Technologien erforderlich, die es ermöglichen, das Eigentum ohne Substanzbeeinträchtigung zu verletzen[1161]. Allerdings war bei Erlass des BGB sowohl die Foto- als auch die Filmtechnik bereits erfunden[1162], es könnte hier also allenfalls auf deren Kommerzialisierung abgestellt werden. Auch daraus folgt aber nicht zwingend eine Zuordnung der entsprechenden Handlungen in den eigentumsrechtlichen Schutzbereich.

2. Kritiker

Wie bereits gesehen, sind auch die Begründungen dafür, dass die in Rede stehenden Nutzungsmöglichkeiten *nicht* im Zuweisungsgehalt des Sacheigentums enthalten sind unterschiedlich.

a) Funktion des Sacheigentums

Einigen Stimmen nach folge dieser Schluss unmittelbar aus der Funktion des Eigentums als Sachherrschaftsrecht[1163].

1158 Zu diesem Widerspruch s. *Stieper*, GRUR 2011, 331, 333.

1159 Siehe ausführlich Teil 3 B. II.

1160 Vgl. Teil 3 B. II. 1. a).

1161 So noch im Jahre 2001: *Dreier*, FS Dietz, S. 235, 249, der diese Ansicht aber wieder aufgegeben zu haben scheint, vgl. dazu ausführlich Teil 3 B. II. 1. b).

1162 Vgl. ausführlich zur historischen Entwicklung der Foto- und Filmtechnik Teil 3 C. III. 2. d) aa).

1163 Vgl. Teil 3 B. I. 1 a).

Die Auffassung, dass nur solche Nutzungshandlungen zum Zuweisungsgehalt des Sacheigentums zählen, die mit der Funktion desselben übereinstimmen, wird geteilt[1164]. Gleichwohl erscheint dieser Ansatz in seiner Begründung noch entwicklungsfähig, denn die in Rede stehenden Rechte werden lediglich unter Hinweis auf die „Funktion des Sacheigentums" negativ vom Zuweisungsgehalt des Sacheigentums ausgeschlossen, ohne aber das Kriterium, das zum Ausschluss führt, positiv zu definieren[1165]. Mit anderen Worten wird *allein* mit der Prämisse, dass in den Zuweisungsgehalt des Sacheigentums nur diejenigen Nutzungshandlungen fallen, die mit der Funktion des Sacheigentums übereinstimmen, versucht, ein Schluss im Hinblick auf die betreffenden Nutzungshandlungen zu ziehen. Für eine logische Konklusion bedürfte es aber einer weiteren Prämisse; namentlich einer allgemeingültigen Definition der mit der Funktion des Eigentums generell übereinstimmenden Nutzungshandlungen. Eine solche findet sich lediglich bei *Löhr;* er fordert „Kontakt" im Sinne einer „körperlich-räumlichen" Beziehung mit dem Eigentumsobjekt als Grenze des Zuweisungsgehalts[1166]. Unklar bleibt jedoch, ob er dem Sacheigentümer mittels dieser Definition nur ein ausschließliches Recht an *unmittelbarem* Kontakt mit der Sache gewähren möchte oder auch *mittelbare* Wirkungen auf die Sache, wie z. B. durch die chemische Reaktion eines Blitzes beim Fotografieren, als wehrfähige Eigentumsposition anerkennt.

b) Äußeres Erscheinungsbild einer Sache ausschließlich Urheber zugeordnet

Einer anderen Ansicht nach seien die in Rede stehenden Nutzungshandlungen dem Eigentümer nicht zugeordnet, da das äußere Erscheinungsbild einer Sache ausschließlich dem Urheber zugeordnet sei[1167]. Die Vertreter dieser Auffassung gehen damit – jedenfalls implizit[1168] – von einer strengen Exklusivität zwischen urheberrechtlichen und sacheigentumsrechtlichen Befugnissen aus[1169].

Gegen diese systematischen Argumentationen muss aber hervorgebracht werden, dass Urheberrecht und Sacheigentumsrecht auf völlig anderen Ebenen

1164 So i. ü. auch *Grüning*, Eigentumsfreiheitsklage, S. 71.

1165 So bei *Ruhwedel*, JuS 1975, 242, 243; *Schmieder*, NJW 1975, 1164.

1166 *Löhr*, WRP 1975, 523, 524.

1167 Vgl. Teil 3 B. I. 1. b).

1168 Ausdrücklicher insoweit: *Elleger*, Bereicherung, S. 534; *Euler*, AfP 2009, 459, 460; *Kübler*, FS Baur, S. 51, 58; *Lehment, H.* Fotografieren, S. 103; *Schack*, ZeuP 2006, 149, 156.

1169 Diesen Schluss ziehen auch *Flöter/ Königs*, ZUM 2012, 383, 386 f. aus dieser Argumentation.

liegen und unterschiedliche Bereiche regeln. Daraus folgt gerade, dass sie keinerlei Einfluss auf den Zuweisungsgehalt des jeweils anderen Rechtsinstituts haben[1170]. Wie bereits im ersten Teil der Arbeit dargestellt, gibt es trotzdem – oder vielmehr gerade deswegen – auch Konstellationen, in denen das Urheberrecht und das Sacheigentumsrecht „kollidieren"[1171], d. h. in denen der Zuweisungsgehalt beider Rechtsinstitute durch dieselbe Handlung betroffen ist.

Das prägnanteste Beispiel für eine Überscheidung ist wohl das Recht des Urhebers gem. § 14 UrhG Veränderungen und erst recht Entstellungen an seinem Werk zu untersagen, das mit dem Recht des Sacheigentümers „kollidiert", da es gleichwohl unstreitig zum Zuweisungsgehalt des Sacheigentums gem. § 903 Satz 1 BGB gehört, Veränderung an dem Eigentumsobjekt vornehmen zu dürfen bzw. sie anderen zu untersagen. Beschmiert ein Dritter beispielsweise eine urheberrechtlich geschützte Skulptur, dringt er mit derselben Handlung sowohl in die Herrschaftssphäre des Urhebers, als auch in die des Sacheigentümers vor.

Ebenfalls können sich z. B. das Verbreitungsrecht des Urhebers gem. § 17 Abs. 1 UrhG und das durch § 903 Satz 1 BGB gewährte Veräußerungsrecht des Sacheigentümers überschneiden, wenn es sich bei dem Eigentumsobjekt um eine Werkverkörperung handelt. § 17 Abs. 2 UrhG vermeidet dabei Konflikte im Innenverhältnis, indem es das Verbreitungsrecht des Urhebers zugunsten der Veräußerungsbefugnis des Sacheigentümers einschränkt[1172].

Diese Beispiele zeigen, dass sich die Herrschaftssphären beider Rechtsinstitute durchaus überschneiden können[1173]. Natürlich folgt aus der Unterscheidung zwischen Urheberrecht und Sacheigentumsrecht gleichwohl, dass die jeweiligen Befugnisse der Rechteinhaber nicht identisch sein können. So ist das Veräußerungsrecht des Eigentümers natürlich nur auf sein Eigentumsobjekt bezogen, während der Urheber gem. § 17 Abs. 1 UrhG das Recht hat, sein Werkoriginal und sämtliche Vervielfältigungsstücke in jeder nur erdenklichen körperlichen Form zu verbreiten. Aber sie überschneiden sich immer dann, wenn es sich bei dem Eigentumsobjekt um eine Werkverkörperung handelt. Ferner ist

---

1170 So auch: *Flöter/ Königs*, ZUM 2012, 383, 387; zwar kann die Rechte*ausübung* durch das andere Rechtsinstitut eingeschränkt sein, dafür muss aber denknotwendig erst einmal der Zuweisungsgehalt beider Rechtsinstitute betroffen sein, vgl. dazu ausführlich Teil 1 D.; entgegen der Auffassung von *Elmenhorst*, GRUR 2013, 626, 627 können die urheberrechtlichen Befugnisse somit auch keine Inhalts- und Schrankenbestimmung des Sacheigentums darstellen.

1171 Vgl. Teil 1 D.

1172 Vgl. dazu bereits Teil 1 D. II. 2. a).

1173 So auch *Flöter/ Königs*, ZUM 2012, 383, 387.

der Integritätsschutz des Urhebers von persönlichkeitsrechtlicher Natur, er kann somit beispielsweise auch gegen die Wiedergabe seines Werks unter herabwürdigenden Begleitumständen oder der Ausstellung an einem herabwürdigenden Ort vorgehen[1174], das Interesse des Eigentümers ist hingegen immer auf die Sachintegrität seines konkreten Eigentumsobjekts beschränkt. Sofern aber die Integrität eines körperlichen Werkexemplars betroffen ist, sind beide Herrschaftssphären berührt.

Aus der Parallelität von Urheberrecht und Sacheigentum folgt also auch, dass ein irgendwie geartetes Vervielfältigungs- und Verwertungsrecht des Sacheigentümers am äußeren Erscheinungsbild seines konkreten Eigentumsobjekts, z. B. zum Schutze seiner wirtschaftlichen Investitionen, nicht bereits deshalb denknotwendig ausgeschlossen ist[1175], weil dasselbe zu Überschneidungen mit den Nutzungsrechten des Urhebers an seinem Werk gem. §§ 16 Abs. 1, 17 Abs. 1, 15 Abs. 2 Satz 1 UrhG führen würde.

c) *Rivalisierende Sachnutzung als Grenze des Zuweisungsgehalts*

Wie bereits dargestellt[1176], ist nach der Ansicht *Peukerts* der Zuweisungsgehalt des Sacheigentums hingegen auf die *rivalisierende* Nutzung des Eigentumsobjekts beschränkt, da ein die Sache betreffendes Verhalten geeignet sein müsse, die dem Eigentümer vorbehaltene tatsächliche Sachherrschaft zu beeinträchtigen[1177]. Da es sich aber seiner Ansicht nach bei der Vervielfältigung und erst recht der anschließenden gewerblichen Verwertung der Vervielfältigungsstücke einer Sache um eine *nichtrivalisierende* Nutzung derselben handele, da der Eigentümer dasselbe tun könnte, ohne dass die Sache aufgebraucht oder zerstört werden würde, seien diese Nutzungshandlungen nicht im Zuweisungsgehalt des Sacheigentums enthalten[1178].

Wie zuvor gesehen, weisen Sachen im Gegensatz zu Werken die Besonderheit auf, dass hinsichtlich ihrer Nutzung Rivalität herrscht, d. h. ein körperlicher Gegenstand kann nicht von mehreren Personen gleichzeitig auf dieselbe Art und Weise genutzt werden, da er durch seine Körperlichkeit begrenzt ist und sich zudem auch abnutzt[1179]. Dieser Meinung ist *Peukert* grundsätzlich auch, seiner

1174 Vgl. *Wandtke/ Bullinger*, GRUR 1997, 573, 579.

1175 So auch BGH, ZUM 2011, 327, 329 – Preuß. Schlösser und Gärten (I/2); ZUM 2011, 333, 336 – Preuß. Schlösser und Gärten (I/3).

1176 Vgl. Teil 3 B. II. 1. c).

1177 *Peukert*, Güterzuordnung, S. 219 ff.

1178 *Peukert*, Güterzuordnung, S. 220.

1179 Vgl. Teil 1 B. I 3.

Ansicht nach handele es sich bei der Vervielfältigung und der anschließenden Verwertung der Vervielfältigungsstücke aber ausnahmsweise um eine *nichtrivalisierende* Nutzung der Sache.

Diese Auffassung kann aber nicht geteilt werden, da das Objekt allein determiniert, ob die Nutzung desselben rivalisierend oder nichtrivalisierend ist. So ist auch die Vervielfältigung einer Sache rivalisierend, denn niemand anders kann zu demselben Zeitpunkt von derselben Stelle aus dieselbe Sache vervielfältigen, *weil es sich bei dem Vervielfältigungsobjekt um eine Sache handelt*[1180]. Die Nutzung einer Sache ist ausnahmslos rivalisierend, weil es sich um die Nutzung *einer Sache* handelt – und zwar ganz unabhängig davon, ob die Nutzung substanzbeeinträchtigend ist. Denn die Rivalität liegt bereits darin, dass eine Sache nicht gleichzeitig auf dieselbe Art von unbegrenzt vielen Personen genutzt werden kann[1181]. Mithin ist sogar ihr Genuss ist rivalisierend – dies wird z. B. bei einem Museumsbesucht deutlich: Niemand hat die Chance, die „Mona Lisa" im *Musée du Louvre* in Paris zu betrachten, wenn sich jemand anders genau davor stellt; dies ist unhöflich und ärgerlich und ein eindeutiges Beispiel für eine *rivalisierende* Nutzung.

Bei der Verwertung von Vervielfältigungsstücken einer Sache handelt es sich hingegen um gar keine Nutzung des ursprünglichen körperlichen Gegenstandes mehr, als dieser gar nicht mehr involviert ist, sondern lediglich sein Abbild genutzt wird[1182]. Mithin ist die Frage nach der Rivalität der Nutzung *der Sache* in diesem Fall obsolet. Der Auffassung *Peukerts* wird daher nicht gefolgt.

d) Widerspruch zur Panorama- und Gemeinfreiheit

Hinsichtlich des Arguments, entsprechende Sacheigentumsrechte würden die urheberrechtliche Panoramafreiheit unterlaufen, kann auf die Ergebnisse des zweiten Teils der vorliegenden Arbeit verwiesen werden[1183]. Zunächst ist dazu somit anzumerken, dass eigentumsrechtliche Fragen nicht Bestandteil des Regelungsbereichs

---

1180 Diese Einschränkung macht *Peukert*, Güterzuordnung, S. 220, auch, er erblickt darin allerdings eine rivalisierende Nutzung in Bezug auf den Aufnahmestandort.

1181 Vgl. *Dreier*, Kompensation und Prävention, S. 73.

1182 Bei der Nutzung des einzelnen körperlichen Abbildes handelt es sich natürlich wieder um eine rivalisierende Sachnutzung; im Übrigen sei an dieser Stelle darauf hingewiesen, dass diese Stellungnahme (es handelt sich um keine Nutzung des ursprünglichen körperlichen Gegenstands mehr) entsprechend der Theorie *Peukerts* an den rein tatsächlichen Begebenheiten anknüpft, ihr kann indes noch keine normative Aussage über die Reichweite des Sacheigentums entnommen werden.

1183 Vgl. Teil 2 D. III. 3.

des Urheberrechts sind; Urheberrecht und Sacheigentumsrecht liegen auf völlig unterschiedlichen Ebenen und regeln andere Bereiche. Urheberrechtliche Nutzungsfreiheiten vermögen somit auch keine Aussage über den Umfang sacheigentumsrechtlicher Befugnisse zu treffen. Andernfalls könnte sich der Eigentümer beispielsweise auch nicht gegen Substanzschäden an seinem Werkexemplar zur Wehr setzen, wenn diese im Rahmen der durch die Panoramafreiheit gestatteten Nutzung auftreten[1184].

Allerdings wurde auch herausgearbeitet, dass ein entsprechend weit verstandenes Sacheigentumsrecht den hinter § 59 UrhG stehenden *gesetzlichen Wertungen* widersprechen würde[1185]. Gleiches gilt erst recht für die Gemeinfreiheit, die eine umfassende Nutzungsfreiheit zugunsten der Allgemeinheit vorsieht[1186]. Diese systematische Problematik sollte somit bereits bei der Auslegung des Zuweisungsgehalts des Sacheigentums – neben anderen Gesichtspunkten – Berücksichtigung finden, um Wertungswidersprüche zu vermeiden und wird daher an der entsprechenden Stelle aufgegriffen[1187].

3. *Zusammenfassung*

Die aufgezeigten Ansätze vermögen bisher nicht vollumfänglich zu überzeugen, vor allem lassen sie zum Teil den notwenigen Bezug zu § 903 Satz 1 BGB als entscheidende Norm vermissen. Zustimmung verdient aber vor allem die Annahme, dass die Nutzungshandlungen des Eigentümers sich aus der Funktion und dem Wesen des Sacheigentums ergeben müssen[1188]. Ferner muss unter anderem auch das Verwertungsinteresse des Eigentümers in die Rechtsfindung einfließen. Es besteht auch kein Zweifel daran, dass die Rechte des Sacheigentümers an der Sache als solche anknüpfen, während jene des Urhebers an der immateriellen Gestaltungsform ansetzen, denn ein subjektives Recht ist das Recht seines Inhabers gegenüber dritten Rechtssubjekten *in Bezug auf sein Rechtsobjekt.* Wie soeben dargelegt, folgt daraus aber nicht, dass Überschneidungen der Zuweisungsgehalte ausgeschlossen sind. Urheberrecht und Sacheigentum liegen vielmehr gleichrangig auf zwei verschiedenen Ebenen und üben somit keinen unmittelbaren Einfluss auf den Zuweisungsgehalt des jeweils anderen Rechtsinstituts aus.

1184 Vgl. Teil 2 D III.

1185 Vgl. Teil 2 D. III. 3.

1186 Vgl. Teil 2 D. III. 3.

1187 Vgl. Teil 3 C. III. 3. zur Auslegung von § 903 Satz 1 BGB.

1188 So auch *Grüning*, Eigentumsfreiheitsklage, S. 71.

Dennoch dürfen auch gewisse Wechselwirkungen zwischen beiden Rechtsgebieten bei Beantwortung der Ausgangsfrage nicht unberücksichtigt bleiben.

III. Eigene Theorie zur Normkonkretisierung des § 903 Satz 1 BGB

1. Der begrenzte Zuweisungsgehalt des Sacheigentums

Gem. Art. 14 Abs. 1 Satz 2 GG ist ausschließlich der Gesetzgeber befugt, Inhalt und Grenzen des Eigentums zu bestimmen. Diesen Regelungsauftrag hat er mit der Schaffung von § 903 Satz 1 BGB für das Sacheigentumsrecht wahrgenommen. Mit dieser Norm hat der Gesetzgeber den Zuweisungsgehalt des Sacheigentums verbindlich für jeden Rechtsanwender, insbesondere für die Gerichte, festgelegt[1189]. Dem Parlamentsvorbehalt entsprechend gewährt § 903 Satz 1 BGB einen auf ein bestimmtes Gut und hierauf bezogene Nutzungen *begrenzten* Schutzbereich, er ordnet dem Sacheigentümer also nicht jeden aus seinem Eigentumsgegenstand fließenden Vermögensvorteil zu[1190] und enthält auch keine Generalermächtigung an die Judikative, die Zuordnungsentscheidung selbst zu treffen[1191].

Gleichwohl werden die dem Sacheigentümer ausschließlich zugewiesenen Befugnisse in § 903 Satz 1 BGB nicht enumerativ aufgeführt. Mithin kann die Frage, ob der sacheigentumsrechtliche Zuweisungsgehalt auch Vervielfältigungs- und/ oder Verwertungsrechte der äußeren Sachansicht enthält, nicht ohne das Anstellen weiterer Überlegungen beantwortet werden[1192]. Im Folgenden soll daher mittels Auslegung von § 903 Satz 1 BGB ermittelt werden, ob im Zuweisungsgehalt des Sacheigentums ein Vervielfältigungs- und/ oder Verwertungsrecht am äußeren Erscheinungsbild der Sache enthalten ist.

Dabei verbietet sich durch den Parlamentsvorbehalt in Art. 14 Abs. 1 Satz 2 GG bereits von Verfassung wegen eine rechtsfortbildende Auslegung der Tatbestandsmerkmale zur Schaffung „neuer Eigentumsrechte"; die vom Gesetzgeber in § 903 Satz 1 BGB vorgegebenen Grenzen bezüglich des sacheigentumsrechtlichen Schutzbereichs sind bindend[1193]. Ferner sei bereits an dieser Stelle darauf hingewiesen, dass es auch kein „allgemeines Rechtsprinzip der Güterzuordnung"

1189 *Peukert*, Güterzuordnung, S. 211 ff.

1190 Vgl. hierzu ausführlich *Peukert*, Güterzuordnung, S. 211 ff., 791.

1191 *Peukert*, Güterzuordnung, S. 211 ff., 791.

1192 *Kübler*, FS Baur, S. 51.

1193 Vgl. *Peukert*, Güterzuordnung, S. 211 ff., 790 f.; zustimmend *Stang*, Schutzfrist, S. 119 f.

gibt, das eine jenseits der Grenzen des § 903 Satz 1 BGB erfolgende Güterzuordnung durch die Judikative legitimieren könnte[1194].

Es gilt mithin allein die vom Gesetzgeber in § 903 Satz 1 BGB vorgegebenen zwingenden Grenzen des Sacheigentumsrechts zu ermitteln. Eine abstrakte Erfassung der Grenzen des Zuweisungsgehalts erscheint nicht nur zur Beantwortung der hier aufgeworfenen Frage, sondern auch im Hinblick auf die stetig voranschreitenden technischen Möglichkeiten und damit etwaig verbundenen neuen Nutzungsmöglichkeiten sinnvoll, um zukünftige Streite zwischen Urheber und Eigentümer zu vermeiden.

2. *Verfassungsrechtliche Vorgaben der Gesetzesauslegung*

Weiterhin sind auch bei der Gesetzesauslegung selbst verfassungsrechtliche Vorgaben zu beachten, um gerade keine Rechtsfortbildung *contra legem* zu betreiben. Zwar wird seit der Geltung des Grundgesetzes ein enger Gesetzespositivismus als überholt angesehen[1195],

> „die Aufgabe der Rechtsprechung kann es insbesondere erfordern, Wertvorstellungen, die der verfassungsrechtlichen Ordnung immanent sind, aber in den Texten der geschriebenen Gesetze nicht oder nur unvollkommen zum Ausdruck gelangt sind, in einem Akt des bewertenden Erkennens, dem auch willenhafte Elemente nicht fehlen, ans Licht zu bringen und in Entscheidungen zu realisieren“[1196].

Entsprechend dem Vorgesagten ist darin ist jedoch keinesfalls eine Aufgabe der Bindung der Rechtsprechung an das normative Recht zu erblicken[1197] - Art. 92 GG überträgt die rechtsprechende Gewalt den Richtern und Art. 97 Abs. 1 GG bindet sie bei der Ausübung dieser Gewalt an das Gesetz. Auch das Demokratieprinzip gem. Art. 20 Abs. 2 GG erfordert zwingend eine Gesetzesbindung der judikativen Gewalt[1198]. Ergänzend ist auch auf die in Art. 20 Abs. 3 GG enthaltenen Grundsätze des Vorrangs und Vorbehalts des Gesetzes hinzuweisen. Ersterer besagt, dass die Rechtsfindung nicht jenseits des eindeutigen Wortlauts und

---

1194 *Peukert*, Güterzuordnung, S. 790 ff.

1195 St. Rspr. des BVerfG: BVerfGE 3, 225, 242 f.; 13, 153, 164; 34, 269, 287 ff. – Soraya m. w. N.; 49, 304, 318; 54, 100, 111; 65, 182, 190; 69, 315, 371; 74, 129, 152; 96, 375, 394; 108, 150, 160; BVerfG, NJW 2006, 3409 – Marlene Dietrich; vgl. auch *Peukert*, Güterzuordnung, S. 85 m. w. N.; *Schmidt-Bleibtreu/ Hofmann/ Henneke/ Heusch*, GG, Rn. 10 zu Art 97.

1196 BVerfGE 34, 269, 286 f. – Soraya; *Peukert*, Güterzuordnung, S. 86 m. w. N.

1197 *Peukert*, Güterzuordnung, S. 87.

1198 BVerfGE 64, 208, 214; *Rüthers/ Fischer/ Birk*, Rechtstheorie, Rn. 709.

Zwecks einer bestehenden Vorschrift erfolgen darf, sondern diese auch unter gewandelten Bedingungen möglichst zuverlässig zur Geltung zu bringen sind[1199], und nach dem Grundsatz des Vorbehalts des Gesetzes dürfen die Freiheitsrechte der Bürger nur durch oder aufgrund staatlicher Gesetze erfolgen[1200].

Verfassungsrechtlich legitim ist damit die Rechtsfindung aufgrund eines vom Gesetzgeber geschaffenen Normtextes und anhand anerkannter juristischer Auslegungsmethoden, namentlich der grammatischen, systematischen, historischen und teleologischen Betrachtung[1201].

3. *Die Auslegung des § 903 Satz 1 BGB*

a) § 903 Satz 1 BGB als Gegenstand der Auslegung

§ 903 Satz 1 BGB unterscheidet zwischen positiven und negativen Befugnissen des Eigentümers. „Der Eigentümer einer Sache kann (…) nach Belieben mit der Sache verfahren" (positive Seite) „und andere von jeder Einwirkung ausschließen" (negative Seite).

Auf den ersten Blick scheint jede Seite einen jeweils eigenständigen Bedeutungsinhalt zu haben, denn ihr Wortlaut ist nicht deckungsgleich („nach Belieben mit der Sache verfahren"/ „von jeder Einwirkung ausschließen"). Der Umfang der eigentumsrechtlichen Abwehrrechte kann sich aber nur aus dem positiven Eigentumskern ergeben[1202]. Der Eigentümer einer Sache kann (nur) das Eindringen in seine Herrschaftssphäre untersagen. Darin besteht das Wesen eines jeden absoluten Ausschließlichkeitsrechts[1203]. Die negative Seite des Eigentums ist also trotz eigenständigen Wortlauts nur das Spiegelbild der positiven Zuordnung. Da die negativen Befugnisse des Sacheigentums aber über einen eigenständigen Wortlaut verfügen, ist dieser bei der Auslegung zu berücksichti-

---

1199 BVerfGE 49, 304, 320; 96, 375, 394; BVerfG, NJW 2000, 3635, 3636; *Jarass/ Pieroth/ Jarass*, GG, Rn. 43 zu Art. 20; *Peukert*, Güterzuordnung, S. 89 m. w. N.; a. A. noch BGHZ 17, 266, 275 f.(1955) – Tonband/ Grundig Reporter, in der eine Rechtsfortbildung über die Wortlautgrenze hinaus für zulässig erachtet wurde.

1200 BVerfGE 22, 114, 121 in Bezug auf den Gesetzesvorbehalt des Art. 12 GG; 64, 208, 214; 95, 267, 307 m. w. N.; *Peukert*, Güterzuordnung, S. 89.

1201 BVerfGE 11, 126, 130 m. w. N.; vgl. auch 82, 6, 11; 96, 375, 395; *Christensen*, NJW 1989, 3194; *Peukert*, Güterzuordnung, S. 91 m. w. N.; *Rüthers/ Fischer/ Birk*, Rechtstheorie, Rn. 705.

1202 Anstelle vieler: *PWW/ Huhn/ Lemke*, BGB, Rn. 2 zu § 903; *Staudinger/ Seiler*, BGB, Rn. 2 zu § 903.

1203 *Bamberger/ Roth*, BGB, Rn. 17 zu § 903; vgl. auch *Staudinger/ Seiler*, BGB, Rn. 2 zu § 903, die allerdings nur auf die Absolutheit abstellen.

gen und in die Fragestellung, ob die in Rede stehenden Rechte dem Eigentümer zugeordnet sind, einzubeziehen.

b) *Grammatikalische Auslegung*

Der Wortlaut einer Norm bildet den Ausgangspunkt ihrer Auslegung[1204]. Die Grenze des möglichen Wortsinns markiert die äußerste Grenze der zulässigen Auslegung[1205].

Mithin ist zuerst fraglich, welche Handlungen dem Wortlaut „nach Belieben mit der Sache verfahren" unterfallen. Zunächst kann festgestellt werden, dass für die Auslegung des § 903 Satz 1 BGB der allgemeine Sprachgebrauch maßgeblich ist, als er keinerlei Fachtermini enthält[1206].

„Belieben" wird im allgemeinen Sprachgebrauch gleichbedeutend mit „Ermessen, Wunsch, Wille"[1207] verwendet. Der Eigentümer darf also, sofern nicht das Gesetz oder Rechte Dritter entgegenstehen, nach eigenem Ermessen mit der Sache verfahren; er darf mit ihr „tun und lassen, was er will", mithin das gesamte rechtliche und tatsächliche Repertoire an Möglichkeiten, mit seiner Sache zu verfahren, ausschöpfen[1208]. Abgesehen von den Beschränkungen durch das Gesetz oder Rechten Dritter intendiert „nach Belieben" somit, dass die Befugnisse keinerlei sonstigen Beschränkungen unterliegen. Zunächst kann somit ganz generell zwischen rechtlichen und tatsächlichen Befugnissen des Sacheigentümers unterschieden werden[1209]. Zu den rechtlichen Befugnissen werden nach allgemeiner Auffassung vor allem Verfügungen über die Sache[1210], mithin Übereignungen oder Belastungen derselben, die Eigentumsaufgabe und die Regelung über ihre Benutzung gezählt[1211]. Zu den tatsächlichen Befugnissen des Sacheigentümers werden z. B. der Besitz, die Nutzung bzw. Nicht-Nutzung der Sache sowie ihre Veränderung, Beschädigung oder Vernichtung gezählt[1212]. Zu den tatsächlichen Befugnissen des Sacheigentümers könnten mithin auch die Vervielfältigung und die Verwertung der äußeren Ansicht einer Sache zählen.

1204 *Rüthers/ Fischer/ Birk*, Rechtstheorie, Rn. 742.

1205 *Schwacke*, Juristische Methodik, S. 93; *Zippelius*, Methodenlehre, S. 39.

1206 Vgl. zur Ermittlung der Wortbedeutung von Gesetzestexten *Müller/ Christensen*, Juristische Methodik I, Rn. 351d.

1207 *Wahrig*, Dt. Wörterbuch, S. 248.

1208 Vgl. *Wolf/ Wellenhofer*, SachenR, Rn. 3 zu § 2.

1209 *Bamberger/ Roth*, BGB, Rn. 17 zu § 903; *Staudinger/ Seiler*, BGB, Rn. 10 zu § 903.

1210 *Staudinger/ Seiler*, BGB, Rn. 10 zu § 903.

1211 *Palandt/ Bassenge*, BGB, Rn. 5 zu § 903, vgl. BGHZ 124, 39, 43 zu Benutzungsregeln.

1212 Vgl. *Bamberger/ Roth*, BGB, Rn. 18 zu § 903; *Staudinger/ Seiler*, BGB, Rn. 10 zu § 903.

Ferner wurde der Vorschlag gemacht, dem Eigentümer ein umfassendes „wirtschaftliches Verwertungsrecht" an seiner Sache zuzusprechen[1213]. Mit dem Tatbestandsmerkmal „nach Belieben" wäre jedenfalls beides zu vereinbaren.

Erst der Blick auf den nächsten Satzbestandteil lässt eine Grenze der eigentumsrechtlichen Befugnisse deutlich werden: es muss nach Belieben *mit der Sache* verfahren werden. Die Befugnisse des Eigentümers müssen danach stets einen Sachbezug aufweisen, er ist nur im Hinblick auf die Nutzung seines Rechtsobjekts geschützt. Es stellt sich somit die Frage, ob bei Ausübung der Nutzungshandlungen (noch) nach Belieben *mit der Sache* verfahren wird, als die Sache nur als Vorlage für die Anfertigung von Abbildern dient, sie nicht einmal berührt wird und in den Verwertungsprozess von Vervielfältigungsstücken gar nicht mehr unmittelbar einbezogen ist.

Zunächst erfordert das Tatbestandsmerkmal „mit der Sache verfahren", dass die Sache das *Objekt der Handlung* bildet. Wird die Sache übereignet, bildet sie z. B. das Objekt der rechtlichen Handlung. Im Gegensatz zu Rechtsgeschäften, bei denen eindeutig festgestellt werden kann, ob die Sache Objekt desselben ist, oder nicht, stellt sich bei tatsächlichen Handlungen aber die Frage der Ausgeprägtheit des Sachbezugs. Muss die Sache berührt werden oder genügt das Abbilden, vielleicht sogar das bloße Betrachten derselben? Davon ist abhängig, ob auch die Vervielfältigung und die Verwertung von Vervielfältigungsstücken des äußeren Erscheinungsbildes der Sache noch genügend Sachbezug aufweisen und somit in den Schutzbereich der Norm fallen oder nicht.

Das Verb „verfahren" kann umgangssprachlich synonym mit Verben gebraucht werden, die einen engeren Sachbezug nahelegen, wie z. B. „behandeln" oder „anfassen"[1214], ebenso ist es aber auch gleichbedeutend mit den Verben „vorgehen" „handhaben" und „sich verhalten"[1215], die ihres Wortsinns nach auch einen weniger engen Sachbezug zulassen. Der Wortlaut des Satzbestandteils „nach Belieben mit der Sache verfahren" lässt demnach sowohl eine restriktive, als auch ein extensive Interpretation zu.

Zu überprüfen ist nun, ob der zweite Satzbestandteil „von jeder Einwirkung ausschließen" eine bestimmte Deutung nahelegt. Die reine Wortbedeutung von „Einwirkung" legt zunächst nahe, dass etwas mit der Sache passieren muss; eine Wirkung oder Reaktion[1216] bei der Sache hervorgerufen werden muss. Diese

1213 Vgl. Teil 3 B. II. 1. a).

1214 *Duden*, Synonymwörterbuch, S. 964.

1215 *Duden*, Synonymwörterbuch, S. 964.

1216 *Wahrig*, Dt. Wörterbuch, S. 432: Einfluss, Wirkung.

Interpretation setzt aber die Sache als Bezugspunkt der Einwirkung voraus[1217]. Dies geht jedoch nicht eindeutig aus dem Wortlaut von § 903 Satz 1 BGB hervor. Der Satz „Der Eigentümer einer Sache kann nach Belieben mit der Sache verfahren (…) und andere von jeder Einwirkung ausschließen", lässt ebenso die Interpretation zu, dass sich „Einwirkung" auf den zuvor positiv beschriebenen Herrschaftsbereich des Eigentümers bezieht[1218]. Der Satz könnte nämlich ebenso „Der Eigentümer einer Sache kann nach Belieben mit der Sache verfahren (…) und andere von jeder Einwirkung (auf seinen Herrschaftsbereich) ausschließen" gelesen werden. Dafür spricht auch, dass „Einwirkung" ebenso als Synonym für „Herrschaft" verwendet werden kann[1219]. Nur diese Lesart würde auch den eingangs angedeuteten Widerspruch, dass die negative Seite des Eigentums trotz ihres eigenständigen Wortlautes nicht mehr als ein bloßer Spiegel der positiven Seite des Eigentums ist, auflösen.

Da nach der hier vertretenen Auffassung die letztere Deutungsmöglichkeit des zweiten Satzbestandteils überzeugender ist, ist der Inhalt des Eigentums allein aus dem Wortlaut des ersten Satzbestandteils abzuleiten. Da dieser, wie bereits dargestellt, sowohl eine restriktive- als auch extensive Auslegung zulässt, muss mittels der übrigen Auslegungsmethoden festgestellt werden, welche Deutungsvariante sinnvoller ist[1220].

c) Systematische Auslegung

Zunächst könnte sich aus dem Bedeutungszusammenhang von § 903 Satz 1 BGB eine bestimmte Deutungsvariante ergeben.

aa) Die gesetzliche Wertung der Panorama- und Gemeinfreiheit

Wie bereits zuvor erläutert, würden etwaig bestehende Eigentumsrechte zwar nicht mit der Panoramafreiheit als solche, aber mit der hinter der ihr stehenden gesetzlichen Wertung in Konflikt geraten[1221]. Gleiches gilt für die Gemeinfreiheit[1222]. Stehen mehrere Auslegungsvarianten zur Verfügung, ist aus systematischer Sicht diejenige vorzugswürdig, die einen Konflikt vermeidet[1223]. Dies spricht

1217 So z. B. *Larenz/ Canaris*, SchuldR II/2, S. 387.

1218 Andeutungsweise auch bei *Staudinger/Seiler*, BGB, Rn. 11 zu § 903.

1219 http://synonyme.woxikon.de/synonyme/einwirkung.php. (12.12.2014).

1220 Vgl. generell zum Verhältnis der einzelnen Auslegungsmethoden *Rüthers/Fischer/ Birk*, Rechtstheorie, Rn.742 f.; *Schwacke*, Juristische Methodik, S. 93.

1221 Vgl. Teil 2 D. III. 3.

1222 Vgl. ebenso Teil 2 D. III. 3.

1223 *Schwacke*, Juristische Methodik, S. 96; *Zippelius*, Methodenlehre, S. 40.

also gegen eine extensive Auslegung des sacheigentumsrechtlichen Zuweisungsgehalts, mithin gegen ein sacheigentumsrechtliches Vervielfältigungs- und Verwertungsrecht hinsichtlich des äußeren Erscheinungsbildes einer Sache.

bb) § 906 BGB

Gem. § 906 Abs. 1 Satz 1 und Abs. 2 Satz 1 BGB hat der Grundstückseigentümer Immissionen unter bestimmten Voraussetzungen zu dulden. Diese Duldungspflicht hat als Ausfluss der Sozialbindung des Sacheigentums einen Ausschluss sämtlicher in Frage kommender Abwehrrechte zur Folge - so können im Falle einer bestehenden Duldungspflicht weder der Beseitigungs- und Unterlassungsanspruch gem. § 1004 Abs. 1 BGB, noch etwaige Besitzschutz- oder deliktische Schadensersatzansprüche geltend gemacht werden[1224].

Im Umkehrschluss bedeutet das aber, dass die entsprechenden Abwehrrechte sich grundsätzlich aus dem eigentumsrechtlichen Zuweisungsgehalt gem. § 903 Satz 1 BGB ergeben, andernfalls wäre die Vorschrift obsolet[1225].

In § 906 Abs. 1 Satz 1 BGB wird exemplarisch die Zuführung von Gasen, Dämpfen, Gerüchen, Rauch, Ruß, Wärme, Geräusch und Erschütterungen aufgezählt. Daraus folgt, dass der Zuweisungsgehalt des Sacheigentums nicht auf substanzbeeinflussende Handlungen beschränkt werden kann und auf die Sache auch nicht im Sinne eines unmittelbaren „Anfassens" eingewirkt werden muss. Mithin darf die Grenze des Zuweisungsgehalts auch nicht zu eng gezogen werden, da dies sonst in einem unauflöslichen Widerspruch zu dieser Vorschrift stünde.

cc) Zwischenergebnis

Die gesetzliche Wertung des Urheberrechts legt es nahe, die Rechte vom sacheigentumsrechtlichen Zuweisungsgehalt auszuschließen, die in Konflikt mit ihren Nutzungsfreistellungen geraten können.

Der engere Bedeutungszusammenhang der Vorschrift zu § 906 BGB verbietet es indes, den Zuweisungsgehalt auf Substanzverletzungen oder eine physisches Berühren der Sache zu begrenzen.

Aus systematischer Betrachtung folgt daher, dass der Zuweisungsgehalt des Sacheigentums zwar über Substanzbeeinträchtigungen und physisches Einwirken auf die Sache im Sinne eines „Anfassens" hinausgehen muss, jedoch nicht

---

1224 *Soergel/ J. F. Baur*, BGB, Rn. 6 zu § 906; hinsichtlich deliktischen Ansprüchen: BGHZ 44, 130, 134; 90, 255, 258; *Bamberger/ Roth/ Fritzsche*, BGB, Rn. 2 zu § 906.

1225 Vgl. zur Dogmatik der Schranken des Eigentums Teil 1 C. IV. 3. c) aa).

so weit reichen sollte, dass er in Konflikt mit den urheberrechtlichen Nutzungsfreiheiten gerät. Eine genaue Grenze des Zuweisungsgehalts lässt sich indes nicht aus dem Bedeutungszusammenhang der Norm ableiten.

d) Historische Auslegung

Das Zeitalter der BGB-Gesetzgebung liegt über 100 Jahre zurück. Unsere Welt hat sich seitdem rasant verändert, und mit ihr unsere Gesellschaft. Bei der Erforschung der Regelungsabsicht des historischen Gesetzgebers darf dies nicht unberücksichtigt bleiben, vielmehr muss die historische Betrachtung auch vor historischem Hintergrund erfolgen.

aa) Vervielfältigungs- und Verwertungstechniken im Zeitalter der BGB-Gesetzgebung

(1) Die künstlerische Zeichnung

Vor Erfindung der Film- und Fototechnik war die künstlerische Zeichnung das einzige Vervielfältigungsmittel von Werken der bildenden Künste im öffentlichen Straßenbild. Seit Erfindung des Buchdrucks 1440 war aber die mechanische Reproduktion von Zeichnungen möglich. Diese Entwicklung führte schließlich dazu, dass am 11. Juni 1837 mit dem „Gesetz zum Schutze des Eigentums an Werken der Wissenschaft und Kunst gegen Nachdruck und Nachbildung" das erste preußische Urheberrechtsgesetz kodifiziert wurde[1226]. Durch die Entwicklung der Fototechnik wurde sodann ein neues „Bildzeitalter" eingeleitet[1227].

(2) Die Fototechnik

Im Jahr 2014 feiert die Fototechnik ihr 175. Jubiläum, als ihre offizielle Geburtsstunde gilt der 19. August 1839. An diesem Datum übergab der französische Staat die zuvor erworbenen Rechte an dem ersten allgemein brauchbaren Fotografieverfahren, dem sogenannten „Daguerreotypie-Verfahren", der *Académie des Sciences* als Geschenk an die Menschheit[1228]. Als Erfinder gilt der Franzose *Louis-Jaques Mandé Daguerre*, der die Forschungsarbeit von *Nicéphore Niépce* weiterentwickelt hatte[1229]. Das Verfahren war aber so kostenintensiv, dass es nur der gesellschaftlichen Oberschicht zugänglich war und es erlaubte auch noch

1226 Vgl. Teil 1 A. V.
1227 *Macias*, Bildjournalismus, S. 2.
1228 *Macias*, Bildjournalismus, S. 2; vgl. auch *Castendyk/ Hempel*, FotoR, Rn. 5.
1229 Vgl. *Macias*, Bildjournalismus, S. 2; *Ristow*, Geisterbild, S. 35 f.

keine Reproduzierbarkeit der Fotos[1230]. Als Wegbereiter der Fotografie als Massenmedium gilt indes *William Henry Fox Talbot*, dessen sogenannte „Talbotypie" um 1855 die „Daguerreotypie" vom Markt verdrängte[1231]. Er erfand das Negativ-Positiv-Verfahren, durch das Lichtbilder unbegrenzt reproduzierbar wurden[1232]. Trotzdem gab es zunächst nur wenige Berufsfotografen; erst mit Erfindung der „Carte de visite", der Fotovisitenkarte des Franzosen *André Adolphe-Eugène Disderi*, wurde das Foto rund 20 Jahre nach seiner Erfindung zum Massenprodukt und die Berufsfotografen lösten die Künstlerfotografen ab[1233]. Zum Schutze des geistigen Eigentums an der Fotografie wurde am 10. Januar 1876 das „Gesetz betreffend den Schutz der Photographien gegen unbefugte Nachbildung" erlassen[1234].

Die Entwicklung des Rollfilms – damals noch aus Papier – durch *George Eastman* ebnete dann schließlich der Amateurfotografie ihren Weg[1235]. 1888 brachte er die erste „Kodak-Box" mit diesem sogenannten „Stripping-Film" auf den Markt[1236]. Ein Jahr später ersetzte er ihn durch den Zelluloidfilm und geriet darüber in einen historischen Patentstreit mit seinem Referendar *Hannibal Goodwin*[1237]. Während der Jahrhundertwende wurden verschiedene Aufnahmeformate entwickelt, die immer kleiner und lichtempfindlicher wurden[1238]. In der Folgezeit entstanden auch Fotoagenturen und Fotoreporter[1239].

(3) Die Filmtechnik

Vom Standbild zum bewegten Bild dauerte es nicht mehr lange; die Foto- und Filmtechnik gingen fast Hand-in-Hand. Die Erfindung des Zelluloidfilms, der die nötige Aufnahme- und Abspielgeschwindigkeit erreichte, schuf letztlich die Grundlage für die Entwicklung der Kinematographie[1240].

1230 *Castendyk/ Silies/ Silies*, FotoR, Rn. 37; *Macias*, Bildjournalismus, S. 2.

1231 *Macias*, Bildjournalismus, S. 3.

1232 *Ristow*, Geisterbilder, S. 37 f.; vgl. *Macias*, Bildjournalismus, S. 3.

1233 *Castendyk/ Silies/ Silies*, FotoR, Rn. 39; *Macias*, Bildjounalismus, S. 4

1234 Vgl. Teil 1 A. V.

1235 *Castendyk/ Hempel*, FotoR, Rn. 7; *Castendyk/ Silies/ Silies*, FotoR, Rn. 38; *Macias*, Bildjournalismus, S. 5.

1236 *Castendyk/ Hempel*, FotoR, Rn. 7; *Castendyk/ Silies/ Silies*, FotoR, Rn. 38; *Macias*, Bildjournalismus, S. 5.

1237 *Ristow*, Geisterbild, S. 58 f.

1238 *Castendyk/ Hempel*, FotoR, Rn. 9.

1239 *Castendyk/ Hempel*, FotoR, Rn. 9.

1240 Vgl. *Ristow*, Geisterbild, S. 59 ff.

Vor Erfindung der Fotografie gab es bereits gezeichnete „Lebensräder", sogenannte „Phenakistiskope"[1241]; dabei handelte es sich um bemalte Scheiben, die, durch die natürliche Trägheit des Auges, in Rotation versetzt, bei speziellen Betrachtungen über einen Spiegel Bewegungsillusionen erzeugten. Erfunden wurden sie 1832/33 gleichzeitig von *Joseph Plateau* in Brüssel und *Simon Stampfer* in Wien[1242]. Aus diesem „Täuschungsseher" gingen später das „Thaumatrop"[1243] und „Zoetrop"[1244] hervor.

Franz Freiherr von Uchatius gelang 1845 die Entwicklung eines Projektors, den er 1853 so verbesserte, dass dessen Linsenradkonstruktion später sogar in einer Filmkamera verwendet wurde[1245]. *Emile Reynaud* entwickelte ihn weiter ließ sich 1877 den optischen Ausgleich patentieren und zeigte mit seinem „Praxinoskop" 1892 sogar „optisches Theater"[1246].

Zwischen 1871 und 1880 setzte sich dann die „Chronofotografie", die fotografische Dokumentation von dynamischen Prozessen, ermöglicht durch die technische Weiterentwicklung auf dem Gebiet der Fototechnik, durch[1247]. Daraus entstand die Möglichkeit, kurze Bewegungsabläufe in verschiedenen Geräten betrachten zu können[1248]. Die bekanntesten Wegbereiter auf diesem Gebiet waren *Etienne-Jules Marey*, *Eadweard Muybridge* und *Ottomar Anschütz*[1249].

Nach Erfindung des Zelluloidfilms wurden eine Vielzahl an Filmtransport-Mechanismen für Filmkameras und Projektoren entwickelt[1250]. Aufgrund der zahlreichen widersprüchlichen Quellen kann die Frage, wer die Kinematogra-

---

1241 *Kemner/ Eisert/ Eisert*, Lebende Bilder, S. 39 f.

1242 *Kemner/ Eisert/ Eisert*, Lebende Bilder, S. 39 f.; 46.

1243 Entwickelt wurde es um 1825; es besteht aus einer beidseitig bemalten Scheibe, die rechts und links je an einem Band befestigt ist. Dreht man die Scheibe daran schnell vor und zurück verbinden sich beide Motive miteinander, vgl. dazu ausführlich *Kemner/ Eisert/ Eisert*, Lebende Bilder, S. 40 f.; 46.

1244 „Neu erfunden" 1867 in Amerika, als Vorläufer gilt das „Daedaleum", das bereits 1834 von dem Engländer *William G. Horner* erfunden wurde, dann aber wieder in Vergessenheit geriet. Es handelt sich dabei um eine Trommel, in deren inneren sich auswechselbare Bildstreifen befinden, vgl. dazu ausführlich *Kemner/ Eisert/ Eiser*, Lebende Bilder, S. 41 ff., 46.; *Ristow*, Geisterbilder, S. 31.

1245 *Ristow*, Geisterbilder, S. 31 ff.

1246 Vgl. dazu ausführlich *Kemner/ Eisert/ Eisert*, Lebende Bilder, S. 43; *Ristow*, Geisterbilder, S. 33 f.

1247 *Ristow*, Geisterbilder, S. 34.

1248 Vgl. dazu ausführlich *Kemner/ Eisert/ Eisert*, Lebende Bilder, S. 67 ff.

1249 *Kemner/ Eisert/ Eisert*, Lebende Bilder, S. 82.

1250 Vgl. dazu ausführlich *Ristow*, Geisterbild, S. 59 ff.

phie letztlich erfunden hat, nicht beantwortet werden[1251]. Die Engländer nennen *Le Prince, Birt Acres, William Friese-Green* und *Robert W. Paul*, Frankreich die Brüder *Lumière*, die USA ehren Thomas *Alva Edison*, und wir die Brüder *Skladanowski*[1252].

Eindeutig ist jedenfalls, dass im Jahre 1895 – dem offiziellen Geburtsjahr der Filmtechnik – dank der Anstrengungen aller Tüftler, Forscher und Pioniere die Grundlagen der Filmtechnik vorhanden waren[1253]. In Berlin wurde 1896 mit dem *Edison-Theater* das erste Filmtheater eröffnet[1254]. Mit Beginn der Industrialisierung im 20. Jahrhundert entstand schließlich die Filmindustrie[1255].

(4) Zusammenfassung

Obwohl die wirtschaftliche und soziale Bedeutung der Vervielfältigungs- und Verwertungstechnologien mit den heutigen nicht ansatzweise vergleichbar waren, existierten zu Zeiten der BGB-Gesetzgebung bereits technische Vervielfältigungs- und Wiedergabemethoden, die sogar zu einem Gesetz zum Schutze des geistigen Eigentums an Fotografien geführt hatten. Es kann also nicht behauptet werden, der historische BGB-Gesetzgeber habe entsprechende Rechte nicht in seine Überlegungen einfließen lassen können, weil die nötigen Technologien noch nicht vorhanden waren[1256].

bb) Wille des historischen BGB-Gesetzgebers

(1) Der Vorentwurf *Johows*

§ 903 BGB geht auf § 85 der Vorentwürfe des für das Sachenrecht zuständigen Referenten *Reinhold Johow* zurück, die er der ersten Kommission 1880 bis 1882 vorlegte. Sein Vorschlag unterscheidet sich kaum vom finalen Gesetzestext:

> „Der Eigenthümer hat das Recht, die Sache zu besitzen und über dieselbe mit Ausschließung Anderer zu verfügen, soweit nicht Beschränkungen dieses Rechts durch Gesetz oder durch Rechte Dritter begründet sind.“[1257]

Bereits der Vorentwurf enthält also keine enumerative Aufzählung der sacheigentumsrechtlichen Befugnisse, auch äußert *Johow* sich in seiner Begründung

---

1251 *Ristow*, Geisterbild, S. 82.
1252 Vgl. *Kemner/ Eisert/ Kemner*, Lebende Bilder, S. 85; *Ristow*, Geisterbilder, S. 82.
1253 *Ristow*, Geisterbild, S. 82.
1254 *Ristow*, Geisterbild, S. 84.
1255 *Ristow*, Geisterbild, S. 84.
1256 So aber *Dreier*, FS Dietz, S. 235, 242; vgl. dazu ausführlich Teil 3 B. II. 1. b).
1257 *Schubert/ Johow*, Vorentw. BGB SachenR 1, S. 14 (28).

nicht ausdrücklich zu etwaigen sacheigentumsrechtlichen Vervielfältigungs- und Verwertungsrechten hinsichtlich des äußeren Erscheinungsbildes der Sache. Dennoch tritt seine Auffassung zu dieser Frage anhand nicht weniger Textstellen deutlich zu Tage:

Zunächst begründet er ausführlich, dass es Eigentum nur an Sachen geben kann, weil nur Sachen der willenlosen Unterwerfung unter den menschlichen Willen fähig seien[1258]. Das Urheberrecht zähle danach nicht zum Eigentum im Sinne seines Vorentwurfes, denn:

> „Der Inhalt des Eigenthums beruht in dem Recht zur ausschließlichen Herrschaft über die Sache. Der Urheber einer Geistesschöpfung dagegen hat ein ausschließliches Recht nur an der vermögensrechtlichen Nutzung, welche dieselbe (scil. die Geistesschöpfung) durch Vervielfältigung und Nachbildung gewähren kann"[1259].

Zum einen kommt anhand dieser Passage zum Ausdruck, dass *Johow* sich des wirtschaftlichen Wertes einer Vervielfältigung bereits bewusst war; zum anderen stellt er die Befugnisse des Urhebers, sein Rechtsobjekt vervielfältigen und nachbilden zu dürfen, durch die Verwendung des Wortes „dagegen", dem Herrschaftsrecht des Sacheigentümers gegenüber. Auch an anderer Stelle führt er nochmals an, dass das Vervielfältigungsrecht *ausschließlich* dem Urheber zustehe[1260]. Dies zeigt deutlich, dass er durch seinen Gesetzesvorschlag nicht intendierte, dem Sacheigentümer ein solches Recht zuzuordnen.

Der Satz „Beide Momente (scil. positives und negatives Moment des Eigentums) erschöpfen alle an einer Sache irgend möglichen Befugnisse (…)" stellt zudem noch einmal den notwenigen Sachbezug der eigentumsrechtlichen Befugnisse heraus, an dem es nach *Johows* Ansicht bei der schlichten Vervielfältigung und anschließenden Weiterverwertung ganz offensichtlich mangelt.

(2) Erste Kommission

Die erste Kommission schloss sich dem einfachen und klaren Konzept *Johows* an und fasste seine Gedankengänge noch einmal zusammen[1261]. Speziell zu den Befugnissen des Sacheigentümers heißt es in den Motiven lediglich, dass sie sich aus den Vorschriften über den Eigentumsschutz und über die vom Eigentümer vorzunehmenden Veräußerungsgeschäfte entnehmen ließen und sich nicht

1258 *Schubert/ Johow*, Vorentw. BGB SachenR 1, S. 490 ff. (614 ff.).

1259 *Schubert/ Johow*, Vorentw. BGB SachenR 1, S. 494 (618).

1260 *Schubert/ Johow*, Vorentw. BGB SachenR 1, S. 492 (616).

1261 Mot. III, S. 257 ff. = *Mugdan* III, S. 142 ff.; *Staudinger/ Seiler*, BGB, Rn. 54 zu Vorbem zu §§ 903 ff.

vollständig aufzählen ließen[1262]. Der Gesetzesvorschlag der ersten Kommission (E I 848) lautet schließlich:

> „Der Eigenthümer einer Sache hat das Recht, mit Ausschließung Anderer nach Willkür mit der Sache zu verfahren und über dieselbe zu verfügen, soweit nicht Beschränkungen dieses Rechtes durch Gesetz oder durch Rechte Dritter begründet sind."

Für die hier aufgeworfene Fragestellung lassen sich aus den Materialien der ersten Kommission mithin keine neuen Erkenntnisse gewinnen.

(3) Zweite Kommission

Auch die zweite Kommission lies das Konzept *Johows* bestehen, es wurde lediglich die Fassung der positiven und negativen Seite der Eigentümerbefugnisse diskutiert[1263]. Verschiedene Anträge zur Konkretisierung der positiven Seite der Befugnisse wurden abgelehnt, da nach Ansicht der Kommission weder die Befugnisse zum Besitz[1264], noch zur tatsächlichen Nutzung der Sache[1265] oder die rechtliche Verfügungsbefugnis[1266] dem Eigentum eigentümlich seien und somit geeignet, seinen Inhalt zu beschreiben[1267]. In den Fassungen E II 818 und E II rev § 888 war der Gesetzestext des § 903 BGB bereits enthalten[1268]. Mithin lassen sich auch anhand der Materialien der zweiten Kommission im Hinblick auf die Ausgangsfrage keine neuen Schlüsse ziehen.

(4) Bundesrat und Reichstag

Die Materialien zu den Debatten in Bundesrat und Reichstag geben für die hier aufgeworfene Frage keinerlei Aufschluss, vielmehr wurde im Bundesrat vor allem die ausdrückliche Normierung des Schikaneverbots beschlossen[1269], die im Reichstag durch den allgemeinen Schikaneparagraphen (§ 220a) ersetzt und somit aus der Eigentumsvorschrift wieder gestrichen wurde[1270].

1262 Mot. III, S. 262 = *Mugdan* III, S. 145.

1263 Prot. 191, S. 3521 ff. = *Mugdan* III, S. 577 f.; *Jakobs/ Schubert*, Beratung SachenR, S. 443 f.; *Staudinger/ Seiler*, BGB, Rn. 55 zu Vorbem zu §§ 903 ff.

1264 So Antrag 4, Prot. 191, S. 3522 = *Mugdan* III, S. 577.

1265 So Antrag 2 in Kombination mit einem Besitz- und Verfügungsrecht vorgeschlagen, Prot. 191, S. 3522 = *Mugdan* III, S. 577.

1266 So in Antrag 2 in Kombination mit einem Besitz- und Nutzungsrecht vorgeschlagen, Prot. 191, S. 3522 = *Mugdan* III, S. 577.

1267 Prot. 191, S. 3524 f.= *Mugdan* III, S. 578.

1268 *Mugdan* III, S. XIV; *Jakobs/ Schubert*, Beratung SachenR, S. 444.

1269 *Jakobs/ Schubert*, Beratung SachenR, S. 444 f.

1270 *Jakobs/ Schubert*, Beratung SachenR, S. 445.

cc) Zusammenfassung

Da sich die Gesetzgebungsorgane dem Grundkonzept *Johows* angeschlossen haben, kann für die historische Auslegung auf die Begründung seines Vorentwurfes zurückgegriffen werden. In dieser weist er auf die Trennung zwischen Sacheigentum und Urheberrecht hin und kontrastiert auch die Befugnisse der Rechteinhaber. Durch seine Ausführungen kommt zum Ausdruck, dass er dem Sacheigentümer durch § 85 kein Vervielfältigungsrecht an der äußeren Erscheinung seiner Sache und folglich auch kein daran anknüpfendes Verwertungsrecht einzuräumen intendierte.

e) Ratio legis

Entscheidende Bedeutung kommt innerhalb der Auslegung dem letzten Auslegungskriterium, der *ratio legis*, also dem Normzweck zu, denn vor allem er lässt Rückschlüsse auf den Sinngehalt von Normen zu[1271].

aa) Konkretisierung der Eigentumsfreiheit

Das zivilrechtliche Eigentum konkretisiert den grundrechtlich geschützten Freiheitsbereich durch die Eigentumsgarantie. Das verfassungsrechtliche Eigentum ist in seiner heutigen Bedeutung

> „ein elementares Grundrecht, das im engen Zusammenhang mit der persönlichen Freiheit steht. Ihr (scil. Der Eigentumsgarantie) kommt im Gesamtgefüge der Grundrechte die Aufgabe zu, dem Träger des Grundrechts einen Freiheitsraum im vermögensrechtlichen Bereich zu sichern und eben dadurch eine eigenverantwortliche Gestaltung seines Lebens zu ermöglichen"[1272].

Wie bereits dargestellt, legt § 903 Satz 1 BGB als Zentralnorm des zivilrechtlichen Eigentums den Herrschaftsbereich des Sacheigentümers fest[1273]. Seine offene Formulierung, die den Zuweisungsgehalt nicht auf enumerativ aufgelistete Befugnisse beschränkt, gewährt dem Eigentümer dabei ein sogenanntes „Vollrecht" an seiner Sache, indem er ihm ein ausschließliches Nutzungsrecht an derselben gewährt. Das Sacheigentum ist damit als umfassendstes Herrschaftsrecht, das an einem körperlichen Gegenstand existieren kann, konzipiert. § 903 Satz 1 BGB ist zugleich Ausdruck einer liberalen Gesellschaftsordnung, die dem

1271 Vgl. *Schwacke*, Juristische Methodik, S. 108.

1272 St. Rspr. des BVerfG: BVerfGE 24, 367, 389; 50, 290, 339 - Arbeitnehmermitbestimmung; 97, 350, 371 m. w. N.; 102, 1, 15; vgl. auch: 31, 229, 239 – Kirchen- und Schulgebrauch; 83, 201, 208; zustimmend *Münch/ Komm/ Säcker*, BGB, Rn. 3 zu § 903.

1273 Vgl. ausführlich zum zivilrechtlichen Sacheigentum Teil 1 C. IV.

Einzelnen die Integrität rechtmäßig erworbener Sachen garantiert und zugleich dem innergesellschaftlichen Verteilungskonflikt entzieht[1274].

Ferner beschränkt das BGB das Sacheigentumsrecht ausdrücklich auf Sachen i. S. d. § 90 BGB, also körperliche Gegenstände. Mithin ist der Sinn und Zweck des § 903 Satz 1 BGB dahingehend zu konkretisieren, dass er der Freiheitssicherung im vermögensrechtlichen Bereich durch die ausschließliche Nutzungsbefugnis an *Sachen,* die wiederum durch ihre Körperlichkeit definiert werden, dient.

bb) Interessenlage

Die durch § 903 Satz 1 BGB zu regelnde Interessenlage[1275] könnte Aufschluss darüber geben, ob dazu auch (noch) die Befugnis zählt, das äußere Erscheinungsbild der eigenen Sache zu vervielfältigen und zu verwerten. Der Sacheigentümer müsste mithin ein schutzwürdiges Interesse daran haben.

Zunächst gewährt das Urheberrecht dem Werkschöpfer in §§ 15 ff. UrhG ausschließliche Vervielfältigungs- und Verwertungsrechte an seiner Schöpfung. Wie zuvor bereits dargestellt, schließt dies ein Recht des Eigentümers, seine Sache zu vervielfältigen und die Vervielfältigungsstücke zu verwerten aber nicht per se aus, es herrscht keine strenge Exklusivität zwischen Urheberrecht und Sacheigentum[1276].

Gemeinsam ist beiden Rechtsinstituten, dass sie ihren Rechteinhabern ein absolutes Ausschließlichkeitsrecht in Bezug auf das jeweilige Rechtsobjekt gewähren[1277]. Somit legt das Rechtsobjekt auch als alleiniger Anknüpfungspunkt Inhalt und Grenzen der Rechtezuweisung fest. Die Befugnisse des Urhebers lassen sich folglich auch mit seinem schutzwürdigen Interesse an seinem immateriellen Werk erklären, da er dieses nur durch die Zugänglichmachung an Dritte der Verwertung zuführen kann[1278].

Ein körperliches Werkstück repräsentiert den geistigen Gehalt seines Schöpfers und ist somit untrennbar mit seinem immateriellen Gehalt verbunden. Darum eröffnen sich für die Eigentümer von Kunstgegenständen *dieselben* Verwertungsmöglichkeiten, wie für die Urheber immaterieller Werke. So können die Eigentümer von Schlössern, Skulpturen oder Bildern – genauso wie die

1274 *Münch/ Komm/ Säcker*, BGB, Rn. 3 zu § 903.

1275 Vgl. zur teleologischen Auslegung auch *Schwacke*, Juristische Methodik, S. 99 ff.

1276 Vgl. Teil 3 C. II. 2. b).

1277 Vgl. Teil 1 C. IV. 1., 2.

1278 Vgl. Teil 1 B. I. 5.

geistigen Schöpfer derselben – Gewinne erzielen, indem sie Vervielfältigungsstücke derselben vertreiben, z. B. in Bildbänden, auf Postkarten oder Kalendern. Anderen körperlichen Gegenständen bleiben diese Verwertungsmöglichkeiten verschlossen, denn normalerweise lässt sich eine Sache gerade durch den Ausschluss anderer bestmöglich nutzen[1279]. Eigentümer von Kunstgegenständen haben somit auch ein wirtschaftliches Interesse an der Anfertigung und gewerblichen Verwertung von Vervielfältigungsstücken des äußeren Erscheinungsbilds derselben. Zwar trägt der Eigentümer die Anschaffungs- und Unterhaltungskosten seiner Sache, dennoch wird der wirtschaftliche Wert eines Vervielfältigungsstücks maßgeblich von der schöpferischen Gestaltung durch den Urheber bestimmt. Abgesehen davon kann auch die Prominenz des (ehemaligen) Eigentümers entsprechende Verwertungsmöglichkeiten eröffnen. Fraglich ist daher, ob das Verwertungsinteresse des Eigentümers durch das Rechtsinstitut *Sacheigentum* schützenswert ist.

Eigentum ist ein dingliches Herrschaftsrecht und kein reiner Vermögensschutz[1280]. Das bedeutet, dass die Grenze der Eigentümerbefugnisse auch immer die Sache selbst sein muss; sie begründet als Rechtsobjekt das *schutzwürdige* Eigentümerinteresse.

Ob insbesondere die Vervielfältigung und/ oder die Verwertung des äußeren Erscheinungsbildes einer Sache (noch) in schutzwürdiger Weise am Rechtsobjekt anknüpfen, das ja immerhin als Vorlage für die Abbildungen dient, bedarf einer genaueren Untersuchung, der sich im Folgenden gewidmet wird.

f) Stellungnahme und Zwischenergebnis

Aus der systematischen Betrachtung wurde bereits gefolgert, dass der Zuweisungsgehalt des Sacheigentums zwar über Substanzbeeinträchtigungen und physisches Einwirken auf die Sache im Sinne eines „Anfassens" hinausgehen muss, jedoch nicht so weit reichen sollte, dass er in Konflikt mit den urheberrechtlichen Nutzungsfreiheiten gerät. Die grammatikalische und historische Betrachtung, sowie die *ratio legis* des § 903 Satz 1 BGB erfordern zwingend einen *Sachbezug* sämtlicher eigentumsrechtlicher Befugnisse, als der Eigentümer nur schutzwürdig im Hinblick auf die *Sach*nutzung ist[1281].

1279 Vgl. zu den unterschiedlichen Nutzungsmöglichkeiten von Werk und Sache Teil 1 B. I. 5.

1280 *Bittner*, Fotografieren fremder Sachen, S. 54.

1281 *Löhr*, WRP 1975, 523, 524 fordert darum einen „Kontakt" mit der Sache, vgl. Teil 3 C. II. 2. a), zu einem ähnlichen Schluss kommt auch *Bittner*, Fotografieren fremder

Diesem Ergebnis entspricht es auch, dass Literatur und Rechtsprechung dem Eigentümer sämtliche *rechtliche* Befugnisse an seiner Sache zuordnen, denn diese weisen eindeutig dadurch Sachbezug auf, dass das Objekt des Rechtsgeschäfts die Sache ist. Wird sie z. B. veräußert, oder mittels einer Hausordnung ihre Benutzung geregelt, ist der Bezug zu dem Gegenstand eindeutig vorhanden. Auch das dem Eigentum zugewiesene Besitzrecht verfügt über den notwenigen Sachbezug, als der Besitz selbst gem. § 854 Abs. 1 BGB als „tatsächliche Sachherrschaft" definiert wird, die nach der Verkehrsanschauung bestimmt wird[1282]. Der mittelbare Besitz gem. § 868 BGB wird hingegen durch ein Rechtsverhältnis mit dem unmittelbaren Besitzer begründet[1283], sodass der Sachbezug hier wieder dadurch hergestellt wird, dass die Sache das Objekt des Rechtsverhältnisses ist. Mithin besteht nach dem Ergebnis der Gesetzesauslegung kein Zweifel an der Zuweisung dieser Befugnisse.

Ob die Vervielfältigung und Verwertung des äußeren Erscheinungsbildes einer Sache vom Zuweisungsgehalt des Sacheigentums umfasst werden, hängt hingegen vom Verständnis des Sachbezugs der *tatsächlichen* Eigentümerbefugnisse ab. So vielfältig tatsächliche Handlungen ausfallen können, so schwer fällt es aber auch, ihren Sachbezug i. S. d. Eigentumsrechts auszumachen. Genügt es, dass die Sache als Vorlage für Abbildungen dient? Hat es gar schon Sachbezug, wenn ich einen Gegenstand ansehe? Oder muss doch auf seine Sachsubstanz eingewirkt werden?

Eine allgemeingültige Definition des Sachbezugs tatsächlicher Handlungen gibt es bisher nicht, vielmehr unterliegt es bislang der Einzelfallentscheidung eines jeden Normanwenders, wie er den Zuweisungsgehalt im konkreten Fall innerhalb des möglichen Wortsinns auslegt[1284].

Die eigens entwickelte und im folgenden Abschnitt dargestellte „Wahrnehmbarkeitstheorie" soll daher nun eine abstrakte Definition des Sachbezugs tatsächlicher Handlungen liefern, um dadurch den zwingenden Grenzen des sacheigentumsrechtlichen Zuweisungsgehalts entsprechend den Auslegungsergebnissen Ausdruck zu verleihen und die Ausgangsfrage beantworten zu können.

Sachen, S. 44 ff., der ein „spezifisch eigentumsbezogenes, ein sachenrechtliches und objektives Interesse" fordert.

1282 BGH, NJW 1987, 2812, 2814 m. w. N.; *Bamberger/ Roth/ Fritzsche*, BGB, Rn. 29 zu § 854; *Jauernig/ Berger*, BGB, Rn. 2 zu § 854; *Palandt/ Bassenge*, BGB, Rn. 3 zu § 854.

1283 *Jauernig/ Berger*, BGB, Rn. 1 ff. zu § 868.

1284 Vgl. dazu nur Teil 3 A. und B.

g) Die Wahrnehmbarkeitstheorie

Nach der hier vertretenen Ansicht verfügen alle tatsächlichen Handlungen, *deren Ausführung oder Folgen durch menschliche Sinne oder technische Hilfsmittel an der Sache wahrnehmbar sind*, über den notwendigen Sachbezug und sind dem Sacheigentümer folglich ausschließlich durch § 903 Satz 1 BGB zugewiesen.

aa) Erläuterung

Die Definition beschränkt die tatsächlichen Befugnisse des Sacheigentümers auf das, was an der Sache wahrnehmbar ist, da nach hier vertretener Ansicht der Sacheigentümer nur schutzwürdig im Hinblick auf die tatsächlichen Nutzungsmöglichkeiten ist, die an der Körperlichkeit der Sache anknüpfen (materielle Nutzungshandlung), nicht aber in Bezug auf solche, die allein der immaterielle Wert des Eigentumsobjekts eröffnet und die dadurch gekennzeichnet sind, dass sie den Sachkörper völlig unberührt lassen (immaterielle Nutzungshandlungen).

(1) Materielle Nutzungshandlungen

Ein körperlicher Gegenstand gem. § 90 BGB verspricht grundsätzlich durch die tatsächliche Nutzung unter gleichzeitigem Ausschluss anderer größte Gewinnchancen[1285]. Darum muss der Eigentümer das ausschließliche Recht innehaben, alle tatsächlichen Handlungen ausüben zu können, die irgendeine Auswirkung auf sein Rechtsobjekt haben. Da die kleinste mögliche Auswirkung die bloße Wahrnehmbarkeit der Handlung ist, z. B. durch einen Fingerabdruck auf der Oberfläche, muss der Eigentumsschutz dort ansetzen[1286].

Indes dürfen die Nutzungsbefugnisse des Eigentümers aber nicht auf Handlungen beschränkt werden, die eine unmittelbare Berührung der Oberfläche erfordern. Vielmehr muss es auch zu den ausschließlichen Rechten des Eigentümers gehören, Imponderabilien zu verursachen, die auf seinem Grundstück sinnlich oder mit technischen Hilfsmitteln wahrnehmbar sind, wie z. B. Lärm, Rauch, Gerüche, Erschütterung usw. Damit steht die vorgeschlagene Definition auch im Einklang mit § 906 BGB[1287]. Da der Eigentümer im Hinblick auf seine Sache auch absolut schützenswert ist und er grundsätzlich „nach Belieben" mit ihr verfahren kann, darf es schließlich auch nicht darauf ankommen, ob

1285 Vgl. Teil 1 B. I. 5.

1286 Vgl. zu den Erwägungen, die *Beeinträchtigungshandlung* auf sinnlich wahrnehmbare Einwirkungen zu begrenzen, weil diese sich „unmittelbar gegen die Sache selbst richten müsse" *Soergel/ Münch*, BGB, Rn. 34 zu § 1004.

1287 Vgl. dazu Teil 3 C. III. 2. c) bb).

diese objektiv verbessert oder verschlechtert wird. Der Eigentümer muss somit beispielsweise das Putzen seiner Sache ebenso untersagen dürfen wie die Beschädigung derselben. Nach der hier vorgeschlagenen Definition ist daher allein entscheidend, ob die Handlung an der Sache wahrnehmbar ist, sie enthält kein normatives Element. Mithin fallen auch „Verbesserungen", wie Putzen, Bemalen, etc., die regelmäßig an der Sache wahrnehmbar sind, in den Zuweisungsgehalt[1288].

(2) Immaterielle Nutzungshandlungen

Im Gegensatz dazu eröffnet ein körperlicher Gegenstand als solcher gerade *nicht* die Möglichkeit, das äußere Erscheinungsbild desselben unmittelbar oder durch die Anfertigung von Vervielfältigungsstücken zu verwerten. Wer möchte schon ein Bildband von meinem Fahrrad, meiner Wohnung oder meinem Kugelschreiber erwerben? Diese Verwertungsmöglichkeit entspringt, wie zuvor erwähnt, entweder der künstlerischen Gestaltung der Sache oder der Prominenz ihres Eigentümers, mithin ihrem immateriellen Wert, niemals aber ihrer bloßen Körperlichkeit. Auch wenn ein körperlicher Gegenstand untrennbar mit seinem immateriellen Gehalt verbunden ist, ist dieser dem sacheigentumsrechtlichen Zuweisungsgehalt unzugänglich, denn der Schutz durch das Sacheigentumsrecht knüpft an der reinen Körperlichkeit der Sache an[1289]. Sacheigentumsrechtlich muss somit zwischen materiellem und immateriellem Gehalt eines Gegenstands unterschieden werden[1290]. Tatsächliche Nutzungshandlungen, die ausschließlich am immateriellen Gehalt einer Sache anknüpfen, sind dadurch gekennzeichnet, dass sie nicht am Sachkörper wahrnehmbar sind und werden nach der hier vorgeschlagenen Definition folglich auch nicht dem Eigentümer zugewiesen.

(3) Zusammenfassung

Indem die hier vorgeschlagene Definition allein die Betroffenheit des Sachkörpers fordert, soll den Auslegungsergebnissen entsprechend sichergestellt werden, dass der Eigentümer einerseits im Hinblick auf seine Sache, die durch ihre Körperlichkeit definiert wird, umfassend und wertungsunabhängig geschützt ist; er aber andererseits nicht an ihrem darüber hinaus gehenden immateriellen Gehalt partizipieren kann.

1288 So auch OLG Brandenburg, OLG-NL 1996, 133, 134; *Soergel/ Münch*, BGB, Rn. 39 zu § 1004.

1289 Vgl. Teil 3 C III. 2. e) bb).

1290 Vgl. dazu auch *Hubmann*, Recht des schöpferischen Geistes, S. 31 f.

bb) Subsumtion der schlichten Vervielfältigung und Verwertung des äußeren Erscheinungsbildes einer Sache unter die Wahrnehmbarkeitstheorie

Die schlichte Vervielfältigung des Erscheinungsbilds einer Sache – die dieselbe gänzlich unberührt lässt – fällt somit ebenso wenig in den sacheigentumsrechtlichen Schutzbereich wie die Verwertung desselben. In Ermangelung des notwendigen Sachbezugs gleichen sie in ihrer *eigentumsrechtlichen* Wirkung vielmehr dem reinen Werkgenuss, den der Sacheigentümer eines Werkexemplars auch nicht kraft der aus seinem Eigentumsrecht erwachsenen Befugnisse abwehren kann[1291]. So kann der Eigentümer eines Buches in der U-Bahn zwar versuchen, dasselbe von den neugierigen Blicken Dritter abzuschirmen, kraft seines Eigentumsrechts erwehren kann er sich aber nicht dagegen[1292].

Die Vervielfältigung, die „Spuren hinterlässt", z. B. durch Einsatz eines Blitzes beim Fotografieren, der zu einer chemischen Reaktion mit der Sache führen kann, und somit ihren Alterungsprozess beschleunigt, kann der Eigentümer hingegen auch nach der hier vorgeschlagenen Lösung selbstverständlich untersagen, denn nach Ausführung der Handlung ist eine chemische Veränderung an der Sachsubstanz durch technische Hilfsmittel nachweisbar.

cc) Konsequenzen für das Urheberrecht am Werk

Die Sachbezogenheit – im Hinblick auf tatsächliche Handlungen konkretisiert durch die Wahrnehmbarkeitstheorie – determiniert nach der hier vertretenen Auffassung also, ob eine Handlung dem Sacheigentümer zugewiesen ist oder nicht. Fraglich ist nun, welche Konsequenzen dies für das Urheberrecht am Werk hat.

Alle Handlungen ohne Sachbezug – also solche außerhalb der rechtlichen und tatsächlichen Befugnisse des Sacheigentümers – sind ausschließlich immaterieller Natur und somit zwingend vom Zuweisungsgehalt des Sacheigentums ausgeschlossen. Ob sie anderweitig monopolisiert sind, entscheiden aber allein die einschlägigen Spezialgesetze, wie z. B. das UrhG. Der Sachbezug, der mittels der Wahrnehmbarkeitstheorie konkretisiert wird, dient ausschließlich dazu, die Grenzen des Schutzbereichs des Sacheigentums festzulegen. So fällt der reine

---

1291 Auf die kommerzielle Verwendung kann es bei dem Sacheigentum als dingliches Herrschaftsrecht eben nicht ankommen.

1292 Der BGH schließt indes zu Unrecht von einer tatsächlichen Möglichkeit, Fotografien zu verhindern, auch auf die rechtliche ausschließliche Befugnis darauf.

Genuss eines Buches z. B. eindeutig aus dem Zuweisungsgehalt des Sacheigentums heraus, ist jedoch auch keinem anderen Rechteinhaber zugeordnet.

Ferner gibt es somit auch Handlungen, die sowohl den Zuweisungsgehalt des Sacheigentums betreffen, als auch Teil der urheberrechtlichen Nutzungsrechte sind. Sie haben mithin immateriellen und materiellen Gehalt. Damit lässt sich auch die „Kollision" zwischen dem Integritätsschutz des Urhebers gem. § 14 UrhG und der Änderungsbefugnis des Sacheigentümers gem. § 903 Satz 1 BGB dogmatisch erklären, ebenso wie die Überlappung der Herrschaftssphären bei der Veräußerung eines im Sacheigentum eines Dritten stehenden Werkexemplars; hier entscheidet § 17 Abs. 2 UrhG den Konflikt zugunsten des Sacheigentümers[1293].

Nach der hier vertretenen Auffassung korrelieren die Befugnisse des Sacheigentümers somit *nicht* mit denen des Urhebers. Beide Rechtsinstitute stehen unabhängig nebeneinander und folgen nur ihren eigenen Regeln. Grafisch lässt sich das Verhältnis zwischen Urheberrecht und Sacheigentum wie folgt darstellen:

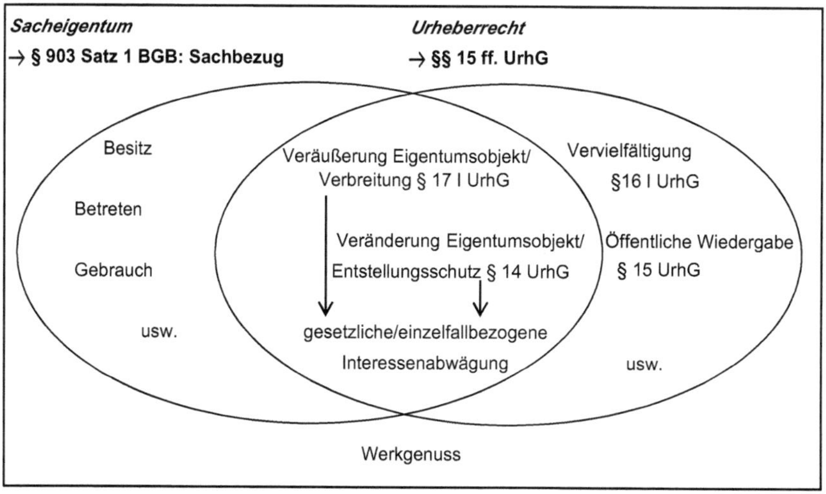

dd) Konsequenzen für die Rechtsprechung

Nach der hier vertretenen Auffassung beschreibt die Wahrnehmbarkeitstheorie die zwingende Grenze des sacheigentumsrechtlichen Zuweisungsgehalts in Bezug auf tatsächliche Nutzungshandlungen. Die Auslegung von § 903 Satz 1

1293 Vgl. ausführlich zu „Kollisionen" zwischen Sacheigentum und Urheberrecht *de lege lata* Teil 1 D. und Teil 3 C. II. 2. b).

BGB hat gezeigt, dass die Monopolisierung darüber hinausgehender Nutzungshandlungen kraft Sacheigentumsrechts *contra legem* ist. Setzen sich ordentliche Gerichte über diese in § 903 Satz 1 BGB enthaltene Grenze hinweg und schaffen durch eine solche Rechtsfortbildung *contra legem* „neue Eigentumsrechte", verstoßen sie gegen den ausdrücklichen Parlamentsvorbehalt in Art. 14 Abs. 1 Satz 2 GG, missachten ihre Gesetzesbindung und verletzen somit zugleich das in Art. 20 Abs. 3 GG verankerte Rechtsstaatsprinzip sowie das Demokratieprinzip gem. Art. 20 Abs. 2 GG, das auch zwingend eine Gesetzesbindung der judikativen Gewalt erfordert[1294].

Die Entscheidungen „Schloss Tegel" und „Preußische Schlösser und Gärten" sind danach als verfassungswidrig einzustufen, da der BGH dem Sacheigentümer ein über die Grenzen des eigentumsrechtlichen Zuweisungsgehalts hinausgehendes ausschließliches Recht zuweist. Steht diese Rechtezuweisung auch noch im Widerspruch zu der gesetzlichen Wertung von § 59 UrhG – wie im Fall „Preußische Schlösser und Gärten" – werden zugleich die Grundrechte derjenigen verletzt, die durch die Panoramafreiheit geschützt werden sollen[1295]. In Ermangelung eines „allgemeinen Rechtsprinzips der Güterzuordnung"[1296] lässt sich diese Rechtsprechung auch nicht anderweitig rechtfertigen.

4. *Zusammenfassung*

Die Auslegung von § 903 Satz 1 BGB hat gezeigt, dass die Grenze des Zuweisungsgehalts des Sacheigentums nur die Sache selbst sein kann, denn der Sacheigentümer ist nur schutzwürdig im Hinblick auf sein Rechtsobjekt. Mithin müssen alle eigentumsrechtlichen Befugnisse über den notwendigen Sachbezug verfügen, der bei tatsächlichen Handlungen mittels der hier entwickelten Wahrnehmbarkeitstheorie festzustellen ist. Die Subsumtion unter diese Theorie ergibt sodann eindeutig, dass weder die schlichte Vervielfältigung noch die (gewerbliche) Verwertung des äußeren Erscheinungsbildes einer Sache Bestandteil des Zuweisungsgehalts des Sacheigentums gem. § 903 Satz 1 BGB sind. Mithin kann der Sacheigentümer auch unter keinen Umständen Abwehrrechte bei Vorliegen der Tatbestandsvoraussetzungen der Panoramafreiheit geltend machen, ohne dass dafür noch auf etwaige Anforderungen an die Beeinträchtigungshandlung eingegangen werden muss.

1294 Vgl. *Peukert*, Güterzuordnung, S. 791 f., sowie Teil 3 III. 2.

1295 Vgl. dazu ausführlich Teil 2 D. II. 1. c) bb).

1296 Diese Bezeichnung entstammt der Habilitation *Peukerts*, vgl. dazu ausführlich S. 790 ff.

Die BGH-Entscheidungen „Schloss Tegel" und „Preußische Schlösser und Gärten" sind folglich verfassungswidrig und dringend korrekturbedürftig, als sie die in § 903 Satz 1 BGB vom Gesetzgeber vorgegebene Grenze des sacheigentumsrechtlichen Zuweisungsgehalts missachten.

D. Ergebnis: Sacheigentum keine „Schranke der Panoramafreiheit"

Da die sich aus der Gesetzesauslegung ergebende Wahrnehmbarkeitstheorie als Grenze des sacheigentumsrechtlichen Zuweisungsgehalts die schlichte Vervielfältigung und die (gewerbliche) Verwertung des äußeren Erscheinungsbildes einer Sache vom selbigen ausschließt, stellt das Sacheigentum unter keinen Umständen eine „Schranke der Panoramafreiheit" dar:

I. Sacheigentum am Abbildungsobjekt keine „Schranke der Panoramafreiheit"

Der Sacheigentümer der abzubildenden Sache kann weder die Vervielfältigung noch die Verwertung des äußeren Erscheinungsbildes derselben abwehren, als nach der hier vertretenen Wahrnehmbarkeitstheorie der notwendige Sachbezug der Nutzungshandlungen eindeutig fehlt und diese Handlungen somit nicht zum Zuweisungsgehalt des Sacheigentums i. S. d. § 903 Satz 1 BGB zählen.

II. Sacheigentum am Grundstück keine „Schranke der Panoramafreiheit"

Die Vervielfältigung und die Verwertung der äußeren Ansicht einer Sache stellen auch keine Eigentumsverletzungen des Grundstücks dar, das zu Abbildungszwecken betreten wird – und zwar völlig unabhängig davon, ob das Betreten gestattet ist, oder nicht[1297].

Zwar ist die Abbildungshandlung auf dem fremden Grundstück während ihrer Ausführung wahrnehmbar, aber jede dem Betreten folgende tatsächliche Handlung muss eigentumsrechtlich getrennt davon beurteilt werden und sich somit selbstständig an der Wahrnehmbarkeitstheorie messen lassen. Denn das Betreten – unabhängig davon, ob es rechtswidrig oder rechtmäßig erfolgt – das der Grundstückseigentümer natürlich gem. §§ 903, 1004 Abs. 1 BGB abwehren

1297 Im letzteren Fall wäre die Panoramafreiheit mangels einer „öffentlichen Stelle" allerdings gar nicht mehr einschlägig.

kann[1298], kann nicht automatisch zur Grundstücksbezogenheit sämtlicher Folgehandlungen führen[1299]. Andernfalls könnte der Grundstückseigentümer auch das Abbilden *fremder* Eigentumsobjekte von seinem Grundstück aus untersagen[1300] und der Sacheigentümer des abzubildenden Objekts selbst würde automatisch eine Grundstückseigentumsverletzung begehen, wenn er seine eigene Sache von einem fremden Grundstück aus abbildet[1301]. Mithin stellt auch die Vervielfältigung oder die Live-Übertragung eines Objekts von einem fremden Grundstück aus keine Eigentumsverletzung desselben dar; die anschließende Verwertung von Vervielfältigungsstücken weist erst recht keinen Grundstücksbezug mehr auf.

Folglich ändert auch das Betreten eines fremden Grundstücks nichts daran, dass die schlichte Vervielfältigung und Verwertung des äußeren Erscheinungsbildes einer Sache nicht über den notwendigen Sachbezug verfügt – nicht in Bezug auf die abgebildete Sache und schon gar nicht in Bezug auf das zu diesem Zwecke betretene Grundstück.

III. Eigentum an öffentlichen Sachen keine „Schranke der Panoramafreiheit"

Die Regeln des Privateigentums gelten grundsätzlich auch für öffentliche Sachen, die Privatherrschaft des Eigentümers wird dann lediglich durch die öffentlich-rechtliche Zweckbestimmung der Sachen überlagert[1302]. Im Gegensatz zum Privateigentum unterliegt es somit der Bindung durch den jeweiligen Widmungszweck und den Grundrechten, die die Sachherrschaftsausübung im

1298 Für Kulturgüter öffentlich-rechtlicher Trägerschaft gilt dies in den Grenzen des Widmungszwecks und der Grundrechte.

1299 So auch: *Bullinger*, FS Raue, S. 379, 392 f.; *Euler*, AfP 2009, 459, 460; *Götting*, FS Wandtke, S. 259, 264 f.; *Lehment, C.*, FS Raue, S. 515, 520; *Lehment, H.*, Fotografieren, S. 106; *ders.* GRUR 2011, 327, 328; *Schack*, JZ 2011, 375, 376; *ders.*, FS Wandtke, S. 9, 15; *Schippan*, ZStV 2011, 210, 216; *Stieper*, Schranken, S. 414; *ders.*, ZUM 2011, 331, 332; in diesem Falle wäre die Panoramafreiheit allerdings gar nicht betroffen, da es sich bei einem Betretungsverbot nicht mehr um eine öffentliche Stelle handelt.

1300 *Bullinger*, FS Raue, S. 379, 392 f.; *Götting*, FS Wandtke, S. 259, 265; *Lehment, C.*, FS Raue, S. 515, 520; *Stang*, Schutzfrist, S. 309; *Stieper*, GRUR 2012, 1083, 1085; vgl. auch *Lehment*, H., GRUR 2011, 327, 328, der diese Problematik aber im Tatbestandsmerkmal der *Eigentumsbeeinträchtigung* gem. § 1004 BGB verortet.

1301 *Bullinger*, FS Raue, S. 379, 392.

1302 *Maaßen*, GRUR 2010, 880, 883; *Staudinger/ Jickeli/ Stieper*, BGB, Rn. 14, 17 f. zu Vorbem zu §§ 90 -103.

Interesse der Allgemeinheit weiter beschränken können. Da aber nicht einmal der Privateigentümer die Panoramafreiheit kraft seines Eigentumsrechts zu beschränken vermag, kann das Sacheigentum an einer öffentlichen abzubildenden Sache oder dem zu diesem Zwecke betretenen Grundstück erst recht keine „Schranke der Panoramafreiheit" zu bedeuten.

IV. Erträge aus Abbildern keine Früchte der Sache gem. § 99 Abs. 3 BGB

Aus der Wahrnehmbarkeitstheorie ergibt sich schließlich auch, dass die Abbilder einer Sache keine Rechtsverhältnisfrüchte i. S. d. § 99 Abs. 3 BGB sind. Denn diese stellen die Gegenleistung für die Überlassung der Sache zur Nutzung durch andere dar, die dem Eigentümer aber nur insoweit zusteht, als ihm die überlassene Nutzung ausschließlich zugewiesen ist[1303], was ja gerade nicht der Fall ist.

V. Abbilder selbst keine Früchte der Sache gem. § 99 Abs. 1 BGB

Überdies kann noch angeführt werden, dass die Abbilder des äußeren Erscheinungsbildes einer Sache auch keine Früchte der Sache gem. § 99 Abs. 1 BGB darstellen können, da sie weder Erzeugnisse der Sache sind noch bestimmungsgemäß aus ihr gewonnen werden; sie haben mit der Funktion oder der Bestimmung derselben gar nichts zu tun[1304].

VI. Ablehnung der Rechtsfolgendifferenzierung und der „zweigleisigen Rechtswidrigkeitsprüfung"

1. Keine Ausgleichsansprüche ohne Abwehrrechte

Schließlich bleibt auch kein Raum für die Mindermeinung der Literatur, der zufolge dem Eigentümer aber jedenfalls Ausgleichsansprüche bei der ungenehmigten (gewerblichen) Vervielfältigung und Verwertung des äußeren Erscheinungsbildes seines Eigentumsobjekts zustehen würden, da diese unabhängig vom Zuweisungsgehalt seien[1305]. Vielmehr setzen nach richtiger Ansicht auch §§ 687 Abs. 2, 812 Abs. 1 Satz 1 Alt. 2 BGB voraus, dass in den Zuweisungsgehalt

1303 *Stieper*, ZUM 2011, 331, 332; *Wandtke/ Bullinger/ Wandtke*, UrhG, Rn. 8 zu § 44; *Wandtke/ ders.*, UrhR, Rn. 58 zu Kapitel 1.

1304 *Schippan*, ZStV 2011, 210, 211.

1305 Vgl. ausführlich zu dieser Ansicht Teil 3 B. III.

des Eigentums gem. § 903 Satz 1 BGB eingegriffen wird[1306]; das Eigentum wird vielmehr nur wegen der unterschiedlichen Rechtsfolgen durch verschiedene Normen geschützt[1307].

2. Keine „zweigleisige Rechtswidrigkeitsprüfung"

Wie soeben dargelegt, kann sich entgegen der Auffassungen von *Pfister* und *Lammek/ Ellenberg*[1308] die Eigentumswidrigkeit der schlichten Vervielfältigung und Verwertung der äußeren Sachansicht auch nicht aus anderen Rechtsverstößen, wie insbesondere dem unrechtmäßigen Betreten des Grundstücks ergeben[1309]. Andernfalls würde auch der Bruch des Versprechens, die Sache nicht zu fotografieren, eine Eigentumsverletzung begründen und dies die Abgrenzung zwischen relativen und absoluten Rechten, sowie die Dinglichkeit aushöhlen[1310].

1306 *Bamberger/ Roth/ Wendehorst*, BGB, Rn. 133 zu § 812; *Bittner*, Fotografieren fremder Sachen, S. 17; *Dreier*, FS Dietz, S. 235, 249; *Grüning*, Eigentumsfreiheitsklage, S. 62 ff.; *Kübler*, FS Baur, S. 51, 59; *Lammek/ Ellenberg*, ZUM 2004, 715 ff.; *Palandt/ Sprau*, BGB, Rn. 40, zu § 812; *Pfister*, JZ 1976, 156, 157; *Schack* JZ 2011, 375, 376; *Soergel/ Münch*, BGB, Rn. 62 zu § 1004; *Stang*, Schutzfrist, S. 309 f.

1307 *Pfister*, JZ 1976, 156, 157; vgl. auch *Dreier*, FS Dietz, S. 235, 249.

1308 Vgl. ausführlich dazu Teil 3 B. II. 2.

1309 So auch *Kübler*, FS Baur, S. 51, 59.

1310 *Kübler*, FS Baur, S. 51, 59.

Teil 4: Zusammenfassung und Ausblick

A. Zusammenfassung

Der Anerkennung des Urheberrechts ist die Trennung zwischen geistigem Werk und körperlichem Werkstück immanent. Sacheigentum und Urheberrecht liegen auf unterschiedlichen Ebenen und regeln verschiedene Bereiche[1311]. Diese Einsicht führt auch zwingend dazu, dass die urheberrechtlichen Schrankenbestimmungen keinen unmittelbaren Einfluss auf das Sacheigentum ausüben können, so vermag auch § 59 UrhG dem Sacheigentümer eines Werkexemplars keine unmittelbaren Beschränkungen aufzuerlegen[1312].

Dafür besteht aber auch gar keine Notwendigkeit – die BGH-Rechtsprechung[1313] verkennt, dass das Recht, das äußere Erscheinungsbild einer Sache zu vervielfältigen und zu verwerten, unter keinen Umständen zum Zuweisungsgehalt des Sacheigentums gem. § 903 Satz 1 BGB zählt. Denn der Eigentümer ist als dinglich Berechtigter nur schutzwürdig im Hinblick auf die körperliche Sachnutzung[1314]; zu seinen tatsächlichen Befugnissen zählen nach der hier vertretenen Theorie daher nur Handlungen, *deren Ausführung oder Folgen durch menschliche Sinne oder technische Hilfsmittel an der Sache wahrnehmbar sind*[1315]. Darüber hinausgehende Verwertungsmöglichkeiten, die vor allem Kunstgegenstände eröffnen, knüpfen hingegen ausschließlich an deren immateriellem Gehalt an und sind darum dem Schutz durch das Sacheigentumsrecht unzugänglich[1316]. Dies folgt aber nicht etwa aus einer strengen Abgrenzung zwischen urheberrechtlichen und sacheigentumsrechtlichen Befugnissen, sondern unmittelbar aus dem durch den Gesetzgeber begrenzten Zuweisungsgehalt des Sacheigentums gem. § 903 Satz 1 BGB. Folglich darf der Sacheigentümer – wie jeder andere auch – erst nach Eintritt der Gemeinfreiheit gem. § 64 UrhG Abbilder von in seinem Eigentum stehenden Werkverkörperungen anfertigen und

1311 Vgl. Teil 1.
1312 Vgl. Teil 2 D. III.
1313 Vgl. Teil 3 A.
1314 Vgl. Teil 3 C. III. 3. f).
1315 Vgl. Teil 3 C. III. 3. g).
1316 Vgl. Teil 3 C. III. 3. g).

verwerten. Das Eigentum stellt nach der hier vertretenen Auffassung somit auch keine „Schranke der Panoramafreiheit“ dar[1317].

Die BGH-Rechtsprechung ist folglich verfassungswidrig[1318]. In den Entscheidungen „Schloss Tegel“ und „Preußische Schlösser und Gärten“ schuf der BGH ohne Rechtsgrundlage ein „neues Eigentumsrecht“ *contra legem* und verstieß damit gegen den ausdrücklichen Parlamentsvorbehalt in Art. 14 Abs. 1 Satz 2 GG und damit auch zugleich gegen das Rechtsstaats- und das Demokratieprinzip. Im Fall „Preußische Schlösser und Gärten“ konterkarierte er zudem die hinter der Panoramafreiheit stehende gesetzliche Wertung und verletzte somit auch die Grundrechte derjenigen, die durch dieselbe geschützt werden sollen. Diese Rechtsprechungslinie kann somit nicht aufrechterhalten werden und bedarf dringend einer Korrektur.

B. Ausblick

I. Vervielfältiger und Verwerter

Der Nichtzulassungsbeschluss der Verfassungsbeschwerde der beklagten Fotoagentur im Fall „Preußische Schlösser und Gärten“[1319] hat das Urteil des V. Zivilsenats gleichwohl in Zement gegossen.

Für die Zukunft wird vor allem Hoffnung in den für das geistige Eigentum zuständigen I. Zivilsenat gesetzt[1320]. Zwar bedeutete die Entscheidung „Friesenhaus“[1321] keine eindeutige Abkehr von „Schloss Tegel“[1322], es war aber immerhin ein Schritt in die richtige Richtung; die heftigen Debatten[1323], vor allem in der urheberrechtlichen Literatur, dürften das Übrige getan haben. Eine Vorlage beim großen Senat gem. § 132 GVG könnte der aktuellen Doktrin sogar den Garaus machen[1324]. Da die Jurisprudenz eine dynamische Wissenschaft ist, wäre dies nicht die erste Rechtsprechungsänderung - allem voran bedarf es dafür aber auch in Zukunft mutiger Fotografinnen und Fotografen, Filmerinnen und Filmer, die den Kampf „David gegen Goliath“ durch alle Instanzen aufnehmen.

1317 Vgl. Teil 3 D.
1318 Vgl. Teil 3 C. III. 3. g) dd).
1319 Vgl. Teil 3 A. II. 1. f).
1320 *Schack*, JZ 2011, 375, 376.
1321 Vgl. Teil 3 A. II. 1. e).
1322 Vgl. Teil 3 A. II. 1. d).
1323 Vgl. ausführlich zur Kritik an der Rechtsprechung Teil 3 B. I.
1324 *Schack*, JZ 2011, 375, 376.

II. Eigentümer

Indes stellt die Negierung eines ausschließlichen „Vervielfältigungs- und Verwertungs-Eigentumsrechts" bezogen auf die äußere Sachansicht den Sacheigentümer aber keineswegs rechtlos. Der Vollständigkeit halber schließt die vorliegende Ausarbeitung daher nun damit, die dem Eigentümer nach der hier vertretenen Auffassung zustehenden Möglichkeiten, die Panoramafreiheit auszuhebeln, und sogar noch weitergehende Vervielfältigungsverbote durchzusetzen, aufzuzeigen.

1. Sacheigentum

Sofern das Eigentumsobjekt kein „verborgenes Dornröschenschloss" ist, sondern sich auf einem von außen einsehbaren Grundstück befindet, kann der Eigentümer zunächst durch die Einrichtung von Schutzmaßnahmen den Blick auf dasselbe kraft seines Herrschaftsrechts zu verhindern versuchen, bei Gebäuden z. B. durch eine Grundstücksbepflanzung[1325], oder das Objekt – sofern es beweglich ist – einfach fortschaffen. Denn der Eigentümer ist nicht gem. § 59 UrhG dazu verpflichtet, die Wahrnehmbarkeit von in seinem Eigentum stehenden Werken zu erhalten[1326].

2. Hausrecht

Ist das Eigentumsobjekt außerhalb der Grundstücksgrenzen nicht ohne Hilfsmittel sichtbar, kann der Eigentümer, sofern er zugleich Hausrechtsinhaber ist, die Anwendbarkeit der Panoramafreiheit ganz einfach durch die Ausübung seines Hausrechts (§§ 858 ff., 903, 1004 Abs. 1 BGB) abwehren. Denn dieses ermöglicht seinem Inhaber grundsätzlich frei darüber zu entscheiden, wem er Zutritt zu der Örtlichkeit gewährt und wem er ihn verweigert, ohne dass dafür besondere Gründe vorliegen müssen[1327]. Seine Ausübung unterliegt lediglich den allgemeinen gesetzlichen Grenzen gem. §§ 242, 826 BGB sowie dem allgemeinen Gleichbehandlungsgesetz[1328].

Selbst, wenn der Hausrechtsinhaber das Grundstück der Allgemeinheit eröffnet, weil er z. B. sein Schloss aus altruistischen Gründen der Gesellschaft

1325 BGH, GRUR 1990, 390, 391 – Friesenhaus; *Münch/ Komm/ Wagner*, BGB, Rn. 178 zu § 823; *Wanckel*, Foto- und BildR, Rn. 8.

1326 Vgl. Teil 2 C. III. 3.

1327 BGH, NJW 2006, 377, 379.

1328 *Prengel*, Bildzitate, S. 222.

zugänglich machen möchte oder aber kommerzielle Zwecke verfolgt, verbleibt ihm kraft seines Hausrechts die Möglichkeit, ein Vervielfältigungsverbot für das gesamte Grundstück zu verhängen und damit zugleich die Panoramafreiheit zu überlagern[1329]. Darüber hinaus kann er beispielsweise Zugangskontrollen durchführen, Eintritt verlangen oder unliebsamen Besuchern das Betreten komplett untersagen[1330] – oder mit anderen Worten: es steht ihm ein ganzes Repertoire an Möglichkeiten zur Verfügung, die unliebsame Panoramafreiheit vor der Tür zu lassen.

Wer das Grundstück entgegen seines (bedingten) Zugangsverbots betritt, begeht verbotene Eigenmacht gem. § 858 BGB[1331], der sich der Besitzer als Hausrechtsinhaber auch mit Gewalt gem. § 859 BGB erwehren kann[1332]. Im Übrigen stehen ihm die Unterlassungsansprüche aus § 1004 Abs. 1 BGB bzw. §§ 862 Abs. 1, 858 BGB zur Seite. Missachtet ein Fotograf ein hausrechtliches Fotografierverbot, verliert er somit spätestens im Moment der Fotoaufnahme die Berechtigung, das Grundstück zu betreten und kann somit desselben verwiesen werden[1333]. Vervielfältigungsstücke, die unter Verstoß gegen das Hausrecht angefertigt worden sind, werden aber nicht von dem Beseitigungsanspruch des Hausrechtsinhabers umfasst, denn die Verletzung des Hausrechts kann nur im rechtswidrigen Betreten bzw. Verweilen auf dem Grundstück liegen[1334]. Die (kommerzielle) Verbreitung von Abbildern kann der Hausrechtsinhaber folglich unter keinen Umständen verhindern, da sein Herrschaftsbereich an der Grundstückgrenze endet[1335]. Erst recht abwegig erscheint auch der Gedanke gegen Dritte Verwerter vorzugehen, die das Grundstück nie betreten haben – das deutsche

1329 Vgl. *Prengel*, Bildzitate, S. 225.

1330 OLG München, OLGZ 1985, 466, 468.

1331 *Prengel*, Bildzitate, S. 222.

1332 *Palandt/ Bassenge*, BGB, Rn. 2 zu § 859; *Prengel*, Bildzitate, S. 222.

1333 *Prengel*, Bildzitate, S. 226; nach Ansicht von *Soergel/ Münch*, BGB, Rn. 61 zu § 1004 ist bei einem absoluten Fotografierverbot schon das Betreten die Störung.

1334 *Götting*, FS Wandtke, S. 259, 264 f.; *Lehment, H.*, Fotografieren, S. 106; vgl. auch *Prengel*, Bildzitate, S. 226, der in den Aufnahmen allerdings Gebrauchsvorteile des Grundstückseigentümers erblickt (vgl. Teil 3 B. II. 3.); *Schack*, Kunst und Recht, Rn. 206; *ders.*, JZ 2011, 375, 376; *ders.*, FS Wandtke, S. 59, 15; *Schlingloff*, AfP 1992, 112, 114; *Stieper*, Schranken, S. 414 f.; *Stieper*, ZUM 2011, 331, 332; in diese Richtung auch *v. Bar*, Probleme der Haftpflicht, S. 32.

1335 *Dreier*, FS Pfennig, 15, 23; *Prengel*, Bildzitate, S. 226; a. A. wohl *Schabenberger/ Nemeczek*, GRUR-Prax 2011, 139, 140.

Recht kennt keine „Fernwirkung des Hausrechts“[1336]. Der Hausrechtsinhaber kann folglich nicht mit dinglicher Wirkung die eigentumsneutrale Verwertung von Abbildern verhindern[1337].

Die Abwehrrechte des Hausrechtsinhabers setzen aber in jedem Fall voraus, dass er nicht gem. §§ 1004 Abs. 2, 858 Abs. 1 BGB zur Duldung verpflichtet ist. Bei Privatgrundstücken können sich Duldungspflichten vor allem aus Vertrag ergeben, öffentlich-rechtliche Hausrechtsinhaber sind bei der Ausübung ihres Hausrechts hingegen vollumfänglich an den Widmungszweck und die Grundrechte gebunden[1338].

Werden Parkanlagen oder Gärten dem Gemeingebrauch gewidmet, kann der öffentlich-rechtliche Hausrechtsinhaber den Zugang bis zur Umwidmung folglich nicht untersagen und ferner nur Sondernutzungen von seiner vorherigen Genehmigung abhängig machen – aus diesem Grunde hätte auch die Stiftung Preußische Schlösser und Gärten gewerbliche Foto-, Film-, und Fernsehaufnahmen von ihren Parkanlagen aus nicht pauschal untersagen dürfen[1339]. Dies gilt erst recht, da weder die Vervielfältigung des äußeren Erscheinungsbildes noch die Verwertung desselben eine Verletzung des Eigentums an dem Vervielfältigungsobjekt bedeutet[1340].

Darüber hinaus kann sich auch aus den (Kommunikations-)Grundrechten, die die „Abbildungsfreiheit“ schützen[1341] eine Duldungspflicht ergeben[1342], vor allem wenn es sich um kulturell bedeutsame Kulturgüter handelt, an denen ein besonderes öffentliches Interesse besteht[1343]. Ferner könnte die Monopolisierung und Steuerung des öffentlich verfügbaren Bildmaterials sogar als unzulässige Vorzensur interpretiert werden[1344]. Dabei gilt gerade für Stiftungen des öffentlichen Rechts der Grundsatz des Art. 14 Abs. 2 GG, wonach das Eigentum

1336 *Dreier*, FS Dietz, 235, 246 f.; *ders.*, FS Pfennig, 15, 23; *Götting*, FS Wandtke, S. 259, 265; *Lehment H.*, Fotografieren, S. 105; *Schippan*, ZStV 2011, 210, 216; *Stieper*, ZUM 2011, 331, 332; *Wandtke/ Bullinger/ ders.*, UrhG, Rn. 165 zu § 2; generell auch gegen eine solche „Fernwirkung“ *Körber/ Ess*, WRP 2011, 697, 698 f.

1337 *Dreier*, FS Dietz, S. 235, 247; *Schack*, JZ 2011, 375, 376.

1338 *Euler*, AfP 2009, 459, 460.

1339 Vgl. Teil 3 A. III.

1340 Vgl. Teil 3 C. III.

1341 Vgl. Teil 2 D. II. 1. c).

1342 *Seiler*, K&R 2010, 234, 237; zur Duldungspflicht gegenüber privaten Vervielfältigern vgl. *Bullinger*, FS Raue, S. 379, 395; vgl. auch *Euler*, AfP 2009, 459, 460.

1343 *Seiler*, K&R 2010, 234, 237.

1344 Vgl. *Seiler*, K&R 2010, 234, 237.

neben seiner Privatnützigkeit auch der Allgemeinheit dienen soll[1345]; sind die Grundstücke, die sich im Eigentum der Stiftung befinden, dem Gemeingebrauch gewidmet, prävaliert das Wohl der Allgemeinheit sogar gegenüber der Privatnützigkeit des Eigentums[1346]. Die Widmung zum Gemeingebrauch steht aber der Einrichtung von Zugangskontrollen grundsätzlich nicht entgegen. Wenn also die Widmung generellen Abbildungsverboten entgegensteht, verbleibt ihnen jedenfalls ein Instrument, um der Panoramafreiheit den Garaus zu machen, sodass zumindest urheberrechtlich-geschützte Werke von ihrem Grundstück aus nicht abgebildet werden dürfen.

Der private Hausrechtsinhaber muss trotz Sozialbindung des Eigentums nur in außergewöhnlichen Fällen das Betreten im überwiegenden Informationsinteresse der Allgemeinheit dulden[1347], etwa wenn sich auf dem Grundstück Kunstobjekte von herausragender Bedeutung für die Menschheit befinden und er das Informationsinteresse der Allgemeinheit nicht anderweitig befriedigt, indem er seine Kunstobjekte z. B. auf Postkarten, in Büchern oder Ausstellungskatalogen veröffentlicht[1348].

3. *Vertragsrecht*

Als Ausfluss aus dem Hausrecht kann der Berechtigte mit den Besuchern des Grundstücks auch einen Besichtigungsvertrag vereinbaren und darin z. B. ein Film- und/oder Fotografierverbot aufnehmen[1349]. Öffentlich-rechtliche Hausrechtsinhaber unterliegen dabei aber denselben Bindungen wie bei der sonstigen Ausübung des Hausrechts[1350].

Der wesentliche Vorteil eines solchen Vertrags besteht darin, dass der Vervielfältiger bei einem Verstoß gem. § 280 Abs. 1 BGB auf Schadensersatz haftet, der gem. § 249 Abs. 1 BGB auch die Vernichtung der aufgenommenen Abbildungen umfasst[1351]. Vertreibt der Hausrechtsinhaber selbst Vervielfältigungsstücke kann er gem. § 252 BGB auch den entgangenen Gewinn geltend machen[1352]. Dritte

1345 *Bullinger*, FS Raue, S. 379, 395.
1346 *Bullinger*, FS Raue, S. 379, 395.
1347 Vgl. OLG München, OLGZ 1985, 466, 468 f.
1348 Vgl. BGH, GRUR 1975, 500, 502 – Schloss Tegel; *Euler*, AfP 2009, 459, 460.
1349 Anstelle vieler *Schack*, JZ 2011, 375, 376.
1350 Vgl. *Schack*, JZ 2011, 375, 376; *Stieper*, ZUM 2011, 331, 333.
1351 *Prengel*, Bildzitate, S. 221.
1352 *Schack*, JZ 2011, 375, 376.

(Verlage, Bildagenturen etc.) können indes nicht an die Vereinbarung gebunden werden, da Verträge zu Lasten Dritter unwirksam sind[1353].

Problematisch ist dabei jedoch das eigentliche Zustandekommen eines solchen Besichtigungsvertrags, denn ein konkludenter Vertragsschluss bei Betreten eines öffentlichen Ortes, der lediglich durch Hinweisschilder auf die Besucherordnung verweist, wird mangels Erklärungsbewusstseins der Passanten von der überwiegenden Auffassung zu Recht in Zweifel gezogen[1354]. Entzieht sich ein Vervielfältiger jedoch gezielt einem Vertragsschluss, kann gem. § 826 BGB gegen ihn vorgegangen werden[1355].

4. *Kein Widerspruch zu der gesetzlichen Wertung der Panoramafreiheit*

Die soeben aufgezeigten Möglichkeiten, die Rechtswirkung der Panoramafreiheit auszuschließen, laufen im Gegensatz zu dem vom BGH entwickelten ausschließlichen Recht des Eigentümers, das äußere Erscheinungsbild seiner Eigentumsobjekte zu gewerblichen Zwecken von seinem eigenen Grundstück aus zu vervielfältigen und zu verwerten[1356], auch der gesetzlichen Wertung der Panoramafreiheit[1357] nicht zuwider. Denn sie alle schließen bereits ihren Tatbestand aus, sodass die hinter ihr stehenden Erwägungen auf dem betreffenden Grundstück gar keine Wirkung entfalten können.

1353 *Prengel*, Bildzitate, S. 222.

1354 BGH, ZUM 2011, 333, 337 – Preuß. Schlösser und Gärten (I/3); OLG Brandenburg, GRUR 2010, 927, 929 f.; *Gräbig*, Schranken, S. 66, der einen Vertragsschluss durch „schlüssiges Verhalten" generell ablehnt; *Schack*, JZ 2011, 375, 376; *Seiler*, K&R 2010, 234, 235; *Stieper*, ZUM 2011, 331, 332; a. A. LG Potsdam, ZUM 2011, 327, 330; *Lehment, C.*, FS Raue, S. 515, 521.

1355 *Bullinger*, FS Raue, S. 379, 393; *Götting*, FS Wandtke, S. 259, 267.

1356 Vgl. Teil 3 A.

1357 Vgl. Teil 2 D.

Literaturverzeichnis

Allfeld, Philipp: Kommentar zum Gesetze vom 9. Januar 1907 betr. das Urheberrecht an Werken der Bildenden Künste und der Photographie, München 1908 (zit.: *Allfeld*, KUG, §-Anm., S.)

Allfeld, Philipp: Urheberrecht an Werken der Literatur und der Tonkunst, Kommentar zu dem Gesetze vom 19. Juni 1901 sowie zu den internationalen Verträgen zum Schutze des Urheberrechtes, 2. Auflage, München 1928 (zit.: *Allfeld*, LUG, §-Anm., S.)

Appel, Markus: Entstehungsschwäche und Bestandsstärke des verfassungsrechtlichen Eigentums, Berlin 2004 (zit.: *Appel*, Verfassungsrechtliches Eigentum, S.)

Badura, Peter: Zur Lehre von der verfassungsrechtlichen Institutsgarantie des Eigentums, betrachtet am Beispiel des „geistigen Eigentums“, in: Festschrift für Theodor Maunz zum 80. Geburtstag am 1. September 1981, München 1981, S. 1 ff.

Bamberger, Heinz Georg/ Roth, Herbert (Hrsg.): Kommentar zum Bürgerlichen Gesetzbuch, Band 2 §§ 611 – 1296 AGG ErbbauRG WEG, 3. Auflage, München 2012 (zit.: *Bamberger/ Roth/ Bearbeiter*, BGB, Rn. zu §.)

Bappert, Walter: Wege zum Urheberrecht, Frankfurt am Main 1962 (zit.: *Bappert*, UrhR, S.)

von Bar, Christian: Probleme der Haftpflicht für deliktsrechtliche Eigentumsverletzungen, Karlsruhe 1992 (zit.: *v. Bar*, Probleme der Haftpflicht, S.)

Beater, Axel: Der Schutz von Eigentum und Gewerbebetrieb von Fotografien, JZ 1998, S. 1101 ff.

Behrends, Okko/ Knütel, Rolf/ Kupisch, Berthold/ Seiler, Hans Hermann: Corpus IurisCivilis, Text und Übersetzung, I Institutionen, 2. Auflage, Heidelberg 1997

Behrens, Peter: Die ökonomischen Grundlagen des Rechts, Tübingen, 1986 (zit.: *Behrens*, Ökonomische Grundlagen, S.)

Beier, Friedrich-Karl: Die Zukunft des geistigen Eigentums in Europa – Gedanken zur Entwicklung des Patent-, Gebrauchsmuster-, und Geschmacksmusterrechts, in: *Hilf, Meinhard/ Oehler, Wolfgang* (Hrsg.): Der Schutz des geistigen Eigentums in Europa, Referate und Diskussionsberichte der Tagung des Arbeitskreises Europäische Integration e.V. und des Instituts für deutsches, europäisches und internationales Wirtschaftsrecht der Universität Bielefeld am 17. und 18. Mai 1990 S. 13 ff, Baden-Baden 1991 (zit.: *Beier*, Zukunft des geistigen Eigentums, S.)

Beier, Nils: Die urheberrechtliche Schutzfrist, Eine historische, rechtsvergleichende und dogmatische Untersuchung der zeitlichen Begrenzung, ihrer Länge und ihrer Harmonisierung in der Europäischen Gemeinschaft, München, 2001 (zit.: *Beier*, Schutzfrist, S.)

Bettermann, Karl August/ Nipperdey, Hans Carl/ Scheuner, Ulrich (Hrsg.): Die Grundrechte, Handbuch der Theorie und Praxis der Grundrechte, Vierter Band, Die Grundrechte und institutionelle Garantien, 1. Halbband, Berlin, 1960 (zit.: *Bettermann/ Nipperdey/ Scheuner/ Bearbeiter*, GR Bd. 4.1, S.)

Bittner, Andreas: Das Fotografieren fremder Sachen – Zivilrechtliche Ansprüche des Eigentümers?, Darmstadt 1986, (zitiert als: *Bittner*, Fotografieren fremder Sachen, S.)

Bonner Kommentar zum Grundgesetz, Band 2 Art. 4 – 6 I; Band 3 Art. 6 II – 14, Loseblatt, Stand: Oktober 2014 (zit.: *BK/ Bearbeiter*, GG Lfg., Rn. zu Art.)

de Boor, Otto: Anmerkung zu BGH, Urt. v. 24.06.1955 – I ZR 88/54 - JZ 1955 734 ff (Tonbandurteil) und BGH, Urt. v. 24.06.1955, Az.: I ZR 88/54 - JZ 1955 743 ff. (Fotokopierurteil), JZ 1955, S. 747 ff.

Buck, Petra: Geistiges Eigentum und Völkerrecht, Beiträge des Völkerrechts zur Fortentwicklung des Schutzes von geistigem Eigentum, Berlin 1994 (zit.: *Buck*, Geistiges Eigentum, S.)

Der Bundesverband Informationswirtschaft, Telekommunikation und neue Medien e.V. (BITKOM) (Hrsg.): Soziale Netzwerke 2013, Dritte, erweiterte Studie, Eine repräsentative Untersuchung der Nutzung sozialer Netzwerke im Internet, Berlin, 31.10.2013, http://www.bitkom.org/files/documents/SozialeNetzwerke_2013.pdf (Abrufdatum: 12.12.2014)

Bullinger, Winfried: Kunstwerke in Mussen – eine klippenreiche Bildauswertung, in: Festschrift für Peter Raue zum 65. Geburtstag, S. 379 ff., München 2006

–. *Bretzel, Markus/ Schmalfuß, Jörg*: Urheberrecht in Museen und Archiven, Baden-Baden 2010 (zit.: *Bullinger/ Bretzel/ Schmalfuß*, Museen und Archive, S.)

Calliess, Christian/ Ruffert, Matthias (Hrsg.): EUV/ AEUV Kommentar, 4. Auflage, München 2011 (zit.: *Calliess/ Ruffert/ Bearbeiter*, EUV/ AEUV, Rn. zu Art.)

Canaris, Claus-Wilhelm: Die Verdinglichung obligatorischer Rechte, in: Festschrift für Werner Flume zum 70. Geburtstag am 12. September 1978, Band I, S. 371 ff., Köln 1978

Castendyk, Oliver (Hrsg.): Fotorecht, Recht der Aufnahme, Gestaltung und Verwertung von Bildern, 2. Auflage, Berlin 2012 (zit.: *Castendyk/ Bearbeiter*, FotoR, Rn.)

Chirco, Claudio: Die Panoramafreiheit, Baden-Baden 2013

Christensen, Ralph: Richterrecht – rechtsstaatlich oder pragmatisch? – Zum Streit um die Sicht des Richterrechts in der strukturierenden Rechtslehre, NJW 1989, Heft 50, S. 3194 ff.

Constine, Josh: How Big Is Facebook's Data? 2.5 Billion Pieces Of Content And 500+ Terabytes Ingested Every Day, 22.08.2012, http://techcrunch.com/2012/08/22/how-big-is-facebooks-data-2-5-billion-pieces-of-content-and-500-terabytes-ingested-every-day/

Daude, Paul: Lehrbuch des deutschen Urheberrechts, Stuttgart 1888 (zit.: *Daude*, UrhR, §/ S.)

Deutscher Journalistenverband (Hrsg.): http://www.pro-panoramafreiheit.de/ (Abrufdatum: 12.12.2014)

–. (Hrsg): Panoramafreiheit – ein historisches Relikt?, 30.04.2008, http://www.pro-panoramafreiheit.de/2008/04/30/panoramafreiheit-ein-historisches-relikt/ (Abrufdatum: 12.12.2014)

Dietz, Adolf: Das Urhebervertragsrecht in seiner rechtspolitischen Bedeutung, in: Urhebervertragsrecht, Festgabe für Gerhard Schricker zum 60. Geburtstag, S. 1 ff., München 1995

Dölemeyer, Barbara/ Klippel, Diethelm: Der Beitrag der deutschen Rechtswissenschaft zur Theorie des gewerblichen Rechtsschutzes und Urheberrechts, in: Festschrift zum hundertjährigen Bestehen der Deutschen Vereinigung für gewerblichen Rechtsschutz und Urheberrecht und ihrer Zeitschrift, Band 1 S. 185 ff., Weinheim 1991

Dreier, Horst (Hrsg.): Grundgesetz Kommentar, Band 1 Artikel 1 – 19, 3. Auflage, Tübingen 2013 (zit.: *Dreier/ Bearbeiter*, GG, Rn. zu Art.)

Dreier, Thomas: Sachfotografie, Urheberrecht und Eigentum, in: Urheberrecht Gestern - Heute – Morgen, Festschrift für Adolf Dietz zum 65. Geburtstag S. 235 ff., München 2001

–. Kompensation und Prävention, Tübingen 2002

–. Lässt sich das Spiel in der Nachspielzeit noch drehen? – Zum Zusammenwirken von „Hartplatzhelden.de" und „Preußische Gärten und Parkanlagen", in: Kunst, Recht und Geld, Festschrift für Gerhard Pfennig zum 65. Geburtstag, S. 15 ff., Berlin 2011

Dreier, Thomas/ Schulze, Gernot: Urheberrechtsgesetz Kommentar, 4. Auflage, München 2013 (zit.: *Dreier/ Schulze/ Bearbeiter*, UrhG, Rn. zu §.)

–. Urheberrechtsgesetz Kommentar 3. Auflage, München 2008 (zit.: *Dreier/ Schulze/ Bearbeiter*, UrhG 3. Aufl. 2008, Rn. zu §.)

Dreyer, Gunda/ Kotthoff, Jost/ Meckel Astrid (Hrsg.): Kommentar Urheberrecht, 3. Auflage, Regensburg 2013 (zit.: *Dreyer/ Kotthoff/ Meckel/ Bearbeiter*, UrhG, Rn. zu §.)

–. (Hrsg.): Kommentar Urheberrecht, 1. Auflage, Regensburg 2004 *(zit.: Dreyer/ Kotthoff/ Meckel/ Bearbeiter*, UrhG 1. Aufl. 2004, Rn. zu §.)

Dudenredaktion (Hrsg.): Das Synonymwörterbuch, 4. Auflage, Mannheim, 2007

Dulckeit, Gerhard: Die Verdinglichung obligatorischer Rechte in: Recht und Staat in Geschichte und Gegenwart, Eine Sammlung von Vorträgen und Schriften aus dem Gebiet der gesamten Staatswissenschaften, Heft 158/159, Tübingen 1951 (zit.: *Dulckeit*, Verdinglichung, S.)

Eggert, Astrid: Der Rechtsschutz des Urheber in der römischen Antike, UFITA 138/1999 S. 183 ff.

Elleger, Reinhard: Bereicherung durch Eingriff, Das Konzept des Zuweisungsgehalts im Spannungsfeld von Ausschließlichkeitsrecht und Wettbewerbsfreiheit, Tübingen 2002 (zit.: *Elleger*, Bereicherung, S.)

Elmenhorst, Lucas: Amerkung zu BGH, Urt. v. 01.03.2013 – V ZR 14/12 (Preuß. Schlösser und Gärten II), GRUR 2013, S. 626 ff.

Erdmann, Willi: Sacheigentum und Urheberrecht, in: Festschrift für Henning Piper zum 65. Geburtstag, S. 655 ff.

Erman, Walter (Begr.): Bürgerliches Gesetzbuch, Band II, 14. Auflage, Köln 2014 (zit.: *Ermann/ Bearbeiter*, BGB, Rn. zu §.)

Ernst, Stefan: Zur Panoramafreiheit des Urheberrechts, ZUM 1998, S. 475 ff.

–. Anmerkung zu LG Potsdam, Urt. v. 21.11.2008 – 1 O 161/08, 175/08, 330/08 (Preuß. Schlösser und Gärten), ZUM 2009, S. 434 f.

Euler, Ellen: Recht am Bild der eigenen Sache – Wie frei sind gemeinfreie Kulturgüter?, AfP 2009, S. 459 ff.

Fechner, Frank: Geistiges Eigentum und Verfassung, Tübingen 1999 (zit.: *Fechner*, Geistiges Eigentum, S.)

Fichte, Johann Gottlieb: Beweis der Unrechtmäßigkeit des Büchernachdrucks, Berlinische Monatsschrift, 21. Bd., Berlin 1793, S. 443 ff., Nachdruck in: *Rietzschel, Evi:* Gelehrsamkeit ein Handwerk? Bücherschreiben ein Gewerbe?, Leipzig 1982, S. 231 ff.

Flöter, Benedikt/ Königs, Martin: Verletzung des Rechts am grundstücksinternen Bild der eigenen Sache und Übertragbarkeit der dreifachen Schadensberechnung auf deliktische Schadensersatzansprüche aus Eigentumsverletzung, ZUM 2012 S. 383 ff.

Frohne, Renate: Briefschulden als immaterialgüterrechtliche Verpflichtungen, Senecas Gedanken zum geistigen Eigentum, UFITA 2000/ I S. 173 ff.

Fromm, Friedrich, Karl/ Nordemann, Wilhelm (Begr.): Urheberrecht, Kommentar zum Urheberrechtsgesetz und Urheberrechtswahrnehmungsgesetz, 11. Auflage, Stuttgart 2014 (zit.: *Fromm/ Nordemann/ Bearbeiter*, UrhG, Rn. zu §.)

–. (Hrsg.): Urheberrecht, Kommentar zum Urheberrechtsgesetz und Urheberrechtswahrnehmungsgesetz, 9. Auflage, Stuttgart 1998 (zit.: *Fromm/ Nordemann/ Bearbeiter*, UrhG 9. Aufl. 1998, Rn. zu §.)

von Gamm, Otto-Friedrich: Urheberrechtsgesetz, München1968 (zit.: *v. Gamm*, UrhG, Rn. zu §.)

Geiger, Christophe: Der urheberrechtliche Interessenausgleich in der Informationsgesellschaft – Zur Rechtsnatur der Beschränkungen des Urheberrechts, GRUR Int 2004, S. 815 ff.

Geiger, Rudolf/ Khan, Daniel-Erasmus/ Kotzur, Markus: EUV/ AEUV Kommentar, 5. Auflage, München 2010 (zit.: *Geiger/ Khan/ Kotzur/ Bearbeiter*, EUV/ AEUV, Rn. zu Art.)

Gerauer, Alfred: Der Unterlassungsanspruch des Eigentümers bei gewerblicher Fotografie, GRUR 1988, 672 ff.

Gerlach, Jürgen: Anmerkung zu BGH, Urt. v. 09.12.2003 – VI ZR 373/ 02 (Luftbildaufnahmen vom Ferienhaus), JZ 2004, S. 625 ff.

Gerstenberg, Ekkehard: Anmerkung zu BGH, Urt. v. 20.9.1974 I ZR 99/73 (Schloss Tegel), GRUR 1975, S. 502

–. Die Urheberrechte an Werken der Architektur und der Photographie, München 1968 (zit.: *Gerstenberg*, UrhR, S.)

von Gierke, Cornelie: Die Freiheit des Straßenbildes (§59 UrhG), in: Festschrift für Willi Erdmann zum 65. Geburtstag, S. 103 ff., Köln, 2002

Gieseke, Ludwig: Die geschichtliche Entwicklung des deutschen Urheberrechts, Göttingen 1957 (zit.: *Gieseke*, Geschichtliche Entwicklung, S.)

–. Vom Privileg zum Urheberrecht, Die Entwicklung des Urheberrechts in Deutschland bis 1845, Göttingen 1995 (zit.: *Gieseke*, Privileg, S.)

Götting, Horst-Peter: Der Begriff des Geistigen Eigentums, GRUR 2006, S. 353 ff.

–. Sanssouci? – Bemerkungen zur BGH-Entscheidung „Preußische Gärten und Parkanlagen", in: Festschrift für Artur-Axel Wandtke zum 70. Geburtstag am 26. März 2013, S. 259 ff., Berlin 2013

Gräbig, Johannes: Abdingbarkeit und vertragliche Beschränkung urheberrechtlicher Schranken, Baden-Baden 2011 (zit.: *Gräbig*, Schranken, S.)

Griesbeck, Michael: Der „Verhüllte Reichstag" – und (k)ein Ende?, NJW 1997, S. 1133 f.

Grochtmann, Ansgar: Die Normgeprägtheit des Art. 14 GG, Konsequenzen für die Eigentumsdogmatik, 2. Auflage 2010 (zit.: *Grochtmann*, Art. 14, S.)

Grün, Christian: Die zeitliche Schranke des Urheberrechts, Bern 1979 (zit.: *Grün*, Zeitliche Schranke, S.)

Grüning, Christine: Die Eigentumsfreiheitsklage gegen Fotografieren und die gewerbliche Verwertung dieser Fotografien, Frankfurt am Main 1980 (zit.: *Grüning*, Eigentumsfreiheitsklage, S.)

Grzeszick, Bernd: Geistiges Eigentum und Art. 14 GG, ZUM 2007, 344 ff.

Haberstumpf, Helmut: Handbuch des Urheberrechts, 2. Auflage, Alblasserdam, 2000 (zit.: *Haberstumpf*, UrhR, Rn.)

Handig, Christian: Was ist eine „eigene geistige Schöpfung des Urhebers"? Der auslegungsbedürftige Werkbegriff des europäischen Urheberrechts, UFITA 2009/ I, S. 55 ff.

Hattenhauer, Hans: Grundbegriffe des Bürgerlichen Rechts, 2. Auflage, München 2000 (zit.: *Hattenhauer*, Grundbegriffe, S.)

Herdegen, Matthias: Europarecht, 16. Auflage, München 2014 (zit.: *Herdegen*, EuR, Rn. zu §.)

Hirsch Ballin, Ernst: Zur Freiheit des Straßenbildes, UFITA 1957/ I Band 23, S. 1 ff.

Hölscher: Die Stellung der mittelalterlichen Rechtswissenschaft zum Plagiat, GRUR 1930, S. 991 ff.

Hohagen, Gisbert: Das Recht der Vervielfältigung zum eigenen Gebrauch, München 2004 (zit.: *Hohagen*, Private Vervielfältigung, S.)

Holznagel, Bernd / Brüggemann, Sandra: Das Digital Right Management nach dem ersten Korb der Urheberrechtsnovelle. Eine verfassungsrechtliche Beurteilung der neuen Kopierschutzregelungen, MMR 2003, S. 767 ff.

Hubmann, Heinrich: Das Recht des schöpferischen Geistes, Eine philosophisch-juristische Betrachtung zur Urheberrechtsreform, Berlin 1954 (zit.: *Hubmann*, Recht des schöpferischen Geistes, S.)

–. Urheber- und Verlagsrecht, Ein Studienbuch, 6. Auflage, München 1987 (zit.: *Hubmann*, Urheber- und VerlagsR, S.)

Hufen, Friedhelm: Staatsrecht II Grundrechte, 4. Auflage, München 2014 (zit.: *Hufen*, StR II, Rn. zu §.)

Illzhöfer, Volker/ Engels, Rainer: Patent-, Marken-, und Urheberrecht, 8. Auflage, München 2010 (zitiert als: *Illzhöfer/ Engels*, UrhR, Rn.)

Isensee, Josef/ Kirchhof, Paul (Hrsg.): Handbuch des Staatsrechts der Bundesrepublik Deutschland, Band XI Internationale Bezüge, Heidelberg 2013 (zit.: *Isensee/ Kirchhof/ Bearbeiter*, StaatsR XI, Rn. zu §.)

Jacobi, Claus: BILD wird 50, https://web.archive.org/web/20070202053709/http://www.axelspringer.de/inhalte/pressese/inhalte/fotolounge/texte_bild/jacobi.htm (Abrufdatum: 12.12.2014)

Jaeger, Till: Anmerkung zu OLG Brandenburg, Urt. v. 18.2.2010 – 5 U 13/09 (Preuß. Schlösser und Gärten I/2), MMR 2010, S. 709

Jänich, Volker: Geistiges Eigentum – eine Komplementärentscheidung zum Sacheigentum?, Tübingen 2002 (zit.: *Jänich*, Komplementärentscheidung?, S.)

Jakobs, Horst Heinrich/ Schubert, Werner: Die Beratung des Bürgerlichen Gesetzbuches, In systematischer Zusammenstellung der unveröffentlichten Quellen, Sachenrecht 1, §§854 – 1017, Berlin 1985 (zit.: *Jakobs/ Schubert*, Beratung SachenR, S.)

Jarass, Hans D./ Pieroth, Bodo: Grundgesetz für die Bundesrepublik Deutschland, Kommentar, 13. Auflage München 2014 (zit.: *Jarass/ Pieroth/ Bearbeiter*, GG, Rn. zu Art.)

Jauernig, Othmar (Begr.): Bürgerliches Gesetzbuch mit Allgemeinem Gleichbehandlungsgesetz (Auszug), Kommentar, 15. Auflage, München 2014 (zit.: *Jauernig/ Bearbeiter*, BGB, Rn. zu §.)

Johow, Reinhold: Sachenrecht Teil 1 Allgemeine Bestimmungen, Besitz und Eigentum, abgedruckt in: *Schubert, Werner* (Hrsg.), Vorentwürfe der Redaktoren zum BGB, Die Vorlagen der Redaktoren für die erste Kommission zur Ausarbeitung eines Bürgerlichen Gesetzbuches, Berlin 1982 (zit.: *Schubert/ Johow*, Vorentw. BGB SachenR 1, S.)

Kaller, Paul: Der Sachsenspiegel, In hochdeutscher Übersetzung, München 2002

Katz, Paul Alexander: Für den Schutz des Urheberrechts in der Baukunst und in der Ingenieurkunst, in: Festgabe für den XVII. internationalen litterarischen und künstlerischen Kongress in Dresden 1895, Berlin 1895, S. 96 ff.

Kemner, Gerhard/ Eisert, Gelia: Lebende Bilder, Eine Technikgeschichte des Films, Berlin 2000 (zit.: *Kemner/ Eisert/ Bearbeiter*, Lebende Bilder, S.)

Kirchhof, Paul: Verfassungsrechtlicher Gehalt des geistigen Eigentums, in: Festschrift für Wolfgang Zeidler, Band 2, S. 1639 ff., Berlin 1987

–. Der Gesetzgebungsauftrag zum Schutz des geistigen Eigentums gegenüber modernen Vervielfältigungstechniken, Heidelberg 1988 (zit.: *Kirchhof*, Gesetzgebungsauftrag, S.)

Kleinke, Yvonne: Anmerkung zu KG, Urt. v. 31. Mai 1996 – 5 U 889/96 (Verhüllter Reichstag), AfP 1996, S. 397 f.

Klippel, Diethelm: Die Idee des geistigen Eigentums in Naturrecht und Rechtsphilosophie des 19. Jahrhunderts in: *Wadle, Elmar (Hrsg.)*: historische Schriften zum Urheberrecht in Europa, Entwicklungslinien und Grundfragen, S. 121 ff., Berlin 1993 (*Klippel*, Idee des geistigen Eigentums, S. 121 ff.)

Klostermann, Rudolf: Das geistige Eigenthum an Schriften, Kunstwerken und Erfindungen, nach Preussischem und internationalem Rechte, Erster Band, Allgemeiner Theil, Verlagsrecht und Nachdruck, Berlin 1867 (zit.: *Klostermann*, Geistiges Eigenthum, S.)

Körber, Thomas C./ Ess, Philipp: Hartplatzhelden und der ergänzende Leistungsschutz im Web 2.0, WRP 2011, 697 ff.

Kohler, Josef: Das Autorrecht, eine zivilrechtliche Abhandlung, Jena 1880

–. Das Immaterialgüterrecht und seine Gegner in: Buschs Archiv für Theorie und Praxis des Allgemeinen Deutschen Handels- und Wechselrechts 47 1887, S. 169 ff., Nachdruck in: UFITA Band 123/1993, S. 81 ff.

–. Urheberrecht an Schriftwerken und Verlagsrecht, Stuttgart 1907 (zit.: *Kohler*, UrhR VerlagsR, § (S.))

Kraßer, Rudolf: Patentrecht, Ein Lehr- und Handbuch zum deutschen Patent- und Gebrauchsmusterrecht, Europäischen und Internationalen Patentrecht, 6. Auflage München 2009 (zit.: *Kraßer*, PatR, §.)

Kreutzer, Till: Das Modell des deutschen Urheberrechts und Regelungsalternativen, Baden-Baden 2008 (zit.: *Kreutzer*, Modell, S.)

Kriebaum, Ursula: Eigentumsschutz im Völkerrecht, Berlin 2008 (zit.: *Kriebaum*, Eigentumsschutz im VölkerR, S.)

Kroeber-Riel, Werner: Bildkommunikation, München 1993 (zitiert als: *Kroeber-Riel*, Bildkommunikation, S.)

Kübler, Friedrich: Eigentumsschutz gegen Sachabbildung und Bildreproduktion? Bemerkungen zur „Tegel"-Entscheidung des Bundesgerichtshofs, in: Festschrift für Fritz Baur, S. 51 ff., Tübingen 1981

Kur, Annette: Funktionswandel von Schutzrechten in: *Schricker, Gerhard/ Dreier, Thomas/ Kur, Annette* (Hrsg.): Geistiges Eigentum und Innovation, S. 23 – 51, Baden-Baden 2001; (zit.: *Kur*, Funktionswandel, S.)

Lammek, Marc/ Ellenberg, Stefan: Zur Rechtmäßigkeit der Herstellung und der Veröffentlichung von Sachaufnahmen, ZUM 2004, 715 ff.

Larenz, Karl/ Canaris, Claus-Wilhelm: Lehrbuch des Schuldrechts, Zweiter Band, Besonderer Teil, 2. Halbband, 13. Auflage, München 1994 (zit.: *Larenz/Canaris*, SchuldR II/2, S.)

Lehment, Cornelius: Friesenhäuser und Prominentenvillen – Eigentum, Persönlichkeitsrecht und das Fotografieren fremde Häuser, in: FS für Peter Raue zum 65. Geburtstag am 4. Februar 2006, S. 515 ff., Köln 2006

Lehment, Henrik: Das Fotografieren von Kunstgegenständen, Göttingen 2008 (zit.: *Lehment H.*, Fotografieren, S.)

–. Untersagung ungenehmigter Fotografien durch Grundstückseigentümer, Anmerkung zu BGH, Urt. v. 17.12.2010 – V ZR 45/10 (Preußische Gärten und Parkanalgen), GRUR 2011, S. 327 f.

Lettl, Tobias: Urheberrecht, 2. Auflage, München 2013 (zit.: *Lettl*, UrhR, Rn. zu §.)

Locke John: Two Treatises of Government, London 1698, Nachdruck in: *Laslett, Peter* (Hrsg.): Two Treaties of Government, Student Edition, Cambridge 1988, S. 135 ff.) (zit.: *Laslett/ Locke*, Two Treatises of Government, S. 135 ff.)

Löhr, Dieter: Anmerkung zu BGH, Urt. v. 20.9.1974 I ZR 99/73 (Schloss Tegel), WRP 1975, S. 523 ff.

Loewenheim, Ulrich (Hrsg.): Handbuch des Urheberrechts, 2. Auflage, München 2010 (zit.: *Loewenheim/ Bearbeiter*, UrhR, Rn. zu §.)

Maaßen, Wolfgang: Panoramafreiheit in den preußischen Schlossgärten, GRUR 2010, S. 880 ff.

Macias, José: Die Entwicklung des Bildjournalismus, München u. a. 1990 (zit.: *Macias*, Bildjournalismus, S.)

von Mangoldt, Hermann/ Klein, Friedrich/ Starck, Christian (Hrsg.): Kommentar zum Grundgesetz, Band 1: Präambel, Artikel 1 bis 19, 6. Auflage, München 2010 (zit.: *v. Mangoldt/ Klein/ Starck/ Bearbeiter*, GG, Rn. zu Art.)

Maunz, Theodor: Das geistige Eigentum in verfassungsrechtlicher Sicht, GRUR 1973, 107 ff.

Maunz, Theodor/ Dürig, Günter (Begr.): Grundgesetz Kommentar, Band II Art 6-15, Loseblatt, Stand: März 2014 (zit.: *Maunz/ Dürig/ Bearbeiter*, GG Lfg., Rn. zu Art.)

Möhring, Philipp/ Nicolini, Käte (Begr.): Urheberrecht Kommentar, 3. Auflage, München 2014

Müller, Lothar: Das Urheberpersönlichkeitsrecht des Architekten im deutschen und österreichischen Recht, München, 2004 (zit.: *Müller*, UrheberpersönlichkeitsR, S.)

Müller-Katzenburg, Astrid: Offener Rechtsstreit um verhüllten Reichstag, Urheberrechtliche Aspekte von Christos Verpackungskunst, NJW 1996, S. 2341 ff.

von Münch, Ingo (Begr.)/ *Kunig, Philip* (Hrsg.): Grundgesetz Kommentar, Band 1 Präambel Art 1 - 69, 6. Auflage, München 2012 (zit.: *MüK/ Bearbeiter*, GG, Rn. zu Art.)

Münchener Kommentar zum Bürgerlichen Gesetzbuch, Band 5 Schuldrecht Besonderer Teil III §§ 705-854 PartGG ProdHaftG, 6. Auflage München 2013; Band 6 Sachenrecht §§ 854 - 1296 WEG ErbbauRG, 6. Auflage, München 2013 (zit.: *Münch/ Komm/ Bearbeiter*, BGB, Rn. zu §.)

Mugdan, Benno (Hrsg.): Die gesamten Materialien zum Bürgerlichen Gesetzbuch für das Deutsche Reich, Band 3 Sachenrecht, Neudruck der Ausgabe Berlin 1899, Aalen 1979 (zit.: *Mugdan* III, S.)

Nirk, Rudolf: Zum Spannungsverhältnis zwischen Urheberrecht und Sacheigentum, Marginalien zur BGH-Entscheidung „Mauer-Bilder“, in: Festschrift für Hans Erich Brandner zum 70. Geburtstag, S. 417 ff., Köln 1996

Obergfell, Eva Inés: Freier Werkzugang versus Urheberrechtsschutz, Zur Legitimität und Durchsetzung urheberrechtlicher Schranken" in: *Halfmeier, Axel; Rott, Peter; Colombi, Ciacchi; Deinert, Olaf; Kolle, Tina; Thalheim, Sandy* (Hrsg.): Zugang und Ausschluss als Gegenstand des Privatrechts/ Jahrgang junger Zivilrechtswissenschaftler 2005, S. 101 ff., Stuttgart 2006 (zit.: *Obergfell*, Freier Werkzugang, S. 101 ff.)

Ohly, Ansgar: Geistiges Eigentum?, JZ 2003, S. 545 ff.

von Olenhusen, Götz: Der Konflikt zwischen dem Recht am Eigentum am Werkstück und dem Urheberrecht am Werk, UFITA Band 2013/II, S. 335 ff.

Osterrieth, Albert/ Marwitz, Bruno: Das Kunstschutzgesetz, Kommentar, 2. Auflage, Berlin 1929 (zit.: *Osterrieth/ Marwitz*, KUG, Anm. zu §/ S.)

Ott, Stephan: Bildersuchmaschinen und Urheberrecht, ZUM 2009, S. 345 ff.

Otto, Carl Eduard/ Schilling, Bruno/ Sintenis, Carl Friedrich Ferdinand: Das Corpus IurisCivilis(Romani) in's Deutsche übersetzt, Band 1 Institutionen Pandekten Buch 1-11, 2. Auflage Leipzig 1839, Neudruck Aalen 1984; Band 3 Pandekten Buch 28-38, Leipzig 1831, Neudruck Aalen, 1984; Band 4 Pandekten Buch 39-50, Leipzig 1832, Neudruck Aalen, 1984

Otto, Martin: Du sollst dir kein Bildnis machen in: Frankfurter Allgemeine Zeitung v. 21.07.2008, Nr. 168, S. 31 (zit.: *Otto*, FAZ Nr. 168/ 2008, S. 31)

Pahlow, Louis: „Intellectualproperty", „propréteintellectuelle" und kein „Geistiges Eigentum"? Historisch-kritische Anmerkungen zu einem umstrittenen Rechtsbegriff, UFITA 2006, S. 705 ff.

Pahud, Eric: Zur Begrenzung des Urheberrechts im Interesse Dritter und der Allgemeinheit, UFITA 2000/ I, S. 99 ff.

Palandt, Otto (Begr.): Bürgerliches Gesetzbuch, 74. Auflage, München 2015 (zit.: *Palandt/ Bearbeiter*, BGB, Rn. zu §.)

Palm, Wolfgang: Öffentliche Kunstförderung zwischen Kunstfreiheitsgarantie und Kulturstaat, Berlin 1998 (zit.: *Palm*, Öffentliche Kunstförderung, S.)

Peukert, Alexander: Güterzuordnung als Rechtsprinzip, Tübingen 2008 (zit.: *Peukert*, Güterzuordnung, S.)

–. Die Gemeinfreiheit, Tübingen 2012 (zit.: *Peukert*, Gemeinfreiheit, S.)

Pfennig, Gerhard: Christo und § 59 – die Diskussion um das Bleibende, ZUM 1996, S. 659 f.

Pfister, Bernhard: „Zweigleisige" Rechtswidrigkeitsprüfung und Eigentumsschutz, JZ 1976 S. 156 ff.

Photoindustrie-Verband e. V. (Hrsg.): Pressemittelung v. 22.08.2012, Bilderflut – Urlaubszeit ist Fotozeit, http://www.press1.de/wrapper.cgi/www.press1.de/files/km_kmpk1337_1347452998.pdf (Abrufdatum: 12.12.2014)

–. (Hrsg.): 175 Jahre Fotografie – Ein Jubiläum, Januar 2014, http://www.photoindustrie-verband.de/artikel/175-Jahre-Fotografie-Jubilaeum (Abrufdatum: 12.12.2014)

–. (Hrsg.): Pressemitteilung v. 11.09.2014, Foto- und Imagingmarkt 2014 in Deutschland auf stabilem Niveau mit erwarteten 20 Milliarden Euro Umsatz, http://www.photoindustrie-verband.de/_files/data/presse/213/Foto-und-Imagingmarkt-2014-in-Deutschland-auf-stabilem-Niveau-mit-erwarteten-20-Milliarden-Euro-Umsatz.pdf (Abrufdatum: 12.12.2014)

Pieroth, Bodo/ Schlink, Bernhard/ Kingreen Thorsten/ Poscher, Ralf: Grundrechte Staatsrecht II, 30. Auflage, Heidelberg u.a. 2014 (zit.: *Pieroth/ Schlink/ Kingreen/ Poscher*, StR II, Rn. zu §.)

Poeppel, Jan: Die Neuordnung der urheberrechtlichen Schranken im digitalen Umfeld, Göttingen 2005 (zit.: *Poeppel*, Neuordnung, S.)

Pöppelmann, Benno H.: Verhüllter Reichstag, ZUM 1996, S. 293 ff.

Pohlmann, Hansjörg: Privilegienwesen und Urheber-Recht – ein Beitrag zur Frühgeschichte des deutschen Urheberrechtsschutzes im 16. Jahrhundert, UFITA, 33. Band 1961/ I, S. 169 ff.

–. Zur notwendigen Revision unseres bisherigen Geschichtsbildes auf dem Gebiet des Urheberrechts und des gewerblichen Rechtsschutzes, GRUR 1962, S. 9 ff.

–. Zur Überwindung der „Eigentums"-Vorstellung im Urheberrecht, UFITA 36. Band 1962/ I, S. 61 ff.

Prengel, Timo: Bildzitate von Kunstwerken als Schranke des Urheberrechts und des Eigentums mit Bezügen zum Internationalen Privatrecht, Frankfurt am Main 2011 (zit.: *Prengel*, Bildzitate, S.)

Prütting, Hanns: Sachenrecht, 35. Auflage, München 2014 (zit.: *Prütting*, SachenR, Rn. zu §.)

–. *Wegen, Gerhard/ Weinreich, Gerd* (Hrsg.): BGB Kommentar, 9. Auflage, Köln, 2014 (zit.: *PWW/ Bearbeiter*, BGB, Rn. zu §.)

Pütter, Johann Stephan: Der Büchernachdruck nach ächten Grundsätzen des Rechts geprüft, Göttingen 1774

Rassow, Reinhard: Staatliche Schutzpflichten für geistiges Eigentum, Hamburg 2006 (zit. als: *Rassow*, Schutzpflichten, S.)

Raue, Benjamin: Nachahmungsfreiheit nach Ablauf des Immaterialgüterrechtsschutzes?, Göttingen, 2010 (zit.: *Raue*, Nachahmungsfreiheit?, S.)

Rehbinder, Manfred/ Peukert, Alexander: Urheberrecht, 17. Auflage, München 2015 (zit.: *Rehbinder/ Peukert*, UrhR, Rn.)

Riezler, Erwin: Deutsches Urheber- und Erfinderrecht, München, Berlin 1909 (zit.: *Riezler*, Urheber- und ErfinderR, S.)

Ring, Gerhard/ Keukenschrijver, Alfred/ Grziwotz, Herbert (Hrsg.): Nomoskommentar BGB, Sachenrecht §§ 854 – 1296, Band 3, 3. Auflage Baden-Baden 2013 (zit.: *Ring/ Keukenschrijver/ Grziwotz/ Bearbeiter*, NK-BGB, Rn. zu §.)

Ristow, Jürgen: Vom Geisterbild zum Breitwandfilm, Aus der Geschichte der Filmtechnik, Leipzig 1986 (zit.: *Ristow*, Geisterbild, S.)

Roeber, Georg: Urheberrecht oder geistiges Eigentum?, in: Festschrift für Hans Erich Brandner zum 70. Geburtstag, S. 150 ff., Köln 1996

Roellecke, Gerd: Das Kopieren zum eigenen Gebrauch, Rechtliche und rechtspolitische Überlegungen, Berlin 1978 (zit.: *Roellecke*, Kopieren, S.)

Rüthers, Bernd/ Fischer, Christian/ Birk, Axel: Rechtstheorie mit Juristischer Methodenlehre, 7. Auflage, München 2013 (zit.: *Rüthers/Fischer/Birk*, Rechtstheorie, Rn.)

Ruhwedel, Edgar: Der praktische Fall Bürgerliches Recht: Der verunstaltete Hahn, JuS 1975, S. 242 ff.

Sachs, Michael (Hrsg.): Grundgesetz Kommentar, 7. Auflage, München 2014 (zit.: Sachs/ *Bearbeiter*, GG, Rn. zu Art.)

Schabenberger, Andreas/ Nemeczek, Heinrich: Mein Schloss, mein Garten, meine Verwertungserlöse? – Konsequenzen aus den BGH-Entscheidungen „Preußische Schlösser und Gärten", GRUR-Prax 2011, S. 139 ff.

Schack, Haimo: Geistiges Eigentum contra Sacheigentum, GRUR 1983, S. 56 ff.

–. Urheberrechtliche Schranken, übergesetzlicher Notstand und verfassungskonforme Auslegung in: Perspektiven des Geistigen Eigentums und Wettbewerbsrechts, Festschrift für Gerhard Schricker zum 70. Geburtstag, S. 511 ff., München 2005

–. Fotografieren fremder Sachen, ZeuP 2006, S. 149 ff.

–. Ausstellungsrecht und Ausstellungsvergütung, ZUM 2008, 817 ff.

–. Zur Rechtfertigung des Urheberrechts als Ausschließlichkeitsrecht in: *Depenheuer, Otto/ Peifer, Karl-Nikolaus* (Hrsg.): Geistiges Eigentum: „Schutzrecht oder Ausbeutungstitel? Zustand und Entwicklungen im Zeitalter von Digitalisierung und Globalisierung", Berlin, Heidelberg 2008 (zit.: *Schack*, Rechtfertigung S.)

–. Kunst und Recht, 2. Auflage, Tübingen 2009

–. Anmerkung zu BGH, Urt. v. 17.12.2010 – V ZR 45/ 10 (Preuß. Schlösser und Gärten), JZ 2011, S. 375 f.

–. Weniger Urheberrecht ist mehr in: in: Festschrift für Artur-Axel Wandtke zum 70. Geburtstag am 26. März 2013, S. 9 ff., Berlin 2013

–. Urheber- und Urhebervertragsrecht, 6. Auflage 2013 (zit.: *Schack*, UrhR, Rn.)

Schäder, Susan: Die entpersönliche Kunst und der urheberrechtliche Werbegriff, Jur. Diss. Freie Universität Berlin 1998 (zit.: *Schäder*, Entpersönliche Kunst, S.)

Schippan, Martin: Fotos von Schlössern, Klöstern und Museen – wer hat welche Rechte?!, ZStV 2011, S. 210 ff.

Schlechtriem, Peter: Rechtsprechungsbericht zum Bereicherungsrecht – Teil 3, JZ 1993, S. 185 ff.

Schlingloff, Jochen: „Fotografieren verboten!" Zivilrechtliche Probleme bei der Herstellung und Reproduktion von Lichtbildern ausgestellter Kunstwerke, AfP 1992, S. 112 ff.

Schmid, Matthias/ Wirth, Thomas/ Seifert, Fedor: Urheberrechtsgesetz mit Urheberrechtswahrnehmungsgesetz Handkommentar, 2. Auflage, Baden-Baden 2009 (zit.: *Schmid/ Wirth/ Seifert/ Bearbeiter*, UrhG, Rn. zu §.)

Schmidt, Rolf: Grundrechte sowie Grundzüge der Verfassungsbeschwerde, 16. Auflage 2014, Grasberg bei Bremen (zitiert als: *Schmidt*, GR, Rn.)

Schmidt-Bleibtreu, Bruno/ Hofmann, Hans/ Henneke, Hans-Günter (Hrsg.): Kommentar zum Grundgesetz, 13. Auflage, Köln 2014 (zit.: *Schmidt-Bleibtreu/ Hofmann/ Henneke/ Bearbeiter*, GG, Rn. zu Art.)

Schmieder, Hans-Heinrich: Anmerkung zu BGH, Urt. v. 20.09.1974 – I ZR 99/73 (Schloss Tegel), NJW 1975, 1164 f.

Schricker, Gerhard: Urheberrecht zwischen Industrie- und Kulturpolitik, GRUR 1992, S. 242 ff.

–. *Katzenberger, Paul*: Die urheberrechtliche Leerkassettenvergütung, GRUR 1985, S. 87 ff.

–. (Begr.)/ *Loewenheim, Ulrich* (Hrsg.): Urheberrecht Kommentar, 4. Auflage, München 2010 (zitiert als: *Schricker/ Loewenheim/ Bearbeiter*, UrhG, Rn. zu §.)

Schulze, Erich/ Schulze, Marcel (Hrsg.): Rechtsprechung zum Urheberrecht, Loseblattsammlung, Stand: 2006, München (zit.: Gericht, Schulze, S.)

Schulze, Gernot: Werke und Muster an öffentlichen Plätzen – Gelten urheberrechtliche Schranken auch im Geschmacksmusterrecht? in: Festschrift für Eike Ullmann, S. 93 ff., Saarbrücken 2006

Schulze, Marcel: Materialien zum Urheberrechtsgesetz, Band 1, 2. Auflage, Weinheim, 1997

Schunke, Sebastian: Die Schrankenregelungen im Urheberrecht auf dem Prüfstand in: Festschrift für Artur-Axel Wandtke zum 70. Geburtstag am 26. März 2013, S. 341 ff., Berlin 2013

Schwab, Karl Heinz/ Prütting, Hanns: Sachenrecht, 32. Auflage, München 2006 (zit.: *Schwab/ Prütting*, SachenR, 32. Aufl. 2006, Rn. zu §.)

Schwacke, Peter: Juristische Methodik mit Technik der Fallbearbeitung, 5. Auflage, Stuttgart 2011 (zit.: *Schwacke*, Juristische Methodik, S.)

Schwaiger, Manfred/ Meyer, Anton: Theorien und Methoden der Betriebswirtschaft, München 2009 (zit.: *Schwaiger/ Meyer,* Theorien und Methoden, S.)

Schweikart, Philipp, Die Interessenlage im Urheberrecht, Regensburg 2004 (zit.: *Schweikart*, Interessenlage, S.)

Seiler, David: Fotografierverbote, Eigentumsrecht und Panoramafreiheit, Zugleich Kommentar zu Brandenburgischem OLG, Urt. v. 18.2.2010 – 5 U 12/09, 5 U 13/09 und 5 U 14/09 (Preuß. Schlösser und Gärten I), K&R 2010, S. 234 ff.

Söllner, Alfred: Zum verfassungsrechtlichen Schutz geistigen Eigentums, in: Festschrift für Fritz Traub zum 65. Geburtstag, S. 367 ff., Frankfurt a. M. 1994

Soergel, Theodor (Begr.): Kommentar zum Bürgerlichen Gesetzbuch mit Einführungsgesetzen und Nebengesetzen, Band 14 Sachenrecht 1 §§ 854-984, 13. Auflage, Stuttgart 2002; Band 15/ 1 Sachenrecht 2/ 1 §§ 985 – 1017 ErbbauVO, 13. Auflage, Stuttgart 2007(zit.: *Soergel/ Bearbeiter*, BGB, Rn. zu §.)

Sprang, Christian/ Sich, Verena: Börsenverein des Deutschen Buchhandels, Prüfung weiteren gesetzgeberischen Handlungsbedarfs im Bereich des Urheberrechts – Stellungnahme zu den Fragen des Bundesministeriums der Justiz vom 13. 02. 2009, http://www.boersenverein.de/sixcms/media.php/976/Stellungnahme_Dritter_Korb_Juni09.pdf (Abrufdatum: 12.12.2014)

Stang, Felix Laurin: Das urheberrechtliche Werk nach Ablauf der Schutzfrist, Tübingen 2011 (zit.: *Stang*, Schutzfrist, S.)

von Staudinger, Julius (Begr.): Kommentar zum Bürgerlichen Gesetzbuch mit Einführungsgesetz und Nebengesetzen, Buch 1 Allgemeiner Teil §§ 90 – 124; §§130 – 133, Berlin 2012; Buch 3 Sachenrecht §§ 903 – 924, Berlin 2002; Buch 3 Sachenrecht §§ 985 – 1011, Berlin 2013, (zit.: *Staudinger/ Bearbeiter*, BGB, Rn. zu §.)

Stephanblome, Markus: Die Einordnung des subjektiven Urheberrechts in das System der bürgerlichen Rechte, Hamburg, 2008

Stieper, Malte: Rechtfertigung, Rechtsnatur und Disponibilität der Schranken des Urheberrechts, Tübingen 2009 (zit.: *Stieper*, Schranken, S.)

–. Anmerkung zu BGH, Urt. v. 17.12.2010 – V ZR 45/ 10 (Preuß. Schlösser und Gärten I/2), ZUM 2011 S. 331 ff.

–. Geistiges Eigentum an Kulturgütern – Möglichkeiten und Grenzen der Remonopolisierung gemeinfreier Werke, GRUR 2012, S. 1083 ff.

Streissler, Alfred: Das Recht des Ungreifbaren, Berlin, 1932

Troller, Alois: Immaterialgüterecht Band 1, 3. Auflage, Basel u. a. 1983 (zit.: *Troller,* ImmaterialgüterR I, S.)

–. Angebot und Nachfrage als urheberrechtliches Problem, UFITA Band 21 1956/I S. 216 ff.

–. Urheberrecht und Ontologie, UFITA Band 50/ Teil B 1967/ II

Ulmer, Eugen: Urheber- und Verlagsrecht, 3 Auflage, Berlin u. a. 1980 (zit.: *Ulmer*, Urheber- und VerlagsR, § (S.))

Umbach, Dieter C./ Clemens, Thomas (Hrsg.): Heidelberger Kommentar zum Grundgesetz Mitarbeiterkommentar und Handbuch, Band I, Heidelberg, 2002 (zitiert als: *Umbach/ Clemens/ Bearbeiter*, HK-GG, Rn, zu Art.)

v. Ungern-Sternberg, Joachim: Die Rechtsprechung des Bundesgerichtshofs zum Urheberrecht und zu den verwandten Schutzrechten in den Jahren 2010 und 2011 (Teil 1), GRUR 2012, S. 224 ff.

Verdi (Hrsg.): Sanssouci: Fotografieverbot bleibt bestehen, http://mmm.verdi.de/tarife-beruf/07-2014/sanssouci-fotografieverbot-bleibt-bestehen (Abrufdatum: 12.12.2014)

Vieregge, Ralf/ Bühling, Jochen: 100 Jahre Grüner Verein – Seine Bedeutung für die Rechtsentwicklung, Teil II: 1945 bis heute, in: Festschrift zum hundertjährigen Bestehen der Deutschen Vereinigung für gewerblichen Rechtsschutz und Urheberrecht und ihrer Zeitschrift, Band 1 S. 43 ff., Weinheim 1991

Visky, Károly: Geistiges Eigentum der Verfasser im antiken Rom, UFITA 106/ 1987, S. 17 ff.

van Waasen, Raphael: Das Spannungsfeld zwischen Urheberrecht und Eigentum im deutschen und ausländischen Recht, Frankfurt am Main 1994 (zit.: *v. Waasen*, Spannungsfeld, S.)

Wahrig-Burfeind, Renate (Hrsg.): Deutsches Wörterbuch, 8. Auflage 2006 (zit.: *Wahrig*, Dt. Wörterbuch, S.)

Waller, Christoph: Licht und Lichtschutz im Museum, http://www.cwaller.de/deutsch.htm?lichtschaeden.htm~information (Abrufdatum: 12.12.2014)

Wanckel, Endress: Foto- und Bildrecht, 4. Auflage, München 2012 (zit.: *Wanckel*, Foto- und BildR, S.)

–. Auf dem Weg zum „Recht am Bild der eigenen Sache“?, NJW 2011, S. 1179 ff.

Wandtke, Artur-Axel: Zur kulturellen und sozialen Dimension des Urheberrechts, UFITA 1993 Band 123 S. 5 ff.

–. Zur Kommerzialisierung der Kunst und die Entwicklung des Urheberrechts im Lichte der Immaterialgüterrechtslehre von Josef Kohler, GRUR 1995, S. 385 ff.

–. Zur kulturellen und sozialen Dimension des Urheberrechts, UFITA 2000/ I S. 5 ff.

–. Grenzenlose Freiheit der Kunst und Grenzen des Urheberrechts, ZUM 2005, S. 769 ff.

–. (Hrsg.): Medienrecht Praxishandbuch, Band 2, Schutz von Medienprodukten, 2. Auflage, Berlin 2011. (zit.: *Wandtke/ Bearbeiter,* MedienR II, Rn. zu §.)

–. (Hrsg.): Urheberrecht, 4. Auflage, Berlin (u.a.) 2014 (zit.: *Wandtke/ Bearbeiter,* UrhR, Rn. zu Kapitel)

–. *Bullinger, Winfried*: Die Marke als urheberrechtlich schutzfähiges Werk, GRUR 1997, S. 573 ff.

–. (Hrsg.): Praxiskommentar zum Urheberrecht, 4. Auflage, München 2014 (zit.: *Wandtke/ Bullinger/ Bearbeiter*, UrhG, Rn. zu §.)

Wandtke, Artur-Axel/ Czernik, Ilja: Der urheberrechtliche Integritätsschutz von Bau(kunst)werken und dessen Probleme bei der Rechtsanwendung in: GRUR 2014, S. 835 ff.

Weberling, Johannes: Keine Panoramafreiheit beim verhüllten Reichstag?, AfP 1996, S. 34 f.

Wolf, Manfred/ Wellenhofer, Martina: Sachenrecht, 29. Auflage, München 2014 (zit.: *Wolf/ Wellenhofer*, SachenR, Rn. zu §.)

Wolfram, Stephen: Data Science of the Facebook World, 24.04.2013, http://blog.stephenwolfram.com/2013/04/data-science-of-the-facebook-world/ (Abrufdatum: 12.12.2014)

Zippelius, Reinhold: Juristische Methodenlehre, 11. Auflage, München 2012 (zit. *Zippelius*, Methodenlehre, S.)

Weitere Quellen

http://instagram.com/#

http://maps.google.de

http://synonyme.woxikon.de/synonyme/einwirkung.php

https://web.archive.org/web/20070202053709/http://www.axelspringer.de/inhalte/pressese/inhalte/fotolounge/texte_bild/jacobi.htm

http://www.rathaus.bremen.de/sixcms/detail.php?gsid=bremen54.c.2085.de

http://www.wipo.int/treaties/en/

http://www.wipo.int/treaties/en/ShowResults.jsp?lang=en&treaty_id=1

http://www.wipo.int/treaties/en/ShowResults.jsp?lang=en&treaty_id=15

https://www.youtube.com/yt/press/de/statistics.html

(Stand: 12.12.2014)

Schriftenreihe zum Urheber- und Kunstrecht

Herausgegeben von Thomas Hoeren

Band 1 Stefan Baufeld: Kulturgutbeschlagnahmen in bewaffneten Konflikten, ihre Rückabwicklung und der deutsch-russische Streit um die so genannte Beutekunst. 2005.

Band 2 Alexandra Kruczek: Die Bewertung der Kabelweitersenderechte der Sendeunternehmen in Deutschland und den USA. 2005.

Band 3 Larissa Marrder: Verwertung von Filmrechten in der Insolvenz. 2006.

Band 4 Felix Heinz Siegfried: Internationaler Kulturgüterschutz in der Schweiz. Das Bundesgesetz über den internationalen Kulturgütertransfer (Kulturgütertransfergesetz, KGTG). 2006.

Band 5 Karsten Lisch: Das Abstraktionsprinzip im deutschen Urheberrecht. 2007.

Band 6 Thomas Meschede: Der Schutz digitaler Musik- und Filmwerke vor privater Vervielfältigung nach den zwei Gesetzen zur Regelung des Urheberrechts in der Informationsgesellschaft. 2007.

Band 7 Thomas Hoeren / Bernd Holznagel / Thomas Ernstschneider (Hrsg.): Handbuch Kunst und Recht. 2008.

Band 8 Michael Nielen: Interessenausgleich in der Informationsgesellschaft. Die Anpassung der urheberrechtlichen Schrankenregelungen im digitalen Bereich. 2009.

Band 9 Urban von Detten: Kunstausstellung und das Urheberpersönlichkeitsrecht des bildenden Künstlers. 2010.

Band 10 Timo Prengel: Bildzitate von Kunstwerken als Schranke des Urheberrechts und des Eigentums mit Bezügen zum Internationalen Privatrecht. 2011.

Band 11 Christine Altemark: Wahrnehmung von Online-Musikrechten im Europäischen Wirtschaftsraum. Unter besonderer Berücksichtigung des Systems der Rechtewahrnehmung seit der Empfehlung der Kommission vom 18. Oktober 2005. 2011.

Band 12 Donata von Gruben: Das urheberrechtliche Entstellungsverbot im Umgang mit Originalwerken der bildenden Kunst. Unter besonderer Berücksichtigung der Eigenarten zeitgenössischer Kunst. 2013.

Band 13 Kathrin-Lena Kriesel: Einheitlicher europäischer Werkbegriff und Herabsenkung der Anforderungen an die Gestaltungshöhe bei Werken der angewandten Kunst. 2014.

Band 14 Nico Brunotte: Urheberrechtliche Bewertung der Streamingfilmportale. Unter besonderer Berücksichtigung der Schrankenbestimmung zu ephemeren Vervielfältigungen und des digitalen Werkgenusses. 2014.

Band 15 Tudor Vlah: Parodie, Pastiche und Karikatur – Urheberrechte und ihre Grenzen. Eine rechtsvergleichende Untersuchung des deutschen und spanischen Urheberrechts. 2015.

Band 16 Benjamin Wübbelt: Die Zukunft der kollektiven Rechtewahrnehmung im Online-Musikbereich. 2015.

Band 17 Theresa Uhlenhut: Panoramafreiheit und Eigentumsrecht. 2015.

www.peterlang.com